ALFONSO TORRES

EL Lobby judío

Poder y mitos de los actuales hebreos españoles

ALFONSO TORRES

EL Lobby judío

Poder y mitos de los actuales hebreos españoles

la esfera actualidad

Primera edición: noviembre de 2002

Avenida de Alfonso XIII, 1, bajos.
28002 Madrid
Teléf.: 91 296 02 00 Fax: 91 296 02 06
Pág. web: www.esferalibros.com

Diseño de cubierta: Compañía
Fotografías de cubierta: © Reuters; © EFE; © El Mundo; © AP
ISBN: 84-9734-082-5
Depósito legal: M. 43.676-2002
Fotocomposición: IRC, S. L.
Impresión: Anzos
Encuadernación: Martínez
Impreso en España - *Printed in Spain*

Índice

Para Trini, mi mujer

INTRODUCCIÓN

Los judíos llegaron a España hace miles de años, cuando las sabanas de la Península ibérica eran un territorio codiciado por las armadas más temibles y poderosas del Mediterráneo. Una vez establecidos en lo que ellos denominaron Sefarad los hebreos desarrollaron su cultura y su religión hasta límites nunca conocidos en su tiempo, y sin hacer uso de las armas durante siglos sobrevivieron a invasiones, guerras, matanzas y persecuciones de todo tipo.

De esa manera, y con su aportación en campos como la literatura, las ciencias, la medicina, la filosofía, la religión y el comercio, el judaísmo entró a formar parte de la más auténtica y legendaria raíz del mosaico de culturas y tradiciones que forman la España de hoy.

La posterior expulsión de los judíos en 1492, de forma tácita o expresa apoyada después por otros monarcas y gobernantes, tuvo unas consecuencias dramáticas para la población judía, y a la vez tan variadas, notables y duraderas para España, que sus efectos perduran hasta la actualidad. A partir de entonces se inició la diáspora de judíos sefardíes por todo el mundo, y España pasó a ser un país tan vacío de judíos que su retorno a Sefarad constituye un fenómeno reciente, inconcluso, y hasta utópico, pues la huella judeoespañola y el deseo de volver a los orígenes en muchos casos ha desaparecido por completo.

Cuna de los hebreos sefarditas, España debería ser el lugar donde más y mejor se conociera el pasado y el presente de los judíos. Sin embargo, paradójicamente, Sefarad no sólo es uno de los países donde más se desconoce la realidad del pueblo judío y sus aportaciones a la cultura occidental, sino también la nación de la UE donde reside el menor número de ellos. Actualmente en España hay apenas unos 20.000 judíos, aunque las estimaciones más optimistas hablan de 30.000, una cifra, en cualquier caso, muy inferior a los más de 100.000 hebreos que vivían en España en 1492.

Esta secular falta de roce con los judíos, unida a la cultura del desprecio que durante decenios se ha irradiado especialmente desde los púlpitos católicos, ha generado en la opinión pública una imagen ambivalente respecto a los judíos. Por un lado, la actitud de los españoles hacia los hebreos oscila entre un antisemitismo sociológico y tradicional, en el que todavía subsisten los estereotipos peyorativos (avaros, deicidas, comerciantes sin escrúpulos...). Por otro, existe un filosefardismo desde el que se realizan valoraciones positivas sobre los judíos, por ejemplo, relativas a su inteligencia, creatividad, constancia y capacidad para los negocios. Un tercer gran sector simplemente se muestra indiferente, debido a la falta de interés e información.

Según la imagen que desde diversos ámbitos no hebreos se traslada a la opinión pública, los judíos españoles parecen haber quedado reducidos a un grupo de empresarios de quienes se desconoce casi todo, pero que son famosos por su poder económico, sus contactos nacionales e internacionales, y los escándalos judiciales en que algunos de ellos se han visto implicados. En concreto, existe la creencia —tan generalizada como equivocada— de que los actuales judíos españoles forman un club de ricos políglotas cada vez más reducido que gira en torno a los grandes negocios y a una creencia religiosa; un *lobby* o grupo de presión cerrado en sí mismo y en sus reminiscencias históricas, al que sólo pueden acceder unos cuantos privilegiados, previamente tocados con la vara de Abraham y del dinero. «Reunión del lobby hebreo», por ejemplo, es algo que se suele afirmar en algunos medios de información para hacer referencia a un acto en que se ha visto a dos o más judíos juntos, sin reparar en el tipo de relación existente entre ellos, en el caso de que hubiese tal relación.

Sin embargo, nada más lejos de la realidad. Un vistazo al mundo de los judíos residentes en España demuestra que no todos ellos son millonarios ni religiosos, y que tampoco forman ningún clan, piña o entramado destinado a la exclusiva defensa de sus intereses económicos. Al contrario de lo que se piensa, salvo cuatro o cinco hebreos realmente adinerados y relativamente influyentes, los actuales judíos españoles, el 80 por ciento de ellos de origen marroquí, son ciudadanos de a pie, tan normales como el resto de la sociedad española, perfectamente integrados en los pueblos y ciudades donde residen y trabajan de forma anónima. Muchos de ellos ni siquiera están inscritos en las comunidades judías, por lo que viven al margen de las actividades sociales relacionadas con el judaísmo.

El estudio de la comunidad judía permite ver que en España, como en cualquier otro lugar del mundo —incluido Israel—, la condición de judío no supone necesariamente la práctica de la religión mosaica. Ello es así, porque, si bien es cierto que el judaísmo es una religión también lo es que se trata de una etnia y una tradición cultural, a la que se pertenece independientemente del credo religioso. Por esta razón, en Sefarad existen judíos profundamente creyentes, pero también los hay que se declaran radicalmente ateos o agnósticos.

Existen miles de españoles, algunos de ellos quizá furibundos antisemitas, que ignoran su carácter de descendientes de antiguos judíos, cuya vinculación con el mundo hebreo se ha perdido en la noche de los tiempos. Viejos aspectos como las conversiones forzosas al cristianismo, y la obligada emigración a que antaño fueron sometidos decenas de miles de judíos, se encargaron de cubrir aquellas relaciones familiares con el manto del olvido y la confusión. Para todos ellos, en el anexo II de este libro se incluye un listado que contiene más de 5.000 apellidos, los cuales pertenecen a antiguos judíos o descendientes de éstos, lo mismo que a miembros de las actuales comunidades judías de España o a cualquiera de sus numerosas organizaciones de carácter laico o religioso.

Dedicados a casi toda la gama de oficios y profesiones que ofrece la sociedad de nuestro tiempo, los judíos españoles que destacan por sus aportaciones en campos como el arte, la ciencia, la literatura, la moda, el cine, la empresa y las finanzas no son muchos comparados con los más de 40 millones de ciudadanos españoles, pero sí empiezan a ser una cifra notable en relación con el escaso número de hebreos que reside en el país. Aunque la mayoría de ellos forman parte de la segunda o tercera generación de los judíos que retornaron a España procedentes de Marruecos y del antiguo Imperio otomano, buena parte de los hebreos que ocupan posiciones de vanguardia en sus profesiones proceden también de países centroeuropeos y de América Latina. En este caso, especialmente de Argentina, donde las dictaduras militares de los setenta, y más recientemente la grave crisis económica que castiga al país suramericano, han originado una densa corriente de judíos —mayoritariamente laicos— muy cualificados y deseosos de instalarse en la vieja Sefarad.

El regreso de los judíos a España, que no ha sido precisamente un camino de rosas, históricamente ha estado marcado por las grandes restricciones, la desconfianza y hasta el oportunismo de los sucesivos gobiernos, que han utilizado la *cuestión judía* para resolver sus problemas internos y externos. Los agravios y la discriminación contra los judíos impuesta por el Estado español ha llegado hasta épocas tan recientes, que la gran mayoría de ellos sólo se han sentido completamente libres a partir de la Constitución de 1978.

Hay quienes afinan todavía más a la hora de fijar el comienzo de la nueva era de los judíos en España. Así, el 17 de enero de

1986, cuando, al final de un largo y difícil proceso, el entonces presidente español Felipe González y su homólogo Israelí, Simon Peres, firmaron en La Haya el establecimiento de relaciones diplomáticas entre ambos países, los medios de información israelíes opinaron que ambos gobernantes iniciaban una nueva página en la historia, «porque volvieron a unir una cadena desenlazada hace 500 años».

Haciendo bueno el dicho de *dos judíos, tres opiniones*, hay también un numeroso grupo de hebreos para quienes el auténtico y definitivo final de la fractura que supuso el edicto de expulsión de 1492 no se produjo hasta el 31 de marzo de 1992, día en que los reyes don Juan Carlos y doña Sofía acudieron oficialmente a un acto de celebración del quinto centenario de la expulsión de los judíos, celebrado en la sinagoga de Madrid. Ante más de 500 invitados el monarca dejó claro que «Los hispano-judíos están en su propia casa, en la casa de todos los españoles con independencia de cual sea su credo o religión».

A pesar de las palabras del Rey, cuando después de haber estrellado sus comandos suicidas contra las Torres Gemelas, Osama bin Laden anunció al mundo que aquel acto terrorista estaba íntimamente relacionado con el conflicto de Oriente Próximo, los judíos españoles, como los del resto del planeta, se sintieron directamente amenazados por el integrismo musulmán. A esta situación se ha sumado el recrudecimiento de la crisis bélica entre Israel y Palestina, en la cual la desmesurada reacción del Gobierno de Israel a los atentados suicidas palestinos ha generado una ola de antisemitismo sin precedentes en la Europa moderna, un fenómeno que ha mostrado su rostro más peligroso en centenares de ataques *ultras* contra sinagogas y otros intereses judíos.

Estos dos acontecimientos, los atentados terroristas de Nueva York y la crisis palestino-israelí, han conferido un dramatismo particular a las comunidades judías de todo el mundo, pero no a todas en el mismo grado. En España, un país que cuenta con evidentes lazos históricos judíos y musulmanes, y que en varias ocasiones ha intentado jugar un papel relevante en el establecimiento de la paz en Oriente Próximo con iniciativas públicas y privadas, la crisis ha planteado unas circunstancias peculiares. Ello se ha notado en la toma de postura a favor de Palestina por parte de un amplio sector de los medios de comunicación españoles y en la respuesta que esta actitud ha recibido a través de la prensa israelí.

Pero es en las relaciones políticas donde más se ha notado que, al margen de declaraciones diplomáticas y del buen rumbo del comercio bilateral entre ambos países, entre España e Israel todavía quedan asuntos pendientes de resolver. Estas diferencias quedaron de manifiesto con ocasión del asedio del ejército israelí a la sede de la Autoridad Palestina, cuando el primer ministro Ariel Sharon prohibió la entrada en el edificio a personajes como Javier Solana, Josep Piqué y al mismísimo presidente José María Aznar, quienes en representación de España y de la UE deseaban entrevistarse con el encerrado Yasser Arafat para buscar una solución al conflicto.

Todo ello y muchos otros aspectos del judaísmo español se tratan en los doce capítulos de que se compone *El lobby judío,* un libro no religioso que busca deshacer tópicos y responder a numerosas preguntas sobre la comunidad hebrea residente en la nueva Sefarad. El lector tiene en sus manos un trabajo de investigación periodística cuyo primer capítulo, destinado a los no familiarizados con esta materia, está dedicado necesariamente a la parte histórica, porque el judaísmo actual no se puede entender sin conocer algo de su pasado. Se trata de un libro con el que el autor pretende dar a conocer los aspectos políticos, económicos y sociológicos (especialmente a partir del final de la Guerra Civil) de la comunidad judía uno de los grupos humanos más controvertidos, polémicos y enraizados en la sociedad española, pero a la vez uno de los más desconocidos, precisamente en el país donde más se debería saber de él.

Nota del autor: Para la elaboración de este libro se han consultado numerosas fuentes orales y escritas de diversos orígenes y procedencias. Por este motivo, la transcripción de los términos hebreos y de algunos nombres propios pueden no ser iguales en todos los casos. En general, se ha utilizado la grafía más acorde con la ortografía castellana o la indicada por la persona que ha dado la información.

I. UNA CULTURA MILENARIA

El desembarco

Aunque se trata de un asunto de máxima actualidad en nuestros días, la historia que se cuenta en estas páginas empezó hace muchos siglos, cuando la Península ibérica era una vasta extensión de praderas y montañas en estado casi salvaje, habitada por pueblos indígenas de los que apenas se tiene conocimiento. Se trata de una historia ligada a los tiempos remotos en que llegaron a España los primeros «inmigrantes», procedentes del Mediterráneo oriental, los cuales, sin siquiera imaginarlo, trajeron el germen de una cultura poderosa, la única que en Europa ha sobrevivido a invasiones, guerras y catástrofes, y que no ha podido ser destruida por tiranías ni dictaduras militares, pese a las matanzas masivas, a las dentelladas del nacismo y las persecuciones de que ha sido objeto.

Corrían los últimos años del siglo X a.C., cuando a las playas del sur de lo que hoy se conoce como la piel de toro, llegaron unos marineros fenicios, junto a los griegos y a los cartagineses, los más antiguos colonizadores de la Península ibérica. Una vez establecidos en lo que pasó a ser su nuevo territorio, los fenicios fundaron la localidad andaluza de *Gadir* (Cádiz), al tiempo que multiplicaron sus asentamientos en diversos puntos de la costa de Málaga y de Granada.

Intrépidos viajeros e intuitivos mercaderes en un escenario en el que se luchaba literalmente a brazo partido por el control del mar Mediterráneo, a los navegantes fenicios, los primeros en poner pie al sur de la península, les movía ante todo un interés comercial; la búsqueda de metales, como cobre y plata, muy abundantes por entonces en el subsuelo de Iberia. Sin embargo, no todos aquellos originarios pobladores del futuro reino de España eran unos simples colonos dedicados a la guerra, la minería o el comercio marítimo. Algunos de ellos eran además fervorosos practicantes de uno de los credos religiosos más antiguos del mundo: el judaísmo, una de las culturas milenarias más ricas y profundas, pero también una de las más perseguidas y controvertidas de todos los tiempos.

De aquellos primeros judíos que llegaron a la Península ibérica en los barcos de los exploradores fenicios sólo existen conjeturas, pero su presencia se ha hecho más patente para los historiadores a partir de la segunda mitad de siglo II a.C., cuando los gobernantes de Roma se lanzaron a «pacificar Hispania», dando paso a un largo y complejo proceso bélico de conquistas. El desembarco de aquellos hebreos en la Península ibérica marcó el inicio de una de las mayores aventuras protagonizadas por la humanidad: el sefardismo, la formidable aportación cultural, científica, económica y religiosa del pueblo judío originario de España... o de Sefarad, como preferían denominarla en su idioma los descendientes de la estirpe de David.

En Hispania, que comenzó siendo para los romanos una gran proveedora de materias primas, especialmente metales, pero también de esclavos y de soldados, la resistencia a la dominación del Imperio, no evitó que muchas de las grandes ciudades españolas hayan tenido origen en colonias romanas: Corduba (Córdoba), Hispalis (Sevilla), Pompaelo (Pamplona), Emerita Augusta (Mérida), Caesar Augusta (Zaragoza)... Además de guerreros, a muchas de aquellas localidades llegaron hombres de negocios, artesanos y colonos, entre ellos numerosos judíos, que generalmente acompañaban o seguían a los ejércitos con el fin de aprovechar las riquezas de los nuevos territorios.

Coincidiendo con establecimiento y la expansión del Imperio romano, en el seno del judaísmo surgió una nueva religión: el cristianismo, que fue predicada por Jesús de Nazaret, un profeta judío nacido en Israel que se consideraba el Mesías —el hijo de Dios— pero que no fue aceptado como tal por los practicantes de la fe mosaica. El cristianismo, que inicialmente fue difundido por los seguidores de Jesús, todos ellos también judíos, llegó a Roma como una religión oriental de misterios [1] y a partir de ahí se produjo su entrada en España.

La aparición del cristianismo y su posterior implantación fue sin duda el acontecimiento histórico más trascendental ocurrido dentro de las amplísimas fronteras del Imperio romano, y para el pueblo judío uno de los factores determinantes en su devenir histórico. De hecho, en palabras del profesor Henry Méchoulan, «España engendró un tipo particular de judío que aumentó su fuerza y enriqueció su saber gracias al encuentro con dos civilizaciones, dos religiones, dos mundos: el cristiano y el musulmán» [2].

Sin pretenderlo, a la difusión del cristianismo también contribuyó la diáspora del pueblo judío, como se denomina a la diseminación de los hebreos por toda la extensión del mundo antiguo, especialmente intensa desde el siglo III a.C. Numerosos judíos que se habían repartido por las ciudades de todo el Imperio romano, y que como hebreos ya estaban iniciados en el mensaje religioso del Antiguo Testamento, se convirtieron en seguidores de los pri-

---

[1] Los misterios eran el conjunto de doctrinas o ceremonias que se realizaban en honor de una divinidad, las cuales tenían un carácter secreto y tenían acceso a ellas sólo los iniciados.

[2] *Los judíos de España. Historia de una diáspora (1492-1992),* edición dirigida por Henry Méchoulan, Trotta, Madrid, 1993.

meros predicadores cristianos, buena parte de los cuales, a su vez, eran también antiguos judíos.

Cuando en el año 380 el emperador Teodosio, proclamó el cristianismo como religión oficial del Imperio romano, la Iglesia, para asegurar su expansión, empezó a plantear que era obligación de las autoridades civiles castigar la herejía. A partir de ese momento la situación de los judíos empeoró, debido a la promulgación de leyes humillantes y restrictivas que de inmediato surtieron efecto en todos los confines del Imperio, en los que también había presencia hebrea. Para entonces los judíos radicados en la Península ibérica ya habían organizado sus comunidades en localidades como las actuales Ibiza, Mallorca, Tarragona, Mataró, Játiva, Elche, Cartagena, Adra, Granada, Lebrija, Alcalá del Río, Segóbriga, Ávila y Astorga, por citar sólo algunas de las más importantes.

Hacia el siglo V recorrieron la península diversos pueblos bárbaros. De ellos, los más numerosos y romanizados fueron los visigodos, que no llegaron como invasores sino apoyados en un *foedus* acordado con Roma, por lo que inicialmente fueron considerados un ejército del Imperio. Eran pocos, unos cien mil, comparados con la población hispanorromana, que rondaba los cuatro millones de personas, pero, cuando a finales del siglo V el Imperio romano se disolvió, se convirtieron en la única autoridad; establecieron su capital en Toledo y se dispusieron a crear un Estado propio; un reino en el que la Iglesia acaparó un importante poder político y cultural.

De aquella época es un relato incluido por el periodista Pere Bonnín en su libro *Sangre Judía*[3], según el cual las persecuciones visigodas obligaron a algunas familias judías a buscar refugio en la isla de Menorca, donde fueron masacradas junto a los he-

---

[3] Pere Bonnín, *Sangre Judía. Españoles de ascendencia hebrea y antisemitismo cristiano*, Flor del viento Ediciones, Barcelona, 1998.

breos locales, en un acto que fue calificado como una «gran victoria» del cristianismo por el obispo Severo, en una carta pastoral escrita en el año 418. «Aprovechando una algarada callejera contra los judíos, provocada y atizada por el mismo prelado —explica Bonnín—, los revoltosos incendiaron la sinagoga y mataron a un buen número de judíos, principalmente mujeres. Sólo unos pocos consiguieron salvar su vida escondiéndose en bosques y cuevas». El obispo señaló al final de su carta que poco después de la matanza, quinientos cuarenta judíos se habían convertido «milagrosamente».

Los reyes visigodos, con los cuales la Iglesia llegó a presidir todos los estamentos sociales más influyentes, contaban con un consejo asesor, el Aula Regia, formado por nobles y obispos. Pero los concilios, reuniones de los obispos que presidía el rey, imponían también sus criterios políticos. Cuando en el año 589 el hijo del rey Leovigildo, Recadero —y con él todos los visigodos— abandonó el arrianismo [4] y se convirtió al cristianismo en el III Concilio de Toledo, la situación para los judíos se complicó todavía más. Se les prohibió la celebración de la Pascua y la circuncisión, y llegó un momento en que ni siquiera les estaba permitido casarse entre ellos por el rito judío. En un intento de cortar por lo sano los gobernantes visigodos ordenaron que los niños judíos fueran apartados de sus padres para ser educados en la religión cristiana y aislaron forzosamente de sus parientes a los hebreos conversos.

En tales condiciones no es extraño que el rey Sisebuto haya perseguido con extraordinaria saña a arrianos y judíos, ni que después Recesvinto, hacia el año 654, ordenase el bautismo de todos

[4] Herejía que negaba a divinidad de Jesús, predicada en Oriente por el obispo Arrio.

los hebreos radicados en su territorio, norma que llevaba aparejado el decreto de libertad de sus esclavos y la expulsión de los recalcitrantes. De ahí a que en el 695 fueran confiscados, por ley, los bienes de los judíos, sólo hubo un paso.

Cuando Europa empezó en los Pirineos

Aquellas formas de antisemitismo, similares a las que había en el resto de Europa, se daban en una época de grandes intrigas palaciegas y luchas por el poder monárquico que caracterizaron la España visigoda. Un tiempo en el que las sucesivas guerras civiles facilitaron la conquista del reino por los musulmanes, no sin la oportuna ayuda prestada a éstos por diversas guarniciones israelitas en localidades como Sevilla, Granada, Córdoba y Toledo. Al fin y al cabo los musulmanes otorgaban a los judíos cierta libertad para practicar la religión mosaica.

Fue así como en el año 711 los musulmanes establecidos en el norte de África al mando de Tariq ben Yesad decidieron atacar la península. Ayudados, por tropas judías, algunas de ellas dirigidas por Kaula al-Yahudí, y grupos de hispanorromanos descontentos con la dominación visigoda, desembarcaron a la altura de Tarifa. En este lugar iniciaron una victoriosa campaña que les llevó hasta Toledo, poniendo fin a la monarquía visigoda. Años más tarde, casi toda la Península ibérica terminó siendo conquistada, salvo los altos valles pirenaicos y las montañas cantábricas donde se organizaría la reconquista. Los musulmanes dieron a sus nuevos territorios, convertidos en emirato, el nombre de Al-Andalus y establecieron la capital en Córdoba. Como es notorio, su llegada a tierras peninsulares supuso un acontecimiento crucial para los cristianos y los judíos, es decir, para la propia historia de España.

En torno al año 1098 los judíos iniciaron una corriente migratoria hacia las tierras cristianas del centro y norte de la península al ser perseguidos durante la dominación almorávide, y después por la almohade. Básicamente habitaban en núcleos urbanos y ejercían oficios muy diversos, aunque destacaban las actividades de carácter mercantil y financiero. Había judíos que se dedicaban al préstamo, porque el cobro de intereses estaba prohibido por la Iglesia y los cristianos acataban este mandato.

Ello, sin embargo, no era óbice para que muchas veces los cristianos aprovechasen la ocasión para sacar partido, entregando en secreto grandes y pequeñas sumas a los hebreos con fines especulativos. De esta forma, los judíos cargaban con la fama de usureros —uno de los tópicos antisemitas todavía existentes—, mientras los cristianos disfrutaban de los beneficios. Actualmente en España existen numerosos ejemplos de cómo la inversión secreta de dinero a través de los denominados *chiringuitos financieros* y en cuentas *opacas* radicadas en los modernos *paraísos fiscales*, en este caso por parte de dignos representantes del catolicismo, es algo que continúa a la orden del día.

Pese a que, además de usureros, a los judíos se les acusaba falsamente de deicidas (haber dado muerte a Jesucristo), muchos de ellos se convirtieron en servidores imprescindibles de una nobleza que vivía de las rentas generadas por los territorios conquistados o cedidos por los soberanos. Algunos incluso llegaron a ocupar altos cargos en la corte. Es el caso de Samuel ha-Levi, tesorero mayor de Pedro I, por cuya iniciativa fue construida la sinagoga del Tránsito, un templo judío de estilo mudéjar, edificado en Toledo a partir de 1357.

La necesidad de acudir a los textos sagrados ha llevado al pueblo judío a velar por la superación personal de su gente, incluso desde la infancia, preocupación que han mantenido hasta en los momentos más difíciles.

Esta fue una de las claves por las que los judíos radicados en España, pese a estar perseguidos y reducidos a vivir en guetos, cultivaron en sus familias el aprendizaje del hebreo y de otras lenguas como el árabe y el latín. Mientras las clases privilegiadas cristianas formaban a los suyos para el dudoso arte de la guerra, muchas veces haciendo alarde de su analfabetismo, los hebreos concentraban sus esfuerzos en el desarrollo intelectual y en el aprendizaje de oficios como la medicina, las transacciones económicas y la agricultura (en especial la viticultura). Gracias, por tanto, a que la sociedad cristiana inmersa en la reconquista estaba mal dotada técnica y científicamente, en muchas ocasiones su convivencia con los judíos se hizo de forma pacífica y enriquecedora.

En el siglo XI los referidos territorios cristianos del norte tomaron la iniciativa militar contra los musulmanes. Ello fue posible merced a la desintegración del califato de Córdoba, que se fragmentó en un mosaico de pequeños reinos de taifas y por la consolidación de los Estados cristianos. A mediados del siglo XIII los cristianos ya habían reconquistado e incorporado a sus dominios la mayor parte del territorio de Al-Andalus. Sólo el reino de Granada permaneció bajo control musulmán hasta su caída a finales del siglo XV. La repartición cristiana de aquellos extensos territorios, principalmente entre los nobles y el clero, y su repoblación con gentes llegadas de otras regiones supuso para los mudéjares y los judíos una presión que acabó con la conversión, o en su caso la expulsión, de muchos de éstos.

El oasis de las tres culturas

La toma de la Península ibérica por los musulmanes originó el desplazamiento de varias colonias judías hacia otros lugares de

España, pero en general los hebreos consiguieron mantener sus *aljamas*[5] en los territorios controlados por cada bando. La convivencia simultánea con árabes y cristianos, y la existencia de mecenas del arte (especialmente musulmanes) ofreció a los judíos españoles la posibilidad de intervenir activamente en sectores como la literatura, las ciencias, la economía y la política.

Los hebreos aprovecharon aquella oportunidad para desarrollar todo su potencial intelectual y creador. El resultado de ello es lo que se conoce como «la edad de oro del judaísmo español», un periodo comprendido entre el siglo X y el siglo XIV, en el que España se convirtió en un destacado foco de enseñanza bíblica, mística y rabínica, lo mismo que en un avanzado centro de producción filosófica y literaria judaicas. Conocedores de idiomas como el latín, griego, hebreo, castellano, catalán y árabe, los judíos españoles actuaron como enlace cultural entre las civilizaciones del Este y del Oeste, ayudando a transmitir los avances de la ciencia y los últimos escritos de los filósofos árabes a Occidente.

En el siglo XIII, posiblemente la época de máximo esplendor hebreo en este periodo, había locales de cultura mosaica en ciudades como Sevilla, Granada, Córdoba, Málaga, Barcelona, Gerona y Toledo, de los cuales salieron muchos poemas e himnos todavía vigentes en la liturgia judía. Aunque ya se sabe que cantidad no siempre significa calidad, el caso de Barcelona, cuyo *Call* (barrio judío) alcanzó los cuatro mil habitantes, lo que suponía casi el quince por ciento del total de la población de la ciudad, da una idea del auge alcanzado por los hebreos.

---

[5] Se denominaba *aljamas* a las comunidades judías de una localidad cuando éstas alcanzaban cierto grado de importancia y organización. La aljama incluía el conjunto de normas y órganos de gobierno de cada comunidad.

De aquella época dorada para la creación artística y literaria judías en España son figuras tan destacadas como el influyente médico y diplomático Abu Yusuf Hasdai ben Ishac ibn Shaprut; los poetas, rabinos y filósofos españoles Shlomó ibn Gabirol[6], Abraham ibn Ezra y Yehuda Haleví, y el mecenas Abd-ar-Rahman III, nacido en Jaén en el año 912. Entre otras ayudas, este acaudalado hombre de negocios financió la instalación de una academia y una biblioteca en Granada, y subvencionó al filósofo, poeta y rabino, Samuel ibn Nagrela la organización de un local en el que numerosos escribanos realizaban copias de libros de oraciones, de la Torá y el Talmud.

Los rabinos españoles cultivaron la carta o epístola, un estilo literario que ya había sido empleado por autores latinos como Horacio, Cicerón y Petrarca, pero que ellos desarrollaron al máximo. Mediante estas cartas, los maestros hebreos respondían a los judíos de la diáspora sus preguntas sobre temas teológicos, así como cuestiones relativas a costumbres, ritos, fiestas y aplicación del derecho civil y penal. El método de la enseñanza a través del juego de preguntas y respuestas siempre ha estado presente en la escritura y en la tradición oral de los judíos, y refleja la duda permanente y el deseo que éstos tienen de saber. De hecho es uno de los estilos más utilizados por los actuales rabinos en sus disertaciones.

Uno de los grandes intelectuales judíos que abandonaron Al-Andalus fue el cordobés Salomón ben Maimón, Maimónides, el filósofo hebreo más importante de la Edad Media. Autor de nu-

---

[6] El malagueño Shlomó ibn Gabirol fue una de las personalidades más destacadas en la «edad de oro» del judaísmo español. Está considerado por muchos el mejor poeta medieval en lengua hebrea, aunque la fama universal se la dio principalmente su faceta de filósofo neoplatónico, que influyó no sólo en autores hebreos sino también en los escolásticos franciscanos.

merosos volúmenes científicos, teológicos y filosóficos, Maimónides escribió obras tan importantes para el judaísmo como el *Mishneh Torah* (14 libros redactados en hebreo) y los *Trece artículos de fe*. Una de sus obras más polémicas fue la *Moré Nebujim* (*Guía de perplejos*), también conocida como *Guía de descarriados,* considerada por los expertos uno de los tratados teológicos más completos del judaísmo. Al abordar temas tan profundos como la naturaleza de Dios, la creación, el libre albedrío y el problema del bien y el mal, Maimónides intentó armonizar la fe y la razón conciliando los dogmas del judaísmo con el racionalismo aristotélico, lo que atrajo la atención de dos grandes pensadores cristianos como los dominicos san Alberto Magno y santo Tomás de Aquino.

La obra filosófica y teológica de Maimónoides se completó con una gran producción de textos científicos de astrología —materia con la que fue muy crítico—, matemáticas y medicina. En este último caso sus tratados sobre el asma, las hemorroides, y diversos estudios sobre los venenos y sus antídotos, convenientemente traducidos al latín, tuvieron gran influencia entre los científicos del medioevo europeo.

Maimónides nació en Córdoba en 1135, pero tuvo que exiliarse junto a su familia en 1148 cuando la ciudad fue tomada por los almohades, que impusieron las leyes del islam tanto a cristianos como a judíos. Tras residir en varias ciudades de España y el extranjero se estableció en Alejandría, donde su prestigio profesional le valió ser designado médico de cámara del último soberano fatimí[7] y después del sultán Saladino I, uno de sus protectores junto al visir al-Fadl. Maimónides fue nombrado *nagid* (jefe espiritual) de la minoría hebrea de Egipto, cargo que de-

---

[7] Familia de príncipes mahometanos que afirmaba descender de Fátima, hija de Mahoma, y que reinaron en el norte de África, Egipto y Siria.

sempeñó hasta su muerte en 1204, pero siempre se consideró hispano. De hecho solía añadir siempre a su nombre el calificativo de *sefardí* para resaltar que insertaba toda su creación teológica y filosófica en la línea tradicional del judaísmo hispano. Este interés por demostrar el apego a la cultura judía oriunda de España también fue compartido por Isaac Abravanel, Abraham Pereyra y Menasseh ben Israel, entre otros muchos sefarditas ilustres.

Inmersos en un ambiente de polémica y desarrollo de todo lo que guardase una relación intelectual con el judaísmo, hubo pensadores judeoespañoles que se internaron en el difícil mundo de las teorías metafísicas, místicas y exegéticas de carácter esotérico impulsando al máximo el estudio de la Cábala. En ese sentido sobresalieron cabalistas, contrarios al racionalismo de Maimónides, como Abraham Abulafia y Yosef ben Abraham ibn Chicatella, ambos de la escuela cabalística de Toledo, cuyos trabajos ejercieron gran influencia en humanistas cristianos de la talla de Pico della Mirandola, Johannes Reuchlin o Fray Luis de León.

La Escuela de Traductores de Toledo, considerada la cuna de la lengua española moderna, es otra de las grandes manifestaciones de la edad de oro del judaísmo español. Investigadores procedentes de cada una de las tres religiones monoteístas trabajaban codo con codo para ofrecer al mundo sus obras y sus conocimientos. De hecho, los judíos tradujeron al castellano multitud de textos árabes, los cuales a su vez eran trasvasados después al latín por los frailes cultos. Este intercambio no sólo enriqueció al cristianismo, sino también al pensamiento judío, que de estar influido fundamentalmente por Platón, comenzó a beber en las fuentes de Aristóteles. Entre los judíos uno de los traductores más fecundos fue Avendaut, que se atuvo a la más pura tradición rabínica y es considerado como un intelectual de la categoría de Maimónides.

En Al-Andalus, la ya citada hostilidad de las autoridades almorávides y las almohades contra los judíos generó una corriente de intelectuales israelitas que recalaron en la Escuela de Traductores. La comunidad judía de Castilla, que tuvo una gran presencia en Toledo en el siglo XII, contribuyó decisivamente al encuentro entre el pensamiento cristiano y la cultura griega transmitida por los árabes. Aún combatiéndose recíprocamente, cristianos, musulmanes y judíos llegaron a influirse mutuamente con tal intensidad que muchas veces resulta difícil separar las aportaciones de cada sector al patrimonio cultural español. Pero ese entendimiento tenía sus límites, porque a la hora de la verdad todos pretendían conservar su identidad, manteniéndola en estado puro[8].

En los siglos XII y XIII las tres religiones desempeñaron el papel de integradoras de sus comunidades. No en vano, y así lo entendieron los más adelantados, se trataba de pueblos cuyos dogmas tenían en común su origen geográfico oriental y la creencia en un Dios, personal, trascendente y único. Lo que no siempre estaba claro en aquellos ambientes místicos de producción científica y cultural, como se verá más adelante, era hasta qué extremos estaban dispuestos a llegar muchos dirigentes religiosos con tal de conservar sus prebendas y de imponer a los demás sus creencias y sus leyes.

¡Conversión o muerte!

El esplendor del judaísmo español no pudo evitar que a mediados del siglo XIV la situación empezara a dar un vuelco dra-

---

[8] Los judíos españoles de la «edad de oro» no sólo destacaron en las ciencias y los saberes religiosos. La producción de alta calidad también se dejó notar por parte de los cartógrafos malloquines e igualmente de los artesanos hebreos, que fueron conocidos como exquisitos orfebres y excelentes fabricantes de calzado, entre otros oficios tradicionales.

mático. Según unos historiadores, debido a la aparición de una nueva clase comercial cristiana que presionaba sobre los hebreos, y según otros, a consecuencia de una insostenible penuria económica que obligó al pueblo a recuperar mediante la violencia las *cartas judiegas* de deudas [9], el judaísmo español entró en un largo túnel de injusticias, matanzas, destierros, expropiaciones y conversiones, del que tardaría en salir más de seiscientos años.

Los acontecimientos más significativos surgieron a partir de 1348, cuando comenzó a extenderse la peste negra. A los antisemitas no se les ocurrió otra cosa que situar el origen de la epidemia en los barrios judíos, una acusación falsa que unida a otras del mismo calibre, como la supuesta autoría de crímenes rituales, la profanación de la hostia y el envenenamiento de pozos, de inmediato surtió sus efectos al provocar terribles ataques de las masas populares contra las juderías o aljamas en diversas ciudades de la Corona de Aragón, donde empezó a gestarse un exacerbado ambiente hostil hacia los judíos.

Coincidiendo con ese clima de violencia antijudía el arcediano Ferrán Martínez, aprovechó para reavivar sus incendiarias soflamas antisemitas. Las arengas de este clérigo acabaron por empujar en junio de 1391 a las hordas cristianas de Sevilla a tomar por asalto la judería de la ciudad causando numerosos muertos y dando lugar a uno de los años más trágicos en la historia del judaísmo en España. Al grito de «¡conversión o muerte!», el violento furor antijudío se propagó rápidamente por todo el valle del

---

[9] En esa época la gran mayoría de los judíos perdieron sus privilegios sociales y económicos, y vieron cómo se esfumaban o se reducían a la mitad las deudas que los cristianos habían contraído con ellos.

Guadalquivir, de donde se extendió tanto al centro de la península como hacia Valencia, Cataluña y Baleares.

Si bien las operaciones antijudías de «limpieza étnica» de 1391 no arrasaron por igual todas las comunidades hebreas establecidas en Sefarad[10], hubo aljamas y juderías que desaparecieron por completo. Es el caso de las comunidades judías de Andalucía, Levante, Islas Baleares y Cataluña, lo mismo que las pequeñas agrupaciones radicadas en Cuenca y Madrid.

El relato de aquellos episodios, en los que se detalla cómo el terror recorrió casi toda la España judía durante 1391 dejando a su paso un reguero de hebreos muertos, huidos o conversos, se puede hacer de la manera más hiperrealista posible y quizá no llegue a mostrar nunca la crueldad de semejante explosión antisemita. Un somero repaso a lo que han contado los cronistas de la época muestra que, en efecto, los primeros asaltos a las juderías se dieron en Sevilla de donde rápidamente se extendieron hacia otras localidades andaluzas como Alcalá de Guadaira, Carmona, Écija, Santa Olalla, Montoro, Andújar, Jaén, Úbeda, Baeza y la propia Córdoba, donde los muertos se contaban por centenares a la vez que las sinagogas eran convertidas en iglesias.

En Castilla, las turbas antijudías acabaron con la aljama de Ciudad Real; luego pasaron por Cuenca y Huete hasta llegar a Madrid, donde fueron asesinados o bautizados casi todos los judíos. Los matones de hebreos se cebaron en Toledo, asaltada el 20 de junio, donde perdieron la vida el rabino Yehudá y su familia, entre muchos otros. Tampoco se quedaron cortos en Burgos, cuya judería quedó atomizada, con sus miembros escondidos hasta en las casas de algunos buenos cristianos para no ser asesinados. Los

---

[10] Se salvaron las comunidades que estaban situadas al norte de Toledo, dentro de los límites castellano-leoneses.

violentos hicieron acto de presencia también en Valencia, donde lograron derribar las puertas de la judería. Se estima que asesinaron a unas doscientas cincuenta personas y violaron a numerosas mujeres.

Uno de los casos mejor documentados de agosto de 1391 es el de Cataluña. Empezando por Barcelona, donde, entre los días sábado 5 y martes 7, los agitadores asaltaron el barrio judío al consabido grito de «¡conversión o muerte!». Para tener una idea de lo que ocurrió en ese corto lapso de tiempo, en el que la próspera comunidad judía de Barcelona desapareció por completo, basta saber que la ciudad se llenó de bandas armadas de campesinos armados que asesinaron a más de quinientas personas. No contentos con eso, saquearon la judería y robaron todo lo que pudieron en las fortalezas donde se habían resguardado los judíos.

Como consecuencia de los denominados pogromos de 1391 y de la política antisemita de los monarcas españoles en las tres décadas siguientes —conversiones al cristianismo incluidas—, a comienzos del siglo XV prácticamente todas las grandes juderías habían pasado a la historia. Salvo las de Zaragoza y Tudela, las citadas comunidades hebreas de Barcelona, Valencia, Mallorca habían dejado de existir, y las de Toledo, Burgos y Sevilla, por citar sólo estos ejemplos, apenas sobrevivían en guetos reducidas a su mínima expresión, con sus antiguos miembros convertidos al catolicismo o dispersos por pequeños pueblos y aldeas.

En tales condiciones, los judíos que se salvaron fueron sometidos por la Iglesia católica a una ley rígida y despiadada. Padecieron severas restricciones económicas, se les decretó el pago de impuestos arbitrarios y hasta se les impuso la obligación de llevar en su vestimenta aprobiosos signos externos —generalmente una rodela roja y amarilla— que identificasen inequívocamente su condición religiosa y social.

Marranos en Palacio

El capítulo de las conversiones al cristianismo constituye uno de los aspectos más antiguos e interesantes del judaísmo. A lo largo de siglos, miles de hebreos se vieron obligados a abandonar los ritos y la tradición de sus antepasados para salvar la vida y los bienes, o para no ser expulsados del país en el que habían vivido desde tiempos inmemoriales. También hubo una minoría de judíos que se convirtieron por voluntad propia a otras religiones, así como otro grupo, reducido pero significativo, de oportunistas que abjuraron de la fe mosaica y abrazaron el catolicismo por mezquinos intereses personales.

En España una de las primeras conversiones masivas tuvo lugar a raíz de los sucesos de 1391, cuando centenares de hebreos aceptaron el bautismo para proteger su integridad física. Sin embargo, como pudieron comprobar durante siglos los conversos, su paso al *otro lado* no suponía automáticamente la integración en la nueva comunidad católica, porque la norma de la limpieza de sangre les impedía el acceso a ciertas carreras y funciones públicas.

De hecho, a los cristianos nuevos se les miraba con recelo y, salvo excepciones, se les seguía considerando judíos. Los esfuerzos de muchos jerarcas religiosos en señalar y convertir a los hebreos españoles fueron tan intensos y prolongados, que acabaron generando en la conciencia colectiva de los católicos la equivocada convicción de que realmente existía la sangre judía y que además ésta suponía una mancha imposible de borrar —ni siquiera con el agua bendita del bautismo—, por lo que se transmitía de generación en generación. En este sentido, de poco sirvió que los judíos que se convirtieron en la época de Jaime I de Aragón y de Fernando III de Castilla hubiesen podido disfrutar de todos los derechos reservados a los cristianos.

Sin entrar en la difícil situación en la que quedaban después de cada oleada antisemita los hebreos que optaban por afrontar el peligro y la humillación antes que apostatar de sus creencias religiosas y hábitos culturales, conviene aclarar que en el campo de las conversiones hay denominaciones concretas que se han utilizado para identificar el grado y la calidad de los conversos, algunas de las cuales en ocasiones se prestan a cierta confusión. Los más comunes eran los judeoconversos, también llamados cristianos nuevos, entre quienes estaban los que se habían bautizado voluntariamente, y los denominados marranos, cuya conversión tan sólo era aparente, pues seguían siendo hebreos de corazón y continuaban con sus tradiciones en la intimidad de sus hogares y en los ambientes de máxima confianza. Estos hebreos suelen ser confundidos erróneamente con los criptojudíos, o judíos secretos; personas que acataban la ley mosaica sin estar fichados como judíos. Lógicamente, también estaban los cristianos viejos y los propios judíos.

Pero fijémonos en la palabra marrano, la cual, según los diccionarios modernos, era empleada (por los cristianos) sólo para nombrar de forma peyorativa a los «conversos que judaizaban ocultamente», aunque lo cierto es que llegó a emplearse despectivamente contra todos los hebreos que abrazaban el cristianismo e incluso contra los descendientes de éstos. Algunos analistas consideran que el término proviene del verbo *marrar* (fallar, equivocarse, desviarse de lo recto). Según otros, se deriva del árabe *muharram* (vedado, prohibido), que se aplicaba al cerdo, animal eminentemente cristiano, cuya ingesta prohiben la Torá y el Corán.

Aunque la mayoría de los autores ven el calificativo de marrano como un insulto (aplicado también a los musulmanes que se convertían), con el tiempo esta palabra ha acabado por ser asimilada hasta convertirse en una denominación normal, que no pocos descendientes de conversos llevan a mucha honra.

Aunque la mayoría eran personas del pueblo llano (artesanos, comerciantes, agricultores...), también hubo quienes buscaron su propia seguridad o limpieza de sangre escalando, con mayor o menor suerte, hacia posiciones de poder.

Los documentos analizados por los historiadores están repletos de nombres de antiguos judíos que estaban situados en los estratos sociales más altos en el momento de la conversión, y de aquellos que, tras dar el paso, iniciaron una obsesiva carrera de ascenso en los más distinguidos ámbitos políticos, económicos y religiosos. Algunos conversos llegaron incluso a buscar atajos emparentándose directamente con familias de la nobleza o situándose en el entorno más cercano posible de los propios monarcas. Muchos conversos, por tanto, alcanzaron renombre e influencia merced a los altos cargos que ocuparon —también gracias a sus notables aportaciones científicas y literarias—; y además los hubo que destacaron por sus acciones a favor o en contra de las comunidades judías.

La reina Isabel la Católica, por citar a uno de los personajes históricos más señalados en relación con una de las páginas más negras del judaísmo español, se rodeó de colaboradores conversos o descendientes de éstos. Entre los religiosos a los que otorgó su confianza estaban su propio confesor y primer arzobispo de Granada, fray Hernando de Talavera [11], los obispos fray Alonso de Burgos, Juan de Maluenda, Alfonso de Valladolid, Alonso de Palen-

[11] Hernando de Talavera fue un religioso muy interesado en encontrar caminos para la inserción de los cristianos nuevos en la mayoritaria sociedad católica de su época, materia sobre la que escribió un interesante tratado. Se asegura que por línea materna pertenecía a la familia conversa de los Contreras.

zuela, Pedro de Aranda; y el cardenal Juan de Torquemada, autor de la obra *Tractatus contra medianitas,* en defensa de los judíos. En el entorno próximo de la reina se encontraban, además, altos cargos como el consejero Pedro de Cartagena, el contable Gonzalo Franco; los secretarios Fernando Álvarez, Alfonso de Ávila, y el cronista real Hernando de Pulgar, todos ellos cristianos nuevos.

Uno de los casos más sonados fue el de Salomón ha-Leví, quien después de haber sido rabino de la aljama de Burgos y enriquecerse haciendo negocios con la realeza decidió pedir el bautismo a raíz de las matanzas de 1391. Con el nuevo nombre cristiano de Pablo de Santamaría o Pablo de Burgos, Ha-Leví logró ser nombrado nada menos que obispo de esta ciudad, donde paradójicamente se erigió en fiero perseguidor de sus antiguos acólitos. Su hijo Alonso de Cartagena, y el teólogo fray Alonso de Oropesa, autor de *Lumen ad revelationem gentium,* fueron figuras destacadas en los debates que sobre los conversos se celebraban dentro y fuera de la península.

Prueba de la variedad ideológica que había entre los conversos y sus descendientes son también Tomás de Torquemada y Teresa de Ávila o Teresa de Jesús. El dominico vallisoletano, nacido en 1420 en el seno de una familia judía conversa, no sólo llegó a ser inquisidor general, sino que dictó las *Instrucciones de la Santa Inquisición* y dio a este tribunal un carácter terriblemente represivo y fanático. Teresa de Ávila (cuyo nombre original era Teresa de Cepeda y Ahumada), autora de *Castillo Interior,* obra cumbre de la mística española y occidental, descendía de una dilatada familia conversa toledana, los Álvarez de Cepeda, quienes, a su vez, estaban emparentados con otras familias de ascendencia hebrea. Nacida en Ávila en 1515, santa Teresa de Jesús encontró en el éxtasis de la comunión mística un estado tan distante del judaísmo como del catolicismo.

A propósito de las conversiones, hubo otros frailes de muy funesto recuerdo para los judíos, como el franciscano Alonso de Espina —de quien, pese a otras versiones, los historiadores han confirmado su origen no converso—, implacable perseguidor de judíos y de cristianos nuevos, cerebro de la *limpieza de sangre* en las órdenes religiosas e ideólogo de la Inquisición en Castilla. Otro religioso con mala prensa entre los judíos es el dominico fray Vicente Ferrer —tampoco consta su ascendencia judía—, cuya fama de fustigador y convertidor de herejes no es óbice para que haya quienes aseguran de él que sólo fue un celoso «conservador de la fe católica desde el punto de vista de su época».

Durante siglos numerosos judíos conversos adoptaron nombres y apellidos inconfundiblemente cristianos y practicaron el catolicismo de forma ostensible, a la vez que mantuvieron en secreto su fidelidad a la ley de Moisés [12]. Para guardar las apariencias, algunos incluso se sacaron de la manga impresionantes escudos nobiliarios y no hacían circuncidar a sus hijos varones ni observaban las prescripciones rituales. Apenas podían evitar el consumo de cerdo, una costumbre que aún hoy deja entrever la ascendencia conversa de no pocas familias españolas, muchas de las cuales ignoran esta circunstancia. Como ejemplo actual de aquellos cambios de nombre, está el caso de José Luis Santa Cruz, activo miembro de la Asociación Hebraica de Madrid, quien abiertamente ha reconocido al autor de este libro que lleva «el apellido más sospechoso de todos».

El referido periodista Pere Bonnín ha incluido en su libro *Sangre Judía* una curiosa relación de miembros de la nobleza y el clero a quienes su origen converso no les impidió ocupar posiciones de poder e influencia en aquella sociedad medieval, cristiana y antisemita. Muchas de aquellas dinastías y apellidos permanecen to-

---

[12] En el anexo II de este libro se incluye una lista con cerca de 6.000 apellidos de judíos, criptojudíos, conversos y descendientes de éstos, tanto antiguos como recientes, la mayoría de ellos de origen sefardita.

davía vigentes en España, aunque no todos gozan del esplendor de los viejos tiempos.

En efecto, prestantes casas de mediados del siglo XV como los Moncada, Mendoza, Moncayo, Bardají, Almazán, Urrea, Cerdá, Castelar, Luna, y Arellanos estaban emparentadas con conocidas familias conversas de la península. Algo similar ocurría con los Ayerbe y los Zayas, que eran parientes del converso Luis de Santángel, a su vez, casado en segundas nupcias con una judía conversa, Violante, hija del poderoso Alfonso Ruiz de Daroca y de Violante de Arbolea, también judeoconversos. «Los dos hijos de este matrimonio enlazaron con sendas hijas de las familias nobles Eraso, Haro y Urríes», explica Bonnín demostrando haber hecho un detallado seguimiento a estas familias. No menos distinguidos, los Cabeza de Vaca emparentaron igualmente con hebreos convertidos, y «hasta el propio Fernando el Católico tenía ascendencia judía, ya que Juan II de Aragón había casado en segundas nupcias con Juana Henríquez, hija del almirante Alfonso Henríquez, descendiente de judíos por línea materna».

Para los judíos españoles de hoy, es motivo de orgullo saber que la literatura castellana del Siglo de Oro, como la de otras épocas, se debe en gran medida a escritores y pensadores conversos y descendientes de conversos. Gramáticos, como Antonio de Nebrija; poetas místicos, como San Juan de la Cruz; sabios maestros como Francisco de Vitoria, son sólo algunos de ellos. En muchos de los genios del Siglo de Oro influyó el gran escritor de la escuela salmantina fray Luis de León, quien tras ser denunciado al Santo Oficio, purgó durante cinco años su condición de converso en la cárcel inquisitorial de Valladolid.

El viejo marranismo de Sefarad también se vio adornado por otra constelación de pensadores y escritores, entre los que brillan con luz propia los jesuitas Baltasar Gracián, considerado, junto con Quevedo, una de las grandes figuras mundiales de la prosa conceptista; el cardenal Francisco de Toledo y su sobrino Francisco Suárez (para muchos, el filósofo español más importante de todos los tiempos). De igual manera, el linaje semita corría por las venas de otros grandes de la literatura como los andaluces Juan de Mena, creador del poema *El laberinto de Fortuna;* y Mateo Alemán, autor de *Guzmán de Alfarache,* y Fernando de Rojas, escritor de *La Celestina.*

De ser cierto, como sospechan diversos investigadores, que Miguel de Cervantes Saavedra y Cristóbal Colón también eran descendientes de judíos, sus nombres se unirían a los de Montaigne y Spinoza, con quienes, en palabras de Edgar Morín, el marranismo aportó a la moderna cultura europea, «dos de sus más ricos fermentos»[13]. En el caso de Colón, se sabe que en sus naves había tripulantes de raigambre judía, como Rodrigo Sánchez (superintendente), Luis de Torres (intérprete), Bernal de Tortosa (boticario) y el marinero Rodrigo de Triana, de quien se piensa que fue el primero en avistar tierra desde la Pinta. A Colón le acompañaron muchos otros sefardíes que aprovecharon para embarcarse huyendo de la temible Inquisición.

La hoguera de Torquemada

Si aquellos navegantes hebreos escaparon por ese motivo, no era para menos, porque si hay una institución de la historia de España cuyo solo nombre evoca viejas y terribles maldades cometidas por la Iglesia al amparo del poder, esa es la Santa Inquisición. Muchas veces se ignora cuándo, por quién y para qué fue creado este tribunal, pero siempre se le relaciona con centenares de per-

---

[13] *Los judíos de España. Historia de una diáspora (op. cit.,* pág. 11).

sonas anónimas e inocentes que, tras ser ridiculizadas con el legendario sambenito, eran torturadas y condenadas a cadena perpetua o a morir en la hoguera por el simple hecho de tener unas creencias religiosas —especialmente las judías— distintas a las cristianas.

Creada con objeto de perseguir la herejía y otros delitos contra la fe, la Inquisición tuvo dos manifestaciones relativamente distintas. La Inquisición medieval, directamente vinculada al pontificado, y la Inquisición española, establecida por los Reyes Católicos. Cuando en 1482 el papa Sixto IV aprobó la creación del tribunal del Santo Oficio de la Inquisición en Castilla, este tribunal ya funcionaba en Aragón. Había sido implantado en 1232 por el confesor del rey Jaime I, Raimundo de Penyafort, a instancia de Gregorio IX —el padre de la idea— para frenar el avance de la herejía de los albigenses [14] por el sur de Francia.

A fin de lograr con éxito el establecimiento de la Inquisición, primero en los diferentes reinos de España y luego en América, Los Reyes Católicos encargaron la organización del tribunal al dominico fray Tomás de Torquemada, quien se inspiró en el *Directorium Inquisitorum* (Instrucciones a los inquisidores) de su hermano de orden, el inquisidor general de Aragón, Nicolás Eymerich. Ni corto ni perezoso a la hora de mostrar su ramalazo antisemita, Torquemada impuso como norma el secreto de los juicios, así como la salvaguarda de la identidad de los delatores y testigos. Cinco años después los Reyes Católicos, previa autorización del Papa, crearon el Consejo de la Suprema y General Inquisición, un organismo que en la práctica elevó la Inquisición castellana a la categoría de

---

[14] Miembros de una secta religiosa de carácter maniqueo, que se desarrolló en Francia en los siglos XII y XIII. Algunos grupos de albigenses se refugiaron en Cataluña, donde alcanzaron gran influencia merced a su riqueza y conocimientos.

consejo real y dio a sus miembros impunidad para cometer crueles excesos en nombre de Jesucristo y de la Corona.

En opinión de notables estudiosos del judaísmo, la Inquisición de los Reyes Católicos persiguió a todos los conversos sospechosos de ser judaizantes, pero sólo produjo sentencias de muerte «en algunos casos» entre los sospechosos de ser judaizantes y jamás actuó contra los judíos en cuanto tales, pues nunca persiguió a los hebreos no conversos que seguían practicando «libremente» su religión. Otros, sin embargo, consideran que los instructores de los procesos inquisitoriales, ciegos de «santa ira», también se cebaron con los judíos y los criptojudíos más débiles, de igual manera que tras la expulsión de los hebreos en 1492 se centraron especialmente en los conversos de origen judío, de cuya sinceridad hubiese simples dudas, o porque fueron víctimas de delaciones —con o sin fundamento— por parte de fanáticos cristianos.

Los métodos de investigación del tribunal inquisitorial incluían prácticas como la delación anónima, el encarcelamiento de los acusados, la confiscación de sus bienes y la tortura —esta última como método eficaz para obtener «milagrosas» confesiones de los desgraciados que cayesen en sus manos—, las cuales solían conducir a penas de cadena perpetua y en el peor de los casos a penitencias de morir en la hoguera. En general las sentencias leves eran leídas en los autos de fe, que podían ser generales o particulares, en función de la mayor o menor intensidad de la condena. Una barbarie, en suma, que la Iglesia, los Reyes Católicos y los monarcas españoles que les sucedieron prolongaron hasta que fue suprimida, en un primer intento, por las Cortes de Cádiz (1813), y definitivamente por la reina regente María Cristina en 1834, cuando en otros países ya estaba prácticamente extinguida.

Geográficamente la Inquisición española comenzó en el sur de la península y se extendió rápidamente hacia el norte, con sedes en lugares como Sevilla, Córdoba, Ciudad Real, Toledo, Valencia, Cuenca, Sigüenza, Barcelona, Valladolid, Zaragoza, Mallorca y Logroño, hasta alcanzar la cifra de dieciséis tribunales. Al igual que la Inquisición del medioevo, la implantada por los Reyes Católicos aplicó la cínica maniobra de delegar en el *brazo secular* la ejecución de las condenas a muerte, también mantuvo las mazmorras inquisitoriales y obligó a los reos a vestir el degradante sambenito [15]. Los penitenciados eran obligados a llevarlo en público —algunos durante toda su vida— y además a cubrir sus cabezas con un ridículo capirote de forma cónica como el que se colocaba a los más vulgares delincuentes.

Los condenados a muerte que, mediante torturas habían reconocido y abjurado de su judaísmo, y se reconciliaban en el último momento con la fe católica, eran merecedores de un triste consuelo: se les pasaba por la horca o por el garrote vil antes de ser quemados. Eso sí, para los recalcitrantes no había compasión y directamente eran enviados a la hoguera. Del volumen de casos da una idea el hecho de que hasta 1525, cuando se iniciaron los procesos contra los moriscos y otros herejes, el número de judaizantes procesados y condenados a diversas penas en los reinos de Castilla, Aragón y Navarra rondaba los trescientos cincuenta mil.

Como consecuencia de las crueles actuaciones del Santo Oficio el terror se apoderó de todos los estratos sociales, de forma que ricos y pobres, cultos e ignorantes, todos alardeaban de su rancio abolengo cristiano por temor a las delaciones. Esta costumbre acabó convertida una ley (el Estatuto de Limpieza de Sangre) que segregó por completo de los cargos públicos a los musulmanes y a los confesos de judaísmo, y en no pocas ocasiones a sus descen-

---

[15] El sambenito consistía en un faldón o saco sin mangas, de material basto, al que se hacían tres agujeros para pasar la cabeza y los brazos. Generalmente llevaba unas cruces pintadas o cosidas por ambos lados, en función de la condena impuesta.

dientes hasta varias generaciones. Al calor de semejante norma los cristianos «limpios» sometieron a los peores ultrajes a todo aquel judaizante que encontraron a su paso.

Como en el caso de los marineros de Colón, muchos conversos, entre ellos algunos sinceramente cristianizados, huyeron a América para escapar de la Inquisición, pero hasta allí les persiguieron las huestes exterminadoras de Torquemada. En México, por ejemplo, en cosa de treinta años doscientos marranos fueron acusados de practicar ritos y ceremonias de la ley judaica. Más aún, en el siglo XVII todavía se daban casos de descendientes de lejanos conversos que, temerosos, abandonaban España para instalarse en lugares como Amsterdam, Venecia, Liorna y Salónica con objeto de incorporarse a las comunidades judías.

La rama muerta del árbol de Israel

La Inquisición escribió una de sus páginas más negras en las Islas Baleares y sentó un trágico precedente que en muchos aspectos permanece casi intacto en la actualidad. Con una numerosa presencia judía perfectamente documentada a partir del siglo V, casi toda la población originaria de localidades como Mahón y sus alrededores, en la isla de Menorca, y buena parte de la proveniente de Palma de Mallorca, cuenta con antepasados hebreos, aunque en bastantes casos y por razones históricas muchas familias no sean conscientes —o no quieran serlo— de esta circunstancia.

Precisamente fue en Mallorca donde se acuñó el término *chueta*, un sinónimo de marrano, utilizado para calificar de manera peyorativa a los descendientes de judíos conversos, tanto si judaizaban ocultamente como si no. Eran varios miles de hebreos, los cuales en razón de su insularidad y atrapados por edictos reales que les impedían emigrar a otras tierras, desde el siglo XIII fueron presa fácil para la Inquisición. La primera víctima mortal del espantoso tribunal mallorquín, Alfonso López, un muchacho de dieciséis años, fue entregado a las llamas en enero de 1675 tras comprobarse que había sido converso y ante su pertinaz negativa a renegar de la fe mosaica. A la ejecución de aquel desdichado joven siguió una verdadera caza del hereje, que de inmediato empezó a enviar a las galeras y las mazmorras a numerosos conversos, muchos de los cuales terminaron sus días en el garrote vil, la horca o la brasa inquisitorial.

Pero la parte de la historia de los chuetas de Mallorca que nos ocupa en este momento —la que llega hasta nuestros días— tuvo lugar en Palma a raíz de una serie de autos de fe celebrados a partir de 1691, los cuales afectaron especialmente a quince apellidos [16] sobre los que recayó un cruel estigma que ha perdurado con el paso de los siglos. En el primero de aquellos autos fueron ejecutados treinta y tres chuetas, acusados de practicar en secreto la fe de Abraham, entre ellos los supuestos cabecillas de una comunidad que judaizaba secretamente, Rafael Valls y Rafael Benito Tarongí, y una hermana de éste, Catalina. Sus nombres forman parte de los quince apellidos que fueron marcados para siempre por la Iglesia católica al haber sido incluidos en unos sambenitos expuestos durante largo tiempo en el claustro del antiguo convento de Santo Domingo de Palma, justo en el mismo lugar en que ahora está ubicado el Parlamento balear.

---

[16] Según el experto Josep Mascaró Pasarius, los apellidos tradicionales de los descendientes de judíos conversos mallorquines son Aguiló, Bonnín, Cortés, Forteza, Fuster, Martí, Miró, Piña (o Pinya), Picó, Pomar, Segura, Tarongí, Valentí, Valleriola y Valls.

El nazi de Baleares

Quizá por tratarse de los presuntos jefes espirituales de una comunidad de judíoconversos, el jesuita Francisco Garau, en su obra *La fe triunfante* dedicó a Rafael Valls, a Rafael Benito Tarongí y a su hermana, Catalina, el siguiente párrafo, cuya crueldad lo dice todo respecto a los sentimientos de tan abyecto sacerdote:

»*(...) Dígase la verdad, que como los reducidos recibieron con ojos serenos la soga y se sentaron en el palo con ánimo sosegado, así al contrario estos impenitentes, al ver de cerca la llama comenzaron a mostrar su furor, forcejeando con toda rabia para desprenderse de la argolla, lo que al fin consiguió el Tarongí. Pero ya sin poderse tener, cayó de lado sobre el mismo fuego del que huía. Y su hermana Catalina, que antes se había jactado de que había que arrojarse al incendio, al lamerle las llamas, gritó repetidas veces para que la sacaran de allí, aunque siempre pertinaz en no querer invocar a Jesús. Ni le bastó al Valls la estoica insensibilidad afectada. Que va mucho de hablar a obrar, y donde llega fácil la lengua no acompaña siempre el corazón. Mientras llegó sólo el humo, era una estatua; en llegando la llama se defendió, se cubrió y forcejeó como pudo, y hasta que no pudo más. Estaba gordo como un lechonazo de cría y encendióse en lo interior, de modo que, aun cuando no llegaban las llamas, ardían sus carnes como un tizón, y reventando por medio, se le cayeron las entrañas como a Judas (...)*» [17].

Los judíos que fueron procesados en aquellos últimos autos de fe no eran los únicos conversos que había en Baleares, ni siquiera en Mallorca, pero sí los únicos a los que se condenó y, por tanto, sobre los que recayó el estigma de chuetas que ha perseguido a sus apellidos durante más de 300 años. Los otros linajes «malditos»; es decir, los de los hebreos que no fueron condenados en esos autos de fe, con el tiempo quedaron asimilados —libres de toda mancha—, a los de los cristianos viejos en la medida en que el judaísmo iba siendo barrido del archipiélago.

---

[17] Párrafo incluido en el artículo *Los Chuetas de Mallorca*, Josep Mascaró Pasarius, *Los judíos de España, op. cit.*, p. 74.

En muchos casos todavía hoy persiste en Mallorca un cierto rechazo hacia las familias portadoras de tales apellidos chuetas, aunque afortunadamente sin la fuerza y el peligro de antaño. Numerosos descendientes de estas y otras familias igualmente judías de las ahora turísticas islas mediterráneas, en su mayoría auténticos católicos, todavía conservan algunos ritos y costumbres judías cuyo auténtico significado ignoran. Por ejemplo, procuran no realizar ningún tipo de trabajo el sábado, día en que se esmeran en el vestido más que el resto de la semana; suelen encender velas durante la comida coincidiendo con determinadas fiestas del Antiguo Testamento, etc. Muchos de ellos incluso desconocen su relación con tan antiguos y crueles sucesos, y también hay quienes, sabedores de lo que pasó, prefieren correr un tupido velo. Pero lo cierto es que a principios del siglo XX todavía se daban casos de jóvenes que deseaban ingresar en órdenes religiosas de Mallorca, y que fueron rechazados única y exclusivamente por llevar tan señalados apellidos.

Más recientemente, en 1994, Miquel Segura, descendiente de conversos, relataba en su libro *Memoria xueta* el caso del primer alcalde de Palma tras la llegada de la democracia, el socialista Ramón Aguiló. Según éste, a lo largo de los casi diez años que permaneció como primer edil recibió diversos anónimos amenazantes en los que se le echaba en cara su condición de chueta. En la misma etapa aparecieron pintadas callejeras contra Aguiló, realizadas por neonazis locales, en las que se podía leer «*¡Batle jueu, no!*» (alcalde judío, no), «*Cort = sinagoga*» (Ayuntamiento = sinagoga). Hubo también otras más extensas en las que se le tachaba de judío y se pedía para él el paredón [18].

---

[18] Miquel Segura, *Memoria xueta*, Bitzoc, Palma de Mallorca, 1994.

Si bien el escarnio público de los chuetas mallorquines prácticamente ya ha pasado a la historia, en la judería balear aún hay ancianos que recuerdan los ultrajes y las vejaciones a que fueron sometidos durante su juventud. Estas personas forman parte de un grupo de casi 300 familias con antepasados chuetas, y cuyos oficios (orfebrería, joyería, comercio...) siguen siendo los mismos de sus parientes lejanos. Aunque sus relaciones con las familias de cristianos viejos son aparentemente normales, en más de una ocasión observan cómo salen a relucir contra ellos las palabras chueta y judío.

Esta moderna, aunque muchas veces sutil, discriminación por parte del mundo católico, no es la única que padecen los actuales chuetas mallorquines. Salvo excepciones, la propia comunidad judía española parece mirar hacia otro lado cuando este asunto se pone sobre la mesa. Como consecuencia de la legendaria e intensa penetración del cristianismo entre los chuetas, a los ojos de los modernos judíos aparecen como católicos. Ven en ellos mucho más de católico que de judío y les evitan.

Aunque en el seno de las comunidades judías de Madrid y Barcelona, lo mismo que en organizaciones internacionales como la B'nai B'rith-España, hay quienes consideran que los chuetas que así lo deseen deberían ser admitidos como hebreos, la realidad es bien distinta. Condenados al olvido por unos y otros, y pese a que muchos descendientes de aquellos conversos mallorquines hacen esfuerzos por mantener viva la llama de sus antepasados, no es extraño que el escritor inglés Robert Graves se haya referido a los *chuetas* de Mallorca como «la rama muerta del árbol de Israel» [19].

---

[19] *Abc*, suplemento Actualidad, Madrid, 28-X-2001, Madrid, p. 10.

De fuera vendrán...

Pero volvamos a los años previos a la expulsión de los judíos en 1492, una época en que la población judía de Sefarad, a pesar de que en cierta forma había logrado reponerse de los sucesos de 1391, se encontraba distribuida de forma muy desigual. Con sólo tres aljamas en el reino de Valencia, el mismo número en Cataluña, diecinueve en Aragón y doscientas dieciséis en Castilla, es evidente que la gran mayoría de judíos vivían en el interior de la península. Salvo algunas juderías con cerca de trescientas familias hebreas, como las de Segovia, Toledo, Trujillo, Ocaña, Almazán, Guadalajara, Ávila, Soria, Murcia, y quizá también las de Tudela y Zaragoza, en el resto del territorio las comunidades judías eran pequeñas y estaban diseminadas por las zonas rurales. Con algunas excepciones, la vida de los miembros de las aljamas pequeñas transcurría lejos de los influyentes círculos artísticos y cortesanos.

Los investigadores aún no se han puesto de acuerdo sobre el número de judíos que vivían en España en los momentos previos a la expulsión. Las grandes comunidades de Toledo y Burgos habían quedado muy reducidas; la de Sevilla era virtualmente sólo un recuerdo desde la expulsión de los hebreos de Andalucía en 1483, y las de Barcelona y Valencia prácticamente habían desaparecido. En todo caso, los cálculos más depurados estiman que la población judía de entonces rondaba los cincuenta mil individuos en Castilla y cerca de veinte mil en la corona de Aragón, lo que sitúa en torno a los cien mil, el número de individuos que se vieron afectados por la orden de expulsión.

La gran mayoría de aquellos hebreos vivían de su trabajo, dedicados al pequeño comercio con tiendas en las que se expendían toda clase de productos, y era normal verlos dedicados a oficios artesanales. Por ejemplo, había peleteros, carpinteros, sastres, joyeros, plateros, orfebres... También se les podía encontrar como ganaderos y agricultores, lo mismo que de zapateros remendones, ropavejeros y hasta los había pobres de solemnidad.

En el campo del dinero, existían judíos ricos —una minoría, como ahora—, incluso algunos muy acaudalados, aunque muchos de ellos se habían convertido en épocas recientes. Los prestamistas, no todos millonarios (como generalmente se tiende a suponer) porque un gran número de ellos manejaba pocas cantidades de dinero, habían experimentado un cierto aumento, al contrario que los recaudadores de impuestos, que si bien se les veía en la mayoría de las ciudades del reino y constituían una gran fuente de ingresos para la Corona, lo cierto es que habían conocido tiempos mejores. Ambas especialidades se habían convertido en profesiones de riesgo, pues si bien la primera podía llegar a tener buena rentabilidad, también es verdad que los cristianos deudores se las ingeniaban para pagar sus deudas tarde, mal o nunca. En cuanto a los recaudadores, las propias características de esta actividad hacía que los judíos dieran con sus huesos en la cárcel al primer descuido.

Ello no impedía que algunos judíos, como Abraham Senior y Rabí Meír Melamed, entre otros recaudadores destacados, llegasen a ocupar posiciones de influencia en la corte de los Reyes Católicos. Además, como se ha visto, en el ramillete de cortesanos figuraban otros hebreos importantes, como el rabino Abraham Senior, Vidal Astorí y Mayr Melamed, lo mismo que Abraham y Vidal Benveniste, y Yosef e Isaac Abravanel, este último, asesor comercial y financiero de la reina. Algunos médicos —otra profesión judía por antonomasia— también prestaban sus servicios a la nobleza, al alto clero y a la propia casa real.

Siguiendo instrucciones de los Reyes, en los meses previos a la expulsión, las instituciones encargadas de administrar justicia mantuvieron una actitud relativamente correcta hacia los judíos, aunque se daban casos en los que, por ejemplo, la ejecución de las sentencias favorables a judíos tropezaban con toda clase de obstáculos. Algunos sectores de la nobleza también mostraron hacia ellos un comportamiento positivo, que en muchos casos llegó a ser incluso de protección hacia los hebreos, pero sólo por las ventajas que les suponía su presencia y colaboración. Con todo, en la mayor parte de las ciudades y villas el populacho aprovechó para cometer todo tipo de fechorías y abusos, obligando a los judíos a replegar sus asentamientos hacia los lugares más lejanos e insalubres. En general, la convivencia con los cristianos era muy dura, porque todo hebreo estaba permanentemente expuesto a acusaciones de usura, blasfemia, injurias contra el Rey, etc.

En una época en que el judaísmo había sido prohibido en lugares como Francia, Inglaterra, Nápoles y Austria, el reino de Castilla se había convertido en uno de los pocos refugios para los judíos de Europa. Esta circunstancia, y el hecho de que el sefardismo constituyese por entonces el núcleo más importante y culto del pueblo de Israel, dan una idea del impacto que supondría para el judaísmo —y no sólo el español— el fulminante decreto de expulsión que estaba en ciernes.

Llegó el momento en que a través de los pregoneros los judíos se fueron enterando del decreto de expulsión. Fechado el 31 de marzo de 1492. En el edicto real, que había sido redactado por el inquisidor general fray Tomás de Torquemada, se declaraba que la religión judía era un «grave y detestable crimen» que causaba un serio daño a la sociedad cristiana.

Los Reyes Católicos dieron a los hebreos españoles la alternativa de convertirse al cristianismo mediante el bautismo o malvender sus bienes y marcharse, eso sí, sin llevarse consigo objetos de oro, plata o piedras preciosas. A partir del plazo señalado la simple práctica del judaísmo sería castigada con las penas más graves posibles. Aquellos que tras haberse marchado lo pensasen mejor y quisieran volver como cristianos tenían la posibilidad de recuperar sus bienes, pagando el mismo precio que habían recibido por ellos. Lo que no se les dijo fue que aquellos que optasen por abrazar el catolicismo, entrando, por tanto, a formar parte del grupo de cristianos nuevos, también seguirían siendo considerados sospechosos y despreciados durante toda su vida por la sociedad, como ocurrió.

Precisamente esa posibilidad de regresar a España ha llevado a muchos analistas a afirmar que el decreto buscaba, no la expulsión de los judíos, sino la erradicación del judaísmo, algo que, de ser así, evidenciaría un profundo desconocimiento o desprecio por parte de los inquisidores respecto al legendario empecinamiento del pueblo de Israel por mantenerse fiel a la ley de Moisés, incluso en las condiciones más adversas. Prueba de esa fidelidad fue el rotundo fracaso de Luis de Sepúlveda en las sucesivas ofertas que presentó a la aljama de Maqueda (Toledo), y el escaso eco que tuvieron en los judíos sencillos las extraordinarias pompas con que se rodearon los bautismos de relevantes dirigentes hebreos como Abrahám de Córdoba, y los citados amigos de la Reina, Abraham Senior y Mayr Malamed [20]. Tampoco sirvieron para persuadir a demasiados judíos las condonaciones de deudas que se hicieron a los moradores de diversos condados, por lo que al final la gran mayoría de ellos abandonó España. Se estima que fueron más de setenta mil personas.

Al firmar el edicto de expulsión, los Reyes Católicos hicieron cierto un adagio popular según el cual «de fuera vendrán y de tu

[20] El rabino mayor Abraham Senior y su yerno, Mayr Malamed, fueron apadrinados por los reyes Fernando e Isabel al bautizarse y adoptaron los nombres de Fernando Núñez Coronel y Fernando Pérez Coronel, respectivamente. Como premio, poco después Senior fue nombrado miembro del consejo real, regidor de Segovia y contador mayor del príncipe heredero.

casa te echarán». Los judíos habían llegado a la Península ibérica mucho tiempo antes que los cristianos, incluso bastantes siglos antes de que el propio cristianismo naciera en el seno del la religión mosaica. Ni siquiera los musulmanes en las ocasiones en que discriminaron a los hebreos podían alegar razones de antigüedad, puesto que, como se sabe, también llegaron a España mucho después que éstos.

El decreto de expulsión firmado por los Reyes Católicos llevaba hasta sus últimas consecuencias la teoría de la «solución final», con la que suponían se quitarían para siempre de encima la peligrosa influencia religiosa de los judíos. Fernando e Isabel aspiraban a conseguir la unidad política de sus territorios, y la Iglesia les hizo ver que aquella idea necesariamente pasaba por la unidad religiosa. El Santo Oficio ya había dado un paso en esa línea el 1 de enero de 1483, cuando expulsó a los judíos residentes en el arzobispado de Sevilla y en los obispados de Cádiz y Córdoba. Por otro lado, al haberse transformado la Inquisición castellana en una institución religiosa del Estado, la decisión radical de enviar al destierro a los sefarditas cobraba un carácter, además de religioso, eminentemente político.

La salida de los judíos expulsados se produjo en medio de un gran sufrimiento y confusión por parte de quienes se encontraron con que, de repente, tenían que abandonar su tierra, sus costumbres, su país y enfrentarse a la incertidumbre de lo desconocido. Los primeros en salir fueron los que pudieron malvender rápidamente sus bienes, pero la mayoría, camino de la frontera, se vio atrapada por una ola de pillaje, abusos y saqueos que en ocasiones llegó hasta la violación de mujeres y el asesinato.

Para colmo, buena parte de los principales dirigentes de la comunidad judía decidieron convertirse, lo que obligó a Isaac Abravanel a asumir un cierto liderazgo entre los hebreos. En un intento de arreglar las cosas llegó a ofrecer grandes cantidades de dinero al régimen para que el decreto fuese retirado, pero ante el fracaso optó por marcharse a Italia, no sin haber recibido importantes privilegios económicos por los servicios prestados. Años después el propio Abravanel contó las penalidades que él y muchos otros expulsados tuvieron que afrontar dentro y fuera de España camino del exilio. Su testimonio demuestra que algunos de los protagonistas de aquella diáspora acabaron en la hoguera y que muchos otros —incluido él mismo— perdieron lo que habían sacado de España hasta quedar «hundidos en la mayor ruina y miseria». Algunos de ellos vivieron la paradoja de tener que abandonar el judaísmo, «por miedo a ver su sangre vertida como el agua, o de ser vendidos (como esclavos) a los extranjeros que, en buques, se llevaban a hombres y mujeres, chicos y grandes, cautivos, sin compasión de su llanto (...)».

Una de las primeras consecuencias que produjo la expulsión fue la dispersión de los sefardíes por casi todo el mundo, en especial por los amplios territorios de la cuenca mediterránea, África, el norte de Europa y América. La mayoría de ellos buscaron refugio en lugares como Portugal, Francia, Holanda, Inglaterra, Italia, los Balcanes, Turquía, Palestina y el norte de África. También hubo una constante emigración de conversos al continente americano, donde, al igual que en el país luso, las sangrientas persecuciones de la Inquisición los obligaron a convertirse en criptojudíos.

Sin imaginarlo, en ese momento los judíos españoles estaban siendo los pioneros de una de las grandes gestas que ha conocido la humanidad: la de un pueblo que pese a haber sido traicionado y masacrado por su Estado, durante siglos supo mantener el apego a una lengua y desarrollar hasta límites insospechados una cultura que nunca quiso abandonar. Este empecinamiento en mantener viva la españolidad por parte de los judíos que se establecieron en los países mediterráneos y parte del Imperio otomano contagió a los judíos locales, es decir, a los no originarios de España, de un sefardismo que siglos después está produciendo cierta confusión entre los historiadores a la hora de determinar a quién se puede considerar sefardí en el pleno sentido del término. Por otro lado, la mayoría de los judíos asquenasíes son de origen sefardí.

El esfuerzo de aquellos judíos y la injusticia cometida por los Reyes Católicos ha sido reconocida en numerosas ocasiones. Pero pocas como la que tuvo lugar en 1990, con ocasión de la entrega del Premio Príncipe de Asturias a la Concordia a las Comunidades Sefardíes dispersas por todo el mundo. El texto de los méritos que dieron lugar a la concesión de este prestigioso galardón, no deja lugar a dudas: «El pueblo sefardí, parte entrañable de la gran familia hispánica, salió de la Península ibérica hace quinientos años con las llaves de sus casas en las manos. Lejos de su tierra, los sefardíes se convirtieron en una España itinerante, que ha conservado con inigualable celo el legado cultural y lingüístico de sus antepasados. Después de cinco siglos de alejamiento, este Premio quiere contribuir al proceso de concordia ya iniciado, que convoca a esas comunidades al reencuentro con sus orígenes, abriéndoles para siempre las puertas de su antiguo país».

Un mal negocio

A la hora de analizar las motivaciones de los Reyes Católicos al expulsar a los judíos hay opiniones para todos los gustos. Una de las más frecuentes es la que sostiene que los monarcas, temerosos de perder las importantes rentas y otros beneficios que percibían de las comunidades hebreas, preferían que éstas optaran por convertirse al cristianismo antes que marcharse de España, pero que al final se impuso el deseo de los inquisidores. Sea como fuere, no pasó demasiado tiempo para que ambos monarcas cayeran en la cuenta de que si bien el reparto de los bienes incautados a los judíos allegó importantes fondos a las arcas oficiales, a la postre, la pérdida del genio creador de los sefarditas en el campo de las letras, y su pujanza en el campo del trabajo y la creación de riqueza convirtieron la expulsión en un negocio ruinoso para el reino.

Quien sí se percató del error fue el sultán otomano Bayaceto II, quien, al ser avisado de que muchos judíos españoles llamaban a las puertas de sus dominios en busca de asilo, dio orden a sus visires de que les proporcionasen una buena acogida y envió heraldos por todo su reino anunciando serias condenas para quien les hicieran daño. «¡Dicen que es Fernando príncipe muy avezado, pero empobrece su reino y enriquece el mío...!», se asegura que exclamó atónito Bayaceto, conocedor del potencial científico, artístico y económico de los judíos, en referencia al rey español, al que tenía por gran estadista.

En realidad no eran los primeros (ni serían los últimos) sefarditas que llegaban de España al Imperio otomano, pero nunca lo habían hecho en grupos tan numerosos. Procedían de lugares como Aragón, Cataluña, Córdoba, Sevilla, Toledo, e incluso de Portugal, y de inmediato se establecieron en las localidades donde al sultán más le interesaba reavivar la actividad económica. Entre las principales ciudades de acogida, además de Estambul, destacaron Edirne y Safed, en Galilea; y Vlora, en Albania. Pero, sobre todo, se dirigieron a Salónica, el antiguo centro neurálgico macedonio, cuya población en cosa de pocos años era tan mayoritariamente judía e hispanohablante, que llegó a ser conocida como «la Sefarad de los Balcanes». No en vano en Salónica, los israelitas descendientes de judeoespañoles llegaron a superar el sesenta por ciento de la población.

Más tarde fueron apareciendo asentamientos de sefardíes en otras muchas ciudades otomanas: Tebas, Sofía, Bitola, etc, en los

Balcanes; Bursa y Tokar, en Asia Menor, y los hubo que llegaron hasta Palestina, Alejandría, El Cairo y Damasco. En todas aquellas ciudades los sefarditas entraron a formar parte de un mosaico judío en el que había israelitas de otras procedencias, como los asquenasitas, los italiotas y los judíos autóctonos.

El papel preponderante de los judíos en las actividades científicas, técnicas y económicas, no defraudó las expectativas de los sultanes otomanos y explica su benevolencia. Al igual que había ocurrido en las capitales ibéricas, entre los cortesanos otomanos había médicos, diplomáticos y financieros hebreos no necesariamente sefarditas. Por ejemplo, el judío italiano Jacopo de Gaeta llegó a ser médico de Murad II, así como consejero político y financiero de Mehmet II. Otros médicos, estos sí llegados de España, formaron auténticos clanes al servicio de los sultanes. Es el caso de los Hamon, que estuvieron al servicio de Bayaceto II, Selim I, Selim II, y Solimán el Magnífico.

Repitiendo un esquema que se dio en muchas otras zonas del mundo donde recalaron los judíos expulsados de España, en el Imperio otomano, además de médicos, también hubo grandes financieros y hombres de negocios que pusieron al servicio de los sultanes sus redes internacionales de negocios e información diplomática y hasta sus capitales. Los dos grandes paradigmas de esta forma de actuar fueron José Nasí (o Juan Migues) y su, primero tía y después suegra, la rica portuguesa Gracia Mendes (Beatriz da Luna Mendes), una acaudalada mujer descendiente de judíos españoles que se había casado con el poderoso Francisco Mendes, un rico converso dedicado al comercio internacional de diamantes.

La novelesca historia de Gracia y Nasí empieza cuando, a la muerte de su marido, ella se traslada a Amberes, donde junto con su cuñado, Diogo Mendes, convirtieron la empresa de diamantes en una de las mayores compañías de Europa. Aunque se habían convertido al catolicismo para salvar su patrimonio, los Mendes seguían practicando el judaísmo en privado, por lo que observaban preceptos ancestrales como el *Shabat,* los ayunos, y demás mandamientos de la ley mosaica. Como hebreos burgueses, fueron destacados mecenas de rabinos y escritores; financiaron organizaciones judías clandestinas, entre ellas algunas dedicadas al rescate de refugiados conversos que huían de diversos países; mantuvieron sinagogas, bibliotecas, imprentas, orfanatos, etc.

Cuando en 1542, acosados por la Inquisición, se encontraban organizando en secreto la transferencia de la fortuna familiar a Italia, la muerte de Diogo llevó a Gracia a pedir ayuda a su sobrino, el astuto Juan Migues, para llevar a buen puerto la operación. Perseguidos también en Italia, acabaron trasladando toda su riqueza al Imperio otomano, gracias a sus contactos con el médico de Solimán I, Moisés Hamon.

Con Migues al frente del negocio empezaron concediendo préstamos al sultán y a los ministros de su gobierno, a la vez que ponían su red comercial y de información distribuida por toda Europa al servicio del Imperio. Gracias a él, los monarcas otomanos se enteraban antes que nadie de todo lo que acontecía en el mundo. A cambio recibieron protección e importantes concesiones para la importación y exportación de productos, y tuvieron plena libertad para desarrollar su actividades religiosas. A la muerte de Gracia, Nasí, convertido casi en un príncipe de los judíos otomanos, llegó a ser el más sólido consejero del rey Selim II y, como tal responsable de guerras y pactos internacionales de paz.

Las actividades políticas, económicas y religiosas de Gracia, los Mendes y los Migues son sólo un ejemplo del potencial que albergaban muchos de los judíos que fueron expulsados de España, pero que fue aprovechado por otros a causa del antisemitismo y la intolerancia religiosa de los dirigentes católicos. Muchos otros de aquellos judíos emprendedores que se establecieron en el Imperio otomano, así como en otras regiones de Europa, Asia y América, llegaron a controlar importantes redes de comercio internacional, prestaban dinero a interés, y ejercían de recaudadores del fisco. Incluso los había muy adelantados, que no reparaban en asuntos religiosos a la hora de hacer grandes operaciones mercantiles con ricos musulmanes y cristianos.

En otras comunidades judías también había representantes de grandes familias judeoespañolas. Es el caso de la comunidad sefardí-vienesa, muchos de cuyos miembros tuvieron gran prestigio en las finanzas y el comercio. A ella pertenecieron personajes como Nissan y Naftali Eskenasy y Lord Beaconsfield; grupos familiares como los Cammondo, los Espinosa, los Montefiore y los Pereiras, fundadores del Credit Mobilier de París. Otra comunidad sefardí, la de Hungría, llegó a ser tan selecta, que sus miembros se consideraban a sí mismos una especie de aristocracia del judaísmo, llegando al extremo de no mezclarse ni con los judíos de origen distinto al español en multitud de casos.

Pero no todos eran millonarios. Siguiendo con el ejemplo otomano, los judíos españoles y sus descendientes abarcaban todos los niveles de renta y destacaron en muchas otras actividades, aunque hay que insistir en que entre ellos también había grandes bolsas de pobreza. En Salónica, donde, como se ha dicho, eran mayoritarios, había mineros, artesanos y tenderos; otros intervenían en sectores como la alimentación, el cuero y el vestido (curtidores, zurradores, teñidores, sastres...), y hubo también sefarditas que sobresalieron en oficios artísticos y de lujo, como la orfebrería y la joyería. La suma de muchos de esos trabajos individuales, realizada por personas que vivían a miles de kilómetros unas de otras, pero unidas por un sentimiento común: el sefardismo, acabaría formando una envidiable red de comercio internacional que duró varios siglos y se extendió por el viejo y el nuevo continente, pasando por el norte de África y toda Turquía.

Si bien el tiempo ha demostrado que muchos sefardíes y descendientes de éstos alcanzaron el éxito cultural, religioso y económico, ello no mitiga los sufrimientos que padecieron decenas de miles de exiliados, muchos de ellos familias enteras, cuando huyeron, abandonando su patria, sus bienes y sus amigos, y fueron arrojados por caminos hostiles hacia un destino incierto. Como afirma el profesor Henry Méchoulan, «ningún investigador podría, a base de relaciones cuantitativas de encarcelamientos, condenas y autos de fe, traducir las angustiosas esperas en las mazmorras, los gritos de dolor en las salas de tortura y en las hogueras de aquellos que intentaron permanecer judíos bajo la máscara del catolicismo».

Tuvieron que pasar casi trescientos cincuenta años y ocurrir una serie de reformas, como la abolición definitiva de la Inquisición en 1834, para que los judíos pudieran plantearse el regreso a España y empezar a reconstruir lo que fue su antigua Sefarad. Precisamente ese año llegaron a España los primeros banqueros e industriales hebreos, entre ellos los Rothschild, muchos de los cuales llevaban años operando desde Bayona (Francia). En su mayor parte se trataba de empresas familiares que contribuyeron de manera notable al desarrollo de España, especialmente en terrenos como el financiero, la minería, los tejidos, la agricultura y los ferrocarriles.

A aquellos primeros inmigrantes judíos, entre los que también había artesanos y hombres de negocios, después se sumaron otros, entre ellos los creadores de empresas como Iberia Film en Barcelona, los conocidos almacenes Sepu en Madrid, y el hoy todavía poderoso grupo español Construcciones y Contratas. Buena parte de estos hebreos se distribuyeron por todo el país, formando pequeños asentamientos de judíos germanos y polacos en ciudades como Bilbao, San Sebastián, Málaga, Valencia, Sevilla, Pontevedra, Gerona, Alicante, Granada y Palma de Mallorca. Muchos de ellos llegaron a creer que estaban a salvo en Sefarad, pero estaban equivocados... A la vuelta de la esquina les esperaban la Guerra Civil y la dictadura franquista, dos nuevas y duras experiencias en las que, una vez más, se pondría a prueba la capacidad de supervivencia del pueblo judío.

II. AL DICTADO DEL DICTADOR

El contubernio judeo-masónico-comunista

Si el 18 de julio de 1936, cuando estalló la Guerra civil, España era un país en el que apenas vivían unos siete mil judíos, la gran mayoría de ellos en Barcelona por ser la ciudad más comercial, al final de la contienda sólo quedaban unos cientos, para los que comenzó un largo período de intolerancia y clandestinidad. No hace falta consultar demasiadas fuentes bibliográficas y documentales para imaginar que, a pesar de la cicatería de la Segunda República con los sefardíes, muchos de aquellos judíos recibieron con gran preocupación el «Alzamiento Nacional».

No era para menos. Unos habían llegado a España rebotados de Turquía y Grecia, tras el desmembramiento del Imperio otomano; otros arribaron como consecuencia de la depresión económica de Europa central, y muchos —casi tres mil quinientos— lo hicieron huyendo del ascenso del nazismo en Alemania en 1933. Miembros de una comunidad integrada casi en su totalidad por judíos extranjeros, el nuevo panorama que se abría ante sus ojos no invitaba precisamente a la tranquilidad. Y menos aún cuando los sublevados concretaron que su guerra era «contra el marxismo, el separatismo, el judaísmo y la francmasonería».

Nada más producirse las primeras escaramuzas, el Partido Comunista y otras formaciones de izquierda, echaron mano de su doctrina del internacionalismo proletario y movieron sus contactos para la creación de las llamadas Brigadas Internacionales.

Integradas por combatientes de numerosas nacionalidades, se estima que durante los tres años que duró la guerra llegaron a España unos cuarenta mil voluntarios, y que de ellos entre cinco y siete mil eran judíos de cuarenta nacionalidades (polacos, estadounidenses, franceses, ingleses, palestinos, soviéticos, italianos, alemanes...). En un principio llegaron de forma desorganizada, por lo que se iban integrando en los diversos batallones y compañías, hasta que en diciembre de 1937 los comunistas consideraron que era mejor unificarlos en una sola unidad para facilitar la llegada de nuevos voluntarios hebreos [1].

Fue así como ese año nació la unidad judía Botvin, que tomó ese nombre en recuerdo de un brigadista judío polaco, Naftalí Botvin, que fue ejecutado por haber dado muerte a un policía polaco cumpliendo órdenes del Partido. Aunque la presencia de los combatientes hebreos en la Guerra civil era a título personal y político —no como judíos— de su judaísmo daba cuenta la lengua yiddish (el idioma de los judíos de Europa central y del Este) en la que muchos de ellos escribían sus artículos y crónicas en los periódicos del frente [2]. Al apoyo militar a la República se sumaron otras ayudas de orden moral, como la ofrecida por el físico judío Albert Einstein, quien envió una carta en ese sentido al embajador español en Washington en febrero de 1937, en plena contienda.

El 4 de agosto de 1938 una circular de la jefatura del Servicio Nacional de Seguridad confirmaba una vez más la tesis franquista del contubernio judeo-masónico-comunista que, según la propa-

---

[1] La mayoría de los brigadistas extranjeros eran militantes comunistas y miembros del Bund, el partido judío socialista, creado en Vilna (Lituania), que se hallaba expandido por varios países.

[2] *La Comunidad Judía de Madrid. Textos e imágenes para una historia 1917-2001*, Jacobo Israel Garzón, CJM, 2001, Madrid.

ganda militar, se cernía sobre España. El contenido de la referida circular no podía ser más claro respecto a la identificación concreta y expresa del otro bando: «(...) Se perciben ya los efectos de nuevas maniobras del enemigo, que no cede, y quiere considerar esta epopeya como un episodio más en su lucha secular contra la España tradicional que ahora renace. Este enemigo, constituido por la Masonería y por la Internacional Comunista, perniciosas ramas del Judaísmo, tronco común de males sin cuento (...)».

Al haberse iniciado el golpe de Estado en el Marruecos español, fue en los territorios de África, especialmente en Ceuta y Melilla, donde se dieron las primeras «cazas de brujas», en forma de detenciones y fusilamientos. Primero les tocó el turno a los dirigentes de los partidos de izquierda, luego cayeron los sindicalistas, y detrás de éstos, los francmasones y algunos judíos. En agosto de 1936 decenas de israelitas habían sido llevados a campos de concentración y al menos once habían muerto fusilados —la mayoría de ellos del PSOE—, sin contar los que perdieron la vida en los tiroteos de los primeros momentos.

Si antes del «Alzamiento» la vida en España no era fácil para los judíos, a partir de ese momento pertenecer a la estirpe de David empezó a ser extremadamente peligroso en las zonas controladas por las fuerzas franquistas. Sólo en Melilla, donde vivían unos seis mil judíos, casi todas las sinagogas fueron clausuradas y las vejaciones a los hebreos estuvieron a la orden del día. La más suave, por ejemplo, fue la incautación del colegio judío para convertirlo en cuartel general de la Falange.

Voluntarios por obligación

En toda economía de guerra cualquier disculpa es buena para sonsacar el dinero a los ciudadanos. Y si éstos pertenecen a uno de los sectores de la población que han caído en desgracia, los abusos no tienen límite. En este sentido, los nacionales se inventaron las famosas multas y las suscripciones populares «voluntarias», si es que así se le puede llamar a un invento cuyas listas de «contribuyentes» eran examinadas con lupa por los *duros* del régimen y publicadas en los periódicos locales. Las primeras multas tuvieron como víctimas a connotados hombres de negocios y comerciantes judíos de Arcila y Tetuán. Igualmente es muy significativo el hecho de que en una de las primeras listas, publicada en *El Heraldo de Marruecos,* en septiembre de 1936, de los veintinueve donantes, veinticuatro eran casualmente judíos. Estaban los Emergui, Bechinel, Sefarty, Benhamú, Danon, Benitah... Luego fueron apareciendo otras en las que se encontraban familias como los Oziel, Benarroch, Bendayan, Toledano, Azualy, Salama, etc.

Coaccionados o no, el hecho es que hubo grandes familias judías que apoyaron muy generosamente con dinero y bienes a los nacionales sublevados. Entre ellos destacó el ex director de la Banca Hassan de Tetuán y conocido hombre de negocios del Protectorado, José I. Toledano. Cuando Franco ordenó al coronel Juan Beigbeder, jefe del movimiento militar de Tetuán, que organizara la recogida de fondos entre los judíos del Marruecos español, este militar recabó para tal cometido la colaboración de Toledano, quien llegó a tener una oficina en la Alta Comisaría de Marruecos. Además de la Banca Hassan, la ayuda de los hebreos marroquíes fue canalizada a través de la Banca Pariente, controlada por los Abenzur. También fue gran colaborador del Movimiento Nacional el director de la sucursal de la Banca Hassan en Tetuán, Jacobo M. Benmaman, quien tenía hilo directo con el propio Franco y gestionó para éste importantes préstamos en el extranjero.

El compromiso de todas aquellas familias, al parecer, era tan firme, que en el momento en que los fondos bancarios del Alzamiento descendían más de la cuenta, los Hassan y Abenzur realizaban nuevos ingresos. De reponer los depósitos monetarios se encargaban también otros clanes como los Hachuel, Salama, Benhamú (el influyente y condecorado Sadía Benhamú) y Benatar. Algunos de estos linajes vieron después recompensados sus esfuerzos con la concesión de interesantes negocios de suministro de alimentos y materias primas , incluso en la Península [3]. Las arcas del Alzamiento también se vieron aliviadas con el dinero de otras familias hebreas. Por ejemplo, los gibraltareños Benholta y Bentotila, que contaban con un importante comercio de tejidos en Tánger, aportaron su granito, y no precisamente de arena, lo mismo que el financiero mallorquín Juan March Ordinas y el rico e influyente delegado de la Shell en Melilla, Jacobo J. Salama.

En realidad los Salama eran una de las familias mejor relacionadas con los altos oficiales españoles destinados en Ceuta, Melilla y Marruecos. Sus relaciones, se asegura que en algunos casos incluso comerciales, con militares de la talla de García Valiño, Muñoz Grandes, Millán Astray, Juan Vigón, Juste, y Franco Salgado, entre otros, eran la comidilla en los círculos del dinero. Los vínculos de los Salama, grandes comerciantes internacionales, fueron especialmente cercanos —y rentables— con el abogado Ramón Serrano Súñer, conocido en su época como «el cuñadísimo», por su relación con Francisco Franco, quien llegó a nombrarle al mismo tiempo ministro de la Gobernación y de Asuntos Exteriores.

Amistades peligrosas

El ex presidente de la Comunidad Israelita de Madrid, Alberto Benoliel Escogido de Córdoba, cargo que ocupó en 1972, es

---

[3] José Antonio Lisbona, *Retorno a Sefarad*. La política de España hacia sus judíos en el siglo XX, pp. 65-70, ed. Riopiedras, Barcelona, 1993.

uno de los personajes más respetados y valorados del judaísmo español, porque sus análisis llevan la ponderación que da el paso del tiempo, el conocimiento de su vasta formación intelectual y el hecho de que su padre también hubiese sido dirigente comunitario judío en Marruecos. En su domicilio madrileño, ciudad a la que llegó en 1964 procedente de Tánger, este profesor jubilado se refiere a la relación que tuvieron los Salama con el gobierno franquista:

—Isaac Salama Benatar, fallecido en 1972, era un gran comerciante oriundo de Melilla, que vivía entre esta ciudad y Tánger, a las que llevaba barcos cargados de harina de Estados Unidos. Justo al principio de la guerra, cuando no había dinero para comprar harina, Salama ofreció suministrarla a crédito, con el compromiso de que todo se le pagaría. De esta forma, el primer barco de harina que llegó a Málaga fue enviado por Isaac Salama, quien vivió en Madrid durante mucho tiempo y ayudó a la comunidad judía en todo lo que pudo en la época de Franco.

Isaac Salama y su hermano José, este último presidente de la Federación Sionista, fueron, junto con el entonces presidente de la Comunidad Israelita de Madrid, Ignacio Bauer y Landauer, importantes aliados de Franco durante y después de la Guerra civil. De hecho ambos hicieron numerosas gestiones internacionales, incluso ante la Comisión de Asuntos Exteriores de la Knesset (Parlamento israelí), para que Israel reconociera al régimen franquista y diese su voto favorable al ingreso de España en Naciones Unidas. No obstante, según recuerda Benoliel, el ansia recaudadora del dinero judío llegó a ser tan insaciable entre los esbirros del Caudillo, que muchas veces éstos se llevaron por delante incluso a los amigos.

—Un día, por el mero hecho de ser judío, un ministro decidió anular las licencias de importación de Salama, decretando que, por consiguiente, la harina había llegado de contrabando y quedaba decomisada..., se la apropiaron. Aquello se llamó el «decreto Salama». Ayudado por sus amigos, curas y militares, dos poderes fácticos en los que Salama tenía grandes contactos, logró entablar un juicio que duró doce años, al cabo de los cuales los tribunales le dieron la razón. Como el Gobierno se declaró insolvente, al final le pagaron con dólares valorados a catorce pesetas, cuando estaban a setenta u ochenta pesetas.

Isaac Salama, que era amigo personal del capitán general de Madrid, Agustín Muñoz Grandes, fue una personalidad española en el negocio bancario y en el mundo de las importaciones. Por su oficina pasaban de visita incluso los generales del ejército español.

—Cuénteme cómo se portó Franco con los judíos, pero no le pregunto por los ricos, sino por la mayoría, los hebreos anónimos.

—Le diré una cosa a favor y otra en contra. A favor, todavía existe en Nueva York un grupo de judíos que todos los años hace un oficio religioso judío por el alma de Francisco Franco Bahamonde. Lo hacen porque ellos mismos o sus familiares se salvaron de los nazis gracias al franquismo. Por otro lado, a menos que demuestren lo contrario, no creo que haya constancia histórica de una sola ayuda emanada de Franco o a través de su ministro de Asuntos Exteriores. Lo que sí hubo fue embajadores y cónsules españoles que en varias ocasiones se jugaron la vida para salvar a judíos.

—¿Recuerda algún caso concreto?

—En Checoslovaquia, por ejemplo, varios cónsules ayudaron, pero fueron iniciativas personales, no oficiales. Aquellos diplomáticos, muchas veces se encontraron con resoluciones del Ministerio de Asuntos Exteriores en las que se les llamaba a Madrid porque los alemanes se habían quejado de ellos. Su deseo de ayudar a los judíos era tan grande que siempre llevaban en los bolsillos papelería y sellos por si había alguna novedad. De hecho hicieron muchos documentos de urgencia que les sirvieron para sacar a muchos judíos de los propios vagones de la muerte. Esto lo han hecho cónsules españoles, como también lo hicieron varios cónsules suecos y un japonés. Mi opinión es que ni el régimen de Franco ni Franco ni el Ministerio de Exteriores hicieron nada a favor de los judíos. Sí hubo iniciativas particulares muy loables que los judíos no olvidamos y que Israel tampoco olvida. Por eso sus nombres están en el «Bosque de los justos» de Israel, junto al de muchos otros españoles.

El bosque de los justos

Un ejemplo de lo que dice Alberto Benoliel puede ser el caso de Julio Palencia, representante del gobierno nacional en Ankara. José Antonio Lisbona cuenta en su citado libro que Palencia empezó siendo un diplomático antisemita, que luego rectificó hasta el punto de que durante la ocupación alemana de Bulgaria fue el diplomático más destacado en la salvación de judíos. Por este motivo los búlgaros le expulsaron de Sofía, al tiempo que Madrid le recriminó su actitud con una severa amonestación. Entre otras acciones, Palencia adoptó dos niños judíos, cuyo padre había sido condenado a muerte.

En efecto, a partir de 1939, cuando se recrudeció el problema de los refugiados judíos, muchos de ellos vieron en la Península ibérica la única vía para escapar de la Europa ocupada por los nazis. A petición del Congreso Judío Mundial, y por presión de Estados Unidos y Gran Bretaña, España practicó en determinados casos una política excepcionalmente benévola respecto a los judíos. Franco no quería judíos en España, pero no le importaba que pasaran camino de Portugal o de Estados Unidos y gracias a esa política, numerosos hebreos se salvaron de las cámaras de gas. Aunque existen distintas versiones sobre el número, se estima que desde la primavera de 1940 hasta el verano de 1942 unos treinta mil judíos transitaron por España, la gran mayoría de ellos merced a los diplomáticos que se tomaron en serio su trabajo humanitario.

Muchos otros judíos recibieron la protección de España en 1956, a raíz de la campaña de Suez (segunda guerra árabe-israelí) y en 1967, tras la guerra de los Seis Días, volvió a ser necesaria su intervención. Por este motivo, en el «Bosque de los justos» de Israel, que menciona Benoliel figuran, entre otros, diplomáticos como Ángel Sanz Briz, embajador en Hungría; Ángel Sagaz, embajador en Egipto; José Rojas y Moreno, en Bucarest; el referido Julio Palencia, en Sofía; Sebastián Romero Radigales, en Atenas, y Bernardo Rolland, cónsul general en París.

En el caso de Sanz Briz, se calcula que gracias a su esfuerzo recibieron pasaporte español unos tres mil judíos sefardíes y asquenasíes. En España todavía hay judíos de origen asquenasí que consiguieron su visado gracias al ex embajador en Hungría. Entre ellos están Jaime Vándor Koopel y su hermano, quienes llegaron a España con su madre, ya fallecida. Jaime Vándor es profesor titular de la cátedra de Hebreo de la Universidad de Barcelona, y ha sido en diversas ocasiones miembro de la junta directiva de la Comunidad Israelita de esta ciudad.

Para ninguno de aquellos diplomáticos era un secreto que el famoso decreto de 1924 emitido por Primo de Rivera, estuvo presente durante décadas en la política España hacia los judíos. Incluso durante la dictadura, pues si bien es cierto que Franco nunca dictó leyes expresamente antijudías, en la práctica de su gobierno latía un no siempre bien disimulado antisemitismo disfrazado con razones económicas o políticas. Al igual que ocurrió en los años veinte y treinta, la dictadura siguió intentando que el país no se le llenara de judíos. En este sentido, sus parámetros eran muy similares a los contenidos en una circular que el gobierno distribuyó el 24 de enero de 1930 ante la insistencia de algunos diplomáticos que haciendo oídos sordos seguían ayudando a los sefardíes más necesitados. El contenido, resumido, de la circular no dejaba lugar a dudas sobre el auténtico sentir de las autoridades españolas hacia *sus* judíos:

- No era prudente fomentar la inmigración sefardí en España.
- Por conveniencia política se debían mantener en el extranjero núcleos de judíos «naturalizados», que por su simpatía hacia España, pudieran y debieran ser utilizados en beneficio de la influencia hispánica y del incremento de las relaciones intelectuales y comerciales.
- No era aconsejable crear núcleos de israelitas en España, ya que «constituyen, como es de costumbre en el seno de las mismas, una verdadera organización peculiar, con fines propios, y riesgo de perturbar el funcionamiento normal de nuestras instituciones, económicas, comerciales, etc» [4].

La ayuda prestada por el régimen de Franco a los judíos que residían en el extranjero contrasta con la dura represión que, al menos durante los primeros años, la dictadura impuso a los hebreos residentes en España. Hay analistas que ven la ayuda otorgada por el franquismo a muchos judíos como una estrategia destinada a lavar la cara del régimen, porque necesitaba ganarse el apoyo de EEUU para romper el bloqueo internacional.Sobre este punto Alberto Benoliel también tiene su propia opinión.

—Recuerde usted que Franco era gallego. Cuando estuvo hablando con Hitler durante ocho o nueve horas, éste terminó

---

[4] *España y los judíos en el siglo XX,* Antonio Marquina y Gloria Inés Ospina, Madrid, 1987, p. 60.

loco preguntándose: «¿Qué quiere decir este mono?» y luego remató afirmando: «Prefiero que me saquen una muela a tener otra conversación con Franco». Con esto le quiero hace ver que Franco nunca decía que sí ni que no, y que su actitud era unas veces a favor y otras en contra. Durante la guerra europea, había en Lérida un campo de concentración, llamado «de tránsito». En ese campo entraba el mismo número de los que habían salido ya hacia Estados Unidos y otros países, pero no antes. Por este motivo, muchos judíos, a pesar de haber pasado la frontera, fueron devueltos a las autoridades alemanas, las cuales los ejecutaron. El célebre filósofo Benjamin se suicidó en la frontera porque creía que lo iban a devolver. Esto significa que las ayudas que hayan podido prestar Franco y su régimen, para lavar la cara, como usted dice, y congraciarse con los aliados, nunca eran francas y terminantes; siempre eran condicionadas. No niego que Franco haya salvado a muchos judíos. Lo que ocurre es que en cada caso habría que dilucidar cómo, cuándo y por qué. Los historiadores están aquí para eso, y han dado pruebas fehacientes de que esto era así.

Sinagogas clandestinas

Una vez acabada la guerra y confirmada la victoria del bando nacional el 1 de abril de 1939, el papa Pío XII envió a Franco un telegrama en el que le expresaba su gratitud por la «deseada victoria de la católica España». El Pontífice no se equivocaba en su apreciación, ya que de inmediato los vencedores devolvieron a la Iglesia todos sus privilegios y convirtieron el catolicismo en la religión oficial del Estado. Como rezaría el nuevo Concordato firmado por Franco con Roma en agosto de 1953, la religión católica, apostólica y romana seguía siendo «la única de la nación española y gozará de los derechos y de las prerrogativas que le corresponden en conformidad con la Ley Divina y el Derecho Canónico».

A partir de ese momento las confesiones minoritarias pasaron a ser consideradas enemigas directas de la Iglesia, es decir del régimen. Fue entonces cuando la jerarquía católica impuso de modo autoritario su doctrina excluyente en todos los ámbitos. Estableció el matrimonio canónico como el único legal; obligó a los españoles judíos —también a los de otras confesiones no católicas— a bautizar a sus hijos, requisito obligado para inscribirlos en el Registro Civil; obligó a los niños hebreos a tomar clases de catecismo en las escuelas públicas; impidió abrir sinagogas y prohibió la práctica del judaísmo, incluso en privado.

Con las sinagogas de Madrid y Barcelona cerradas, la comunidad judía se disgregó y los pocos hebreos que quedaban en el país ejercían el culto religioso a escondidas. Fue tanto el miedo de los judíos a las medidas represoras impuestas por régimen nacional-católico, que muchos de ellos se convirtieron al catolicismo, de la misma forma que sus correligionarios habían hecho siglos atrás cuando fueron perseguidos y expulsados de España. Sólo en Madrid se convirtieron veinte de las veinticinco familias de judíos alemanes que aún quedaban en la capital de España. Otras ciento veinticinco familias habían emigrado de esta ciudad poco antes del inicio de la contienda. En tales condiciones no es extraño que los judíos de la Ciudad Condal y los de Madrid perdieran el contacto hasta 1949.

El primer respiro para los judíos llegó el 17 de julio de 1945, después de que el régimen franquista confirmara la victoria aliada en la Segunda Guerra Mundial. Esa fecha, el gobierno promulgó el Fuero de los Españoles, una ley que si bien reafirmaba la preponderancia de la religión oficial, permitía el culto privado a las confesiones minoritarias hasta entonces proscritas, pero, eso sí, prohibía expresamente cualquier manifestación externa de tipo religioso que no fuese la católica. Respetando esta limitación, en 1946 se obtuvo permiso para abrir una sinagoga en Barcelona y dos años después se instaló un oratorio israelita en Madrid. Todavía hoy se pueden observar los rescoldos de aquella norma en las fachadas de algunas sinagogas, en las que no figuran símbolos ni leyendas que revelen la presencia judía.

Nada es gratuito en esta vida

En realidad el régimen franquista autorizó la apertura de la sinagoga barcelonesa y el oratorio judío madrileño de cara a la galería, como medida para mostrar a la comunidad internacional un rostro distinto al que ofreció como aliado de Hitler y Mussolini durante la Segunda Guerra Mundial. Franco necesitaba el apoyo de Estados Unidos —donde había una numerosa e influyente comunidad judía— para conseguir el levantamiento de las sanciones impuestas por Naciones Unidas, las cuales tenían a España fuera de este organismo y por tanto sumida en un grave aislamiento internacional. Cuando el dictador realizaba algún gesto favorable a los judíos generalmente lo hacía para agradar al *coloso del Norte*, y muchas veces a petición directa de parlamentarios masones y judíos estadounidenses, como el congresista Abraham Multer. El generalísimo era consciente de que periódicos como el *New York Times,* observaban sus actuaciones respecto a la comunidad judía española.

Otro telón de fondo que tuvieron muchas de las actuaciones de la dictadura a favor de los judíos, sobre todo de los refugiados extranjeros, era la necesidad de que el simbólico nuevo Estado de Israel (creado el 14 de mayo de 1948) reconociera al gobierno franquista mediante el establecimiento de relaciones diplomáticas entre ambos países. Fueron muchos los esfuerzos diplomáticos que el régimen desplegó para lograr este cometido, pero sus deseos se vieron frustrados una y otra vez, entre otras cosas, con los votos contrarios a España por parte de Israel cuando en la ONU se trataba la denominada «cuestión española». Las autoridades israelíes se negaban a dar su apoyo al gobierno que había sido «un aliado y simpatizante del régimen responsable del exterminio».

De esa forma, el establecimiento de las relaciones diplomáticas entre España e Israel se convirtió en un tira y afloja, que no llegó a buen puerto durante la dictadura franquista, ni en la democracia con los gobiernos de la UCD. Cuando a España le interesaba la firma del acuerdo, aún a riesgo de enfadar a los siempre vigilantes países árabes, Israel se negaba. Por el contrario, cuando fue Israel el interesado, incluso habiendo dado, por fin, su voto favorable al ingreso de España en la ONU, fue este país el que expresó su rechazo. Hubo que esperar hasta 1986, bien entrado el gobierno del PSOE, para que el 17 de enero de ese año Felipe González y Simon Peres firmasen el acuerdo de reconocimiento mutuo en La Haya.

Uno de los políticos que más y mejor actuaron «al dictado» del dictador, y que al hacerlo demostró ser más papista que el papa en su antisemitismo, fue el almirante Luis Carrero Blanco. Profundamente católico y rabiosamente anticomunista, este militar, que fue asesinado por la organización terrorista ETA en 1973, en pleno ejercicio de su cargo de presidente del Gobierno, planteaba las cosas como una guerra permanente entre buenos y malos. Naturalmente, los buenos eran los cristianos y los malos los judíos.

La doctrina del «delfín»

El almirante Luis Carrero Blanco representó la viva imagen del católico antisemita e intolerante, convencido de que, de veras, la culpa de todos los males que se cernían sobre España la tenía el *contubernio judeo-masónico-comunista*. En su libro, *España y el mar* dejó escritas frases como las siguientes:

- »España, paladín de la Fe de Cristo, está otra vez en pie contra el verdadero enemigo: el judaísmo».
- »El mundo, aunque no lo parezca (…), vive una constante guerra religiosa. Es la lucha del cristianismo contra el judaísmo».
- »En esta pugna secular, el judaísmo ha sabido recurrir a medios de todo linaje. La Reforma, primero; después, las ideas de la Enciclopedia, el liberalismo, el izquierdismo ateo, la masonería, el marxismo, el comunismo, todo ello han sido minas puestas al reducto inexpugnable del Cristianismo Católico».
- »Con habilidad extraordinaria, el judaísmo ha atacado siempre la idea de Patria, esgrimiendo, con simultaneidad en apariencia paradójica, las armas de los separatismos y de los internacionalismos; en el aspecto económico, el crecimiento de los imperialismos capitalistas, a la vez que las ideas marxistas; y en el orden religioso, tanto ha mantenido las creencias ortodoxas, para procurar secesiones en el seno de la Iglesia católica, como las ideas materialistas del más puro ateísmo».
- »Los medios (del judaísmo) son lo de menos, su fin es siempre el mismo: destruir, aniquilar y envilecer todo cuanto representa Civilización Cristiana, para edificar sobre sus ruinas el utópico imperio Sionista del Pueblo Elegido» [5].

El pecado de ser un niño judío

Muchos de los judíos que vivieron la Guerra civil todavía mantienen fresco en sus mentes el peligro de suponía para ellos pertenecer al pueblo de Moisés. Uno de ellos, el abogado Alberto

[5] Reproducido por José Antonio Lisbona, *op. cit.*, pp.102 y 103.

Benasuly Azulay, ingresó muy joven, en 1953, a la junta de directiva de la Comunidad Israelita de Madrid, y todavía permanece en activo como presidente de la Comisión A.D.L. (Liga Antidifamación) de la asociación B'nai B'rith España [6].

Los progenitores de Alberto Benasuly eran hebreos nacidos en Marruecos. Su madre, Bella Azulay, era oriunda de Tánger, y su padre, León Benasuly, español de Alcazarquivir. Al estallar la contienda vivían en Barcelona, donde los republicanos prohibieron las importaciones a los particulares, actividad que pasó a cargo de los sindicatos, por lo que León Benasuly, que era importador mayorista de huevos de Egipto, tuvo que adaptarse a vender sus productos a estas organizaciones políticas. Por este motivo siguió trabajando en la Ciudad Condal —zona republicana—, pero envió a su mujer y a su hijo a Francia, donde, pensaba, estarían más seguros. Sin embargo este sería sólo un alto en el camino de su particular diáspora, por otra parte, similar a la que vivieron muchas familias sefarditas en aquellos tiempos. Alberto Benasuly permaneció en Francia hasta 1939, año en que su familia regresó a Marruecos tras el comienzo de la Segunda Guerra Mundial.

El padre de Benasuly, convencido de que Franco duraría poco en el Gobierno, tenía planes de regresar a España, por lo que matriculó a su hijo en el colegio español de los marianistas de Tánger. Aunque Benasuly reconoce que la Guerra civil fue menos dura para los judíos residentes en Marruecos que para los que habitaban en la península, su condición de judío le deparó hacia 1942 ciertas discriminaciones que rememora como una simple anécdota del pasado.

---

[6] La más importante y antigua organización internacional judía de beneficiencia. Fundada en 1843 en Nueva York, ahora tiene una de sus redes principales en Israel.

Al tratarse de un colegio español y marianista, el director del centro, Celestino Rodríguez, «muy influido por el patriotismo franquista», obligaba a los chicos a vestirse con el uniforme de la Falange y a realizar instrucción diaria entonando himnos propios del régimen. Pero un día el joven Benasuly decidió poner las cosas en su sitio.

—Don Celestino,… creo que no yo debo ponerme este uniforme.

—¿Por qué razón, hijo? ¡Si es el uniforme de la Falange!… Deberías estar orgulloso de llevarlo.

—Mire usted, don Celestino,… es que yo soy judío.

—¡Anda, pues es verdad! Tienes razón, un judío no puede llevar el uniforme de la organización que representa lo más granado del catolicismo nacional. Pero la instrucción es obligatoria. Ponte con Eladio Millán —ordenó el sacerdote, seguro de que el alumno había tomado esa actitud para no mancillar el uniforme de la Falange con su condición de judío—.

Sesenta años después, tras haber vivido otras experiencias, como la de haber sido rechazado en la residencia universitaria de los claretianos con el expreso argumento de que allí no podía haber judíos, Alberto Benasuly recuerda la indignación que le produjo la actitud del sacerdote.

—Mi pecado era ser judío, pero el único delito del pobre Millán, que ya falleció, era que su padre militaba en el Partido Comunista y tuvo que escapar de Tánger cuando entraron las tropas españolas. Así que, él por comunista y yo por judío, marchábamos detrás de los demás compañeros, a unos dos metros de distancia, y sin uniforme, pero cantando lo mismo que ellos.

Con el paso de los años, en 1962, los caminos del sacerdote católico y su antiguo alumno judío se volvieron a cruzar, aunque en unas circunstancias muy distintas, que a juicio de Benasuly, muestran cómo en materia religiosa el diálogo y los cambios de mentalidad hacia posiciones de tolerancia siempre son posibles. Ese año Benasuly visitó a Celestino Rodríguez en su residencia de la madrileña calle O'Donnell para contarle que se estaba creando la asociación de la Amistad Judeo-Cristiana. La sorpresa del joven hebreo fue grande al ver que el sacerdote ya no era aquel religioso extremadamente franquista y trufado de prejuicios antijudíos. «Don Celestino, no sólo se ofreció a colaborar con la asociación —recuerda el abogado—, sino que fue el representante cristiano más activo a la hora de revisar todos los libros de texto católicos de España para eliminar de ellos las alusiones antisemitas, uno de los principales logros de la Amistad».

Alberto Benasuly es un hombre amable y de sonrisa fácil, pero su rostro se torna serio cuando recuerda los casos dramáticos de otros miembros de la comunidad judía de Madrid que sufrieron en carne propia los ataques de los enemigos de los judíos durante los primeros años del régimen franquista: «Me acuerdo de la pobre señora Braiver. Una mujer muy mayor, de las más antiguas de la comunidad judía, que nunca nos pedía dinero, pero que tenía que ir los domingos al Rastro a vender algunas cosas para poder subsistir. A su hijo le dieron una terrible paliza, que le produjo graves secuelas mentales para el resto de su vida».

Si bien en el conjunto de Marruecos los judíos no tuvieron demasiados problemas para la práctica religiosa —continúa el relato de Alberto Benasuly—, la situación en ciudades como Larache y Tetuán, lo mismo que en las cercanas Ceuta y Melilla, no fue precisamente un remanso de tranquilidad. Tal como rememora este abogado, durante las primeras dos semanas del alzamiento del Movimiento Nacional los falangistas fusilaron a varios hebreos en Melilla y Larache. «En esta ciudad un judío republicano murió de forma muy valiente gritando «¡viva la República!» y no se dejó poner nada en los ojos». En otra ocasión los falangistas requisaron cosas de la comunidad judía de Tetuán y sometieron al presidente de la comunidad, José Alfón, a la humillación de beberse a la fuerza media botella aceite de ricino[7]. De nada sirvió el hecho de que Alfón, que había sido teniente de alcalde de Ceuta durante la República, se hubiera hecho amigo de Franco.

Durante las primeras tres semanas del alzamiento los falangistas se apropiaron de joyas y otros elementos que eran propiedad de judíos en Tetuán y en muchos otros lugares de Marruecos, «pero luego llegaron los militares y se portaron francamente bien», añade el letrado judío.

En los años cincuenta y sesenta Max Mazin, primero como vicepresidente y después como presidente de la comunidad judía de Madrid, quería obtener el reconocimiento oficial de su organización. Para ello él y sus compañeros redactaron unos estatutos, que eran copia de los de la Comunidad Israelita de Barcelona mezclados con los que había anteriormente en Madrid, y con cierta frecuencia los presentaban —sin obtener respuesta— a la Dirección General de Seguridad (DGS). «Sólo firmábamos los estatutos Max Mazin, Fortunato Benarroch (ya fallecido) y yo, los únicos que teníamos nacionalidad española, para que no dijeran que los solicitantes eran extranjeros».

—¿Cómo veían a los judíos los ciudadanos católicos en aquellos años?

—En la época de Franco lo único que se conocía —y yo diría que en buena medida también hoy— era la propaganda árabe. Sobre el conflicto entre israelíes y palestinos y en relación con el pueblo judío no había otra versión que la árabe. Es curioso, porque podrían haberse conocido algunos aspectos de la versión inglesa o de la posición francesa, pero de eso no se quiso saber ab-

---

[7] Curiosamente, a la planta de cuyas semillas se extrae el aceite de ricino se le conoce como «palmacristi» e «higuera del infierno», entre otras denominaciones.

solutamente nada. Todo ello también ha contribuido a prolongar en el tiempo el tradicional desencuentro y la falta de roce entre el pueblo español y los judíos, en mi opinión, el hecho cultural más importante que hay que tener en cuenta para comprender muchas de las cosas que pasan hoy.

Según Benasuly, durante el franquismo hubo dos fechas especialmente importantes para la comunidad judía. El 28 de junio de 1967, día en que las Cortes aprobaron la «mal llamada Ley de Libertad Religiosa, porque en realidad todo en ella eran limitaciones»; y el 13 de diciembre de 1968, la fecha en que se produjo el reconocimiento oficial de la Comunidad Israelita de Madrid, que permitió tres días más tarde inaugurar la sinagoga «Beth Yaacov» y el centro comunal de los judíos, ambos situados en la calle Balmes de Madrid.

Antes de la aprobación oficial de la Comunidad Israelita de Madrid, hubo que luchar para lograr el registro de los estatutos de la comunidad judía en el Ministerio de Justicia, algo que se consiguió el 27 de febrero de 1965. «En un principio —recuerda Benasuly—, nos tuvimos que llamar Comunidad Hebrea, porque no les gustaba la palabra «israelita». El régimen no distinguía entre israelita e israelí, cuando todos sabemos que no es lo mismo. En aquel entonces había mucho miedo a la Liga Árabe» [8].

Pero volviendo a la Ley de Libertad Religiosa de 1967, a pesar de que no hacía honor a su rimbombante nombre, supuso algunos cambios importantes en la situación jurídica de los hebre-

[8] El término *israelita* existe desde hace siglos y se utiliza para nombrar al pueblo judío o hebreo. En cambio, *israelí* hace referencia al Estado de Israel, que fue creado el 14 de mayo de 1948; se trata de un gentilicio que de ningún modo supone que quien sea israelí también tenga que ser necesariamente israelita o judío. Todos los nacidos en Israel son israelíes, pero entre éstos sólo son israelitas los que sean judíos.

os. Antes de la promulgación de la ley, para poder tener propiedades se veían obligados a crear entes ficticios, sociedades anónimas que figurasen como titulares de sus inmuebles. Tal es el caso del edificio de la calle Balmes, que fue puesto a nombre de la empresa Betsión, S.A. Esta práctica les ocasionó serios inconvenientes, especialmente con Hacienda, que envió varias veces a sus inspectores a recriminarles el hecho de que no presentaran los obligados balances y libros de pérdidas y ganancias. «Menos mal que teníamos a Max Mazin y a otros, que realizaban todo tipo de gestiones hasta que al final los expedientes se archivaban», explica aliviado el jurista.

A partir de ese año, al haber sido previamente reconocidos como Comunidad Hebrea, bajo el régimen de asociaciones, los judíos madrileños pudieron regularizar su situación con el fisco. Esto significa, en opinión de Benasuly, que antes de 1967 la comunidad judía de Madrid no existía jurídicamente y que gracias a esa «mala ley» de libertad religiosa empezaron a existir. Para la mayoría de los judíos españoles, ha sido la Constitución de 1978 la que ha garantizado el pleno derecho a la libertad religiosa de una manera definitiva.

La peligrosidad propia de la «raza» sefardí

Cada vez que el joven Alberto Benasuly solicitaba el reconocimiento de la comunidad judía el régimen le contestaba enviando la policía a investigar discretamente su vida y milagros. Sin embargo la realidad era mucho más cruda de lo que él mismo imaginaba.

Como descubrió en 1997 el director de la revista *Raíces* (la más prestigiosa publicación cultural española especializada en temas judíos), Jacobo Israel Garzón, actual presidente de la Comunidad Judía de Madrid, la policía de Franco colaboraba con la embajada y el consulado de Alemania en España, a los que suministraba completa información sobre el origen judío de personas y empresas. El mayor hallazgo de este dirigente judío fue la existencia de una circular de la Dirección General de Seguridad, fechada el 5 de mayo de 1941, por la que se ordenaba la creación de un archivo policial atendiendo al grado de «peligrosidad» de cada hebreo fichado.

En la circular, que fue enviada a los gobernadores civiles de las distintas provincias, se ordenaba el envío a la Central de informes individuales sobre «los israelitas nacionales y extranjeros», residentes en toda España. Tales informes debían ser presentados en un formato que incluía, datos como «la filiación personal y político-social, medios de vida, actividades comerciales, situación actual, grado de peligrosidad y conceptuación policial» de los judíos.

Aunque el propio Franco en varias ocasiones presumió de su ayuda a los hebreos, su supuesto filosefardismo quedó una vez más en tela de juicio al descubrirse que la curiosa circular fijaba como objeto del espionaje, «principalmente aquellas (personas) de origen español, designadas con el nombre de *sefarditas,* puesto que por su adaptación al ambiente y similitud con nuestro temperamento poseen mayores garantías de ocultar su origen y hasta pasar desapercibidas sin posibilidad alguna de coartar el alcance de fáciles manejos perturbadores»[9].

La circular fue enviada a todos los rincones de España y los comisarios locales cumplieron su cometido. De inmediato, a la Dirección General de Seguridad, ubicada en el mismo edificio de la madrileña Puerta del Sol que ahora alberga la sede de Comuni-

---

[9] *La Comunidad Judía de Madrid. Textos e imágenes para una historia 1917-2001*, p. 37, Jacobo Israel Garzón, CJM, 2001, Madrid.

dad de Madrid, empezaron a llegar los informes. Uno de ellos, también encontrado por Jacobo Israel Garzón, fue realizado el 30 de junio de 1944 y se refiere a la ciudadana María Sinaí León. Siguiendo a rajatabla las indicaciones del régimen, el autor del documento no sólo aporta todos los datos identificativos de María Sinaí, la cual «vive a expensas de su padre, Mauricio Sinaí Cario», sino que llega mucho más lejos. Redactado con el mismo estilo que utilizaban los antiguos agentes de la Comisaría General de Información, el espía termina su escrito asegurando que a la fichada «se le supone la peligrosidad propia de la raza judía a que pertenece (sefardita)».

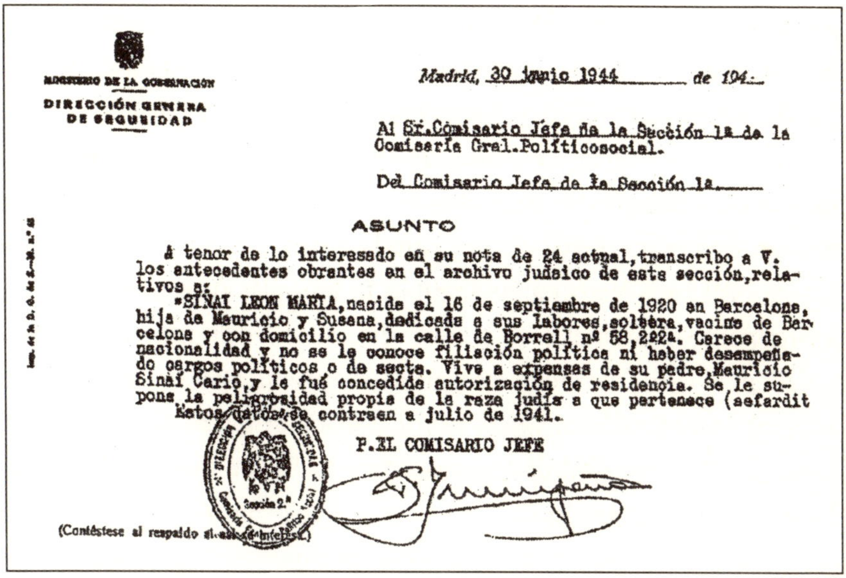
MINISTERIO DE LA GOBERNACIÓN
DIRECCIÓN GENERAL DE SEGURIDAD

Madrid, 30 junio 1944 de 194..

Al Sr. Comisario Jefe de la Sección 1ª de la Comisaría Gral. Politicosocial.

Del Comisario Jefe de la Sección 1ª.

ASUNTO

A tenor de lo interesado en su nota de 24 actual, transcribo a V. los antecedentes obrantes en el archivo judaico de esta sección, relativos a:

"SINAI LEON MARIA, nacida el 16 de septiembre de 1920 en Barcelona, hija de Mauricio y Susana, dedicada a sus labores, soltera, vecina de Barcelona y con domicilio en la calle de Borrell nº 58, 2º 2ª. Carece de nacionalidad y no se le conoce filiación política ni haber desempeñado cargos políticos o de secta. Vive a expensas de su padre, Mauricio Sinai Cario, y le fué concedida autorización de residencia. Se le supone la peligrosidad propia de la raza judía a que pertenece (sefardit

Estos datos se contraen a julio de 1941.

P. EL COMISARIO JEFE

Sección 2.ª

(Contéstese al respaldo ...)

Esta nota policial, descubierta por Jacobo Israel Garzón y publicada en la revista Raíces, demuestra que el régimen franquista no sólo espiaba a todos los judíos residentes en España, sino que les consideraba una «raza peligrosa».

El caso del escritor y crítico literario sevillano Rafael Cansinos Assens (1883-1964) demuestra que los expedientes sobre algunos judíos venían realizándose mucho antes de ser emitida la circular, y constituye uno de los ejemplos de la forma en que el régimen franquista persiguió a los intelectuales judíos. Este prolífico autor, amigo de Borges, descubrió a los diecisiete años sus orígenes conversos andaluces y catalanes, y desde entonces no paró de investigar e introducir diversos temas judíos en sus obras, una de las cuales tituló *Las bellezas del Talmud*.

Quizá fueron las reminiscencias de sus antepasados conversos las que llevaron a los padres de Cansinos a bautizarlo con el reforzado nombre de «Rafael María Juan de la Cruz, Manuel, José Antonio de la Santísima Trinidad». Amigo de personajes como César Tiempo (pseudónimo del escritor judío nacido en Ucrania, Israel Zeitlin); del senador Ángel Pulido y de José Farache, un judío gibraltareño afincado en Madrid, Cansinos colaboró durante años en las campañas prosefarditas de aquellos, lo que le convirtió en un hombre fichado y perseguido por la dictadura. De hecho en 1940 la Dirección General de Prensa del Ministerio de la Gobernación echó mano de un completo *dossier* o expediente de depuración que llevaba el nombre de Cansinos, para indicarle que bajo la acusación de ser judío y llevar una «vida rara», se le comunicaba que quedaba «invalidado para ejercer la profesión de periodista».

Rafael Cansinos llegó a sentir tal desprecio por el régimen que tanto le persiguió, que quizá por eso, poco antes de morir, el 6 de julio de 1964, escribió un poema, titulado *El último deseo,* en el que incluyó la frase que lo dice todo sobre sus sentimientos hacia el judaísmo: «... Cuando el último canto expire de mis labios quiero que me entierren en tierra de mi patria, en la tierra sagrada de Sión, tierra de mis abuelos gloriosos ...».

El poco brillo del «oro nazi»

Uno de los aspectos más controvertidos en relación con el apoyo otorgado por Franco a la Alemania nazi, han sido los trabajos de la denominada «Comisión de Investigaciones de las Transacciones de Oro procedente del Tercer Reich durante la Segunda Guerra Mundial», creada por el gobierno español en julio de 1997 con el fin de esclarecer las compras de este preciado metal llevadas a cabo durante la dictadura.

El actual Defensor del Pueblo, el socialista Enrique Múgica Herzog, nombrado por el Gobierno al frente de la comisión, presentó las conclusiones de su trabajo en abril de 1998, al cabo del cual le fue concedida la Gran Cruz de Isabel la Católica. Sin embargo, pese a tratarse de un informe avalado por Múgica, el político español de origen judío más conocido y amigo declarado de Israel, su contenido, exculpatorio para España, contiene aspectos que no han gustado a los dirigentes de las comunidades hebreas.

Las organizaciones judías que más claramente han mostrado su disconformidad con el trabajo realizado por Múgica y ocho vocales más que intervinieron en las investigaciones, son la A.D.L. (Liga Antidifamación) de la asociación B'nai B'rith España, así como las asociaciones Jóvenes Judíos Españoles y Guesher. Estos tres grupos han publicado en la página de Internet www.Guesherweb.com un extenso informe sobre el «oro nazi» en el que, entre otras cosas, dan a conocer los motivos de su queja.

Uno de los documentos incluidos en la referida página, ha sido elaborado por el abogado Alberto Benasuly, presidente de la Liga Antidifamación y, como se ha dicho, uno de los más veteranos dirigentes judíos españoles en activo. Su escrito, titulado *Carpetazo al «oro nazi»,* contiene una dura recriminación al gobierno del PP en relación con este tema y pone de manifiesto que entre los judíos españoles y sus descendientes no siempre es oro todo lo que reluce.

Según Benasuly, cuando el Consejo de Ministros concedió a Enrique Múgica la Gran Cruz de Isabel la Católica en reconocimiento a su trabajo como presidente de la Comisión, lo que hizo fue premiar «una vergonzosa manipulación de la historia», con la que pretende «dar carpetazo al tema». Descontento incluso con la composición del grupo de trabajo, el abogado judío considera que no se creó una comisión mixta, paritaria e independiente, como las que se formaron en otros países europeos para investigar el mismo asunto, sino que se trató de una comisión nombrada unilateralmente, adscrita al Ministerio de Asuntos Exteriores.

La comisión gubernamental se presentó por primera vez en el congreso mundial sobre el oro nazi, celebrado en diciembre de 1997 en Londres. De entrada, en opinión de Alberto Benasuly, se negó a contribuir a un fondo de restitución internacional, alegando que las compras de oro españolas fueron «jurídicamente impecables». España no tuvo ninguna responsabilidad en las compras de oro nazi durante la Segunda Guerra Mundial. Así de tajantes fueron las conclusiones del informe, cuyos autores consideran que la situación de España después de la Guerra civil, con una economía de subsistencia, avala «jurídica y moralmente» las razones del régimen franquista para realizar estas transacciones de oro.

La comisión se refiere exclusivamente a 67,4 toneladas de oro monetario comprado oficialmente con destino a las reservas españolas. Del resto del oro no encontraron huella en los archivos del Banco de España. «Estas conclusiones —continúa Benasuly— chocan frontalmente con las de los historiadores estadounidenses que trabajaron en los *informes Eizenstat,* con las de renombrados historiadores españoles y extranjeros, y con la buena memoria de cuantos vivimos y conocimos la España de aquella época, que tan estrechos vínculos de colaboración estableció con la Gestapo y la Alemania nazi». El informe, según esta versión, no contó con el apoyo unánime de los miembros de la comisión, «uno de los cuales —historiador de reconocido prestigio— dejó constancia escrita de su desacuerdo».

Otra de las quejas del presidente de la Liga Antidifamación van dirigidas a la forma que fueron marginados de la comisión los dirigentes judíos españoles que llevaban años investigando el «oro nazi», los cuales tenían mucho que decir al respecto. Así, la Organización Judía Mundial para la Restitución (WJRO), formada a nivel internacional por ocho organizaciones judías, entre ellas el Congreso Judío Mundial y la B´nai B´rith Internacional, constituyó también una comisión oficial para España, de la que en 1998 eran miembros el secretario general de la Federación de Comunidades Israelitas de España, Carlos Schorr, y el entonces presidente de la Comunidad Israelita de Madrid, Isaac Querub. Sin embargo la comisión presidida por Múgica sólo quiso mantener contactos directos con el Congreso Judío Mundial y la B´nai B´rith Internacional de EEUU. «Craso error que ha provocado el rechazo de la comunidad judía española y la solidaridad con ésta de las organizaciones judías mundiales anteriormente citadas», añade Alberto Benasuly.

A raíz del revuelo causado por el informe de Múgica, en el que los judíos echaron en falta una severa condena moral a la actuación de Franco, el político socialista, cuya posición abiertamente favorable a la causa judía —su madre lo era— es conocida por la opinión pública española, envió una carta al Congreso Judío Mundial en la que admitía la condena moral por las relaciones comerciales de Franco con el régimen de Hitler.

En junio de 1998 la España de Franco volvió a quedar al descubierto al conocerse un nuevo *informe Eizenstat* —el segundo— del Departamento de Estado norteamericano sobre el «oro nazi». La principal conclusión de este estudio aseguraba que la Alemania nazi empleó la mayor parte del oro que robó a bancos centrales europeos y a las víctimas del Holocausto para pagar, a través de Suiza, a varios países neutrales, entre ellos España, los suministros que necesitaba para la guerra. Franco, se insiste en el informe estadounidense, vendió a Hitler el wolframio que éste necesitaba para sus cañones y blindados.

A la vista de los datos, Estados Unidos reconoció que tal como había concluido la comisión presidida por Múgica, el comercio español de wolframio y otras materias primas con los nazis se efectuó a través de un acuerdo de trueque. El informe español aseguraba que, al terminar la Guerra civil, España había acumulado una deuda con Alemania y que durante la Segunda Guerra Mundial realizó transacciones comerciales con los nazis mediante un sistema de compensación que obviaba los pagos directos.

Pero no fue sólo el oro. El fundador de la Gestapo, Hermann Goering, dirigió una amplia red de agentes nazis en España los cuales se encargaron de vender todo tipo de obras de arte sustraídas a los judíos o saqueadas de los países ocupados durante la Segunda Guerra Mundial. La red, que operaba también en otros países, se valió para ello de al menos veinte contrabandistas, anticuarios y marchantes de arte españoles. Según un informe del que se hace eco la citada página *web,* Franco se negó a entregar a Holanda veintidós lienzos de dudosa procedencia y negó la extradición del agente de Goering que los introdujo.

Como ocurre con numerosos temas que tienen que ver con el judaísmo, determinados episodios que para otros pueden ser cosa del pasado, para los hebreos están plenamente vigentes en la actualidad. Por ello, cuando recientemente Enrique Múgica manifestó en un acto público que durante los trabajos de la comisión del «oro nazi» descubrió que en los años cuarenta «Miles y miles de judíos atravesaron la frontera española camino de Portugal y Estados Unidos, al contrario que en Suiza, la demócrata y liberal, donde fueron rechazados ciento treinta mil judíos que intentaban salvar sus vidas», algunos hebreos se sintieron incómodos ante lo que parecía ser una concesión muy bondadosa hacia Franco.

Días después, cuando el autor de este libro comentó el asunto con el presidente de la Comunidad Judía de Madrid, Jacobo Israel Garzón, que también había estado presente en el acto, éste expresó su opinión al respecto:

—No creo que sea por culpa de Múgica, pero lo que me duele de todo esto es que queda en la historia una labor exculpatoria del franquismo en relación con el oro, y una labor laudatoria en el sentido de salvación de los judíos. Esta no es la historia real. La real dice que los poderes públicos se guardaban de tener dinero negro públicamente y también de ayudar públicamente a los judíos. Se liberaron muchos judíos, no por el Estado sino a pesar del Estado, y la embajada alemana traía dinero directamente para pagar a mucha gente ¿Quién vigilaba en la frontera a alguien que viniera con el sello de Alemania?

—¿Me está usted diciendo que a España llegó mucho más «oro nazi» del que figura en el informe elaborado a instancias del Gobierno?

—Lo mismo que entró una cantidad de gente sin papeles, entró una cantidad enorme de oro sin papeles. Nadie se cree que los nazis dieron salida al oro moviéndose solamente en los mercados legales. No se puede hablar del oro nazi teniendo en cuenta sólo el que entró a través del Banco de España.

En opinión del presidente de los judíos madrileños, Franco no quería judíos en España, pero tampoco le importaba que pasaran camino de Portugal o Estados Unidos. «Cuando hablamos de la comisión del oro, olvidamos que los judíos que se salvaron no escaparon porque Franco quisiera que los judíos escaparan a través de España. La gran falsedad es decir "Franco ayudó"», concluye Jacobo Israel Garzón.

III. LOS MAGNATES DEL JUDAÍSMO IBÉRICO

El tópico del judío adinerado

Tomar las partes por el todo es una práctica que suele conducir a errores irreparables en cualquier campo. Y si ese campo es el del dinero y el poder, los errores pueden llegar a ser además injustos y a originar indeseables agravios comparativos que si perduran en el tiempo acaban convertidos en leyes universales, tópicos inamovibles que al ser confundidos con verdades absolutas no admiten discusión.

Una de esas supuestas grandes verdades es la que asegura que todos los judíos, sin excepción, son millonarios, astutos comerciantes obsesionados en amasar grandes capitales, aunque cada vez se añade menos la coletilla de que sus fortunas son conseguidas «a costa de los cristianos». Los hebreos, suele escucharse incluso por boca de intelectuales —generalmente antisemitas— a los que se supone bien informados, acaparan el comercio mundial y son todos unas máquinas de hacer billetes, «porque sólo reconocen dos patrias: el dinero e Israel».

Sin embargo, no hace falta ir demasiado lejos para comprobar que en materia de dinero el pueblo judío es un colectivo como cualquier otro, en el que sus miembros, con mayor o menor acierto desde el punto de vista individual, viven de su trabajo y persiguen el objetivo legítimo de superarse para alcanzar cada vez mayores cotas de calidad de vida. Y en esa lucha por vivir mejor, los judíos, tanto los practicantes como los laicos, no son ajenos a las circunstancias del entorno en que viven. Al igual que ocurre con los cristianos y los musulmanes, los judíos del todo el mundo forman una pirámide socioeconómica con un vértice extremadamente agudo. En el caso de los hebreos esto significa que hay judíos pobres, bastantes judíos de clase media y media alta, y que también los hay ricos..., incluso muy, muy ricos, pero estos últimos son tan pocos que no representan el nivel económico de la gran mayoría.

Para ilustrar cuanto se dice aquí, se pueden tomar dos ejemplos de máxima actualidad. Los más de seis millones de judíos que residen en Estados Unidos guardan entre sí grandes diferencias económicas, pero en conjunto disfrutan de un evidente mayor nivel de renta que los doscientos veinte mil hebreos de Argentina —la mayor colonia hebrea de América Latina—, donde una grave crisis económica afecta a miles de familias hebreas, al igual que a millones de ciudadanos no judíos de este país. Poco se sabe de la gran cantidad de judíos argentinos que se están viendo obligados a abandonar su país empujados por la penuria económica, y menos aun se tiene noticia de los hebreos que pasan hambre, porque han perdido sus puestos de trabajo o porque sus profesiones ya no tienen la demanda de los buenos tiempos.

En España, por las razones históricas apuntadas, hay pocos judíos —no más de treinta mil, según las versiones más optimistas—. La gran mayoría de ellos son ciudadanos anónimos de clase media que viven de su trabajo, aunque también los hay que sufren penalidades económicas y que salen adelante gracias a la ayuda que reciben de las organizaciones judías de beneficencia. Contrariamente a lo que se piensa, judíos españoles ricos..., pero ricos «de caerse», como se dice en Andalucía, hay muy pocos, y no siempre bien avenidos entre sí. Tan pocos que se pueden contar con los dedos una mano. Otra cosa es que parezcan ser muchos más, a causa de su llamativo estilo de vida, sus aventuras empresariales, sus relaciones con determinados líderes políticos, los contactos con la alta burguesía, y sobre todo por los escándalos jurídicos en que algunos de ellos se han visto implicados.

Rich significa rico

Si de enumerar judíos españoles ricos se trata, al primero que hay que citar es, sin duda, a Marc David Rich Wang, un hombre realmente cosmopolita, a quien algunos ven poco de español, salvo el idioma, la nacionalidad —también es israelí, suizo, belga, boliviano, estadounidense...—, los contactos al más alto nivel político y económico, y los múltiples beneficios que le generan sus inversiones en este país. Pero lo cierto es que llegó por primera vez a tierras peninsulares siendo un niño, cuando sus padres lograron escapar de la persecución nazi en Bélgica. Después de pasar unos años en España, su familia se trasladó definitivamente a Estados Unidos. Marc Rich, un personaje que hace honor a su envidiable apellido siendo uno de los hombres más ricos del mundo, es también un empresario astuto y en ocasiones dadivoso, como reconocen hasta sus más encarnizados detractores, pero a la vez, uno de los más oscuros y polémicos personajes de la actualidad.

En España, la historia de Rich como judío adinerado empieza a finales de la década de los ochenta, cuando aparecieron en la escena pública una serie de empresarios relativamente jóvenes, deseosos de ser ellos mismos los administradores de sus fortunas: los «nuevos ricos», como se les llamaba a causa de la ostentación que hacían de sus millones y la insólita agresividad con que disputaban el poder (es decir, los grandes contratos y las fusiones interbancarias) a los ricos «de toda la vida». Las mayores estrellas de aquella constelación de neófitos no eran otros que los incipientes banqueros Mario Conde y Juan Abelló, los empresarios Alberto Cortina y Alberto Alcocer, y el financiero catalán Javier de la Rosa. El éxito de estos personajes fue tan grande al salir a la palestra, que sus vidas —incluso las íntimas y privadas en el caso de *los Albertos*—, fueron investigadas por los medios de comunicación hasta límites casi increíbles.

Fue esa la época, hacia 1987, cuando en España se empezó a hablar de Marc Rich. El periodista Jesús Cacho explica en su libro *Asalto al poder* cómo un ministro socialista llegó a afirmar que la España que fue capaz de mover los hilos para hacerse con la colección Thyssen, «debería tratar definitivamente de atraer a Rich, si de lo que se trata es de que aquí haya dinero y se genere riqueza» [1]. Pero el multimillonario judío se había adelantado a los deseos del ministro. Lo hizo desembarcando en el accionariado del Banco Hispano Americano, se asegura que con una participación del dos por ciento del capital, una cifra parecida a la que tenía el Grupo March en la misma entidad bancaria. Nunca estuvo totalmente clara cuál era la verdadera participación de uno y otro en el accionariado del Hispano, pero el hecho era que los March, que en ese momento pasaban por ser la mayor fortuna de España, se habían convertido en socios del hombre al que en Chile conocen como «dedos de aluminio», en alusión al *Goldfinger* de la famosa película de James Bond y a las cuantiosas inversiones que tiene Rich en el aludido sector metalúrgico.

El sigiloso desembarco de Marc Rich en la banca española coincidió —y constrastó— con la aparatosa llegada de Conde y Abelló a este estratégico sector de la economía nacional. Los dos empresarios acababan de dar el histórico *pelotazo* que supuso para ellos la venta de Antibióticos al grupo Montedison por cuatrocientos cincuenta millones de dólares (unos sesenta mil millones de pesetas de

---

[1] Jesús Cacho, *Asalto al poder. La revolución de Mario Conde*, p. 259, ed. Temas de Hoy, Madrid, 1988.

época) y habían optado por la banca, en concreto por Banesto, para invertir parte de ese dinero, pero muy pocos conocían este extremo. Lo que sí se sabía, por las publicaciones especializadas de 1987, era que los dos empresarios, si no había ocurrido ya, estaban a punto de recibir mucho, pero mucho dinero fresco de Montedison.

Este dato no pasó inadvertido para el primer judío sefardita que entró en escena, Mauricio Hatchwell Toledano, ex presidente de la Comunidad Israelita de Madrid y representante en España de la americana Goldman Sachs. En cuestión de días el *trader* judío estaba comiendo con Mario Conde, al que formuló una propuesta que quizá el ahora ex banquero todavía esté arrepentido de no haber aceptado: crear en España una entidad financiera en compañía con el poderoso banco de inversiones estadounidense representado por Hatchwell. Pero Conde y su socio ya habían decidido.

Aunque la idea no llegó a buen puerto, como suele ocurrir en estos casos lo importante fue que quedó establecido el contacto entre Conde y Hatchwell, quien por entonces era también presidente de la Compañía Exportadora Española de Cementos Portland (Excem). De hecho, más adelante se volverían a encontrar, cuando el abogado gallego, metido en plena guerra de fusiones y no fusiones bancarias, encargó a Goldman Sachs y a Salomon Brothers hacer sendas valoraciones de los bancos Banesto y Bilbao, así como un dictamen sobre la conveniencia de proceder a la unión o fusión de ambas entidades.

Otro de los trabajos solicitados por Conde a Mauricio Hatchwell como representante de Goldman Sachs fue la realización de diversos estudios sobre la hipotética fusión de Banesto con cuatro grandes bancos más: Central, Hispano, Santander y Popular[2]. Altamente satisfecho debió haber quedado el presidente de Gold-

---

[2] Jesús Cacho, *op. cit.*, p. 516.

man Sachs, Robert Rubin, con el trabajo de Hatchwell si, como se aseguró en su momento, los encargos de Conde generaron más de mil quinientos millones de pesetas en minutas a Banesto.

Muy activo en el mundo de los grandes negocios, como lo prueba el hecho de que Goldman Sachs haya intervenido en la colocación de acciones de Telefónica en la Bolsa de Nueva York, Hatchwell, de origen marroquí, fue uno de los hombres a quien la Liga Árabe tuvo en su punto mira a través de su Oficina del Boicot a Israel con sede en Damasco. No les gustaba, decían estos, los movimientos que veían en las oficinas madrileñas de la empresa Métodos y Desarrollo de Alta Seguridad (MYDAS), otra firma de Hatchwell de cuyo consejo de administración formaron parte los ex ministros de UCD Juan José Rosón y Jaime Lamo de Espinosa.

Quizá a resultas de sus conversaciones con Hatchwell, tal vez porque sabían de las inversiones del Marc Rich en el Banco Hispano Americano, o simplemente por aquello de que «dinero llama dinero», lo cierto es que llegó un momento en que Conde y Abelló pensaron en el multimillonario judío como posible socio. No era para menos, ya que a Rich por entonces se le estimaba una fortuna de diez mil millones de dólares (más de un billón de pesetas de la época), y en los mentideros económicos se aseguraba que llevaba tiempo deseando invertir grandes cantidades de dinero en España.

Ahora se trataba de saber si Rich estaría dispuesto a acompañarles en su aventura de Banesto. A su atractiva billetera se añadía el plus de ser un financiero muy bien relacionado con los grandes bancos de inversiones internacionales, y no sólo los controlados por judíos. El siguiente paso, reunirse con el candidato, empezó con una gran carga simbólica al haberse fijado el lugar del encuentro en el terreno de Marc Rich: el Hotel Tryp Fénix de Madrid, en ese momento de su propiedad. Se sabe que a la reunión asistió además de Rich, Conde y Abelló, un destacado miembro de la Comunidad Judía de Madrid.

En aquel encuentro entre Rich y los dos empresarios españoles de moda tampoco se llegó a ningún acuerdo, pero el millonario judío se dejó querer (poco después sería Rich quien buscaría a Arturo Romaní, para hablar sobre Asturiana de Zinc). Existía la duda de saber qué pensarían los directivos del Banco de España sobre su presencia en el estratégico sector bancario nacional. Una sospecha más que razonable, porque aquello ocurría en un escenario económico absolutamente enloquecido, en el que, por un lado, bullían los capitales judíos; por otro, llovían los petrodólares árabes a través del grupo inversor kuwaití KIO, representado por Javier de la Rosa; y además estaban los «cristianos viejos» de la banca española de toda la vida, a buen seguro enemigos de ver *su* negocio invadido por dinero hebreo y musulmán.

El regreso de Marc Rich en España se produjo a mediados de los años sesenta, cuando, al igual que otros hebreos, intentaba abrirse camino ante el desconfiado régimen franquista como representante comercial procedente de Estados Unidos. De madre francesa y padre alemán, Rich nació en 1934 en el seno de la comunidad judía de Amberes (Bélgica). La persecución nazi, como se ha dicho, condujo a su familia de forma casi premonitoria a Nueva York, donde el joven Marc empezó sus estudios de marketing. Precisamente fueron sus conocimientos del idioma y su vinculación laboral con Phillip Brothers (Phibro), por entonces la mayor compañía de intermediación de petróleo y otras materias primas del mundo, los que le condujeron de nuevo a España cuando tenía apenas veintinueve años de edad.

En 1970 Marc Rich ya era director de Fibrometal, una filial de Phibro en España, en la que descubrió con total claridad los secretos del rentable comercio internacional de las materias primas hacia el mundo industrializado. Ni el propio Rich imaginaba en ese momento la importancia que tendrían para él más de una década después estos años de trabajo en España, cuando le sirvieron como argumento a la hora de solicitar la nacionalidad y ponerse a salvo de la persecución de la justicia estadounidense.

Tras cuatro años al frente de Fibrometal, Rich tenía la lección bien aprendida. Fue entonces cuando, a la vista de los increíbles beneficios obtenidos, planteó nuevas condiciones a la casa matriz. Al no obtener una respuesta positiva, decidió marcharse, llevarse con él los mejores clientes del gigante Phibro, y fundar su propia empresa, Marc Rich & Co, asociado con su amigo y compañero en Phibro, Pincus Green, el suizo Alex Hackel, y en una primera etapa el judío de origen sefardita Jacques Hachuel. Pero el Madrid de esa época, cuando España apenas daba sus primeros pasos hacia la democracia, no era precisamente un reconocido centro internacional de negocios.

Sí lo era, en cambio, Zug, una localidad cercana a Zúrich, en Suiza, el paraíso fiscal europeo por antonomasia, donde Rich y su equipo instalaron su cuartel general. A partir de ese momento la fortuna de «dedos de aluminio» empezó a crecer a la misma velocidad en que se multiplicaban sus operaciones en Estados Unidos y en el medio centenar de países de los cinco continentes donde montó sus oficinas. Mediante el comercio con productos de amplia demanda (petróleo, cobre, zinc, plomo, níquel, aluminio...), además de diversas clases de cereales y minerales, logró convertirse en uno de los mayores operadores de materias primas del mundo, aunque después amplió el abanico hacia otras actividades como la industria y el ocio. En varias ocasiones se ha sugerido participación de Rich en negocios de armas, pero este extremo nunca se ha podido confirmar.

La irresistible atracción del imán Jomeini

Comerciar con productos estratégicos y romper los bloqueos económicos a determinados países es una actividad muy rentable, aunque también entraña sus riesgos. Pero en ocasiones no queda otro remedio que jugársela, si de lo que se trata es de alcanzar los máximos beneficios en el menor tiempo posible. Eso fue lo que ocurrió a Rich y a sus socios entre 1979 y 1980 cuando el entonces presidente Jimmy Carter, en plena crisis de los rehenes en Irán, decidió bloquear al imán Jomeini y prohibió que las empresas estadounidenses negociaran con ese país. Pero Marc Rich optó por hacer lo contrario y compró grandes cantidades de petróleo al ayatolá. Los problemas llegaron cuando la justicia *gringa* le llamó para pedirle cuentas, pero el avispado financiero se salió con la suya, pues demostró que no había adquirido el oro negro con una empresa estadounidense, sino helvética.

Fue una época en la que Marc Rich caminó por una cuerda tan floja en el mundo de los negocios, que de no haber sabido jugar las cartas que le brindaron sus contactos con el poder, la gran cantidad de personajes y funcionarios que le debían favores, y el nivel de información que se le supone a quien cuenta con hilos más que directos con los servicios secretos israelíes, el Mossad, es casi seguro que hubiese dado con sus huesos en la cárcel durante una larga temporada. Y no parecía tener necesidad de complicarse la vida de esa manera, pues sus negocios más seguros marchaban viento en popa. En 1981 tenía mil empleados, de los cuales cien estaban en sus oficinas de Madrid. Desde ellas realizaba operaciones como la compra al SENPA de unas doscientas cincuenta mil toneladas de cebada cada año.

Entre sus transacciones comerciales destaca otra, realizada entre 1980 y 1981. Rich organizó una operación de ingeniería financiera que le permitió volver a comprar millones de barriles de crudo a un precio irrisorio. Lo malo fue que quiso ganar todavía más dinero y para eso disfrazó los beneficios a través de complejas operaciones internacionales. La cifra supuestamente defraudada al fisco era tan enorme, cincuenta millones de dólares (unos nueve mil millones de pesetas al cambio que había a la llegada del

Euro), que en ese momento constituía la mayor evasión fiscal de la historia de Estados Unidos.

Dos años después, en 1983, el entonces fiscal estadounidense Rudolph Giuliani presentó una acusación formal por delitos como evasión de impuestos, fraude fiscal y fraude telegráfico contra Marc Rich y su socio Pincus Green. Con una amenaza de muchos años de cárcel a la vista —se ha llegado a hablar hasta de trescientos—, una fuerte presión de la prensa internacional y quién sabe si también unas pruebas incriminatorias excesivamente concluyentes, el empresario judío empezó a pensar que no le convenía presentarse ante la justicia. Lo que hizo fue poner tierra por medio trasladando de inmediato su residencia a Zug, a orillas del lago del mismo nombre, ya que Suiza no reconocía como delito la evasión fiscal.

Poder jugar una carta de esta naturaleza, algo que le convertía prácticamente en un fugitivo del país más poderoso del planeta, sólo está al alcance de unos pocos privilegiados. Los que, como Rich, además de contar con una legión de abogados, y una fortuna a salvo de bloqueos y expropiaciones, disponen de contactos internacionales al máximo nivel y tienen a varios gobiernos comiendo en sus manos.

Convertido casi en una leyenda para quienes se han ocupado de estudiar su vida, se asegura que los negocios de Rich se extienden desde la antigua URSS hasta las lejanas montañas de Chile, pasando por una lista de más de cincuenta países, en muchos de los cuales sólo actúa a través de representantes. «Posee minas de zinc en Perú y Australia», explican unos; «las ventas de plata de Bolivia dependen de sus intereses particulares», denuncian otros. Los hay además que cuentan cómo en Chile, primero a través de Glencore, luego como Marc Rich y finalmente como Marc Rich Investment, mantiene desde los años ochenta operaciones con las principales compañías mineras de cobre, incluida Codelco. Y todo ello a pesar de que, como asegura el semanario local *Qué pasa,* el financiero «jamás ha puesto un pie en Chile».

Cuando los políticos comen en tu mano

Con más de cincuenta acusaciones sobre sus espaldas y consciente de que el FBI andaba pisándole los talones, en 1982 Rich empezó a reforzar sus precauciones. Para ello solicitó la nacionalidad española al fugaz gobierno de Leopoldo Calvo-Sotelo, cuyo ministro de Justicia, Pío Cabanillas, accedió a la petición en julio de ese año, poco antes de que en octubre el Ejecutivo pasase a manos del nuevo presidente, Felipe González. De esa forma, cuando al año siguiente las sospechas de los investigadores norteamericanos se tradujeron en las referidas acusaciones formales contra Rich, éste ya contaba con un pasaporte más y una coraza anti extradición para protegerse del acoso de Estados Unidos (en España no era delito comerciar con Irán).

Por supuesto Rich no sólo dejó de aparecer por Norteamérica sino que a partir de entonces sus movimientos desde Zug hasta Londres y otras ciudades europeas se realizaban dentro de las más estrictas medidas de seguridad. Al fin y al cabo, un cartel americano dedicado a él, con el típico *wanted* (se busca) y setecientos cincuenta mil dólares de recompensa por su captura, que circulaba por diversos países no era algo para tomarse a broma.

El financiero judío tenía razones para sentirse seguro en España, donde cuenta con varias residencias, entre ellas una mansión en la lujosa zona madrileña de Puerta de Hierro, un fastuoso *palacio* de cuarenta habitaciones en Marbella y una casa más en Sevilla, en la que llegó a tener como invitados a tres ministros socialistas de una sola tacada: José Luis Corcuera (Interior), Enrique Múgica (Justicia) y Manuel Chaves (Trabajo). El hecho de no verse acosado por el gobierno socialista y las expectativas de obtener altísimas rentabilidades que ofrecía la economía española en 1987 y 1988 le dieron la confianza suficiente para crear la empresa Ron Investment en compañía con Max Mazin, ex presidente de la Comunidad Israelita de Madrid, y uno de los personajes históricos del actual judaísmo español.

Prueba de su habilidad a la hora de escoger las amistades políticas, Marc Rich contaba entre ellas a José Barrionuevo, cuando éste era el poderoso ministro del Interior del gobierno del PSOE, de donde pasó a ocupar la cartera de Transportes. Sus relaciones llegaron a ser tan estrechas que el multimillonario llegó a ofrecerle un puesto relevante en Ron Investment, si en algún momento optaba por dejar la política.

Ahora la idea era utilizar Ron Investment para diversificar sus inversiones en la península, las cuales en un principio estuvieron orientadas hacia el sector del turismo y la hostelería a través del grupo Tryp. Más adelante, tomó parte en el matadero Explasa, junto con Ramón Fiter, y se asoció con Caja Madrid en la sociedad de servicios Aguavitae, dirigida a la tercera edad. Para asegurar el éxito del negocio Rich y Mazin contrataron a Petra Mateos, antigua jefa del gabinete del *superministro* socialista de Economía, Miguel Boyer, lo que fue interpretado como una jugada más encaminada a obtener la bendición del gobierno de Felipe González para sus inversiones en España. En su punto de mira estuvieron también empresas tan grandes como Catalana de Gas e Inespal, esta última ahora en manos de la americana Alcoa, la primera firma mundial del aluminio.

Otro ex alto cargo del gobierno del PSOE que Rich incorporó a la empresa fue el judío originario de Tánger León Benelbas, ex director general de Seguros en la etapa socialista, posteriormente ligado a empresas como Atlas Capital y Seguros Amaya. Esta compañía, de la que Benelbas fue presidente, había sido comprada por los suizos, Berner y Vaudoise al Grupo Torras de Javier de la Rosa.

Paralelamente, el financiero reforzó su faceta de mecenas creando la Fundación Marc Rich, a la que incorporó miembros de la talla del cineasta Luis García Berlanga y escritores como el fallecido Nobel de literatura, Camilo José Cela. Desde su fundación, dirigida por Arner Azulay, Rich ha prestado una valiosa ayuda a la Comunidad Judía de Madrid y en particular al colegio hebreo Estrella Toledano de la capital española.

Al empresario y financiero, que ya contaba en Madrid con una sucursal de Marc Rich & Co, la fama de hombre buscado por el FBI no parece haberle obstaculizado en exceso sus negocios como *trader* de materias primas, un sector en el que se asegura que ha llegado a mover volúmenes de trece mil millones de dólares anuales. En España, por ejemplo, el diario *El País* informó que el grupo de Rich facturó en los años noventa más de doscientos mil millones de pesetas, buena parte de ellos a través de la sociedad Semifex, adquirida al Banco Occidental en 1980.

A la sombra del Mossad

Años después, Rich tuvo negocios comunes con el ex director de la seguridad del Estado, Julián Sancristóbal. Convertido en flamante *broker* de negocios internacionales, tras dejar el puesto este ex alto cargo socialista llevó a cabo importantes operaciones inmobiliarias con el millonario judío. Hacer negocios con el *rey Midas* de las transacciones internacionales no era ninguna tontería para quien acababa de ser un simple servidor de la Administración, pero tampoco era mala cosa para quien ha sido ¿y continúa siendo? un importante colaborador del Mossad mantener estrechas relaciones de dinero con el hombre que acababa de ser el *número tres* del Ministerio de Interior.

La importancia que para Rich tenía el hecho de rodearse de gente con información y contactos en los servicios secretos se supo —y se confirmó en el caso del Mossad— después de que éste, recogiendo la cosecha de lo que había sembrado en Estados Unidos, recibiera el indulto de manos de su amigo, el ex presidente Bill Clinton. Tal como explicó a la cadena estadounidense CNN, Howard Safir, el jefe de policía que durante años intentó detener a Rich, el departamento del Tesoro llegó a autorizar un operativo destinado a capturar al financiero judío cuando éste ya contaba con pasaporte español. «Diseñamos un plan para proceder al secuestro en Suiza, pero la policía local nos descubrió y nos dijo que si lo intentábamos nos arrestaría», reveló Safir en un programa especial de la CNN. En otra ocasión estuvieron a punto de detenerlo en Londres, pero llegaron dos horas tarde.

El mismo policía desveló cómo al poner en marcha el plan para capturar a Rich y llevarle ante la justicia de Estados Unidos, descubrió que el fugitivo estaba custodiado por miembros del Mossad, los cuales lógicamente no facilitaron el trabajo a los funcionarios norteamericanos. «La policía israelí nos dijo que oficialmente contáramos con su apoyo, pero extraoficialmente nos dijeron que perderíamos el tiempo si esperábamos colaboración», se lamentó Safir. Su relato dejó claro que de no haber sido por el apoyo que Marc Rich logró en países como España e Israel (país donde también subvenciona varias fundaciones), es muy probable que le hubieran echado el guante. «Fue muy duro intentar capturarlo —añadió Safir—, Rich tenía mucha influencia en varios países y estábamos muy limitados. Consiguió el pasaporte boliviano y el español. Tiene mucho dinero»[3].

Pero Rich no era el único que tenía dinero a raudales. A comienzos de los noventa Mario Conde era la personificación del banquero de éxito en España, el más listo de la clase, el millonario joven e inteligente al que muchos universitarios querían imitar. Por buscarle, como se ha visto, le buscaron hasta los judíos del

---

[3] *El Mundo,* Madrid, 10-II-2001.

capital. Su carisma social era tan grande que llegó a ver al alcance de la mano el sillón de la Moncloa; nada menos que la Presidencia del Gobierno. Los propios dirigentes del PSOE se asustaron cuando vieron publicado en la prensa un largo artículo de Conde en que éste daba a conocer sus ideas políticas, basadas en el poder de la sociedad civil, y decidieron tomar cartas en el asunto.

Era preciso tener al banquero agarrado por mala parte, por si se atrevía a dar el salto a la política. Para ello, el entonces vicepresidente del gobierno, Narcís Serra, llamó a su despacho al director general de la Guardia Civil, Luis Roldán, al que encargó un informe que contuviese al detalle las supuestas actividades ilegales de Mario Conde en el extranjero. Le interesaba conocer especialmente el alcance de las relaciones entre el banquero gallego y el financiero sefardí Jacques Hachuel:

—Hay que hacer el informe lo más completo posible... Cuando esté acabado veremos si tiene ganas de combatir con nosotros en las próximas elecciones.

Roldán, que a la postre resultó ser un traidor del gobierno socialista, y a la vez el más *panoli* de todos los ex altos cargos que se han visto salpicados por escándalos de corrupción[4], puso manos a la obra. Como se trataba de un trabajo sucio no decepcionó a su superior y en poco tiempo tenía en sus manos el denominado *informe Crillón*, que él mismo había encargado a la agencia estadounidense Kroll. En el documento, que fue reproducido por los periodistas Manuel Cerdán y Antonio Rubio en su libro *El caso Interior,* se describen algunas actividades de Conde hasta entonces desconocidas.

---

[4] En el momento de redactar este libro, mayo de 2002, de todos los ex altos cargos del Gobierno que han sido condenados por delitos de corrupción, el único que se encuentra entre rejas es el ex director de la Benemérita, Luis Roldán.

Además se señalan las relaciones entre Marc Rich y Mario Conde y la dificultad de conocer «la gran operación global entre ellos».

En efecto, al investigar las andanzas empresariales de Conde y Hachuel, los agentes de Kroll acabaron hurgando en las cosas de Marc Rich. El informe que presentaron los investigadores pone de manifiesto la dificultad de conocer a ciencia cierta las inversiones de un magnate experto en las más finas operaciones de ingeniería financiera como Rich. En concreto, sobre él decía el informe: «(...) Rich no es una de las personas que apoyan a Conde en Banesto. Ejecutivos de Ron Investments, parte del grupo Marc Rich en que Max Mazin es socio, indican que Rich ya no tiene participación en Banesto. Otras fuentes insisten en que todavía tiene una participación, si bien no directamente, y que desea venderla, pero no con pérdidas. Ron Investments está actualmente pleiteando con Banesto sobre la venta de un complejo turístico en Mallorca, remanente de la deuda de la familia Coca. Es más que probable que Banesto perderá el caso y será puesto en evidencia al hacerse público su pasivo no declarado de una garantía de 10.000 millones de pesetas que dio en la operación del complejo. (...). Fuentes próximas a Ron Investments dicen que el complejo turístico es sólo parte de una mucho más grande operación global entre Rich y Conde. La falta de disposición para revelar otros aspectos de este acuerdo que continúa vinculando a Rich y a Conde está causando dificultades a los abogados que llevan el caso» [5].

No andaban mal encaminados los sabuesos de Kroll. La compraventa del complejo turístico se remonta a 1988, cuando las empresas holandesas, Tuvor B.V. y Beleggius B.V. compraron a Banesto, por algo más de 7.312 millones de pesetas, la urbanización

---

[5] Manuel Cerdán y Antonio Rubio, *El caso Interior. GAL, Roldán y fondos reservados: el triángulo negro de un ministerio*, pp. 321 y ss., ed. Temas de Hoy, Madrid, 1995.

Bellevue, un área residencial situada en Palma de Mallorca que constaba de sesenta y cuatro bloques de viviendas y mil quinientos sesenta y tres apartamentos. La gestión de la compra corrió a cargo de Ron Invesment, que por entonces contaba con un capital social de mil millones de pesetas y estaba presidida por Max Mazin. Entre otros consejeros de esta compañía figuraban Marc Rich y Antonio Briones.

En principio la operación parecía un buen negocio para Rich, Mazin y sus socios, entre otras cosas, porque el complejo sería explotado por la cadena hotelera Tryp, es decir, ellos mismos. Pero el problema surgió cuando, una vez cerrada la operación, empezaron a aparecer los «vicios ocultos». Para empezar, la mitad de la urbanización no contaba con las oportunas licencias de edificabilidad y apertura, y además casi la totalidad del inmueble había sido construido en zona verde. El asunto terminó con una demanda contra Banesto presentada a través del despacho del fallecido abogado Antonio Pedrol Rius, en la que se reclamaban al banco 15.000 millones de pesetas en concepto de daños y perjuicios, más los 7.312 millones de la compraventa.

Lo anterior demuestra que por mucho dinero que tuviese, las cosas no siempre le han salido a pedir de boca a Marc Rich. Acosado, no sólo por los servicios secretos estadounidenses sino por las agencias privadas de detectives, a mediados de los años noventa, con sesenta y dos años cumplidos, decidió cambiar la titularidad de algunas de sus empresas. Acto seguido, su compañía estrella, Marc Rich & Co, pasó a ser propiedad, al menos oficialmente, de la suiza Glencore Grain Holding, formada por socios, amigos, empleados o ex empleados suyos, y continuó en el mundo de las materias primas con Marc Rich Investments, de la que se especula que intermedia en mercancías por más de 1,6 billones de pesetas al año. El 17 de junio de 1998 fue nombrado consejero de Glencore en Asturiana de Zinc, S.A. el entonces presidente de la ortodoxa

Comunidad Israelita de Madrid, Isaac Querub Caro, quien al menos hasta mediados de 2001 controlaba el 44,1 por ciento del accionariado a nombre de Glencore.

Hombre de talante abierto y negociador, Isaac Querub llegó a la presidencia de la ahora denominada Comunidad Judía de Madrid en junio de 1996 y abrió las puertas de esta organización a los judíos laicos de la capital —hasta entonces muy distanciados de los ortodoxos—, la mayoría de ellos agrupados en la Asociación Hebraica. Para tener una idea de los personajes con que se ha codeado el ex presidente de los judíos de Madrid, como hombre de Glencore en Asturiana de Zinc, basta citar a los también consejeros de esta empresa, José Ramón Álvarez Rendueles y Luis Gámir, entre otros.

Además del tráfico de materias primas, desde sus primeros años en España Marc Rich ha dirigido también sus inversiones hacia el sector inmobiliario, lo que por sí solo indica que se trata de uno de los negocios más rentables de este país. Y se ve que continúa siéndolo, porque se asegura que el magnate judío dispone de otras compañías como Andria Inversiones Inmobiliarias, con la que se relaciona a León Benaceraf, entre otros directivos. En otro de sus últimos movimientos empresariales conocidos el financiero estudiaba fusionar su Marc Rich Investments con la poderosa Crown Ressources, propiedad del judío multimillonario ruso Mikhail Friedman. Como otros magnates judíos, Rich siempre ha preferido hacer negocios con los amigos. Una de sus tácticas, asegura un antiguo colaborador de Rich, consiste en hablar bien de las operaciones comerciales en las que él nunca entraría, «para despistar a sus posibles competidores».

Para algo están los amigos... españoles

Con todo, el verdadero poderío de Marc Rich quedó demostrado el 20 de enero de 2001. Ese día el todavía presidente de Estados Unidos, Bill Clinton, pocas horas antes de abandonar la Casa Blanca para entregar el poder a George Bush, sorprendió a propios y extraños con la decisión de indultar a Rich y a su socio Pincus Green de todos los cargos penales que pesaban sobre ellos, poniendo fin, de un simple plumazo, a casi dieciocho años de fuga, persecuciones del FBI y acoso de los tribunales estadounidenses.

Al hacerse pública la postrera decisión de Clinton, prácticamente la última de su mandato, se conocieron muchos datos hasta entonces desconocidos por los ciudadanos, se dispararon todas las suspicacias sobre los motivos que tuvo el presidente para dar semejante paso, y el escándalo planetario —como todo lo de Rich— quedó servido. Fue entonces cuando se supo que Denise Eisenverk, la primera esposa del magnate judío, había sido en los últimos años muy generosa con Clinton y su entorno: unos dijeron que había organizado grandiosas veladas recaudatorias en su mansión de la Quinta Avenida para la campaña que llevó al senado a Hillary Clinton, otros comentaron que promovió una fiesta de desagravio a Clinton durante el *caso Lewinsky,* alguien murmuró que en cierta ocasión obsequió al presidente con un saxofón y muebles valorados en más de siete mil dólares... Toda una serie de atenciones que parecen guardar una relación directa con el perdón presidencial.

Además se supo que el indulto había llegado tras la entrega por Denise de más de un millón de dólares a las arcas electorales del Partido Demócrata y a la biblioteca que lleva el nombre de Clinton en su estado natal de Arkansas, lo que provocó la apertura de dos investigaciones parlamentarias en el Capitolio y una criminal de la fiscalía federal de Nueva York. Para colmo, el jefe del equipo jurídico de Rich encargado de gestionar el indulto había sido elegido inteligentemente, pues se trataba nada menos que de Jack Quinn, un antiguo y cercano consejero del presidente Clinton.

Denise Eisenverk, rica heredera y autora de canciones de éxito para divas del *soul* como Celine Dion y Aretha Franklin, ha reconocido haber efectuado tales donaciones, aunque asegura que eran «para apoyar al presidente de mi país». Ahora sí se entiende por qué la ex esposa de Rich se define como «una chica sencilla», a pesar de que vive en un apartamento de 28 habitaciones, situado en la Quinta Avenida de Nueva York, con 20 empleados fijos, chefs y hasta encargados de manicura.

Las aportaciones monetarias de la ex mujer del magnate judío —la actual es Gisela Rossi—, no fueron las únicas sorpresas derivadas del vertiginoso y polémico indulto concedido por Clinton. También lo han sido los nombres de las personalidades que se movilizaron para lograr tan notorio trato de favor.

Enfrentado a lo que era posiblemente su última oportunidad, tres meses antes de que expirase el mandato de Clinton, Marc Rich movilizó a todo su equipo y él mismo puso manos a la obra, para conseguir que numerosas personalidades de todo el orbe, amigos y conocidos del financiero, emitiesen urgentes testimonios escritos favorables a Rich con el objeto de apoyar o impulsar el eventual indulto. El mecanismo empleado fue tan simple como eficaz: una vez hecha la petición, generalmente por el propio Rich, sus abogados explicaban al interlocutor los mensajes claves que debería contener la misiva, la cual tenía que ser enviada al referido letrado Jack Quinn. Por ejemplo, se les recomendaba confirmar la gran preocupación de Rich por la cultura y las obras sociales, y que formularan votos por una «pronta» solución de sus problemas.

Una vez hechas las solicitudes, las cartas de apoyo a Rich comenzaron a llegar al despacho del abogado Quinn. Y no fueron ni diez ni veinte, sino más de setenta testimonios válidos, de los cuales casi la mitad eran de petición directa a Clinton. Algunas de las primeras cartas en llegar fueron remitidas por el primer ministro israelí, Ehud Barak; el entonces ministro israelí de Exteriores,

Shlomo Ben Ami; el ex jefe del Mossad, Shabtai Shavit, y el director musical vitalicio de la Orquesta Filarmónica de Israel, Zubin Mehta. La propia Denise envió en diciembre de 2000 una carta al presidente insistiendo en la vocación filantrópica de su ex marido, el cual hasta ese momento, se asegura, había donado unos cien millones de dólares a varias organizaciones caritativas, principalmente de Israel.

El alcalde de Zurich, Josef Estermann también dio cuenta de las cualidades que adornan la personalidad del empresario judío. El edil suizo no escatimó elogios en su carta, enviada directamente a la Casa Blanca: «Querido presidente Clinton. Conozco al señor Rich desde hace ya algún tiempo y puedo asegurarle que es un ciudadano recto y honesto, que ha sido muy caritativo desde hace muchos años (...) Las infracciones de la ley por las que ha sido acusado han quedado indudablemente compensadas por sus contribuciones espontáneas a la sociedad...».

A Estados Unidos también llegaron cartas de apoyo a Rich procedentes de España. Entre ellas destacan la del presidente de la Confederación Empresarial Independiente de Madrid (CEIM) y vicepresidente de la Confederación Española de Organizaciones Empresariales (CEOE), Fernando Fernández-Tapias, y una del Nobel fallecido, Camilo José Cela, en su condición de responsable de la Fundación Marc Rich de España y de miembro de la Real Academia Española. Tampoco faltó la del empresario y entonces presidente de la Comunidad Israelita de Madrid, Isaac Querub, uno de los hombres más cercanos al multimillonario judío en España.

Respondiendo a las indicaciones del equipo jurídico de Rich, Fernández-Tapias, propietario de la naviera del mismo nombre, copropietario de Toresma, S.A., y ahora vicepresidente del Real Madrid, explicó en su petición que la Fundación CEIM —presidida por Max Mazin— «ha trabajado estrechamente durante muchos años con la Fundación Rich en una amplia gama de proyectos para la promoción del arte, la cultura y la educación, especialmente con el objetivo de acercarlos a los menos privilegiados de la sociedad». Fernández-Tapias, uno de los empresarios españoles mejor relacionados con los grandes financieros judíos que operan en España, insistió en su laudatorio escrito sobre Rich en que éste ha mantenido siempre una actitud decente, «lo que le ha granjeado un gran respeto en España, donde ha vivido muchos años». Según el guión previsto, el influyente empresario español añadió que deseaba lo mejor para Rich, «esperando que las dificultades que afronta puedan ser pronto superadas de forma satisfactoria».

Algo similar hizo Cela, quien curiosamente redactó su petición en inglés y en papel con membrete de la Real Academia Española. Para el escritor, Rich era «un honrado ciudadano, altamente respetado en España, donde ha vivido durante muchos años». Además, tal como se recoge en la carta, que fue publicada por el *Washington Post* nada más estallar el escándalo del indulto, el escritor se presentó ante Clinton como presidente, «durante cerca de diez años» del consejo de la Fundación Marc Rich en España, la cual «ha contribuido con grandes recursos al beneficio de casi todos los sectores de la sociedad». Como en los demás casos, Cela termina la nota expresando su deseo de que «los problemas que tiene Marc Rich se resuelvan pronto».

Aparte de la riqueza económica, cuando se cuenta con amigos de tan alta categoría se tiene asegurada una segunda fortuna, como es la garantía de saber que se tiene su impagable apoyo en los momentos difíciles. De ahí la importancia del correo enviado por otro personaje de renombre internacional: la princesa Irene de Grecia, hermana de la reina Sofía. Presidenta de la organización benéfica Mundo en Armonía, la princesa griega no dirigió su carta a Clinton, sino al director de la Fundación Rich en Tel Aviv. En ella le pide que transmita su gratitud a Marc Rich por su apoyo financiero a proyectos humanitarios en la reconstrucción de Yugoslavia y menciona una donación concreta de veinte mil dólares en ayuda humanitaria a esa zona castigada por la guerra.

Irene de Grecia es uno de los miembros de la nobleza europea más vinculados a las causas sociales, en este caso, en relación con el mundo judío. De hecho, la hermana de la reina Sofía es uno de los quince integrantes del Comité de Honor en España del Centro Peres para la Paz, una organización creada por el ministro de Asuntos Exteriores de Israel, Simon Peres, con el objeto de promover iniciativas empresariales educativas y culturales que contribuyan a la pacificación de las relaciones entre israelíes y palestinos. Como se verá más adelante, a esta organización están vinculadas otras destacadas personalidades, como el presidente de la Asociación Española de Banca, José Luis Leal; la presidenta de Omega Inversiones, Alicia Koplowitz, y el presidente de la Banca Rothschild, el barón Eric de Rothschild, entre otros.

Al margen de las cartas enviadas a la Casa Blanca y al despacho del abogado de Marc Rich, hubo quienes, como el referido Ehud Barak, llevaron a cabo gestiones directas en pro del multimillonario judío ante el presidente de Estados Unidos. La revista estadounidense *Time* ha citado también al rey Juan Carlos, pero en el Palacio de La Zarzuela aseguran escuetamente que «no consta», por lo que es probable que la llamada se haya producido a título personal[6].

De haber intercedido ante Clinton, no sería la primera vez que el monarca español tiene gestos de deferencia con miembros del pueblo judío. De hecho, don Juan Carlos ha demostrado su simpatía por Israel desde su época de príncipe, cuando, por ejemplo, mantenía correspondencia con la primera ministra Golda Meir y era amigo personal —lo mismo que su padre, don Juan—, del co-

---

[6] *El Mundo,* Madrid, 3-II-2001.

nocido empresario judío José Salama Ubago, presidente del poderoso grupo Transáfrica, dedicado al comercio exterior desde Tánger. El futuro rey de España era un claro partidario del establecimiento de relaciones diplomáticas con Israel y los contactos con importantes dirigentes judíos formaron parte de su agenda en no pocas ocasiones.

Además, en los anales de la Comunidad Judía de Madrid figuran los días 28 de mayo de 1976 y 31 de marzo de 1992 como dos de las fechas más importantes de su historia. El 28 de mayo, porque fue el día que doña Sofía visitó por primera vez la sinagoga de Madrid algo que ocurrió poco antes del viaje que los reyes realizaron a Estados Unidos entre el 1 y el 5 de junio de ese año, donde recibieron al poderoso lobby judío, representando en una delegación del Comité Judío Americano. El 31 de marzo de 1992 marca un hito en la historia de España y de los judíos, porque fue la primera ocasión, después de la expulsión de los hebreos en 1492, en que los Reyes de España acudieron oficialmente a la sinagoga a un acto conmemorativo de aquel lamentable hecho.

Las relaciones internacionales de España también han requerido la intervención del Rey en otros asuntos puntuales relacionados con los judíos. Uno de estos casos se dio durante el complicado proceso de establecimiento de relaciones diplomáticas con Israel, en el que surgieron escollos de difícil solución: la expulsión de los judíos y su aislamiento de España durante cerca de quinientos años, el apoyo de Franco a Hitler en la Segunda Guerra Mundial, y las presiones de los países árabes. El rey Juan Carlos sólo podía hacer algo en este último caso, y así ocurrió.

Tal como el propio monarca ha relatado al escritor José Luis de Vilallonga en su libro *El Rey,* consciente de que el entendimiento entre España e Israel era «cada vez más necesario», aprovechó su amistad personal con muchos dirigentes árabes, a los que se dirigió discretamente para desdramatizar la situación:

—Escuchad, no se trata de traicionar una amistad, y mucho menos de dejar de lado nuestros lazos fraternales. Podéis pedirme muchas cosas, pero no podéis exigir de un Estado democrático como España que no tenga relaciones diplomáticas y comerciales con otros Estados democráticos, entre ellos Israel[7].

En cuanto a las relaciones directas del Monarca y la Reina con otros personajes judíos, doña Sofía profesa una especial predilección y amistad por el violonchelista Mstislav Rostropovich, al que ha demostrado su admiración en numerosas ocasiones. Por citar sólo un año, en enero de 2001 se le vio aplaudir largamente al maestro en un concierto para las Juventudes Musicales de Madrid; en junio de ese mismo año los Reyes asistieron a la inauguración del Museo Pau Casals en la localidad catalana de El Vendrell. A la salida, un sonriente Rostropovich paseaba del brazo de don Juan Carlos junto a la Reina, la pianista Eugen Istomin y a la viuda de Casals, Marta Montañez. Al mes siguiente la primera dama era fotografiada junto al genial músico durante una visita al palacio de Pushkin, situado a treinta kilómetros de San Petersburgo.

La predilección de la reina Sofía por Rostropovich, quizá sea similar a la que sentía por otro genio hebreo; el fallecido violinista angloestadounidense Yehudi Menuhin, considerado uno de los más grandes músicos del siglo XX. La Reina preside el patronato de la fundación cultural Yehudi Menuhin-España, creada por el violinista pocos días antes de fallecer en 1999. Grandes humanistas además de genios de la interpretación musical, Menuhin y Rostropovich fueron galardonados con el premio Príncipe de Asturias de la Concordia el 24 de octubre de 1997.

---

[7] José Luis de Vilallonga, *El rey: conversaciones con D. Juan Carlos I de Borbón*, ed. Plaza & Janés, Barcelona, 1994, pp. 318 y 319.

En admiración por Menuhin y Rostropovich, dicho sea de paso, la Reina tiene una gran competidora en Paloma O'Shea, esposa del presidente del BSCH, Emilio Botín. No en vano, la conocida mecenas, presidenta de la Fundación Isaac Albéniz, ha actuado como madrina en la concesión de algún importante galardón a su amigo Rostropovich. Además, ella presume de que el famoso violonchelista judío, así como Menuhin, Kraus, Mehta, Maazel y otros grandes maestros, ha sido destacado colaborador de la Escuela Superior de Música Reina Sofía, dependiente de la fundación que ella financia.

Sea como fueren las relaciones entre la familia real española y algunos miembros destacados del pueblo judío, el prestigio internacional de la mayoría de los personajes que se dirigieron a Clinton pidiendo, sin decirlo expresamente, el indulto para su amigo, no sólo no evitó el escándalo sino que en cierta forma contribuyó a potenciarlo. Las reacciones a esta medida de gracia, no por la medida en sí, que en Estados Unidos está permitida al Presidente, sino por el beneficiario y las circunstancias que le rodean, se multiplicaron desde casi todos los rincones del mundo.

La preocupación social y las investigaciones oficiales que se adelantan en Estados Unidos para saber hasta qué punto las donaciones millonarias influyeron en el perdón a Marc Rich, obligaron a éste en febrero de 2001 a hacer público un comunicado en el que intenta justificarse ante la comunidad internacional. Al hacerlo, el ex presidente de Estados Unidos, que ha visto canceladas algunas de sus millonarias conferencias por quienes no ven clara su relación con el dinero de Rich y su entorno, despejó cualquier duda que pudiera quedar sobre el poderío internacional del financiero judío y sus relaciones con el Mossad[8].

---

[8] En el anexo I de este libro se incluye el texto completo del comunicado emitido por Bill Clinton

Hachuel, entre el *bel canto* y los negocios turbios

Pocos como él representan la viva imagen del multimillonario forrado en dinero que después de pasarse buena parte de su vida recorriendo el mundo embarcado en mil y una aventuras empresariales y especulativas, ahora se dedica simplemente a disfrutar de la vida, haciendo única y exclusivamente lo que le gusta. Por sí solo y sin proponérselo, Jacques Hachuel ha hecho saltar por los aires la vieja idea de que el dinero no da la felicidad... al menos en su caso. Pianista aficionado, melómano empedernido de la música clásica y mecenas de numerosos artistas, Hachuel es propietario de una de las mejores colecciones de arte moderno del mundo y asegura que en este campo, lo que para otros constituye una inversión multimillonaria, para él es simple placer. Ya lo ha dicho en varias ocasiones sin perder la sonrisa: «mi única ambición es divertirme».

La historia de Jacques (o Jacobo, como le llaman sus amigos) Hachuel Moreno comienza en Larache, la villa marroquí donde nació en 1931. Hijo de madre española y de un judío sefardita de origen argentino —país del que tiene la nacionalidad—, empezó a ganarse la vida como vendedor de automóviles. Su padre, Alfonso Hachuel, adquirió la concesión de Citroën en Marruecos y montó un concesionario en el que trabajaron Jacques y sus hermanos. En el Marruecos del trueque y el regateo Hachuel se ejercitó en las artes de la compra-venta. Muy pronto descubrió el gusanillo de los negocios de riesgo, rápidos y de máxima rentabilidad; comprendió que lo suyo eran las operaciones especulativas, el negocio del *trading,* como a él le gusta llamarlo, frente a la aburrida vida de las grandes corporaciones, de las que ha sacado pingües beneficios, pero también más de un dolor de cabeza.

En busca de mejores horizontes el joven Hachuel se trasladó a vivir a Francia, donde su doble condición de judío y ¡comunista! le llevaron a sufrir en carne propia los efectos del antisemitismo. Mientras tanto, sus hermanos continuaban en el negocio automotor comercializando vehículos incluso en Madrid y Barcelona. A su regreso a Marruecos empezó a trabajar en la empresa agrícola Lukus para José Gomendio, quien sería su *padrino* y maestro en el mundo de los negocios internacionales. No en vano, Gomendio, que fue el primer español vendedor de edificios llave en mano en el extranjero, se encontraba establecido en la zona de Larache, donde mantenía negocios con la familia Rothschild. A la sombra de Gomendio empezó a forjarse el Hachuel mundialmente conocido de hoy. Fue él quien le introdujo en el comercio internacional enviándole a España a trabajar en la importación y exportación de todo tipo de productos, negocios en los que la primera exigencia era —y es— saberse mover al filo de la ley cuando las circunstancias así lo exigen.

Esas circunstancias, se daban en 1960 en Cuba, donde Fidel Castro hacía escasos dos años que había logrado expulsar del gobierno a Fulgencio Batista y se disponía a reconstruir el país. Tras una serie de gestiones, el padre de Hachuel logró que el millonario argentino Jorge Antonio Chividián, también de origen judío, facilitara a su hijo una carta de presentación ante el «Che» Guevara, quien había asumido las funciones de ministro de Economía e Industria. Precisamente fueron sus operaciones comerciales a nombre de Gomendio con el bloqueado régimen de Castro las que dieron a Hachuel mucha experiencia sobre la forma de romper bloqueos internacionales mediante operaciones de *triangulación* con distintos países. Mientras hacía de asesor comercial de la revolución obtenía beneficios monetarios vendiéndoles autobuses, plantas eléctricas, productos farmacéuticos, piezas de motores, etc., y aprendía trucos que le vendrían muy bien en los años posteriores.

El negocio era tan redondo que cada vez que un campesino cubano daba un machetazo para cortar caña, Hachuel ganaba dinero. No en vano, él era quien importaba los machetes. Quizá por eso, en ocasiones se daba su baño de revolución, generalmente los domingos, acudiendo a la zafra a cortar algunos gajos. En realidad lo de los machetes era lo de menos, pues el verdadero negocio estaba en los barcos, algo verdaderamente imprescindible para un país-isla como Cuba, por lo que Gomendio abrió la línea regular Marítima del Norte para facilitar la exportación de los productos. Fue entonces cuando, ya como socio de Gomendio, Hachuel realizó una de las mayores ventas de buques a Fidel a través de las empresas Cilasa, Cofinanco y Cofei, todas ellas integradas en el grupo Cofeico.

Cinco años después de su primera llegada a la isla caribeña el «mercader de Larache», como se denomina a Hachuel en determinados ambientes, el negocio empezó a decaer porque La Habana, se supone que cansada de ver cómo unos cuantos capitalistas obtenían grandes beneficios a costa de su empobrecida revolución socialista, decidió prescindir de los intermediarios para sus operaciones comerciales con el extranjero. Fue ese el momento en que Hachuel dio un golpe de timón a sus negocios, dirigiéndose principalmente a los mercados del resto de América Latina y el mundo árabe.

Entre 1967 y 1960 su actividad al frente de Cofeico fue impresionante. Montó plantas de cemento en Zapala (Argentina) y Río de Janeiro (Brasil), instaló fábricas de azúcar en Bella Unión y Paysandú (Uruguay), y en Guabira (Bolivia); astilleros en Sinaloa (México), plantas eléctricas en Potosí (Bolivia); siderúrgicas en el Amazonas (Brasil); fábricas de textiles en Montevideo (Uruguay) y fábricas de tubos con soldadura helicoidal para el transporte de petróleo en Iskandariyah (Iraq).

Su habilidad para la obtención de financiación le sirvió para gestionar la venta de grandes barcos cargueros y petroleros a países como Paraguay, Ghana, Uruguay y la antigua Yugoslavia. Este último mercado fue abierto por el grupo de Hachuel, que también llevó a cabo operaciones en el terreno de las industrias químicas, extractivas, alimenticias, transportistas y de turismo.

La habilidad de multiplicar por mil los beneficios

Instalado en la Torre de Madrid, justo en una de las esquinas de la Plaza de España, que por entonces era el edificio más moderno de la capital, Hachuel tardó poco tiempo en conocer a Marc Rich, quien tenía su despacho en el mismo edificio. A decir verdad, también eran vecinos de barrio, pues Hachuel había adquirido un lujoso chalé en la calle Guisando de la elegante colonia madrileña de Puerta de Hierro. Fue así como en 1973, tras aceptar una tentadora oferta de Rich, Hachuel empezó a trabajar en Phibro. Ningún vendedor que se precie es tan ingenuo como para negarse a trabajar con el mayor proveedor de materias primas del mundo. Si para entonces el éxito de Rich en solitario era incuestionable, el tándem Rich/Hachuel fue demoledor, sobre todo en el negocio del petróleo.

Pese a haber multiplicado su sueldo por diez en menos de un año, Hachuel no estaba de acuerdo con la retribución que recibía en relación con los beneficios que la sucursal de Madrid generaba para Phibro. Tampoco lo estaba Rich, quien ya era director general de la delegación española, por lo que ambos decidieron marcharse de la firma e instalarse por su cuenta… y riesgo. La sede social de la nueva empresa, Marc Rich & Co., quedó situada, cómo no, en el cantón suizo de Zug. Empezaron con un capital de 2,5 millones de dólares, se enfrentaron a Phibro, que luchó infructuosamente para evitar que los dos judíos lograran quedarse con los mejores clientes y proveedores (Nigeria, Ecuador…), y en cuestión de diez años su capital social se había multiplicado, no por diez como el sueldo que cobraba Hachuel en Phibro, sino por mil.

Copropietario de un negocio que movía cuarenta millones de dólares diarios (un millón de barriles de oro negro por día), más otros diez millones en productos como estaño, zinc, plomo y aluminio, Jacques Hachuel empezó a ser un hombre verdaderamente rico. A algunos en Ecuador todavía se les pone la carne de gallina al recordar una operación dirigida por Hachuel, en la que éste logró firmar un contrato petrolífero que al cabo de un año les había dado unos beneficios diez veces mayores que los normales del mercado, y todo ello ante las narices de las petroleras norteamericanas, que veían cómo Hachuel y sus socios habían sido más listos que todos ellos.

Lo malo es que al final generalmente los negocios turbios acaban dando problemas. Por eso, cuando en 1983 empezaron los líos judiciales de Marc Rich con la justicia y el fisco estadounidense a causa de la compra de petróleo a Irán en pleno embargo comercial, Hachuel decidió apartarse de su socio y establecerse por cuenta propia. De esta separación salió mucho más rico, pues se estima que de la venta de sus acciones, al propio Rich, recibió cien millones de dólares. Ya en solitario, continuó operando desde sus compañías Tradoil, S. A. y J Capital, esta última registrada también en el paraíso fiscal helvético.

A partir de 1984, año en que registró en Madrid su firma H Capital (curiosos nombres para un ex comunista cortador de caña) con un capital inicial de veinticuatro millones de pesetas procedentes de una sociedad panameña, que luego aumentó a mil millones, no hubo sector rentable de la economía española en que no creyera verse la larga mano de Hachuel. Sobre todo en el mercado inmobiliario, donde en 1986 se asoció con el magnate británico Gerald Ronson, presidente de Heron International, para comprar al Estado por diez mil quinientos millones de pesetas las Torres de Jerez y otras dos mil quinientas propiedades más, pertenecientes al expropiado holding de José María Ruiz-Mateos.

La visionaria habilidad de Hachuel para invertir en el sector inmobiliario español le llevó a adquirir con anterioridad barrios enteros en Madrid, y grandes áreas en las Islas Canarias y en Andalucía, muchas de las cuales fue vendiendo en la medida en que él consideraba que habían alcanzado el precio máximo. Sus inversiones eran tan cuantiosas, que muchos le consideran el responsable del *boom* del suelo en aquellos años.

Por esa época (verano de 1987) España se había convertido en el escenario de grandes batallas inversoras, con los ya citados Mario Conde, Juan Abelló, Los Albertos, Marc Rich y Javier de la Rosa, entre otros convertidos en «nuevos ricos». El gran *boom* económico y financiero que vivió España en esos años tenía como telón de fondo el desembarco de KIO (Kuwait Investment Office), que con sus multimillonarias inversiones en banca y en otros sectores (Banco de Vizcaya, Banco Central, Banesto, Banco Popular, Explosivos Río Tinto, Ebro...), a través del Grupo Torras, y de la mano de su representante Javier de la Rosa, tenían casi fuera de sí a la economía española.

Ese era el entorno especulativo en que se movía Jacques Hachuel, quien por esas fechas compró en Madrid la cadena de almacenes Celso García, que rápidamente vendió a Marks & Spencer. Lo mismo hizo con la firma Red de Publicidad Exterior, que compró a través de su empresa Portic, S.A. y traspasó luego a la francesa Avenir-Publicité. Por aquellas fechas un empresario madrileño estuvo a punto de comprar la editorial Miessner por ciento ochenta millones de pesetas. Pero Hachuel, tal vez sin enterarse de la cifra tan baja que ofrecía su competidor, puso sobre la mesa cuatrocientos millones y, lógicamente se llevó el gato al agua... con dinero consiguió lo que quería.

Donde no siempre ha tenido la misma suerte es en el negocio de los medios de comunicación, y en especial en la televisión. Primero perdió dos mil millones de pesetas en Canal 10, por un exceso de confianza en el empresario cinematográfico Enrique Talarevich, también judío, que embarcó a importantes hombres de negocios en aquel ruinoso proyecto. Entre los «engañados» estaba el magnate británico de la prensa Robert Maxuell, quien al igual que Murdoch siempre estuvo mirando hacia España en busca de oportunidades de inversión en la televisión privada. Hebreo como varios de sus frustrados socios, Maxuell falleció en extrañas circunstancias el

5 de noviembre de 1991 tras caer al agua mientras paseaba en su yate por el archipiélago canario. La autopsia reveló que la causa de la caída había sido una posible dolencia cardiaca, pero su viuda, Elizabeth Maxuell, siempre ha pensado que su marido fue asesinado.

A su muerte, el *ciudadano Kane* de los años ochenta, como era conocido Maxuell por el gran número de cabeceras que llegó a controlar, dejó muchas deudas, pero también quedó sin aclarar la acusación que se le hizo en el libro *The Samson Option* de ser agente de los servicios secretos israelíes. En realidad, casi todos los hebreos multimillonarios —inluidos los españoles— han tenido que soportar esta sospecha, muchas veces carente de fundamento y producto del viejo tópico «judío rico o vinculado a empresa de seguridad = agente del Mossad».

Otra de las pifias más sonadas de Hachuel fue su inversión en el diario *El Independiente,* que acabó como el rosario de la aurora. Todo empezó cuando Banesto financió el desembarco de la ONCE en el rotativo madrileño con un crédito de 1.438 millones de pesetas. El 26 de octubre de 1991, tras una intensa campaña de desgaste contra la participación de la ONCE en el diario, la empresa de los ciegos tiró la toalla, por lo que Jacques Hachuel se quedó con casi todo mediante el pago de 320 millones de pesetas.

Pero en la mente del financiero no estaba el sufrido negocio de la prensa escrita, sino el más prometedor de la televisión. Al hacerse cargo del barco a la deriva que era *El Independiente,* el financiero consiguió también una participación del quince por ciento en Tele 5. Cuando el 31 de octubre de aquel año cerró el periódico, acabando con las ilusiones de más de doscientos periodistas, ya había alcanzado su meta de entrar en el negocio de la televisión. En su insistente carrera por invertir en los medios de comunicación, Hachuel también llegó a asociarse con Germán Sánchez Ruipérez, con el que participó en el igualmente desaparecido diario *El Sol;* y con la ONCE en Telefuturo. Además ha sido propietario de algunas productoras de cine, como Tesauro, a cargo de su hijo Hervé, y Servifilm Spain Cinematográfica.

El costoso descanso del guerrero

Para un duro guerrero de los negocios como Jacques Hachuel, el *bel canto*, los conciertos de piano (instrumento del que es un empedernido aficionado), las casas con amplios espacios y el coleccionismo de obras de arte constituyen un costoso y auténtico descanso. Con ese objeto ha mantenido durante años una casa en Buenos Aires, y residencias en el Greenwich Village de Manhattan (Nueva York), en el Sunset de Los Angeles y un rancho en California. En España, además de haber comprado la que en 1988 pasaba por ser la mejor casa de Marbella, quizá a sugerencia de su mujer, Marta Gutiérrez Moliner de Valdeón, una azafata burgalesa, adquirió los dos chalés contiguos a su mansión de Puerta de Hierro para convertirlos en jardín.

El chalé de Puerta de Hierro de Hachuel merece un capítulo aparte. Protegido por una densa arboleda que apenas permite ver el techo —y no todo— de la casa, en su interior algunos visitantes han llegado a encontrarse, nada más entrar, con una fabulosa colección de coches, en los que había dos Rolls Royce, varios Ferrari y Audi especiales, un Porsche de serie limitada y un Lamborghini preparado. Pero lo verdaderamente espectacular está dentro de la casa: su colección de arte moderno, la más completa de España entre las privadas, en la que se ha visto un tríptico de Bacon, una mujer de Giacometti, una tela de Juan Gris, una obra de Chillida, otra de Oteiza y varios Picassos. Muchos de sus lienzos están colgados también en su despacho de Madrid o prestados a museos y a exposiciones itinerantes, por lo que permanecen, como su propietario, siempre de viaje.

Cuando en junio de 1999 la Agencia Tributaria cayó sobre Hachuel para reclamarle algunas deudas y sobre Banesto para inten-

El abogado Alberto Benasuly, uno de los miembros más antiguos de la Comunidad Judía de Madrid, presenta la revista oral *Javerim* en la sinagoga Betzión de la calle Pizarro, en un acto celebrado a principios de los años sesenta.

El empresario Max Mazin (en el centro) dirigió la Comunidad Israelita de Madrid desde 1955 hasta 1969 y logró que el régimen de Franco reconociera oficialmente a esta organización. (Foto: Cordon Press.)

La sinagoga Beth Yaacob funciona en la calle Balmes de Madrid desde diciembre de 1968. (Foto: Julián Jaén/*El Mundo.*)

Un grupo de judíos ortodoxos rusos, vestidos con su tradicional atuendo, rezan en la sinagoga de Moscú. (Foto: Agencia AP/Sergei Karpukhin.)

El apoyo otorgado por Franco a Hitler durante la Segunda Guerra Mundial retrasó durante casi 40 años el establecimiento de relaciones diplomáticas entre España e Israel. (Foto: archivo *El Mundo.*)

El almirante Carrero Blanco (en el centro) fue uno de los dirigentes más antisemitas de régimen franquista. (Foto: archivo *El Mundo.*)

Una excavadora del ejército israelí destruye el edificio donde se encontraba la radio de la Autoridad Palestina en Ramala, junto a la residencia de Arafat. (Foto: Nasser Nasser/AP.)

La tragedia de Oriente Próximo se refleja en esta imagen, en la que el primer ministro de Israel, Ariel Sharon (a la derecha), contempla el cadáver del bebé de cinco meses Yehuda Shoham, que murió de una pedrada en Jerusalén. (Foto: AP.)

Los atentados de los kamikaces palestinos se han convertido en una de las armas más mortíferas de la Segunda Intifada.
(Foto: Yariv Katz/EPA.)

Febrero de 2002. Miles de pacifistas se manifiestan en Tel Aviv contra la presencia y la intervención militar de Israel en los territorios ocupados. (Foto: Cordon Press.)

Mayo de 2002. Una multitudinaria manifestación de apoyo a Israel abarrota la plaza londinense de Trafalgar. (Foto: Cordon Press.)

La superioridad militar de Israel sobre Palestina no ha servido para "persuadir" al gobierno de Arafat. (Foto: Cordon Press.)

La Conferencia de Seguridad de Madrid, celebrada en 1991, marcó el inicio del tormentoso diálogo político entre israelíes y palestinos e hizo emerger a España como uno de los países líderes en el proceso de paz de Oriente Próximo.

Ni el poderoso enviado de George Bush, Colin Powel, en la foto con Josep Piqué (a la izquierda) y Javier Solana, ha podido serenar los ánimos en el avispero de Oriente Próximo. (Foto: Sergio Pérez/Reuters.)

El rey Juan Carlos fue uno de los mayores aliados que tuvo Israel en España durante el tormentoso proceso de reconocimento mutuo entre ambos países, algo que se logró bien entrado el gobierno de Felipe González. (Foto: Sergio Pérez/Reuters.)

En Israel no gusta la inclinación que ha demostrado el gobierno de José María Aznar (en la foto con el *rais* Yasser Arafat), hacia el lado palestino. (Foto: Desmond Boyland/Reuters.)

El Centro Peres para la Paz, que cuenta con el apoyo de numerosas personalidades de talla internacional, es uno de los pocos instrumentos de intercambio pacífico que quedan entre israelíes y palestinos.

La princesa Irene de Grecia, hermana de la reina Sofía, colabora con diversos proyectos de pacificación en Oriente Próximo a través de sus contactos con destacados miembros de la comunidad judía española. (Foto: Cordon Press.)

La empresaria Alicia Koplowitz junto a Simon Peres en una fiesta privada de apoyo al ministro israelí de Exteriores celebrada en Madrid. (Foto: M. Jiménez.)

De izquierda a derecha, el barón Eric de Rothschild, el presidente del Instituto Internacional de Estudios Sefardíes y Andalusíes, Isaac Siboni y el rector de la Universidad de Alcalá de Henares Manuel Gala, conversan con Simon Peres. (Foto: M. Jiménez.)

El judío André Azulay, en la foto con Josep Piqué, es el asesor más influyente del rey de Marruecos, Mohamed VI. (Foto: Cordon Press.)

Como presidente del centro Peres para la Paz en España, el empresario Isaac Siboni es uno de los más cercanos colaboradores de Simon Peres en este país.

Pelé realiza el saque de honor en un partido de fútbol entre israelíes y palestinos organizado en Mayo de 2000 por el Centro Peres en Italia.

El grupo italiano Barilla, financia y adquiere todo el trigo que se produce en una zona limítrofe entre Israel y Egipto para apoyar la pacificación de Oriente Próximo.

Sede de Hadassah en Jerusalén. Esta poderosa red médica mundial cuenta con una oficina en España, donde tiene convenios de intercambio científico con importantes hospitales.

Simon Peres saluda al rey Juan Carlos durante un encuentro de las tres religiones monoteístas (cristianos, judíos y musulmanes) organizado en la Universidad de Alcalá de Henares por el Instituto Internacional de Estudios Sefardíes. (Foto: M. Jiménez.)

De izquierda a derecha, el arzobispo Francesco Gioia; el gran Rabino de Gran Bretaña, Abraham Levy; el jeque Ishak Idris Sakhouta, y el egipcio Mahmoud Ofhman, durante la clausura del Primer Encuentro Interreligioso celebrado en Alcalá de Henares. (Foto: M. Jiménez.)

De izquierda a derecha, el ex presidente de la Comunidad Israelita de Madrid, Max Mazin (segundo); el ex presidente de la Junta de Andalucía Rafael Escuredo (sexto); el abogado Gerardo Quintana (séptimo) y junto a éste el magistrado del Tribunal Constitucional Rafael Mendizábal, durante la primera cumbre de las Tres Culturas. (Foto: M. Jiménez.)

El juez Baltasar Garzón junto al presidente del Centro Islámico de Nueva Delhi, Wehiduddin Khan, y al presidente del Partido Socialista de Argelia, Hocine Ait-Ahmed, en la clausura del Encuentro Interreligioso. (Foto: M. Jiménez.)

Javier Solana dialoga con Abu Middain, ministro de Justicia de la Autoridad Palestina, durante un encuentro celebrado en la Ciudad Complutense, Alcalá de Henares. (Foto: M. Jiménez.)

tar recuperar 7.500 millones de pesetas prestados por el entonces presidente Mario Conde a la citada Servifilm, salieron a relucir obras de otros pintores y escultores contemporáneos. Entre ellos los había del prestigio de Christo, Mompó, Antonio de Lorenzo, Brandon, Hockney, Schapiro, Gordillo, Paul Klee, Nicola de María, Warhol, Malevich, Yamaoka, Negré y el ecuatoriano Guayasamín, entre otros. Algunas obras emanadas del genio creador de estos artistas fueron subastadas por Hacienda para ejercer su función recaudadora sobre el financiero judío y su empresa.

Pero la mansión madrileña del acaudalado empresario alberga muchas otras riquezas, como la última biblioteca que completó Pablo Neruda en su casa de Isla Negra (Chile). De hecho, son famosos los conciertos y los recitales privados al aire libre que Hachuel ofrece a sus amigos de la *crem* política y social en su mansión de Puerta de Hierro. Por su casa, han pasado virtuosos como Ivo Pogorelich, quien en una ocasión ofreció un concierto antes de actuar en el Teatro Real; Nikita Magalov, para el que Hachuel trajo un piano especial desde Nueva York en su avión particular, y grupos como la Pavillion Opera de Londres. En otra oportunidad acudió a su chalé el clarinetista Jerry Errante, y lo hizo con tal parafernalia que el propio financiero lo comentó así a la revista *Tribuna:*

—Actuó en mi casa acompañando los ruidos e imágenes del Puente de Brooklyn con material cedido por la alcaldía de Nueva York. Fue una maravilla.

Si como melómano y coleccionista de obras de arte Jacques Hachuel es una figura reconocida en el mundo entero, como mecenas y directivo de importantes entidades artísticas tampoco se queda corto. Por ejemplo, mantiene en España la Fundación Sol Hachuel, en recuerdo de su hermana fallecida, dedicada a actividades culturales y a rehabilitación de toxicómanos; es miembro del Consejo Rector del Museo Guggenheim de Viena, y desde junio de 1990 actúa como académico honorario de la Real Academia de Bellas Artes de San Fernando. Precisamente el día que ingresó en esta Academia se refirió en su discurso a la colección de arte que guarda en su casa de Madrid: «Es un escenario magnético, que reúne una especie de harén de los amores intelectuales que me embriagan. Están los libros de la biblioteca de Neruda y un laberinto hermoso de esculturas, donde las obras maestras cohabitan con las de técnicas más avanzadas».

Con semejantes relaciones en el mundo del arte, no es extraño que entre las amistades de Jacques Hachuel haya ministros de Cultura de varios países. En España, por ejemplo, cultivó tan buenas relaciones con el ex ministro del ramo, Jorge Semprún, que intercedió para que éste recibiera en 1989 el doctorado *honoris causa* de la Universidad de Tel Aviv. «Yo acompañé a Semprún en su viaje a Israel —aseguró el financiero— porque su nombramiento como doctor honoris causa fue una propuesta mía».

El inagotable filón de Banesto

Cuando en cierta oportunidad Jacques Hachuel afirmó que su primer mandamiento es la autenticidad y el último la imagen no imaginaba que era justamente esta última la que iba a resultar muy mal parada a raíz de sus aventuras empresariales con Mario Conde. Todavía son muchos los que ignoran cuáles fueron las circunstancias por las cuales los caminos de ambos financieros acabaron cruzándose. Se asegura que fue el socialista José María Rodríguez Colorado (ex director general de la Policía) quien les puso en contacto por primera vez. Colorado, que fue condiscípulo de Conde en la Universidad de Deusto, se hizo amigo de Hachuel a través de su esposa, Ángela, que en su juventud había compartido piso en Londres con Marta, cónyuge de Jacobo, y de ahí salió la relación.

Luego llegaría la compleja maraña de operaciones financieras de alto y bajo calibre entre el financiero judío y el entonces presidente de Banesto. Una de las primeras se produjo en febrero de 1989, tras la ya legendaria ruptura de la fusión entre Banesto y el Banco Central de Alfonso Escámez, cuando Hachuel acudió a ayudar a su amigo, el banquero gallego. Para ello se ofreció a aliviar en algo la amenazante autocartera del banco comprando unas acciones que pertenecían a Juan Abelló, y detrás de las cuales andaba Javier de la Rosa, quien quería afianzar su posición en accionariado del banco. Eso sí, Banesto tenía que prestarle el dinero para la compra y a cambio la garantía del crédito serían las propias acciones adquiridas. Dicho en otras palabras, Hachuel ganaba si las acciones subían y no perdía si las acciones bajaban.

Cuando el negocio se hizo, no sin la ayuda del abogado Rafael Pérez Escolar, que era amigo de Hachuel mucho antes que Conde, quedó claro porqué Hachuel ha llegado a definirse a sí mismo como «un hombre duro» en la jungla de los negocios nacionales e internacionales, y desde luego «mucho más agresivo» que otros escualos de las finanzas como Mario Conde y los Albertos. Así lo demostró en las operaciones que siguieron a la primera, y que fueron desmenuzadas una a una en el largo proceso judicial del *caso Banesto*, posiblemente el mayor escándalo financiero de la historia de España.

A este respecto es muy interesante la situación descubierta por los sabuesos de la agencia Kroll, autores del famoso *informe Crillón* encargado por Luis Roldán. Por un lado se veía a Mario Conde negociando con los judíos ricos (Rich, Hachuel...) y por otro a Javier de la Rosa invirtiendo dólares a diestra y siniestra como representante de los árabes (aunque el financiero catalán prefería decir que era «socio» de los jeques). El escenario en que se movían los dos personajes era tan parecido y tan confuso, que en el primer informe emitido por Kroll se aseguraba textualmente: «a estas alturas es difícil decir dónde acaban los intereses de Conde y dónde empiezan los de De la Rosa».

La venta de Carburos Metálicos fue otra de las operaciones más documentadas y en la que el financiero también contó con la asesoría de Pérez Escolar. Hachuel adquirió un paquete de acciones de esta firma con la sana intención de desestabilizar el equilibrio accionarial y luego vender su participación a los más interesados en obtener el control de la sociedad: la multinacional Air Products, que ya contaba con una parte de la firma. Al darse cuenta de la jugada, los responsables de Air Products se pusieron nerviosos, pues las acciones podían acabar en manos de la competencia, pero no tanto como para pagarlas al precio que quería Hachuel.

Y lo mejor fue que Air Products acertó, porque el financiero ofreció, sin éxito, las acciones, a diversos competidores europeos. Claro que esta contrariedad tampoco fue problema para el «mercader de Larache», que de todas formas obtuvo sus beneficios cuando su socio y amigo Conde, es decir, Banesto, le socorrió recomprándole las acciones. Las irregularidades cometidas en esta operación, que inicialmente sólo se tradujeron en penas de cárcel para los directivos del banco, acabaron llevándose por delante también a Hachuel, quien en esta ocasión no consiguió salirse con la suya.

Otro filón de ganancias que Hachuel encontró en Banesto fueron las operaciones inmobiliarias. Una de las más sonadas fue la adquisición de Urbis, un buen valor en Bolsa que acababa de salir de una crisis con préstamos de Banesto y era propietaria de un interesante patrimonio. Para hacerse con el control de esta inmobiliaria, algo que hizo mediante su firma H Capital, Hachuel obtuvo de Conde una línea de crédito por diecisiete mil millones de pesetas, con las que compró un veinte por ciento. En abril de 1989 Hachuel fue nombrado presidente de Urbis, pero terminó vendiendo a Conde su participación, con altas plusvalías, después de que en 1991, el Banco de España obligara a Banesto a reducir su concentración de riesgos. Con razón el propio Hachuel considera que el dinero no es un fin sino «una consecuencia»,... el resultado de haber hecho bien los deberes.

Las relaciones con Mario Conde dejaron al descubierto otra faceta de Jacques Hachuel. Su vinculación con el siempre oscuro y turbio mundo de los servicios de información y las compañías de seguridad. Eso fue lo que quedó de manifiesto la mañana que el financiero se desayunó con una extensa noticia aparecida en la primera página de el diario *El País:* «Una compañía israelí de seguridad opera ilegalmente en España», se afirmaba en el titular de la información, que iba precedido de un rotundo antetítulo: «El grupo de Hachuel le ha dado cobertura durante dos años».

La compañía de seguridad privada no era otra que International Consultants on Targeted Secururity (ICTS), al frente de la cual se encontraban dos altos oficiales del ejército israelí, el presidente Dan Issacharoff, y el entonces teniente coronel Menachem Bacharach, que hacía de vicepresidente. Ambos, según se dijo en su momento, estaban vinculados al Mossad y actuaban en España bajo la cobertura de H Seguridad. La sede de esta empresa coincidía con la de H Capital, la entidad inversora más importante del grupo Hachuel.

Uno de los primeros trabajos realizados por los técnicos de ICTS fue el diseño de la seguridad personal de Mario Conde. Pero además trabajaban para otras personalidades españolas y para algunas compañías relacionadas con Hachuel. Entre estas se destacaba Alfa Jet Charter, una empresa de aerotaxis que además de ocuparse del transporte privado de altos ejecutivos gestionaba los aviones particulares de importantes financieros, como Emilio Botín y Javier de la Rosa. El hecho de que algunos de los grandes escándalos de faldas en los que por entonces se vieron implicados algunos de los enemigos de Conde hubieran tenido relación con determinados aviones privados despertó las suspicacias, todavía no aclaradas, sobre el tipo de asesoramiento ofrecido por los militares israelíes.

Las horas bajas de Hachuel empezaron a finales de julio de 2001 cuando la Audiencia de Madrid lo condenó a seis meses de cárcel como autor de un delito de alzamiento de bienes. La Sección Primera de este tribunal declaró probado que el financiero, compinchado con otras dos personas, urdió una trama tendente a evitar que Banesto cobrase un crédito por importe de siete mil quinientos millones de pesetas avalado, entre otros bienes, con parte de su referida pinacoteca. Hachuel, para quien el fiscal pedía dos años y seis meses de cárcel, fue absuelto de este delito en primera instancia. Sin embargo, el ministerio público y Banesto recurrieron la sentencia logrando la revocatoria del fallo absolutorio y la condena de Hachuel.

Según la sentencia, que también condenó a Rafael García Arteaga y a Álvaro Hachuel, el financiero se valió de estos últimos, así como de firmas instrumentales de su grupo radicadas en paraísos fiscales, para ocultar setenta y cuatro cuadros que había exhibido como garantía del crédito, entre los que había obras de Antoni Tàpies, Picasso, Chillida, Gordillo y Miró. Hachuel, que se había comprometido a pagar en dos años a Banesto el citado crédito, garantizó el préstamo con una hipoteca sobre inmuebles de su propiedad —entre ellos, una de sus mansiones— y de sociedades vinculadas a él. También dio como garantía una pinacoteca que tenía a nombre de Variations International, como se ha dicho, una de las firmas controladas al cien por cien por Hachuel a través de la mercantil Portic.

Al vencer el crédito, con un saldo deudor de 8.940 millones, Banesto lo ejecutó por la vía judicial, pero sólo pudo recuperar 1.097 millones. Cuando quiso hacer efectiva la garantía constituida sobre las acciones de Variations se encontró con que los cuadros habían volado, no estaban donde deberían estar. Hachuel los había ocultado ante la amenaza de que el banco se los quedase. Según la sentencia, se fingieron deudas entre empresas de Hachuel para vaciar de activos a Variations a favor de otras sociedades del grupo. Es decir, con los cuadros se pagaron falsos compromisos para hacer inviable la ejecución del crédito sobre ellos. En el juicio, los acusados se defendieron con el argumento de que nunca hubo deuda con Banesto, pero los jueces no les creyeron.

Del banco al banquillo

La sentencia de la Audiencia Nacional por el *caso Banesto*, en el que se investigó la actuación de Mario Conde y su equipo al frente de esta entidad bancaria, y su intervención en la creación de un *agujero* de 605.000 millones de pesetas, supuso para el ex banquero en marzo de 2000 una condena inicial a 10 años de cárcel por los delitos de estafa y apropiación indebida, y penas inferiores a sus antiguos colaboradores, el ex vicepresidente de Banesto, Arturo Romaní; el ex director general, Fernando Garro, y el ex consejero Rafael Pérez Escolar. Según el tribunal, que dejó por fuera a otros importantes ex directivos de Banesto, los condenados «*abusaron*» de su cargo para enriquecerse a costa del banco, al que provocaron un quebranto de 7.150 millones de pesetas (42,97 millones de euros).Sin embargo, en julio de 2002 el Tribunal Supremo emitió un sorprendente fallo en el que duplicó a 20 años de prisión la sentencia impuesta a Conde y condenó a sendas penas de cuatro años de cárcel a dos personajes que hasta entonces se habían ido de rositas: el financiero Jacques Hachuel y el ex consejero delegado del banco, Enrique Lasarte.

Hasta la sentencia de marzo de 2000 en que se condenó a Conde, Jacques Hachuel había salido bien parado del *caso Banesto*, pero a partir de ese momento el escándalo empezó a dar peligrosos coletazos jurídicos para él. En mayo de 2002 la fiscal del Tribunal Supremo, Soledad Cazorla, al igual que las demás acusaciones particulares y populares, entre ellas el Fondo de Garantía de Depósitos y el propio Banesto, pidieron la revisión de algunas operaciones que no repercutieron en las debidas condenas para los acusados porque en su momento fueron declaradas prescritas desde el punto de vista penal por la Audiencia Nacional.

Una de estas operaciones es la ya citada de Carburos Metálicos. Si bien este negocio fue calificado de apropiación indebida y por él fueron condenados inicialmente Conde, Romaní y Pérez Escolar, Hachuel se había quedado sin castigo, pese a que recibió el dinero —1.344 millones de pesetas de 1990— y después lo desvió a una fundación de Liechtenstein. Según la Audiencia Nacional, cuando se citó a declarar a Hachuel como imputado los hechos ya estaban prescritos, pero la fiscal y las acusaciones alegaron que Jacques Hachuel tuvo noticia de su implicación en el caso mucho antes de ser formalmente imputado. Además, añadieron, en las primeras declaraciones de los encausados el financiero fue reiteradamente aludido, y él mismo ejerció como acusación particular en la causa, a la que aportó abundante material. Finalmente, cuando le cayeron los cuatro años de cárcel, no hubo poder humano que evitara al empresario judío el trance de verse entre rejas.

Sean como hayan sido los vínculos Marc Rich y Jacques Hachuel con Mario Conde (quien sigue manteniendo discretos contactos con destacados miembros de la comunidad judía en España), los dos magnates no son los únicos judíos o descendientes de éstos que han marcado buena parte de la actividad económica española en las últimas décadas, pero sí los más destacados por su estilo de vida, y por el volumen y la diversificación de sus inversiones. Hay otros —no demasiados— personajes de primera línea, como Max Mazin, Martín Varsavsky, Luis Bassat, las hermanas Alicia y Esther Koplowitz, y la poderosa familia Rothschild, pero sus actividades son objeto de estudio en otros capítulos de este libro.

IV. MAX MAZIN, EL HOMBRE QUE VENCIÓ A FRANCO

A la cabeza del empresariado español

El despacho de Max Mazin, en la planta cuarta planta de un edificio situado en la elegante calle Serrano de Madrid, a escasos metros de la Plaza de Colón, rebosa limpieza por todos los rincones. Esta sensación se acrecienta por la transparencia de sus dos mesas de cristal y por el color de las paredes, pintadas con tonos claros entre azul y lila, al igual que el resto del inmueble. Sobre las mesas, unos cuantos libros, algunos documentos, un ordenador, y presidiendo la oficina un lienzo al óleo de tamaño mediano, en el que se aprecia la imagen de un hebreo... quizá un rabino.

Nadie diría que se trata de la oficina de un veterano judío y millonario hombre de negocios, si no fuera porque se justo enfrente de éste, detrás de la mesa del ordenador, un monitor de televisión le informa permanentemente sobre los movimientos del mercado continuo y otras informaciones que llegan directamente de la Bolsa. Se observa la cotización de empresas como Telepizza, Tafisa...

A Max Mazin sólo la buena suerte le libró de morir en un atentado palestino cometido en Madrid el 2 de marzo de 1980, poco después de que el año anterior hubiese protestado enérgicamente por la visita oficial a España de Yasser Arafat. Por fortuna para él, Alí Salman, terrorista de Abu Nidal, se equivocó de persona y mató al abogado Adolfo Cotelo, que vivía en el mismo edificio de la calle Eduardo Dato. Aunque se trata de un hombre que no suele conceder entrevistas, pocos como él tienen la autoridad moral y el conocimiento de primera mano para explicar algunos de los episodios más interesantes que aclaran el pasado y la actualidad del judaísmo español.

Y no sólo del judaísmo, porque Max Mazin fue uno de los principales impulsores del movimiento asociativo de los empresarios españoles mediante la creación junto con un amigo José Antonio Segurado, de la Agrupación Empresarial Independiente (AEI). Poco después fue también cofundador de la Confederación Española de Organizaciones Empresariales (CEOE) y como tal uno de los personajes clave en la democratización del empresariado español tras la muerte de Franco. Ocurrió el 29 de junio de 1977, el mismo día que Adolfo Suárez, era designado como líder de la UCD, por lo que el acto fundacional de la mayor patronal de España pasó casi inadvertido para el gran público. La CEOE nació de la disolución de tres grupos patronales liderados hasta entonces por Agustín Rodríguez Sahagún, Félix Mansilla y el propio Max Mazin, quien ocupó la vicepresidencia de la nueva organización, cuyo primer presidente fue Carlos Ferrer Salat.

En aquellos años Mazin era un personaje tan influyente que un nombre llegó a figurar en una lista como posible senador de designación real en las primeras Cortes Constituyentes de la democracia. Todavía vinculado al mundo de los grandes negocios, desde 1995 Mazin preside la Fundación de la Confederación Empresarial Independiente de Madrid (CEIM).

En el campo de la cultura, el ex presidente de la Comunidad Judía de Madrid es miembro del patronato de la Universidad Camilo José Cela y de la fundación del mismo nombre, y además es el miembro más antiguo del Consejo Social de la Universidad Complutense de Madrid. En este frente ha compartido mesa con otros prestigiosos hombres de empresa, como Alfonso Escámez, presidente del Patronato de la Fundación Central Hispano; Rodolfo Martín Villa, ex ministro del Interior y ex presidente de Endesa; Pedro Ballvé Lantero, presidente de Campofrío; José Ferrer Sala, presidente de Freixenet, y el naviero Fernando Fernández-Tapias, presidente de CEIM, entre muchos otros, lo que por sí solo muestra su nivel de contactos entre lo más granado del empresariado español.

Muy delgado, con el pelo blanco y vestido con un respetable traje de color gris, Max Mazin ya no tiene la forma física de 1950, cuando siendo un joven menor de veinticinco años llegó a España procedente de un pueblo de la Rusia blanca (situado a cinco minutos del lugar donde nació Simon Peres), pero aún conserva el carácter de hombre cordial, aunque a la vez dominante y aparentemente despectivo que alguna fama le dio en los catorce años que permaneció al frente de la Comunidad Israelita de Madrid. Mazin, por encima de Marc Rich, su ex socio, y de Jacques Hachuel, quienes nunca han sido dirigentes del judaísmo español, es quizá el personaje actual más importante de la comunidad judía española. De hecho, fue a raíz de su paso por la presidencia de la Comunidad Israelita de Madrid, cuando los judíos españoles empezaron a ser tratados dignamente y con respeto por parte de un régimen que supuraba antisemitismo por todos los costados.

Adiós al decreto de expulsión

En marzo de 1955, cuando ingresó por primera vez en la junta directiva de la Comunidad Israelita de Madrid aún no se había producido el ingreso de España en Naciones Unidas, algo que si bien ocurrió el 14 de diciembre de ese año, no impidió que durante mucho tiempo Franco continuara siendo *persona non grata* en los círculos internacionales, especialmente en Estados Unidos, donde existía un *lobby* judío muy influyente en el gobierno y en los medios de comunicación. Para lavar la cara de su régimen el caudillo seguía utilizando la ayuda prestada a los judíos salvados del nazismo y la aparente mano blanda que en momentos puntuales mostraba hacia los hebreos del interior del país. Mazin supo aprovecharse de esa circunstancia y actuó en los momentos precisos para burlar la intolerancia franquista que reducía a los judíos a un oprobioso nivel de semiclandestinidad.

La situación no podía ser más rocambolesca. El franquismo buscaba el reconocimiento oficial de la ONU y utilizaba para ello a los judíos. Al mismo tiempo, los judíos españoles buscaban el reconocimiento oficial del franquismo y se valían para ello de la utilización que éste hacía de los judíos. Todo un escenario de intereses políticos y religiosos que tenía como telón de fondo el tira y afloja del establecimiento de relaciones diplomáticas con el Estado de Israel. Uno de los ejemplos más claros se dio en 1968, a raíz de la inauguración de la sinagoga de la calle Balmes de Madrid, un logro histórico para los judíos que se había conseguido con grandes esfuerzos, pues no en vano el régimen limitaba y observaba con lupa cualquier gesto o movimiento de los hebreos dentro de España, aunque de puertas hacia fuera, en el extranjero, presumía de su tolerancia hacia éstos.

Conscientes de que en España cualquier avance de las comunidades judías, por pequeño que fuese, requería todo tipo de sigilos y artimañas por parte de sus dirigentes, Max Mazin, como presidente de los judíos de Madrid, y Samuel Toledano, en calidad de vicepresidente, se las habían ingeniado no sólo para construir la sinagoga, sino para lograr el también histórico reconocimiento oficial de la Comunidad Israelita de Madrid. Pero había algo que los hebreos, y no sólo los residentes en España, llevaban esperando más de cuatrocientos años: la derogación expresa del decreto de expulsión de los judíos emitido por los Reyes Católicos en 1492.

Mazin sabía que difícilmente volvería a presentarse otra oportunidad como la inauguración de la sinagoga para conseguir la derogación formal del agraviante decreto. Con una gran cantidad de personalidades nacionales e internacionales invitadas al acto que habían confirmado sus asistencia —algunas de ellas ya presentes en Madrid—, y con la prensa estadounidense pendiente de todo, era el momento de agarrar el toro por los cuernos. Fue entonces cuando, ya casi con la fecha de la inauguración encima, Mazin comunicó su preocupación al subsecretario de Justicia, Alfredo López: un acontecimiento tan importante no se podía llevar a cabo con el decreto de 1492 vigente. Acto seguido se dirigió al Ministerio de Asuntos Exteriores, donde manifestó lo propio al director general de Norteamérica, Nuño Aguirre. En otras palabras, advirtió al régimen franquista que estaba dispuesto a suspender el acto si tenía que hacerlo con los judíos todavía oficialmente expulsados de España.

La sorpresa de Mazin fue grande cuando el 14 de diciembre de 1968, dos días antes de la fecha señalada, recibió la resolución número 94 del Ministerio de Justicia, en la que se le comunicaba que el Gobierno había tenido a bien «acordar el reconocimiento de la asociación confesional no católica Comunidad Israelita de Madrid». Todo un logro arrancado a un gobierno que recelaba de la palabra *israelita*, porque la confundía con *israelí;* al mismo régimen que años atrás obligaba a los españoles judíos —como a los de cualquier otra confesión no católica— a bautizar a sus hijos si querían inscribirlos en el Registro Civil; el mismo que durante años había obligado a los niños hebreos a tomar clases de catecismo en las escuelas públicas, que había impedido abrir sinagogas y prohibido la práctica del judaísmo, incluso en privado. Pero el asombro de Mazin fue aún mayor al comprobar que la resolución ministerial incluía también la mención expresa al decreto de expulsión que él había exigido: «(...) siendo cierto que la derogación de la Real Cédula de 31 de marzo de 1492, por la Constitución de 5 de junio de 1869 y la legislación posterior ha permitido el establecimiento en España de comunidades hebreas (...)»[1].

—Después de una larga lucha, de discusiones y peleas, nos dieron un documento en el cual a duras penas se reconocía que el edicto de expulsión de los judíos de España ya no estaba en vigor..., pero me costó lo mío.

—¿Se puede asegurar que ese es el momento en que se da por liquidado el famoso edicto de expulsión?

—Yo creo que sí, porque es la primera vez que de una manera clara, explícita y pública, a través de un documento del Ministerio de Justicia dirigido a mí, se reconoce que el edicto de expulsión deja de ser una norma de necesario y obligado cumplimiento.

—En todo caso, desde mucho antes del citado documento, cada vez que la Administración española tomaba alguna medida favorable a la comunidad judía alguien interpretaba que tal decisión llevaba implícita la abolición del edicto.

—Pero no existía ningún papel en el que se expresara oficialmente. Hasta diciembre de 1968, no había ningún documento en el que de una forma absolutamente clara, indiscutible, explícita, oficial, o como quiera usted llamarlo, se dijera que el edicto de expulsión ya no estaba en vigor. En este caso hacían referencia a toda clase de medidas oficiales pasadas, pero eso era para cumplir el ex-

---

[1] El texto íntegro de esta resolución ha sido publicado en *La Comunidad Judía de Madrid. Textos e imágenes para una historia (1917-2001)*, Madrid, 2001, p. 166, editado por la Comunidad Judía de Madrid con financiación de la Comunidad Autónoma de Madrid.

pediente, porque ahí se dice taxativamente lo que le estoy comentando.

(Al decirlo, Max Mazin da pequeños golpes sobre su mesa de cristal).

En efecto, la repercusión que tan ansiado documento tuvo en el extranjero, especialmente en Estados Unidos, superó todas las expectativas. Hasta entonces ningún gobierno había admitido de forma tan oficial, efectiva y por escrito que el decreto de expulsión emitido por los Reyes Católicos hubiese sido anulado. Así lo entendió el *New York Times,* que tituló la noticia: «España anula el edicto de expulsión de los judíos, de 1492». Algo parecido ocurrió al American Jewish Committee y al Ayuntamiento de Filadelfia, entre otros muchos organismos de América y Europa, que hicieron públicas manifestaciones de agradecimiento al dictador. El efecto publicitario para España fue tan grande, que hasta el propio Manuel Fraga, a la sazón ministro de Información y Turismo llegó a solicitar al Gobierno, aunque sin éxito, que se concediese una condecoración a Mazin como presidente (ahora lo es a título homorífico) de la Comunidad Israelita de Madrid[2].

El mercader marroquí de alfombras

Sin embargo, al enviar sus notas de agradecimiento a España, los remitentes olvidaban que hasta el propio Hitler llegó a decir de Franco que era un «charlatán latino»... «un mercader marroquí de alfombras», que nunca apoyaba de forma inequívoca a un bando cuando sabía que ello podía perjudicarle por otro lado. En efecto, cuando los países árabes montaron en cólera por el favor

---

[2] José Antonio Lisbona, *Retorno a Sefarad,* Madrid, 1993, p. 233.

concedido a los judíos españoles, el dictador tuvo que enviar una circular a las representaciones diplomáticas en el extranjero explicando que no era para tanto, que se trataba de una interpretación errónea de lo que el Gobierno había querido decir. Para entonces el régimen ya había cosechado el plus de imagen internacional que le supuso la noticia, la cual además iba unida a la inauguración de la sinagoga y al reconocimiento oficial de los judíos; y al mismo tiempo Max Mazin se había salido con la suya.

—¿Es cierto que Franco, con el que usted se reunió en varias ocasiones, diferenciaba entre los judíos que residían en España, los que vivían en Marruecos y los del resto del mundo?

—Es complicado responder a esta pregunta. Si nos limitamos a los cerca de cuarenta años que duró el régimen de Franco hay que diferenciar varias épocas, empezando por su actitud antes de ser jefe del Estado. Él personalmente me contó una anécdota que le ocurrió cuando entró en Chauen (una ciudad situada en el Rif, al norte de Marruecos, que fue conquistada por España), de cuya plaza había sido nombrado comandante militar. Según me dijo, al segundo o tercer día de estar él allí se le presentó una delegación de los judíos locales, los cuales tenían ya una comunidad de cierta importancia, para pedirle dos cosas: poder llevar zapatos de cuero y poder bajar al río a coger agua. Los rifeños, que son bereberes y, por supuesto, musulmanes, prohibían a los judíos llevar zapatos de cuero. No sé que significa esto, pero lo hacían. La petición de permiso para coger agua se basaba en que Chauen estaba situada en un acantilado y todos sus habitantes dependían del agua de un río que pasaba por la parte baja. Pero los bereberes impedían a los judíos bajar al río, por lo que tenían que comprar el agua a los únicos que podían ir a traerla, que eran musulmanes. Franco me contó esto como una anécdota y me dijo que les autorizó las dos cosas.

—Claro, pero el propio Franco decía que se trataba de una anécdota.

—Sí, pero refleja su actitud como persona en aquel momento; hablamos de la guerra del Rif en los años veinte.

—¿Qué ocurrió después de la Guerra civil?

—Una vez terminada la Guerra civil, cuando Franco ya era jefe del Estado, su gobierno empezó a desarrollar una política zigzagueante con los judíos. Su llegada al poder coincidió con el principio de la Segunda Guerra Mundial. La Guerra Civil española terminó el 9 de abril de 1939 y la guerra mundial empezó el 1 de septiembre de ese mismo año. Hubo unas relaciones muy estrechas del régimen de Franco con el de Hitler y el de Mussolini, pues tanto los alemanes como los italianos participaron en alguna medida en la Guerra civil española. La famosa División Cóndor alemana estaba del lado nacional, y había también unidades del ejército italiano luchando, al menos aparentemente, en el mismo bando. Realmente Franco formaba parte de esta alianza anticomunista de tipo fascista. La voz cantante la llevaban Hitler y Mussolini, y Franco les ayudaba desde España. De hecho, durante la Segunda Guerra Mundial, Franco envió dos divisiones españolas al frente ruso, la División Azul 1 y la División Azul 2.

—¿De qué forma afectó eso a los judíos en España?

—Durante la Guerra civil casi no había judíos en España. Sólo algunos refugiados que vinieron de Europa a través de los Pirineos. A estos judíos les dejaron transitar por España para ir a Tánger o a Portugal. Los que llegaban a este último país seguían ruta hacia donde podían (Estados Unidos, América del Sur…), y los que viajaron a Tánger vivieron allí toda la guerra. Además, en España había dos campos de internamiento, uno en Cataluña y otro en Miranda de Ebro, en los que estaban internados los judíos y otras personas que pasaban ilegalmente la frontera huyendo de la ocupación nazi. Según me han contado algunos judíos que en su día estuvieron allí, no eran unos campos especialmente duros porque se les permitía salir durante el día, pero el caso es que estaban internados.

—¿Hasta cuándo apoyó Franco a Hitler?

—Al final de la Segunda Guerra Mundial, en 1945, el Gobierno de España empezó a cambiar su política proalemana. La Italia fascista de Mussolini había caído y cuando estuvo claro que Hitler perdía la guerra, Franco modificó su política, pero eso no evitó que se produjese un boicot mundial contra España por su colaboración con los países fascistas. Esta situación, en la que España no tuvo relaciones diplomáticas con los países del mundo libre, se prolongó hasta 1953.

—¿Cuántos judíos había en España al comienzo del régimen de Franco?

—En aquella época la comunidad judía más importante era la de Barcelona. La de Madrid era una comunidad mínima. Yo vine a Madrid en el año 1950 y por entonces la población judía de la ciudad no llegaba a cien almas. Me refiero a cien personas no a cien familias, entre las cuales había sólo dos niñas pequeñas. El resto era gente de edad media y viejos. Además había un grupo de unos cuarenta jóvenes procedentes de las ciudades marroquíes de Tetuán, Larache, Arcila y Tánger, que estudiaban carreras como medicina y arquitectura.

—¿Cómo se produjo el crecimiento de la presencia judía en España?

—En Madrid la comunidad judía empieza a crecer después de la independencia de Marruecos en 1956. Este año los judíos comenzaron a irse poco a poco de Marruecos hasta que el país prácticamente se vació de población hebrea. Hubo un momento en que Marruecos, incluidas la parte sur (el protectorado francés) y la parte norte (el protectorado español), tenía en torno a los cuatrocientos mil judíos que vivían allí desde tiempos inmemoriales. Actualmente, sin embargo, me dan cifras según las cuales en todo Marruecos viven entre dos mil y diez mil judíos, pero yo creo que están más cerca de la primera cifra. Muchos de los que residían al norte, como los de Tánger, se vinieron a vivir España, fundamentalmente a Madrid, donde ahora tienen sus hijos y sus nietos. Son familias que están arraigadas en España, si se puede llamar arraigo a un período de cuarenta años.

—¿La mayoría de los judíos que residen en España son de origen marroquí?

—Seguro... aunque hay pocos judíos en España. Estamos hablando de mayorías de números muy pequeños. A raíz del régimen militar en Argentina hubo una inmigración de cierta importancia de judíos de ese país hacia España, y algo similar ocurrió tras el golpe de Pinochet en Chile. De eso se compone realmente el judaísmo español.

—Pero en España hay judíos de otras nacionalidades.

—Aparte de los que han nacido en España, el resto, como he dicho, son oriundos de Marruecos, Argentina y Chile. De los antiguos judíos que vinieron a España a principios del siglo XX creo que no queda ninguno. Llegaron de Turquía, Bulgaria y Grecia, y de otras regiones del Imperio otomano y en su mayoría se instalaron en Barcelona, donde permanecen sus descendientes. En Madrid había muy pocas de estas familias —quizá menos de diez— y hoy en día no queda ninguna.

—Se asegura que Franco utilizó a los judíos que buscaban refugio en España para lavar la imagen de su gobierno y romper el bloqueo internacional. ¿Hasta qué punto esa ayuda fue más o menos sincera?

—Todo eso tiene mucho de fantasía. Cuando vinieron a España los refugiados de Europa durante la Segunda Guerra Mundial, Franco y su régimen estaban totalmente identificados con las potencias del Eje. Salvo contadas excepciones, que en algún momento procedieron del propio Gobierno, hubo muy pocas ayudas. Ellos estaban convencidos de que la guerra la iba a ganar Hitler. Por eso el problema de lavar la imagen, como usted le llama, empieza a plantearse después de la guerra; tras la derrota de Alemania e Italia. Entonces sí al régimen de Franco le preocupa haberse quedado como un paria, sin relaciones diplomáticas con el mundo occidental.

—¿Con qué apoyos contaba Franco?

—Es en ese momento cuando empieza la política proárabe, pues con alguien tenía que relacionarse España. Como no puede hacerlo con los países americanos, sobre todo, Estados Unidos y Canadá, ni con Europa, se crea la política aparente de la amistad árabe. La bautizan como la «secular amistad hispanoárabe» (lo dice con ironía, esbozando una sonrisa). Suena a broma, pero así se llamaba. Al decir «secular amistad hispanoárabe» yo supongo que se referían a los ochocientos años de guerra con los árabes, desde el año 711 cuando entraron en la península, pasando por 1492, el año que los echaron, hasta 1506, cuando expulsaron a los últimos moriscos que quedaban en España. Fueron ochocientos años de amistad secular.

—Pero lo cierto es que hubo algunas medidas favorables a los judíos.

—En España desde la llegada de los judíos en 1956 las cosas han ido evolucionando poco a poco. Este país no podía sobrevivir en el mundo occidental manteniendo tantas restricciones: falta de libertad religiosa, carencia de igualdad de derechos, etcétera. No podía estar así en un mundo en el que esto era sagrado y por eso en 1967 aparece la Ley de Libertad Religiosa. En general, aparte del problema del reconocimiento de la libertad religiosa, las relaciones con el régimen franquista no eran difíciles. No hubo discriminación con respecto a los judíos. Incluso a raíz de las guerras de Oriente Medio en 1956, con ocasión de la guerra del canal del Suez, y en 1967, después de la guerra de Israel con Egipto, Jordania y Siria (la guerra de los Seis Días), el gobierno español prestó ayuda y consiguió que bastantes judíos pudieran salir de esos países, donde estaban perseguidos y discriminados muy duramente. En definitiva, hubo muestras de un interés humano, no me atrevería a opinar si por razones políticas o no políticas.

—Es interesante conocer su percepción de aquellos acontecimientos, porque no en vano usted llevaba varios años en España y ocupaba posiciones de dirección en la comunidad judía de Madrid.

—Yo estuve muy involucrado en todo ese tema, y sé que tanto en el año 56, pero sobre todo después de la guerra del 67, por orden directa de Franco se hicieron gestiones en pro de los judíos, sobre todo de Egipto. No había muchos, pero de Egipto salieron unos cuantos centenares de judíos con la ayuda de la embajada. El embajador era Ángel Sagaz, una gran persona, cuya viuda e hijos viven en Madrid. Realmente hicieron una gran labor de ayuda y salvamento especialmente después de la guerra del 67, todavía en tiempos de Gamal Abdel Nasser en Egipto.

—Será como usted dice, pero hay documentos del Ministerio de Asuntos Exteriores de los que se deduce que Franco sí tenía interés en tomar esas medidas favorables a los judíos para quedar bien principalmente con Estados Unidos.

—Bueno, yo también lo sospecho, pero como no tengo pruebas... De todas formas no me importa el motivo; se salvó gente, que era lo más importante.

Cuando Blas Piñar era «demócrata»

Al tratarse de una dictadura militar ultracatólica, en la España de Franco, los grupos religiosos distintos al del régimen tenían pocas posibilidades de defensa ante la mala imagen que de ellos se transmitía en los medios de comunicación.

—Como responsable de la Comunidad Israelita de Madrid usted se reunió varias veces con Manuel Fraga. ¿Qué tal se llevaba con los judíos en la época franquista el ahora presidente de la Xunta de Galicia?

—Yo estuve en dos o tres ocasiones con Fraga, cuando él era ministro de Información y Turismo, para tratar asuntos relacionados con la postura (antisemita) de los medios de comunicación. Fraga siempre ha tenido una actitud positiva y yo diría que hasta cierto punto amistosa con los judíos, pero el régimen era el régimen. Tampoco le pedía grandes cosas y lo que se podía se hacía.

—También llama la atención ver en aquel entonces a un personaje de extrema derecha como Blas Piñar en actitudes de…, no sé si aparente o real, acercamiento hacia los judíos. ¿Cómo fueron sus relaciones con el ex presidente de Fuerza Nueva?

—Muy buenas, hasta tal punto que ahora parece una paradoja, pero antes de hablarle de Blas Piñar tengo que referirme a otro asunto. En 1961 los israelíes habían capturado a Eichmann (un criminal nazi) en Argentina y lo habían llevado a Israel para juzgarlo. Yo veía que, como consecuencia de este hecho, se avecinaba una campaña de antisemitismo puro y duro en los medios de comunicación españoles. Por ello intenté crear una organización para presentar las cosas de una manera más objetiva y combatir contra esta ofensiva neonazi o de extrema derecha que veía venir. Fue interesante ver cómo, contra mi propio escepticismo y contra la incredulidad de la mayoría de las personas a las que comenté el proyecto, pudimos constituir la asociación Amistad Judeo-Cristiana, de la cual todavía nominalmente soy presidente.

En efecto, tras unos primeros contactos de Max Mazin con los sacerdotes Antonio Peral, profesor de la Facultad de Filosofía y Letras de la Universidad Central de Madrid, y el hermano Argimino, responsable en España de las escuelas cristianas de La Salle, la idea no sólo obtuvo el respaldo de la Iglesia católica, sino que el obispo auxiliar de Madrid encomendó al religioso Vicente Serrano ponerse a la tarea de impulsar la Amistad Judeo-Cristiana, una de las organizaciones con participación judía más importantes creadas en el franquismo. Serrano actuaría como copresidente católico y Mazin como presidente de la parte judía. En los inicios de la organización también tomaron parte los catedráticos Cantera Burgos y Camón Aznar, el sacerdote José María Javierre, y los judíos Samuel Toledano y Máximo Jakuski, promotor de este colectivo en Argentina. Al acto fundacional, celebrado en octubre de 1961 en el Consejo Superior de Investigaciones Científicas (CSIC), asistieron más de doscientas personas, entre ellas, Rafael Pérez Escolar, Pedro Laín Entralgo y ¡Blas Piñar! [3].

Una vez aceptada por la Iglesia la Amistad Judeo-Cristiana, también lograron su inscripción en el Ministerio del Interior. Curiosamente, de todas las organizaciones hebreas que se habían constituido legalmente en España después de la expulsión de 1492, la Amistad era la primera que llevaba la palabra «judío» en su nombre. «Esto parecía algo increíble e imposible de conseguir en esa época, pero se logró —explica Max Mazin—. Además, como sospechábamos algunos, la campaña que se desencadenó en España a raíz del proceso a Eichmann fue, en efecto, tan dura, antisemita y pronazi, que de inmediato convirtió a la Amistad en una iniciativa muy valiosa.»

Las actividades de la Amistad Judeo-Cristiana tuvieron un eco inmediato en Estados Unidos, donde cadenas televisivas como la CBS y la NBC ofrecían puntual información enviada desde España, pero pronto empezaron también a ser criticadas desde di-

---

[3] José Antonio Lisbona, *op cit.,* p. 249.

versos flancos. Por un lado, algunos judíos ortodoxos, que no veían con buenos ojos el, a su juicio, excesivo acercamiento de Mazin a la Iglesia católica en determinados actos litúrgicos conjuntos; por otro, la Falange, que actuaba movida por su innato antisemitismo, y además estaban los árabes —protestas diplomáticas incluidas—, que recelaban de la manera en que el régimen franquista permitía supuestas «actividades sionistas» a Max Mazin.

No era fácil poner en marcha una iniciativa como la ideada por el dirigente judío, la cual tenía en sus inicios, sin decirlo, la virtud añadida de servir de instrumento para limar las asperezas y los prejuicios que impedían ver con normalidad un eventual establecimiento de relaciones diplomáticas entre España e Israel. Cinco años después de su fundación, la Amistad contaba con más de dos mil miembros. Luego se incorporaron a ella otros personajes como el rabino Baruj Garzón y la católica sor María Ionel Mihalovici. Por entonces se abrieron secciones en ciudades como Sevilla y Barcelona, esta última a partir de 1979 denominada Entesa Judeo-Cristiana de Catalunya.. En el caso de la Ciudad Condal, copresidida por Carlos Benarroch y Antonio María de Gibert; y en el de la capital andaluza, por los católicos José María de la Peña, el citado padre Javierre, y por el hebreo Simón Hassan Benasayag [4].

—Volviendo a Blas Piñar, ¿qué relación tuvo este veterano dirigente de la extrema derecha española con la Amistad Juedo-Cristiana?

—A la asamblea constituyente de la Amistad Judeo-Cristiana asistieron más de doscientas personas. Con gran sorpresa para mí,

---

[4] Desde 1972 la Amistad Judeo-Cristiana se denomina Centro de Estudios Judeo-Cristianos. Actualmente desarrolla un trabajo de puente entre las religiones católica y judía.

allí estaba Blas Piñar. Yo le conocí bastante y tuve con él una cierta amistad, pero luego le dio por la extrema derecha.

Adolfo Suárez, «particularmente oportunista»

El establecimiento de relaciones diplomáticas entre España e Israel constituye uno de los capítulos más sensibles, controvertidos e interesantes de la reciente historia de ambos países, y en particular para la comunidad judía española. Una vez creado el Estado de Israel, el 14 de mayo de 1948, inicialmente sus dirigentes se negaron a dar su voto para el ingreso de España en la Naciones Unidas y rechazaron la interesada oferta de establecer relaciones diplomáticas sugerida a regañadientes por el régimen franquista. Todavía pesaba mucho el apoyo prestado por el caudillo a Hitler en la Segunda Guerra Mundial. Siete años más tarde, aceptada España por la ONU, el 14 de diciembre de 1955, con el voto favorable de Israel, fue este país el que buscó las relaciones diplomáticas, pero a Franco y a sus adláteres ya no les interesaba... Israel ya no era necesario. Hubo que esperar hasta cuatro años después del acceso del PSOE al gobierno para que, en 1986, Felipe González y Simon Peres firmasen en La Haya el acuerdo de reconocimiento mutuo y definitivo.

—Las relaciones diplomáticas entre España e Israel se lograron tras un largo proceso de frustraciones y desencuentros. ¿Cómo lo vivió usted?

—En 1982, cuando era presidente del Gobierno Leopoldo Calvo-Sotelo y ministro de Asuntos Exteriores José Pedro Pérez Llorca, con el que yo mantenía una relación estrecha, estuvimos a punto de establecer las relaciones diplomáticas. Ya lo teníamos todo apalabrado y todo convenido; sólo faltaba fijar la fecha de la firma, pero en ese momento se produjo la entrada de las tropas israelíes en el Líbano y esto paró todo el proceso.

—¿Por qué hubo que esperar la llegada del Gobierno del PSOE para establecer la relaciones entre ambos países?

—El último empujón para que esto se lograra fue el deseo de España de ser admitida en la entonces denominada Comunidad Económica Europea (CEE). Las relaciones entre España e Israel se establecieron en enero de 1986 y en junio de ese mismo año España fue admitida en la CEE. He hablado personalmente varias veces con Felipe González sobre este tema.

—Pero antes de todo eso estuvo Adolfo Suárez al frente del Gobierno. ¿Cómo se portó éste con los judíos españoles?

Max Mazin, que hasta este momento de la entrevista ha contestado rápidamente a todas las preguntas, sabe que su respuesta no pasará inadvertida para muchos. Quizá por ello hace una larga pausa..., piensa durante más de medio minuto en el más absoluto silencio, y cuando el periodista está a punto de formular otra pregunta, pensando que tal vez no desea pronunciarse sobre Adolfo Suárez, el veterano empresario y dirigente judío retoma la palabra:

—Todos los políticos lo son, pero Adolfo Suárez era un hombre particularmente oportunista. Hizo las cosas que hizo, aunque con el guión escrito por otro, ya que el inventor de la política de la Transición fue Torcuato Fernández-Miranda. Él fue realmente el hombre que concibió todos los pasos de la transición hacia la democracia, con el apoyo absoluto del Rey, y el ejecutor fue Suárez. En el tema judío Suárez no adoptaba ninguna actitud, ni a favor ni en contra, pero lo hacía por puro oportunismo. Cuando le convenía reconoció al Partido Comunista, con el consiguiente disgusto de los militares de derecha y extrema derecha, pero él era muy «echado pa'lante» y... un poco chuleta. Esto (la transición) ha ocurrido así y todos los méritos se los van a atribuir a él y al

Rey. Nosotros no tuvimos ningún problema, pues en España para los judíos todo estaba normalizado respecto a la libertad de ejercer el culto y llevar una vida normal. En el Ejecutivo de Suárez había gente buena, algunos incluso muy buenos..., y hasta hubo muchos ministros que tenían contacto con miembros de la comunidad judía. Yo mismo tuve varios amigos entre ellos.

—Sí, pero Suárez no resolvió el asunto de las relaciones diplomáticas con Israel.

—Él estaba absolutamente en contra..., totalmente en contra. Suárez siguió jugando a la «secular amistad hispanoárabe» y en esto continuó manteniéndose en la línea de los gobiernos de Franco. En este aspecto no ha cambiado nada.

—¿El establecimiento de relaciones con Israel que estuvo a punto de ser firmado por Calvo-Sotelo, empezó a gestarse al final del mandato de Suárez o surgió tras su dimisión?

—Todo el mundo sabía que era un tema pendiente. Los americanos y algunos países europeos presionaban permanentemente. El tema estaba encima de la mesa de forma continua, pero con Suárez quedó totalmente paralizado. Un ministro suyo, López Bravo, intentó hacer algún movimiento, pero no prosperó.

—¿Cómo fueron las relaciones de la comunidad judía con el gobierno español durante los 13 años de poder socialista?

—La etapa socialista fue muy ambigua. En Israel también había un gobierno socialista y aparentemente a nivel personal, internacional, ideológico y de partidos, las relaciones entre ambos eran muy estrechas. Felipe González era vicepresidente de la Internacional Socialista y también lo era Simon Peres, quien además muchas veces ha sido Ministro de Asuntos Exteriores de Israel. Hablé con Felipe González en dos ocasiones sobre el establecimiento de las relaciones diplomáticas y siempre me aseguró que lo harían, pero lo aplazaban continuamente. En 1986, cara a la entrada en la CEE, vieron que España sería el único país europeo sin relaciones con Israel, un país que tenía un sinfín de acuerdos de colaboración comerciales y no comerciales con el Mercado Común, y comprendieron que estaban contra la pared.

—¿Tanta reticencia hacia Israel había en el Gobierno del PSOE?

—Portugal, que tampoco tenía relaciones con Israel, las había establecido hacía dos años, pero el Gobierno no se enteraba de algo que yo le hacía ver: un país pequeño, que no tenía ningún peso, había establecido relaciones diplomáticas con Israel y los países árabes se habían quedado como si tal cosa... ¿Qué iban a hacer? Por eso yo les decía: «No sé a qué tienen ustedes miedo con esta historia de la secular amistad». Por fin, el viernes 17 de enero de 1986 se firmó en La Haya el acuerdo de las relaciones entre España e Israel.

—Lo normal es que antes de producirse el establecimiento de relaciones diplomáticas entre dos Estados se hayan dado una serie de pasos de acercamiento entre ambos. ¿Qué se había hecho en este sentido?

—Varios años antes (en 1979) habíamos constituido en Madrid una Asociación de Amistad España-Israel (AIE), de la cual ha sido desde el principio presidente Camilo José Cela, y sigue siéndolo hasta ahora [5], con cuatro vicepresidentes: el socialista, Enrique Múgica; Ricardo de la Cierva, que luego fue ministro de Cultura y paradójicamente continuó siendo vicepresidente de la AEI; José Mario Armero, entonces presidente de la agencia Europa Press, y el cuarto era yo. La AIE hacía esfuerzos por conseguir el establecimiento de las relaciones entre España e Israel.

[5] Esta entrevista se realizó el 26 de octubre de 2001 y la muerte de Cela ocurrió el 17 de enero de 2002.

El origen judío del Generalísimo

Los investigadores de temas relacionados con Sefarad suelen hacer referencias de diverso signo respecto a la mayor o menor afinidad de Francisco Franco con los judíos. Por otro lado, después de dialogar con numerosos hebreos que vivieron la dictadura, tanto en España como en el antiguo Marruecos español, una de las conclusiones que se extrae es que cada uno cuenta la feria según le ha ido.

—A propósito, qué hay del posible origen judío de Francisco Franco?

—Por los apellidos, sí. Franco y Bahamonde son apellidos judíos.

—¿Hay alguna otra pista? Tengo entendido que el asunto se ha investigado bastante.

—Le puedo decir algo más. Testigos presenciales me han contado que el hermano de Franco, Ramón, aquel famoso aviador del Atlántico Sur, tenía una tertulia en la que siempre decía que ellos eran una familia judía. Conozco gente que ha oído a Ramón Franco decirlo muchas veces.

—¿La asimilación es en este momento la mayor amenaza del judaísmo en todo el mundo?

—Indudablemente se trata de un tema preocupante para todas las religiones, porque la asimilación no supone la conversión a otro credo. Significa simplemente el abandono de la religión, y como consecuencia de ello muchas veces surge un ateísmo a veces pasivo y a veces militante, pero ateísmo. Hay quienes piensan que el problema es la dificultad que se pone a las conversiones, pero hay pocos judíos, lo mismo que católicos, que se conviertan a otras religiones. Sin embargo, el número de los que abandonan la religión y se sienten ateos es escalofriante. En el caso de los judíos asimilados, es decir, los que no son practicantes religiosos ni en una medida mínima, se consideran judíos ateos y son eso, judíos ateos.

—Judíos ateos... ¿Cómo se explica esta expresión aparentemente tan contradictoria?

—Muy fácilmente. El judaísmo es una figura extraña que no existe en ninguna otra religión donde la etnia, más que la nacionalidad, se confunde con la religión. Se puede ser perfectamente judío y ser ateo. Hay muchos jóvenes, sobre todo en Israel, que no practican nada de la religión. Los hay que incluso son antirreligiosos, pero muy judíos... muy israelíes; étnicamente se consideran judíos. En Israel el porcentaje de ellos posiblemente sea mayor que en otras partes del mundo. Es imposible separar el nombre de la etnia y de la religión, y por tanto es lógico que haya judíos ateos. Yo conozco a muchos... muchísimos.

—Sin embargo, hay judíos «de verdad» que consideran no judíos a los hebreos ateos o no practicantes.

—Pero, ¿qué quiere decir «judío de verdad»? Fijémonos, por ejemplo, en Israel, un Estado judío. Un señor que es ciudadano de Israel, presta el servicio militar, lucha por la defensa de su país, lucha contra el antisemitismo y contra toda clase de discriminaciones con respecto al judaísmo, pero que no cree en la religión... ¿Cómo puedo no considerarlo judío si él mismo asegura que lo es? Hay muchos católicos y protestantes que son ateos, pero no se puede decir católico ateo, porque sería una contradicción. Hay judíos ateos porque judío es una etnia; en cambio, no hay etnias católica ni protestante.

—Se asegura que hubo un tiempo, hasta principios de los años cuarenta, en que las comunidades judías de Madrid y de Barcelona se ignoraban mutuamente. ¿Cómo son hoy esas relaciones?

—Los judíos son gente que se asimila mucho con el entorno en el que vive. Los de Barcelona son judíos catalanes y los judíos de Madrid son judíos madrileños, y como hay una cierta rivalidad entre Barcelona y Madrid, pues eso trasciende también a las comunidades judías, pero eso es una tontería. Supongo que los judíos de Barcelona, si les gusta el fútbol, serán del Barcelona y los judíos de Madrid serán del Real Madrid o del Atlético de Madrid, pero ahí termina todo.

—Estaba recordando el año 1968, cuando bajo su mandato fue construida la sinagoga de Madrid. En aquella época Ernesto Koplowitz ya era un empresario importante de Madrid. ¿Este empresario aportó dinero a la comunidad judía?

—Económicamente ayudamos Koplowitz, Kajón, yo y muchos otros, porque con algo había que construirla. Todos éramos miembros de la comunidad.

Max Mazin se refiere a César Kajón, un industrial judío originario de Trieste (Italia) que llegó a España en 1938 como representante de la Fiat, y se quedó a vivir definitivamente hasta su muerte, en 1999. «Persona encantadora y un caballero», como le define Mazin, Kajón dio muestras de una gran generosidad hacia la comunidad judía. Según cuenta José Antonio Lisbona, tal fue su alegría por la aprobación en 1965 de los estatutos de la Comunidad Hebrea, que remitió al gobierno de Franco un talón por valor de un millón de pesetas como muestra de su gratitud por el gesto del régimen. No le salió mal el regalo, porque el propio Franco le dio las gracias y cursó órdenes precisas para que ese dinero redundase en beneficio de los judíos, de modo que se empleó en la adquisición de piezas de arte con destino al recién inaugurado Museo Sefardí de Toledo.

Para la edificación de la sinagoga, que lleva el nombre de Beth Yaacov, la comunidad nombró una comisión integrada por el constructor Alberto Bendahan, Armando Bandayan y el propio Max Mazin, quienes tuvieron que registrar el inmueble a nombre de la empresa Beth Knesset, S.A. (otras propiedades estaban a nombre de Beth Zión, S.A.), pues, como se ha dicho, la organización comunitaria judía de Madrid no existió oficialmente hasta 1968 y por tanto mal podían tener un inmueble bajo su titularidad. El coste de las obras, unos veinticuatro millones de pesetas, fue sufragado en su mayor parte con aportaciones de los miembros de la organización hebrea de Madrid, especialmente de César Kajón e Isaac Salama, más una ayuda de setenta mil dólares enviados desde Estados Unidos por el American Joint Distribution Committee.

Kajón, Samuel Toledano, Fortunato Benarroch e Isaac Salama junto con otros diecinueve destacados miembros de la Comunidad Hebrea de Madrid, crearon en 1964 la empresa Interdesarrollo, promovida y presidida por Max Mazin para apoyar el Plan de Desarrollo iniciado ese año y al mismo tiempo fomentar y canalizar el intercambio comercial entre España e Israel. Se trataba de otra iniciativa más en la que estaba presente César Kajón, a quien toda ayuda le parecía poca si redundaba en beneficio del pueblo judío.

En la brecha empresarial

Pero el tiempo pasa y cada vez van quedando menos miembros de aquella generación de judíos emprendedores que llegaron a España en los años treinta, cuarenta y cincuenta, sean de origen sefardí o asquenasí, que supieron sortear los obstáculos impuestos por el régimen para sacar delante lo que hoy es la comunidad judía española, y en este caso la de Madrid.

Uno de los más destacados fue Mazin, quien a su llegada al país se encontró con un reducido grupo de judíos, carentes de sinagoga y cementerio propios, a los cuales apenas se les permitía contar con un oratorio privado, casi clandestino, en el domicilio particular de uno de los miembros de esta incipiente comunidad. Tampoco los había reconocido la Administración, por lo que sencillamente los judíos no existían oficialmente como grupo, no podían adquirir propiedades, exigir derechos ni contraer obligaciones.

Esa era la situación en marzo 1955 cuando Max Mazin, fue elegido vicepresidente de la Comunidad Judía de Madrid, en una junta directiva que si bien estaba presidida por Louis A. Blitz, la dirección efectiva acabó recayendo en él por enfermedad del presidente, cargo que pasó a ocupar formalmente a partir 1961. Cuando en 1969 dimitió de la presidencia, catorce años después de su llegada a la junta directiva, la realidad de la comunidad judía madrileña era muy distinta.

De Max Mazin se dice que fue uno de los pioneros del negocio inmobiliario en España. Quizá no anden mal encaminados quienes piensan así, porque en 1986 fundó la sociedad Renta Inmobiliaria y desde entonces ha mantenido fuertes inversiones en este sector. Pero es con Ron Investment S.A, empresa de la que es presidente y en la que ha tenido como socio a Marc Rich, con la que ha hecho algunos de sus negocios más sonados. Entre ellos destaca la fusión en agosto de 2000 de su grupo hotelero Tryp con la cadena Sol Meliá, una operación que alcanzó la cifra de sesenta mil millones de pesetas, por lo que en su momento fue considerada como la mayor de la historia de la hostelería española.

No era para menos. Al hacerse efectiva la fusión, al grupo que preside Gabriel Escarrer se sumaron los sesenta hoteles con que contaba Tryp, más otros quince establecimientos con los que esta sociedad mantenía contratos, de forma que Sol Meliá se convirtió en la décima empresa hotelera más grande del mundo. El acuerdo supuso la integración de las acciones de Tryp mediante el pago de veintisiete mil millones de pesetas y algo más de trece millones de acciones de Sol Meliá a quince euros cada una. Además, los accionistas de Tryp (Max Mazin, Antonio Briones y Rufino Calero) se hicieron con el 7,2 por ciento de Sol Meliá. La operación incluía también la compra de dos hoteles, el Fénix de Madrid y el

Colón de Sevilla, vinculados a Max Mazin, por doce mil quinientos millones de pesetas adicionales.

—Además de dirigente judío, ante todo usted es un hombre de empresa. Cuénteme cómo van sus negocios...

Aunque al principio de la entrevista había pedido que no le pasaran llamadas, suena el teléfono y Mazin habla con su secretaria. De inmediato coloca las dos manos extendidas sobre la mesa dando un suave golpe, como queriendo incorporarse de la silla, lo que significa que la entrevista ha llegado a su fin. Son las cosas que pasan cuando a un hombre como Max Mazin se le formula la mejor pregunta... pero en el peor momento.

—Lo siento, es mi hijo que lleva mucho rato esperándome y viene con unos señores del extranjero. Tengo que atenderles.

V. RAÍCES JUDÍAS

En busca del *lobby* hebreo

Uno de los grandes tópicos y a la vez una de las grandes mentiras que el ancestral desconocimiento del judaísmo ibérico ha permitido anidar en determinados sectores de la opinión pública es el que hace referencia al famoso *lobby* judío español. En las tertulias radiofónicas y en no pocos artículos de prensa se suele hacer mención al *lobby* judío con una ligereza y una familiaridad pasmosas, como si se tratase de una institución perfectamente conocida, definida e implantada en España.

Además, el recurso a la expresión «*lobby* judío» viene muy bien a muchos jefes de redacción para hacer llamativos titulares en periódicos y revistas, e incluso a ciertos comentaristas para adornar su erudición en materia política y económica cuando tratan un tema en el que aparecen al menos dos judíos juntos, aunque uno de ellos no sea español, y muchas veces ignorando que entre ambos hebreos no existe ningún tipo de relación. Algunos, sin cortarse un pelo, introducen en su pretendido *lobby* a los no judíos que permanente u ocasionalmente se relacionen con éstos.

Aunque no siempre se utiliza de forma peyorativa contra los israelitas españoles, las referencias al *lobby* judío parecen llevar implícita la confirmación de la existencia de este grupo, y su extensión a la totalidad de los hebreos, aunque nunca se llega a decir quiénes son sus miembros más poderosos, sus objetivos o su estrategia de trabajo. Eso sí, en buena parte de los casos, se atisba un tufillo antisemita —intencionado o no— con el que el usuario del término parece advertir al personal que tenga cuidado, porque entre nosotros están los judíos; esa fuerza oculta y silenciosa que si no se controla debidamente un día terminará adueñándose de todo. Los antisemitas menos disimulados directamente se refieren al «*lobby* sionista», para introducir su particular connotación de rechazo no sólo hacia los judíos españoles, sino a todo lo que guarde relación con el Estado de Israel. Por haberlos, los hay que mencionan un supuesto «*lobby* de los limpios de sangre», para contraponerlo al *lobby* judío, en referencia a las organizaciones empresariales en las que no hay presencia judía —ni árabe–, al menos aparente.

Sin embargo, una simple aproximación a los judíos españoles o a sus descendientes, en especial a los que destacan en diferentes campos profesionales, demuestra que la realidad es muy distinta a la que se pretende mostrar al gran público. Los actuales hebreos residentes en Sefarad no sólo no forman ningún *lobby*, sino que ni siquiera representan una potencial fuerza electoral importante como para que los grupos políticos les tengan en cuenta a la hora de plantear sus reivindicaciones concretas. El número de judíos residentes en España, que varía mucho en función de la fuente consultada, oscila entre quince mil y treinta mil. Además, muchos de ellos están dispersos por toda la geografía nacional sin ningún contacto con las comunidades judías oficialmente establecidas. Cerca del ochenta por cien de ellos desciende de los antiguos sefardíes que, tras ser expulsados en 1492, se establecieron en diversas localidades de Marruecos y empezaron a regresar a España a partir de 1956, tras la independencia del país magrebí.

Perfectamente integrados en España, la gran mayoría de los judíos vive en el más absoluto anonimato y se ganan la vida como empleados, comerciantes o profesionales liberales, sin que en ello tenga nada que ver su condición de hebreos o el hecho de tener antecedentes judíos en sus familias. Es verdad que en los tiempos actuales algunos judíos han llegado a destacar de manera muy notable en el campo de la empresa y en el mundo del arte o de las letras, pero está por demostrar que esto se deba a su ascendencia judía. Si bien, muchos españoles descendientes de Moisés se apoyan mutuamente y tienen a gala el buen nivel de formación académica y empresarial alcanzado por sus vástagos, para ellos no es más que el resultado del esfuerzo personal, en el que su judaísmo, si ha llegado a influir de alguna manera, ha sido en el plano íntimo, familiar y personal de cada uno.

Alguien podría pensar que el *lobby* judío está integrado por los grandes empresarios y financieros hebreos españoles, los cuales, confabulados entre sí, forman un grupo de presión que influye sobre el Gobierno y los dirigentes políticos para lograr privilegios que hagan cada vez más rica y poderosa a la comunidad judía, pero todo esto también es falso. Lo es, porque no existen tales grandes financieros judíos, y los multimillonarios no sólo son muy pocos, sino que actúan de forma individual, muchas veces con serios enfrentamientos entre ellos. Además, algunos empresarios que pasan por notables judíos ante los ojos de la opinión pública española, no siempre son reconocidos como tales por todos sus supuestos correligionarios.

De existir el tan mencionado *lobby* judío, las comunidades israelitas españolas no pasarían los apuros económicos que les impiden desarrollar plenamente sus actividades ni tampoco se hubiesen pasado años luchando para que, por ejemplo, en el Ejército y en las universidades se respete el sábado como un día en que los militares y los estudiantes judíos no pueden realizar ningún tipo de trabajo. Un grupo de presión con poder e influencia efectivas a favor de los judíos españoles intentaría siquiera mitigar la virulencia con que, según éstos, se les trata en algunos medios de comunicación españoles a raíz del conflicto en Oriente Próximo.

Si hubiera un *lobby* judío, hace mucho tiempo habría conseguido que la televisión pública española concediese a los representantes de esta confesión minoritaria algo más que los actuales diez minutos cada tres semanas [1] para aclarar a la sociedad que entre un español judío practicante y un no judío no existe ninguna diferencia, salvo los matices de fe, que por otra parte son todavía más diversos entre los cristianos. De contar con unas posibilidades mínimamente proporcionales a las que la Administración concede a los grupos católicos, los judíos, que no están interesados en captar miembros y que jamás hacen proselitismo, podrían explicar a la opinión pública que su religión y su tradición les lleva a organizarse en comunidades —no en *lobbies*— para cumplir adecuadamente con sus requerimientos de oración, gastronomía y celebración de sus festividades religiosas, lo mismo que para llevar a cabo otras actividades de tipo social y cultural, y que otra cosa bien distinta es lo que cada uno de ellos hace con su vida privada y profesional.

Pese a los esfuerzos que hacen las comunidades judías, España, donde más y mejor se debería conocer a los judíos por ser la cuna del sefardismo, paradójicamente es uno de los países europeos con menor número de hebreos, y donde menos se sabe de ellos. La escasez de judíos, los tópicos y las leyendas negras que perduran en el subconsciente colectivo, el arcaico antisemitismo de origen religioso o sociológico de muchos, el desconocimiento o la mala fe de otros, y la tradicional falta de roce con el pueblo hebreo han contribuido a que se les meta a todos en el mismo saco y muchas veces se califique al conjunto por lo que hacen o representan unos pocos judíos. En la sociedad española, cada vez más abierta y tolerante, todavía se escapan los viejos clichés y prejuicios religiosos del pasado.

---

[1] En el programa *Tiempo de creer,* que se emite los domingos por la mañana en la segunda cadena de Televisión Española.

Dos judíos, tres opiniones

Sin embargo, no todos los judíos españoles son iguales ni han sido cortados con la misma tijera. Entre ellos existen personas extremadamente religiosas, otras menos piadosas, y de hecho la mayoría se definen como laicos, no practicantes, ateos o agnósticos. Además entre los practicantes de la fe mosaica también hay diferencias, ya que éstos pueden ser ortodoxos, conservadores y reformistas, entre otras muchas tendencias. Al mismo tiempo, las comunidades judías españolas se han nutrido principalmente de antiguos inmigrantes de origen sefardí —los más religiosos—, en general descendientes de los expulsados en 1492, y por judíos de origen asquenasí, es decir, los descendientes de los hebreos de Europa central, la mayor parte de los cuales; aunque también tienen antepasados sefardíes, son laicos, más inclinados a los asuntos científicos y culturales que a los religiosos.

Según la ley mosaica, el judaísmo sólo se transmite a través de la madre, lo cual no es óbice para que también haya judíos conversos, personas con padres no hebreos que después de haber superado diversas pruebas nada fáciles, logran ser aceptadas por los tribunales rabínicos ortodoxos. Entre ellos se puede citar el caso de Jon Juaristi, director del Instituto Cervantes, quien no hace muchos años abrazó la fe mosaica, al haber demostrado que su opción no era simple oportunismo, y después de años de estudio hasta alcanzar los conocimientos del Libro que se exigen a los conversos.

Los judíos españoles, incluyen también a los judíos que no se consideran tales y a los que sólo aprecian una parte del judaísmo, como la cultura y algunos aspectos gastronómicos y tradicionales. A todos ellos se suman los hijos de muchos judíos practicantes que tras haber sido asimilados por la modernidad laica se alejan cada vez más de las tradiciones judías paternas, y también los miles de españoles que en familia llevan a cabo ciertas prácticas judías, vestigios de sus antepasados sefarditas, como es el hecho de encender una vela todos los viernes, vestirse de etiqueta los sábados, o no comer cerdo ni sus derivados, sin saber exactamente por qué lo hacen, e ignorando su condición de descendientes de judíos.

La gran variedad de aristas que presenta el judaísmo español demuestra que el mundo de Sefarad es algo mucho más vivo y complejo de lo que parece y que al igual que ocurre con los hebreos de otras partes del mundo, en España también es verdad aquello de *dos judíos, tres opiniones*, tan común entre los israelitas.

Uno de los dirigentes hebreos que mejor conoce el pasado y el presente del judaísmo español es el presidente de la Comunidad Judía de Madrid, Jacobo Israel Garzón, un ingeniero agrónomo y licenciado en informática nacido en Tetuán, «antigua capital del protectorado de España en Marruecos», como a él le gusta especificar. Líder de los judíos madrileños desde 2001, año en que fue elegido para el cargo tras el mandato de Isaac Querub Caro, Jacobo Israel Garzón vino a estudiar a España con diecisiete años de edad y se quedó a vivir en el país. Llegó solo, pues su familia emigró desde Marruecos a Israel y ya son cuarenta y tres años los que lleva en España, donde, entre otras actividades, dirige desde 1986 la revista trimestral *Raíces*, la principal publicación cultural independiente especializada en temas judíos, que se distribuye en España, Argentina, Chile, Colombia, Uruguay, Venezuela, Israel y Estados Unidos.

Jacobo Israel Garzón tiene clara la escasa, por no decir nula, relación que los hebreos españoles tienen con una figura organizativa como el pretendido *lobby* judío. Él mismo ha sido durante muchos años director de la compañía americana Schlumberger Sema en España, Portugal y Latinoamérica, y, según comenta, en varias ocasiones le ha ocurrido la anécdota de haber permanecido durante meses en tratos comerciales con un empresario sin saber que éste era judío. «Creo que no existe tal *lobby*. En España no hay grandes personas judías poderosas con influencia en la economía nacional —explica el líder hebreo—. Más que hablar de un supuesto *lobby,* creo que lo importante de los judíos, es que hoy representamos en España una clase media y profesional relativamente alta, con un nivel de conocimiento un poco más elevado que la media.»

En efecto, entre los hebreos españoles el número de universitarios y profesionales libres es muy alto. Si se analiza el número de autores judíos en la España contemporánea se verá que sólo entre escritores y pintores hay más de un centenar, una cifra importante para una etnia minoritaria como la judía, que sólo representa uno por mil de la población. «Desgraciadamente no tenemos ese *lobby* judío, pues si así fuera no tendríamos a los medios de comunicación en la posición en que están», se lamenta el representante de los judíos madrileños, al ver la dureza con que buena parte de los periódicos y las emisoras españolas tratan al Estado de Israel en sus informaciones sobre el conflicto de Oriente Próximo:

—¿Qué personajes judíos podría citar entre los que están aportando algo la España actual con su trabajo?

—Hay una gran cantidad de profesionales judíos, no como banqueros propietarios de grandes entidades, sino en el mundo de las consultoras, la informática, la tecnología y en el sector financiero. En el terreno de la empresa destacan personajes como Martín Varsavsky, presidente de Jazztel; Moisés Israel, consejero delegado de Ya.com; Gil Gidrón, uno de los socios de Accenture y presidente de la Asociación Española de Empresas de Consultoría, entre muchos otros. El publicista catalán Luis Bassat y el empresario Max Mazin son personajes que destacan a título personal, pero no como *lobby.* También están los Danon y los Carasso, que fueron los fundadores de la marca Danone en Barcelona. Sus descendientes viven en la Ciudad Condal.

El dirigente judío no deja pasar la pregunta sin referirse a las grandes familias de banqueros e industriales judíos que tuvieron mucho que ver con la industrialización de España a finales del siglo XIX y principios del XX. Textileros como Frois, Silva, Blanc, Rodríguez, Salzedo y Jules Gommes; banqueros como los Rothschild, los Salzedo y los Bauer; industriales del ferrocarril, el azúcar y la minería como los hermanos Pereire y los Camondo (ver capítulo Sexto), son sólo una muestra de la aportación de aquellas legendarias familias judías que en su momento apostaron por España como un país en el que podían obtener beneficios, a la vez que contribuían al desarrollo de la incipiente industria de aquella época.

Pero los tiempos han cambiado mucho y, como explica Jacobo Israel, ahora es muy difícil hablar de empresas judías, porque las cosas son mucho más complejas. Ya no existen empresas étnicas, y si las hay son muy pequeñas. Puede haber un judío a la cabeza de una firma y ésta no ser nada judía. «Yo he dirigido una empresa de más de cuatro mil empleados y a lo mejor había veinte judíos», comenta Jacobo Israel. En su opinión, hay que distinguir el mundo de los negocios del mundo de la empresa. «Los hombres de negocios pueden tener relaciones personales entre ellos, pero las empresas no son ni judías ni cristianas ni musulmanas. Sería un error muy grave que una empresa tomase una decisión porque tal o cual persona sea judía.»

La otra mirada

Además de los empresarios, también hay destacados hebreos y descendientes de éstos en el campo del arte y literatura española actuales. Poetas como Marcos Ricardo Barnatán; eruditos como Jacob Hassan, director del Instituto Arias Montano del Consejo Superior de Investigaciones Científicas (CSIC), son dos nombres que le vienen a la memoria al presidente de la CJM. Sin embargo éste no cree que exista la literatura judía o el arte judío español. «Simplemente son escritores o artistas que son judíos. El judío puede aportar quizá una mirada un poco diferente, pero no mucho más.»

En otros campos, como el jurídico, los hebreos españoles hicieron una trascendente aportación a la ley de Libertad Religiosa y desempeñaron un papel muy destacado a la hora de proponer las normas antirracistas y contra el antisemitismo incluidas en el actual Código Penal. Con todo, Jacobo Israel considera que la gran aportación de los judíos, que está siendo desaprovechada, es la integración de una minoría en la mayoría. «Esa integración, que es real, podría ser paradigmática, sobre todo ahora que aparecen otras minorías en el país», añade.

El presidente de los judíos madrileños es conocido como una persona de talante abierto, que siempre ha preferido, como él mismo explica, «poner el *zoom* en lo que une y no en lo que separa», pero ahora tiene razones para aplicar a su análisis cierta dosis de pesimismo. De hecho, asegura que hasta hace muy pocos días creía que la integración de la comunidad judía española estaba totalmente conseguida, porque ha logrado la igualdad legal desde todos los puntos de vista, y porque está formada por personas totalmente hispanohablantes e integradas plenamente en las costumbres del país. «Sin embargo, en los últimos tiempos he visto que en los medios de comunicación, ya sea por falta de conocimiento, por un escaso interés en conocer o por mala fe, no se compara al judaísmo con el islam, que son dos religiones, o a los judíos con los árabes, que son dos etnias, pero sí se compara a los judíos con los palestinos, es decir, una religión con una etnia, y eso a ojos de la mayoría, genera antisemitismo y dificultades de integración a cualquier comunidad.»

Que no es fácil luchar contra los prejuicios establecidos durante muchas generaciones es algo que saben bien en las sedes de las comunidades judías de toda España, donde realizan grandes esfuerzos para dar a conocer su mensaje. Las comunidades israelitas organizan conferencias, exposiciones y charlas sobre multitud de aspectos relacionados con el sefardismo y el judaísmo; el Centro de Estudios Judeo-Cristianos es también un activo foro de encuentro; la revista *Raíces* se distribuye en quioscos y librerías, las universidades celebran seminarios; el CSIC publica desde hace sesenta años *Sefarad* una de las mejores revistas mundiales de temática judía... Pero esto sólo interesa a un público minoritario y en general, la población los desconoce. «Hoy todo el mundo está volcado en la televisión y para ésta somos un tema de conflicto», se lamenta Jacobo Israel.

—¿Ese desconocimiento de lo que es el judío se nota también en que se habla poco de ustedes en España?

—Tenga en cuenta que somos una comunidad con un máximo de treinta mil personas en un país de cuarenta millones de habitantes. En Madrid vivimos entre mil quinientas y dos mil familias, con una media de cuatro personas cada una, más los transeúntes, y aunque cantidad no significa calidad, en general somos menos del uno por mil de la población. Respondiendo a su pregunta, le diría en primer lugar que los judíos no nos mostramos mucho al exterior, en parte por ser pocos y también por razones de seguridad. Desgraciadamente desde hace algunos años debemos tomar muchas medidas de seguridad. Aquí (en la sede de la Comunidad Judía de Madrid, situada en la calle Balmes) nos toca poner mucho cuidado en saber quién entra y quién sale y esto no facilita la conexión con el público [2].

---

[2] En el momento de celebrarse esta entrevista (10 de mayo de 2002), una patrulla de la Policía Nacional presta guardia a la entrada del inmueble que alberga en centro cultural y la sinagoga de los judíos madrileños.

Barcelona también es Sefarad

Al igual que ocurre en Madrid, en Barcelona, donde los cálculos más optimistas cifran en cinco mil los judíos residentes en esta ciudad, se aprecian perfectamente las múltiples facetas que ofrece el pueblo del Libro. Entre sus organizaciones más antiguas destaca la Comunidad Israelita de Barcelona (CIB), fundada en 1918, y presidida actualmente por Dalia Levinsohn. Aunque se trata de una comunidad ortodoxa, la CIB ofrece todos los servicios que pueda requerir cualquier judío, y da cabida a otras tendencias hebreas. Al fin y al cabo en la práctica del judaísmo moderno resulta muy difícil mantener la religiosidad químicamente pura.

Otro importante grupo judío barcelonés es la comunidad progresista Atid, afiliada a la Unión Mundial por el Judaísmo Progresista. Esta organización, una de las más activas del panorama judaico catalán, cuenta con sinagoga propia y dispone del primer rabino no ortodoxo en la historia de España, Ariel Edery.

Además de las dos comunidades citadas, el judaísmo de la Ciudad Condal tiene su vertiente casi exclusivamente laica: la asociación Macabi, dedicada principalmente a actividades sociales, culturales y deportivas relacionadas con el mundo judío. Al otro extremo, aunque unidos por el sentimiento cultural judaico y los temores ante el rebrote del antisemitismo «durmiente» que se está despertando en Europa a causa del recrudecimiento del conflicto entre Israel y Palestina, están los miembros de Jabad Lubavitcher, un colectivo recién creado en Barcelona al que acuden hebreos de muy estricta observancia religiosa.

En Barcelona, donde además están ubicadas la sede de la Federación de Comunidades Judías de España, a cargo de su secretario general, Carlos Schorr, y la ya citada Entesa Judeo-cristiana de Catalunya, los responsables de las diversas organizaciones hebreas, como las del resto del país, han afrontado el difícil reto de aclarar a la sociedad la postura de los hebreos españoles frente al conflicto de Oriente Próximo. Y lo han hecho a través de numerosos conductos, entre ellos un manifiesto suscrito por todos ellos el 15 de abril de 2002 y mediante cartas a los directores de los medios de comunicación.

A los judíos españoles no les gusta el tratamiento informativo que se está dando en España al enfrentamiento que padecen israelíes y palestinos, entre otras cosas, porque también se sienten directamente afectados. Del *maremagno* de noticias, análisis y puntos de vista que ha generado el conflicto, quizá lo que más les ha dolido es la comparación que no pocos comentaristas han hecho entre el Holocausto y la situación del pueblo palestino. Así lo expresa Dalia Levinsohn en una dura nota enviada —y publicada— a *La Vanguardia* de Barcelona en abril de 2002.

¿Holocausto en Palestina?

Últimamente hemos leído con estupor e indignación cómo se ha comparado la actual situación de Oriente Próximo con el nazismo. Un periodismo con prejuicios ajenos a la realidad histórica de la persecución y al presente político en Israel y los territorios palestinos banaliza el horror del holocausto manipulando la información.

No es aceptable plantear siquiera un paralelismo entre cualquier contexto político e histórico y el nacionalsocialismo alemán que promulgó leyes raciales sobre los ciudadanos y planificó el exterminio sistemático de forma industrial y metódica de judíos, gitanos, homosexuales y minusválidos de Europa, con planes como la solución final.

Se tergiversa la historia de forma inadmisible cuando se compara el levantamiento palestino por derechos territoriales con más de mil doscientos víctimas —doscientos sesenta israelíes incluidos— con la muerte de seis millones de civiles judíos, de los que millón y medio eran niños que fueron hacinados en vagones de carga, transportados a campos de concentración y exterminados en cámaras de gas, hornos crematorios o sirvieron de cobayas para experimentos. Tal perspectiva del conflicto actual raya la apología del antisemitismo y constituye un acto de difamación e instigación al odio (...)[3].

---

[3] *La Vanguardia*, Barcelona, 4-IV-2002.

Empresarios *made in USA*

Otro empresario para quien el judaísmo español tiene pocos secretos es Henri Misrahi, que no en vano presidió la Comunidad Israelita de Madrid en 1972. Nueve años antes, en 1963, cuando se hizo público que el régimen franquista se disponía a aplicar un plan de liberalización económica, muchas compañías americanas entendieron que era el momento de establecerse en este país. Ese año llegó a España Misrahi, quien trabajaba para una de esas compañías multinacionales, en su caso un conglomerado de ciento sesenta y cinco fábricas dedicado a la comercialización de productos acabados (herramientas, electrodomésticos, materiales médicos y dentales, compresores, plantas de cemento, cortadores de césped...).

—Tuve mucho éxito en los negocios y dos suertes: la primera enamorarme de Madrid, y la segunda, conocer a la que hoy es mi esposa. Tenemos la particularidad de ser la primera pareja judía que se casó en Madrid. En 1966 para los judíos era muy difícil contraer matrimonio en España. Yo era italiano y mi esposa española y no había ley que permitiera a una española judía casarse con un italiano, pero lo conseguimos.

Henri Misrahi, nacido en Alejandría (Egipto), viajó como emigrante a Italia, donde dio el salto a Estados Unidos en busca de un trabajo que le permitiera regresar a Europa, y lo consiguió a la edad de veintinueve años cuando puso sus pies en Madrid. Como él mismo explica, después de tantos años en la brecha empresarial, ha traspasado casi todas sus sociedades y se ha quedado con una especializada en comercio internacional. De vuelta de casi todo y con un lustroso Mercedes Benz último modelo aparcado a las puertas de su oficina, se permite el lujo de afirmar algo que está al alcance de pocos: «Ahora me dedico crear empresas y a divertirme desarrollando negocios.»

Para este veterano empresario, es normal que en España no se hable de las comunidades judías porque son muy reducidas. «La mayor es tan pequeña que no cuenta —dice con cierta resignación—. En Madrid hay unos tres mil quinientos; el mismo número en Barcelona y en Marbella, y otros tres mil dispersos en ciudades como Las Palmas, Mallorca, Valencia y Alicante.» Según Misrahi, algunos individuos practicantes de religión judía han hecho cosas importantes en su campo y se han convertido en personajes de la sociedad española, pero no por ello se puede afirmar que la comunidad judía de este país sea un *lobby.* «No somos una fuerza de influencia, y la que se pueda tener es a través de estas personas que han destacado y que tienen un cierto peso por sí mismas», añade.

—Sin embargo, cuando en España se juntan dos hebreos muchos ven un *lobby* judío. Por algo será…

—En España no existe *lobby* judío. Sí lo hay en Estados Unidos donde el *lobby* es una institución consagrada y definida por la ley. Se trata de un grupo de intereses que actúa para intentar obtener ventajas del poder legislativo y del Gobierno. Hay *lobbies* de todas las materias: *lobby* de zapateros, *lobby* de jugueteros… Cualquier grupo que necesite llevar un mensaje a la Cámara de Diputados, por ejemplo, para buscar que una ley se adapte a sus necesidades, constituye un *lobby.*

—¿Dónde radica la fuerza del *lobby* judío americano?

—En Estados Unidos hay más de cinco millones de judíos. Esta es una enorme masa de personas, de electores que tienen unos intereses muy concretos: que no les hagan leyes antisemitas, que los sábados no les obliguen a hacer maniobras en el ejército.. Hay tantas cosas que el judío reclama como ciudadano, que se ha visto la necesidad de crear un *lobby*. No hablo de un grupo de influencia, pero sí de un ente que representa centenares de miles de votos.

—¿Qué estrategias emplea el *lobby* judío en Estados Unidos?

—El *lobby* aplica varias técnicas para hacer llegar sus mensajes a los políticos. Y estos mensajes pueden ser negativos o positivos. Por ejemplo, se le puede advertir a un dirigente que si hace algo a favor de determinada persona no se va a votar, porque esa persona ha hecho mal a la comunidad judía. Esto no tiene nada que ver con las relaciones públicas. Un *lobby* supervisa al legislativo para que no haga nada que pueda ser malo para el grupo que representa. En este caso hay un *lobby* que tiene detrás a cinco millones y medio de electores.

—Si fuera por el número de votantes también habría *lobby* judío en Francia, donde viven quinientos cincuenta mil hebreos, y sin embargo, no es así.

—Porque el sistema francés es distinto del americano. Puede haber intervenciones a título personal con diputados y senadores, pero el sistema francés no está montado con *lobbies.* Hay clubes de influencia, y los presidentes de los partidos van a escuchar a sus clubes políticos. Estoy convencido de que en otros países lo aplican, pero el concepto de *lobby* es algo completamente americano.

—¿Sin embargo, muchos judíos españoles colaboran entre sí a la hora de hacer negocios.

—No creo que por ser judíos tengamos ventajas o desventajas. He sido vendedor casi toda mi vida y sé que cuando llegas a una empresa para vender algo lo que tiene que funcionar es el flujo eléctrico. El vendedor necesita contactar con su cliente para convencerle de que le compre algo. Si el vendedor y el comprador son judíos, tienen una pequeña cosa más en común, pero si no hay contacto no hay nada. De hecho, el noventa y ocho por ciento de la clientela de mis empresas no es judía, pero tengo muchos amigos judíos con los que regularmente hago cosas.

—¿Tiene negocios con Israel?

—Los he tenido durante muchos años, pero actualmente no. Antes había que desarrollar negocios para ayudar al país a crecer.

En la actualidad sólo el cinco por ciento del volumen de comercio entre España e Israel está en manos de judíos. El resto está controlado por empresas capaces de desarrollar sus actividades por sí solas. Yo soy conocido en la embajada de Israel como comerciante involucrado y no por eso me llaman para que represente a las empresas israelíes que se quieren establecer en España.

Misrahi, de origen sefardita, no es practicante de la fe mosaica, aunque en su comunidad está considerado como un judío ejemplar gracias a los esfuerzos que ha dedicado al desarrollo del judaísmo español, por ejemplo, en materia de educación. Aunque no tiene ningún reparo en explicarse en lo personal, le parece curioso que en España, cuando se habla de un ministro, un catedrático o de un hombre de la calle, nunca se cita su convicción religiosa, algo que sí suele hacerse —a su juicio, erróneamente— cuando se trata de un judío. «Conozco personas que son extremadamente religiosas y que destacan en el mundo de los negocios, el arte y la cultura; también hay otros iguales a estos que no son nada practicantes y otros que lo son sólo medianamente, pero no creo que haya que hacer referencia a ello. Hay que dejar el aspecto religioso en un sitio y el hecho de ser judío en otro.»

Uno de los pocos centros de enseñanza homologada con que cuentan los judíos en España es el colegio Estrella Toledano, ubicado en la urbanización madrileña La Moraleja. Henri Misrahi es uno de los colaboradores de este centro, al que está ligado desde hace diez años. Pero últimamente a quien más agradecidos están los alumnos es al empresario Martín Varsavsky, que ha donado un polideportivo, situado junto al centro escolar, con la expresa indicación de que sea de libre uso para todas las asociaciones judías de Madrid, sean laicas o religiosas. A Varsavsky, que tampoco se considera practicante, «pero si consciente de ser judío», las referidas instalaciones deportivas, administradas por la Comunidad Judía de Madrid, le han supuesto un desembolso de más de cien millones de pesetas.

Como el lector ya habrá intuido, Varsavsky, de origen argentino, es uno de los empresarios judíos más acaudalados de España. Fundador y presidente de la compañía telefónica Jazztel, la revista de negocios *Forbes* define a Varsavsky como un hombre joven, rico y emprendedor. No es para menos, ya que su historia está jalonada de éxitos comerciales, entre ellos el de haber sido uno de los primeros impulsores de Internet en español —también ha sido el creador del portal Ya.com—, y su opinión es valorada en diversos foros internacionales, como la de un moderno y sagaz creador de riqueza.

Al igual que muchos otros judíos, Martín Varsavsky llegó a Estados Unidos siendo un adolescente de dieciséis años, cuando él y su padre huían de la dictadura argentina. Si bien sus comienzos fueron duros, ya que al ser un inmigrante pobre tuvo que trabajar como repartidor en bicicleta, llegado el momento supo aprovechar las oportunidades que le brindaba la hiperactiva economía del *coloso del Norte*. De hecho, entró en el negocio inmobiliario con veinte años y a los veintisiete ya había ganado su primer millón de dólares. Ahora, a los cuarenta, y con una fortuna estimada en más de trescientos millones de euros, no es extraño que algunos le denominen el «pequeño Bill Gates».

Al empresario argentino le gusta deshacerse de sus empresas justo en el mejor momento; es decir, cuando se supone que han alcanzado el mayor precio, como hizo en el 2000 con el portal Ya.com, que vendió por 550 millones de euros dos años después de haber invertido sólo 36 en su puesta en marcha. Todo un *pelotazo* logrado por quien prefiere —y lo demuestra— que «la última peseta se la gane otro». De su osadía para los negocios da cuenta el hecho de ser uno de los pocos que se han atrevido a enfrentarse con Telefónica, posiblemente la empresa más poderosa de España, lo que ha causado más de un serio contratiempo financiero a Jazztel, pero Varsavsky confía en su instinto y en este caso no vende porque sabe que hay luz al final del túnel.

Profesor del Instituto de Empresa en Madrid, Martín Varsavsky, se presenta a sí mismo como un hombre preocupado por mejorar el mundo que le rodea, lo que no está reñido con el éxito en los negocios y la rentabilidad que supone ser el primero en muchas cosas. Quizá por eso, en mayo de 2002 respondía de la siguiente forma a una pregunta que le formuló la periodista Sol Alameda:

—¿Cómo se metió en ese mundo nuevo de Internet y las telecomunicaciones?

—Soy el primer cliente de todo lo que he hecho en mi vida. Si hiciera pizza, me la comería toda. Soy un fanático de Internet, siempre estoy conectado. Lo descubrí como usuario en 1992, y me dije: esto es un nuevo modo de hacer todo en la vida. Y empecé a pensar en ello como negocio, y desde dos aspectos, la infraestructura y los contenidos. Así nacieron Jazztel y Ya.com, una red y un contenido. Entonces todo estaba en inglés; qué ridículo, me dije. Y como mi amigo Alejo Stivel, el de Tequila, que fue el primero en hacer rock en español, yo quise hacer Internet en español. Es una paradoja que Alejo y yo, dos argentinos, tuviéramos que venir a España a decir a los españoles lo que había que hacer [4].

Tejer el éxito está de moda

En una cultura tan legendaria, variada y creativa como la judía, que en proporción ha dado al mundo, como ninguna otra, la mayor cantidad de genios en casi todas las actividades productivas y del pensamiento, sin que hasta ahora nadie haya sabido explicar

---

[4] *El País,* 12-V-2002, suplemento dominical, Madrid.

a ciencia cierta las razones de semejante fertilidad, era muy difícil que no surgiera una modista como Elena Benarroch. A esta peletera, nacida en Tánger en el seno de una familia hebrea, se le considera con razón una auténtica revolucionaria de la piel como prenda de vestir, una actividad en la que empezó hace veinticinco años y de la que ha llegado a aprender posiblemente todo lo que hay que saber en la materia, y algo más.

Casada con el escultor y pintor parisino Adolfo Barnatán, la carrera profesional de Elena Benarroch ha sido ciertamente meteórica. Cuando en los años setenta abrió su primer taller en Madrid, quizá ni ella misma imaginaba que muy pronto, las pasarelas de ciudades como Nueva York, Tokio y Frankfurt también caerían rendidas ante su creatividad. Sus diseños, muchos de ellos basados en la idea de convertir los otrora complicados y aparatosos abrigos de piel en prendas ligeras y cómodas de lucir, le merecieron trofeos como la española Aguja de oro, en 1984, un premio al que siguieron el muy prestigioso American Legend por la mejor colección del año (1985) en Nueva York, y la T de Telva, entre muchos otros.

Si por la tienda de la famosa peletera española, ubicada en la elegante calle Ortega y Gasset de Madrid, pasan clientes como las actrices Melanie Griffith y Concha Velasco, y la propia Isabel Preysler, son los visitantes de su casa, los que hacen que Elena Benarroch, además de revolucionaria de la piel, esté considerada como una de las mejores agitadoras de la vida social y cultural española. No en vano, entre sus amigos figuran grandes nombres no sólo del mundo de la moda, sino también de la música, el cine, la política... Una amistad que Elena Benarroch, nieta de una judía rusa que vivió en Jerusalén, ha demostrado en varias ocasiones a personajes como Jean Paul Gaultier, Pedro Almódovar, Chavela Vargas, la cantante Martirio, lo mismo que al ex presidente del Gobierno Felipe González y su esposa Carmen Romero.

Si, como se ve, Elena Benarroch ha logrado convertirse en unos de los personajes más conocidos de la vida social y de la moda española, no se puede decir lo mismo de los empresarios catalanes Isak y Nahman Andic, propietarios del exitoso gigante de la moda Mango que en el año 2000 ya facturaba más de 800 millones de euros. Los misteriosos hermanos Andic, que curiosamente nunca conceden entrevistas ni se dejan tomar fotografías por la prensa, poseen una cadena de quinientas setenta y cinco tiendas en sesenta y dos países, y venden anualmente veintisiete millones de prendas.

Excepto su ascendencia judía y su tan original como extraordinaria manera de llevar los negocios, poco se sabe de los fundadores de esta cadena de ropa, que abrió su primera tienda en el barcelonés Paseo de Gracia en 1984, pero el fuerte de su negocio se encuentra allende las fronteras, como lo demuestra el hecho de que el sesenta y ocho por ciento de su facturación se realice fuera de España. En efecto, Mango, que tuvo que adoptar la marca MNG en los países en que el nombre de esta fruta tropical estaba ya registrada, es una cadena presente en medio mundo. Además, según sus planes, a finales de 2002 deberán haber inaugurado ochenta establecimientos más en países como Australia, China, Túnez, Bulgaria y Yugoslavia. De esta forma habrán culminado su implantación en los cinco continentes, y todo ello con Enric Casi, el director general, como la única cara visible de la compañía.

Tal como explicaba el presidente de la Comunidad Judía de Madrid, en Barcelona residen otras importantes familias de empresarios, como los descendientes de Isaac Carasso, un judío sefardita oriundo de Salónica, que se instaló en la Ciudad Condal al comienzo de la Primera Guerra Mundial. Justo al final de la contienda, el patriarca de los Carasso empezó a fabricar y comercializar el famoso yogur Danone. Tras una serie de avatares, fusiones y éxitos comerciales, entre ellos la integración de Danone Francia en 1973 en el poderoso fabricante galo de envases de vidrio BSN, los productos Danone han llegado a convertirse en una de las marcas más vendidas del mundo, con unos volúmenes de facturación mareantes, cifrados en billones de pesetas y participaciones en otras marcas españolas como San Miguel, Mahou, Font Vella, Lanjarón...

Los «judacas» cruzan el charco

Son muchos los descendientes de judíos radicados en España que no sólo no practican el judaísmo, sino que se declaran ateos y viven completamente al margen de las actividades de la comunidad israelita. Es el caso de la directora de la revista *Cosmopolitan*, Sara Glattstein (hija de un judío austríaco), quien llegó a España en 1978 procedente de América Latina. A sus diecisiete años se fue a vivir a Israel, en su opinión, «el mejor sitio para volverse atea», donde permaneció por espacio de once años como estudiante de literatura y fue profesora en la Universidad Hebrea de Jerusalén.

Ese mismo año se instaló en España Mario Israel Muchnik, el conocido editor de origen argentino. Curiosamente se le suele citar como «editor judío», pese a que él mismo no se considera como tal. Sus padres eran hebreos, pero eso no significa que él tenga que ir a la sinagoga. Muchnik ha explicado públicamente que no sólo no cree en Dios, «ni en la Iglesia, las fronteras o las banderas», sino que se autodefine como un librepensador, que no se siente ni más cerca ni más lejos de los judíos que de los musulmanes[5]. Hay quienes aseguran que fue él quien acuñó el término «judacas» para referirse jocosamente a los numerosos judíos latinoamericanos, en su mayoría argentinos, que viven en España.

---

[5] *Abc,* suplemento dominical, Madrid, 28-X-2001.

El poeta y escritor Marcos Ricardo Barnatán es otro personaje descendiente de judíos, que si bien no práctica la religión del Libro asegura haber asumido el judaísmo como una herencia cultural y un tradición muy rica, «con un rosario de grandes pensadores y escritores que me han hecho pensar por qué iba yo a renunciar a este pasado ancestral». Hijo de judíos argentinos —donde él nació— y abuelos de Oriente Medio, Barnatán llegó a España en 1965 para adelantar sus estudios de Letras en la Universidad Complutense. Aunque no se trata de un escritor encasillado ni especializado sólo en temas hebreos, Barnatán suele introducir en sus poemas elementos judíos y ha hecho incursiones en la Cábala (el pensamiento místico judío), tema del que tiene publicado un libro. Además es autor de una antología del Zohar.

La comunidad judía española se nutrió inicialmente de diversas oleadas de inmigrantes procedentes de Marruecos, Europa central y el antiguo Imperio otomano, pero durante los últimos veinticinco años han llegado al país numerosos judíos procedentes de América Latina, especialmente de Argentina, donde la actual crisis económica ha obligado a miles de ellos abandonar su tierra. La mayoría son profesionales con una sólida formación en diversos campos del saber, de la que ahora se beneficia el país que les ha dado acogida. La lista de intelectuales, profesores, médicos, ingenieros y artistas judíos llegados del Nuevo Continente es larga. Escritores como Marcelo Cohen y Noemí Grünberg; pintores como Abraham Dubcovsky, que llegó en 1981; psicólogos como Arnoldo Liberman, Jorge Belinsky, Silvia Tubert, fundadora del Centro de Estudios Psicoanalíticos de la Mujer, y León Grinberg, ex presidente de la Asociación Psicoanalítica Argentina y vicepresidente de la Asociación Psicoanalítica Internacional, son sólo una muestra del nivel de estos inmigrantes.

Todos ellos forman parte de una constelación de judíos afincados en España, donde también brillan intérpretes de *bel canto* como la soprano Mabel Perelstein y la contralto Silvia Leivinson Schlovsky. Al país llegaron igualmente el director musical Óscar Gerschensohn, maestro del Coro de la Capilla Real de Madrid, y el maestro Adolfo Waitzman.

Buena parte de los judíos argentinos que se han establecido en Madrid son miembros de la Asociación Hebraica, la agrupación de judíos laicos más importante de la capital española, presidida por el empresario Jorge Grinbank. A Hebraica, que también tiene su homóloga en Barcelona y en muchas otras ciudades de Europa y América, pertenecen además judíos de otras nacionalidades, no necesariamente laicos, que encuentran en esta organización una forma de estar en contacto con la cultura judía y de intercambiar experiencias sobre sus intereses comunes.

Con la diplomacia española

Uno de los judíos españoles más destacados es José Edery Benchluch, nacido en Larache (Marruecos) en 1938. Licenciado en Medicina y Cirugía por la Universidad de Granada, Edery ha dedicado cerca de treinta años de su vida al Servicio Exterior de España. Durante ese tiempo ha prestado sus servicios al personal destinado en las sedes diplomáticas y consulares de España en el extranjero, lo mismo que en numerosas instituciones sanitarias, dispensarios, y hospitales adscritos al Ministerio de Asuntos Exteriores (MAE), cuyo Gabinete Médico dirige desde 1989.

José Edery, hombre de ciencias y letras, es autor de numerosos estudios sobre judaísmo y medicina. Sus publicaciones y los cursos que imparte en la Escuela Diplomática tratan principalmente sobre medicina tropical y medidas preventivas en viajes a países de riesgo sanitario. De ahí que su obra más reciente —y oportuna— sea el libro *Viajar seguro a África,* una completa guía sanitaria de setecientas quince páginas sobre este continente, en la que Edery desgrana todo aquello que directa o indirectamente guarda relación con la salud de cualquier viajero.

Tras su dilatada carrera como médico del MAE, el Rey de España concedió a Edery en 1998 la Encomienda de Número de la Orden del Mérito Civil, la más alta condecoración que se ha otorgado en el último siglo a un judío de nacionalidad española. Como destacó en el momento de la imposición de la Orden el entonces ministro de Exteriores, Abel Matutes, Edery está en posesión de otras altas condecoraciones españolas por su labor profesional. Prueba de que los éxitos profesionales de uno de sus miembros más distinguidos lo es también de la comunidad judía española en general fue la presencia en el acto de entrega de la referida Orden, de numerosos embajadores, además del entonces presidente de la Comunidad Israelita de Madrid, Isaac Querub; el presidente de la B'nai B'rith, Pinhas Bendahan; el presidente de la Hebra, Moisés Querub; y el presidente de la sección española del Centro Peres para la Paz, Isaac Siboni.

Tal como explica Edery, «mi condición de judío no influye para nada en mi trabajo diario dentro del Ministerio». De hecho hay numerosos funcionarios que desconocen la *militancia* religiosa de su jefe médico, y eso que el doctor Edery es un hombre de carácter abierto y gran conversador, lo que por otra parte demuestra su completa integración en un medio en el que las relaciones internacionales están a la orden del día. La importancia y los matices específicos del cargo que ha ocupado durante tantos años al frente del Gabinete Médico de Exteriores hacen suponer que Edery es también depositario de un preciado caudal de información, y no sólo de los asuntos sanitarios, de la diplomacia española en el mundo.

Ya cerca de la jubilación, este médico de sesenta y cuatro años, posee desde joven un talante amistoso y hasta estudioso con la religión católica. Así lo demuestra el hecho de haber sido nada menos que «campeón de catecismo católico», de la provincia eclesiástica Bética, que comprendía toda Andalucía, el protectorado español de Marruecos y las provincias de soberanía. Como él mismo comenta, para hacerse con el referido título tuvo que responder correctamente a numerosas preguntas del catecismo de los padres Astete-Vilariño, «que el más se estudiaba de Despeñaperros hacia abajo», pues de Despeñaperros hacia arriba la versión que se utilizaba era la del padre Ripalda. Edery, además, presidió durante diez años la Asociación Nacional Española de Beneficencia en Marruecos, una organización de la que el noventa y nueve por ciento de beneficiarios eran cristianos, y preside la Asociación Cultural de Amigos de Larache (ACAL).

El despacho y a la vez el consultorio de José Edery en la última planta del Ministerio de Asuntos Exteriores, situado en el madrileño palacio de Santa Cruz, es propio de un hombre que no para: libros, documentos, legajos amontonados por todas partes, y un mapamundi repleto de alfileres con papelitos de diversos colores. Es el ejemplo vivo de una frase que él mismo ha acuñado: «el judío no olvida; tiene memoria. Y tiene memoria porque escribe y lee. Por eso no olvida».

El pebetero de Luis Bassat

Barcelona, al igual que tantas otras ciudades españolas, está sembrada de ejemplos de familias judías que recalaron en España a raíz de la Primera Guerra Mundial, pero sobre todo de linajes hebreos que llegaron a la Península ibérica escapando del nazismo hitleriano y de los horrores derivados de la segunda gran guerra. Muchos de ellos, como el padre del publicista Luis Bassat, José Bassat Jerusalmi, que residía en Estambul, olfatearon a tiempo la tragedia que se avecinaba y pusieron rumbo a la Ciudad Condal cargados con un potencial creativo y un espíritu empresarial tan especiales, que pronto empezaron a arrojar resultados. En 1932, nada más llegar a España, José Bassat Jerusalmi fundó la empresa Bassat, S.A., dedicada a la fabricación de hojas de afeitar. De su ingenio comercial salieron marcas de hojas como Iberia, Sevillana y Filomatic.

Luis Bassat, nacido en Barcelona en 1941, es uno de los profesionales de la publicidad española más conocidos en el mundo y quizá el que que mejor ha sabido vender su propia imagen y la de su compañía. No es casualidad que el presidente y director creativo del grupo publicitario Bassat Ogilvy & Mather haya sido distinguido por una revista especializada como el Mejor Publicitario del siglo XX. Técnico de Publicidad y diplomado en Ciencias Sociales y Administración de Empresas, Bassat fue el máximo responsable de organizar las ceremonias de inauguración y clausura de los Juegos Olímpicos de Barcelona 92. Su asombroso genio creativo impactó a todo el planeta cuando el arquero paralímpico Antonio Rebollo encendió la llama olímpica con una flecha que, disparada por él desde el centro del estadio, surcó los aires y se clavó en el pebetero al primer intento.

La bien ganada fama de buen gestor y publicista, unida a los pésimos resultados deportivos obtenidos por el Fútbol Club Barcelona con Luis Núñez a la cabeza, colocaron a Bassat en una de las mejores posiciones para presentar en junio de 2000 su candidatura a la presidencia del equipo azulgrana.

Para regir los destinos de uno de los clubes de fútbol más prestigiosos del mundo se necesita mucho más que buenas ideas. Además hay que contar con una fortuna personal a prueba de bomba y con respaldos empresariales y económicos de muy alto calado. Nada de eso le faltaba a Bassat, que, si bien no alcanzó su objetivo, quedó claro que contaba con el apoyo de hombres de negocios como Joan Laporta y de una plataforma de empresarios encabezada por Carles Tusquets. No en vano, a Luis Bassat se le llegó a calificar como «el candidato de la burguesía catalana», extremo que él siempre ha negado.

Otro de los grandes y antiguos amigos de Bassat es el ex entrenador del Barcelona, Johan Cruyff, considerado por muchos uno de los tres mejores jugadores de todos los tiempos junto a Pelé y Maradona. El técnico holandés y el influyente publicista han cultivado durante años una sólida amistad que, de haber ganado las elecciones, les hubiese catapultado a ambos, sobre todo al primero, a la cima del poder futbolístico europeo. Bassat anunció en su momento que si alcanzaba la presidencia nombraría a Cruyff como vicepresidente deportivo de su junta directiva. Estaba seguro de que con el apoyo del holandés podría llegar a hacer del Barcelona «el millor club del món», como decía el eslogan de su candidatura.

Al margen de su destacada carrera como directivo de la multinacional publicitaria Ogilvy & Mather, donde ocupa uno de los lugares más destacados, el éxito de Bassat se mide también por los más de doscientos premios publicitarios que ha obtenido en ciudades como Cannes, Nueva York, San Francisco y Londres, además de varias capitales de Iberoamérica y España. Ha sido presidente del jurado del Festival de Cannes, entre otros certámenes y es autor de varios best-sellers de su especilidad, entre ellos *El Libro Rojo de la Publicidad* y *El Libro Rojo de las Marcas*.

Asesor de publicidad, comunicación e imagen de la Presidencia de la Generalitat de Cataluña durante ocho años, la lista de empresas y marcas para las que este catalán de origen judío ha trabajado es ciertamente envidiable para cualquiera que se dedique a su misma actividad: Levi's, American Express, Ford, Pond's, IBM, Kodak, Coca-Cola, Telefónica, Freixenet, Nestlé... Entre otras muchas actividades Bassat fundó la Academia Catalana de Astronomía y es miembro de la Fundación Internacional José Carreras contra la leucemia.

Por la senda del apellido

Uno de los personajes de la vida pública española de quien hasta ahora no se conocía su ascendencia judía es el abogado y escritor Rafael Escuredo, ex presidente de la Junta de Andalucía. Su apellido proviene de los sefarditas gallegos Escuris que tras haber sido expulsados en 1492 se refugiaron en Portugal, de donde volvieron a ser expulsados en el siglo XVIII. Durante ese tiempo el apellido tomó la forma portuguesa *Escuri-do* (Escuredo). «En aquella época las fronteras entre Zamora, Galicia y Portugal, no estaban tan perfectamente definidas como ahora —explica Rafael Escuredo—, lo que facilitó la movilidad de los Escuris por todos aquellos territorios.» De hecho, en Sanabria, donde nació su padre, Avelino Escuredo, muy cerca de la frontera portuguesa, hay una aldea llamada Escuredo, «lo que despeja cualquier duda respecto a un posible error del apellido Escudero».

El ex presidente andaluz suele colaborar con importantes organizaciones e iniciativas de paz en Oriente Medio, como el Centro Peres para La Paz, lo mismo que con entidades de intercambio científico y cultural relacionadas con Israel. Escuredo, por ejemplo, forma parte del comité ejecutivo de Hadassah España, la delegación en este país de una de las mayores redes internacionales para el progreso de la medicina, que en Madrid preside a título honorífico la empresaria Alicia Koplowitz, y de forma ejecutiva el empresario Isaac Siboni.

La colaboración de Rafael Escuredo con el entorno sefardí también ha quedado patente con su puntual asistencia a las *cumbres* de las tres culturas que en varias ocasiones han celebrado la Universidad de Alcalá de Henares y el Instituto Internacional de

Estudios Sefardíes y Andalusíes, también presidido por Siboni. A la primera reunión, celebrada en diciembre de 1994 bajo la presidencia de los Reyes de España, acudieron desde todos los rincones del mundo representantes de las tres religiones monoteístas: cristianos, judíos y musulmanes. Al igual que Escuredo, a título personal han acudido otras personalidades españolas, como el representante de la UE para la Política Exterior y la Seguridad Común, Javier Solana, Max Mazin y el presidente de la Asociación Española de Banca, José Luis Leal. Este último está casado con la judía de origen francés Jocelyn Leal, y sus hijos asisten con cierta frecuencia a la sinagoga de Madrid.

Los encuentros de las tres culturas ha contado también con la presencia de destacados miembros de la judicatura española, entre ellos el Juez de la Audiencia Nacional Baltasar Garzón. En cierta ocasión, a raíz de la investigación de los casos de violación de los derechos humanos en Argentina y Chile en que ha intervenido este magistrado vino a verle un abogado argentino judío. Este letrado, que al igual que muchos hebreos lleva siempre puesta *la antena* para identificar nombres judíos, no pudo reprimir sus deseos de aclarar algo que le intrigaba desde el momento en que conoció el apellido inconfundiblemente hebreo del magistrado:

—Señoría..., ¿puedo hacerle una pregunta?

—Cómo no, adelante...

—¿Es usted judío o proviene de una familia judía?

La respuesta del juez más famoso de España, por cuyo trabajo ha merecido la candidatura al premio Nobel de la Paz, fue escueta, pero significativa:

—Hombre..., algo de eso hay.

Como se puede observar, al seguir la senda de sus apellidos y de su linaje son muchos los españoles que se pueden llevar sorpresas, agradables o ingratas, según sea su concepto de los judíos, si se topan con algún antepasado más o menos remoto vinculado a la religión y la cultura más antiguas del mundo. Algo así le ocurrió no hace muchos años a la conocida cantante argentina Mercedes Sosa, cuya sorpresa fue grande al descubrir que su apellido era de origen judío, y más en concreto, de Gerona.

Viejos amigos de Israel

También retirado de la política activa, como Escuredo, aunque en este caso para ocupar su actual cargo de defensor del pueblo, el ex ministro de justicia Enrique Múgica Herzog es el dirigente político judío español más destacado. Hijo de un violinista afiliado a la Izquierda Socialista y a UGT, y de una judía, Paulette Herzog, originaria de Polonia, Múgica, es uno de los personajes que nunca fallan a los actos importantes relacionados con Israel y con el judaísmo español. Esta simpatía por el pueblo y la cultura de sus ancestros era compartida con su hermano Fernando, cuyo funeral fue oficiado por un rabino en 1996, después de que el 6 de febrero de ese año fuera asesinado por la organización terrorista ETA.

Tal como reconoce Samuel Hadas, el primer embajador de Israel en España, «Fernando Múgica fue un gran español que luchó fuertemente por el establecimiento de relaciones diplomáticas con Israel». Un proceso en el que también tomó parte de alguna manera su hermano el ex ministro de Justicia, como él mismo ha comentado con cierto aire de reproche:

—Siendo yo el más proisraelí de todos los dirigentes socialistas, Felipe González me mandó a hablar con Arafat.

En efecto, las actividades de los Múgica a favor de Israel vienen de lejos. En diciembre de 1979, el empresario judío Max Mazin promovió la creación de la Asociación de Amistad España-Israel (AEI), con el ánimo de aglutinar a una serie de personalidades españolas que estuviesen a favor de normalizar las relaciones diplomáticas con el Estado de Israel. Entre otros, los fundadores fueron, además del propio Mazin, el entonces presidente de las Cortes, Antonio Hernández Gil; el diputado de UCD, Miguel Herrero y Rodríguez de Miñón; y Enrique Múgica. Poco después se sumaron otros personajes como el antropólogo Julio Caro Baroja, José Mario Armero, Ricardo de la Cierva, Fernando Múgica, Jorge Trías Sagnier, José Luis Lacave y el periodista Pedro J. Ramírez. A partir de 1983 ocupó la presidencia de esta asociación el escritor Camilo José Cela.

Pese a las críticas que recibió desde un sector de la comunidad hebrea por un informe sobre el oro nazi, la posición pro judía de Múgica está fuera de toda duda. Así lo muestra una anécdota que le ocurrió durante el mítico congreso de Suresnes en que Felipe González fue elegido secretario general del PSOE. Unos miembros de las Juventudes Socialistas habían pintado en las escaleras del edificio una estrella de David y Múgica se lastimó un tobillo al hacer un esfuerzo para no pisar la estrella. Pero mucho más grave fue lo que le ocurrió a su hijo, el escritor Daniel Múgica, quien públicamente se ha declarado judío, «pero ateo practicente». A sus trece años de edad conoció el duro sabor de la intolerancia en sus propias carnes, cuando unos neonazis le propinaron una paliza y le marcaron el cuerpo con cruces gamadas a navajazos.

Más recientemente en el País Vasco aparecieron unos carteles en los qué se veía la cara de Enrique Múgica en una diana. De su nombre habían eliminado el primer apellido, para resaltar el Herzog judío. Él denomina a esto «euskonasismo».

Éxitos en la gran pantalla

Si la moda y la literatura han sido áreas propicias para los judíos españoles, el séptimo arte no podía ser menos. Durante los últimos años en este terreno han destacado profesionales del cine judíos, principalmente originarios de América Latina y Marruecos, como la multipremiada actriz argentina establecida en España Cecilia Roth y la activísima productora Sarah Alioua. Casada con el cantante Fito Páez, Cecilia Roth es la protagonista de la película *Todo sobre mi madre,* del cineasta manchego Pedro Almodovar, que obtuvo un Oscar a la mejor película extranjera. Entre sus premios más importantes figura el Goya a la mejor actriz por su actuación en el filme *Martín (Hache).*

La productora de cine Sarah Alioua Bencheton es otro ejemplo de la forma en que vienen empujando las nuevas generaciones de judíos españoles. Propietaria de la firma MDA films, en el haber de esta profesional madrileña, hija de hebreos marroquíes afincados en España, destacan películas como *Volaverunt, El Harem de Madame Osmane, Una noche con Sabrina Love, Terca Vida, Bahía Mágica, Cómo maté a mi padre, Amazone, Morality Play, Afrodita* y *El viento se llevó lo que,* entre otras. Esta última producción, dirigida por Alejandro Agresti y protagonizada por la actriz Ángela Molina, fue galardonada con la Concha de Oro en el Festival de San Sebastián, lo que indica el nivel alcanzado por la productora española.

Los padres de Sarah Alioua, originarios de Rabat, en el antiguo Marruecos francés, llegaron a España en 1957 en viaje de novios y decidieron quedarse a vivir en Madrid, donde tres años después nació Sarah. Su padre, Philippe Alioua, que empezó manteniendo relaciones laborales con las bases americanas, presidió la Comunidad Israelita de Madrid en 1973.

—¿Cómo se ve en España a los hebreos?

—España ha estado quinientos años sin judíos, y aunque mi generación es la primera que ha nacido en este país después del retorno de las familias judías, creo que hay un relativo conocimiento e interés. No hay que olvidar que estamos todos esos años atrasados respecto a los demás países, pero creo que lo estamos haciendo muy bien.

—Hábleme de su experiencia personal de judía en España.

—En mi caso, la gente de la que me he rodeado siempre ha tenido un interés y una apertura enorme. He nacido en Madrid, me he criado en esta ciudad, he estudiado con los jesuitas... Estoy integrada en la sociedad española sin problema alguno. Eso sí, siempre he dicho que soy judía, porque es algo importante para mí.

—¿Su condición de judía le ha beneficiado o perjudicado en su vida profesional?

—No lo sé, pero lo que sí tengo claro es que el judaísmo me aporta mucho. Conozco y vivo cosas diferentes, y la cultura que recibo en mi casa es distinta a la cultura española, lo cual es muy interesante, porque el solo hecho de que el viernes por la noche nos reunamos toda la familia, independientemente de la edad que tengamos, simplemente para estar todos juntos porque es viernes por la noche, es un comportamiento atípico en una sociedad que ve cómo se disgrega la familia. Impresiona que siga existiendo ese núcleo familiar tan fuerte en las familias judías. El judaísmo me ha dado unas características diferentes que hacen que yo aporte a los demás unas cosas y que los demás me aporten a mí otras.

—Se dice que la sociedad española desconoce lo que es el judaísmo, pero al mismo tiempo se oye hablar de judíos ortodoxos, ateos, liberales, agnósticos, etc. ¿Qué debería conocer la opinión pública sobre el judaísmo para estar mínimamente enterada?

—No hay una definición de judío. Para serlo, sólo tienes que nacer de madre judía y nada más. A partir de ahí puedes ser religioso, más o menos practicante o ateo..., puedes ser lo que quieras. Tus cuentas sólo se las rindes a Dios. Pero sí creo que hay una filosofía, algo general que une a todos los judíos y que forma un común denominador tanto para los que son ateos o agnósticos como para los que son religiosos, políticos, filósofos o empresarios. Para mí, el judaísmo se parece mucho al budismo, porque tiene detrás una filosofía. En este caso, una filosofía que conlleva una responsabilidad hacia uno mismo y hacia los demás, y no pide otra cosa. Más que los asuntos sólo políticos o exclusivamente religiosos, ese tipo de filosofía de vida, que no es ni mejor ni peor sino diferente, es lo que se desconoce y lo que me gustaría que se conociera del judaísmo.

La veteranía es un grado

Una de las opiniones más valoradas por los judíos españoles es la de Alberto Benoliel Escogido de Córdoba, oriúndo de Tánger, quien presidió la Comunidad Israelita de Madrid en 1972, cuando se necesitaba que una persona de su talante calmara las aguas turbias que por entonces corrían por la calle Balmes.

Al referirse a los judíos españoles que destacan por sus actividades, Benoliel menciona a Max Mazin, «que descuella en el campo inmobiliario» y Maurice Hatchwell, «una persona muy influyente en los negocios internacionales, por ejemplo, con China». Entre otros profesores universitarios, el ex dirigente judío nombra al doctor Félix Berdugo, especialista de huesos en el Hospital Ramón y Cajal, y en el campo del derecho al abogado del Estado Isaac Salama Salama. «En el mundo del arte le puedo citar, por ejemplo, a Elías Nir Shalom (Elías Salama), uno de los mejores ceramistas de España.»

Alberto Benoliel, sin decirlo expresamente, abunda en la tesis de la inexistencia del pretendido lobby judío. «El judaísmo en España no tiene fuerza. Si la tuviera, los periódicos no escribirían las sandeces que publican sobre Israel. Pero aquí los judíos no representan nada política ni económicamente. No hay judíos en la industria pesada y tampoco los hay en el mundo de las finanzas.»

—No me negará que en un momento dado los judíos no se ayudan entre sí desde el punto de vista económico y empresarial.

—Todo eso es muy relativo. Si un señor está haciendo un buen negocio no va a llamar a otro para decirle que haga lo mismo. En estas cosas cada uno va por libre, aunque si puedes ayudar con un consejo, una llamada, o incluso con dinero, ayudas, pero ya no es como antes, que llamabas a tu hermano para montar una sucursal de tu negocio en otro lugar. Ni siquiera podemos hablar de afinidades políticas, porque en ese sentido el abanico es muy variado. Hay muchos judíos del PSOE, también los hay del PP y de IU.

Otro de los miembros más veteranos de la comunidad judía de Maddrid es el abogado Alberto Benasuly Azulay. Presidente de la Liga Antidifamación de la asociación B'nai B'rith España, Benasuly fue uno de los juristas que más trabajaron en la reforma del Código Penal vigente en España. De hecho, en lo relacionado con el antisemitismo casi todo el contenido de este código ha sido obra suya. Además presentó propuestas legislativas contra el racismo, la intolerancia y la ayuda a la mujer, y como él añade, «incluso ayudé a los gays y las lesbianas».

Ante los brotes de intolerancia que las minorías suelen provocar en determinados sectores de la población española, Alberto Benasuly comenta con satisfacción que todos los proyectos de artículos que presentó fueron bien acogidos por los legisladores. Aunque algunos de ellos salieron prácticamente igual, en el Senado «por poco me los tumban», comenta, este letrado, que laboró durante casi cinco años preparando los primeros anteproyectos, para lo que contó con la ayuda de otros grandes juristas hebreos de Europa.

Los personajes que han sido citados, en las anteriores líneas son sólo una parte mínima de los judíos o descendientes de éstos que conforman el pasado más reciente y la actualidad del pueblo judío en España, y que de una u otra forma destacan por el éxito social o económico que han logrado en sus actividades profesionales. Existen muchos otros, cuyas vicisitudes serán tratadas en posteriores capítulos de este libro, pero de ninguna manera representan la mayoría del pueblo judío residente en la nueva Sefarad, cuyos miembros prefieren seguir viviendo como lo que son: ciudadanos anónimos, perfectamente integrados en la sociedad de su tiempo, y tan españoles como el que más.

VI. RECONSTRUYENDO SEFARAD

Un país sin judíos

«Mi piadoso y religioso corazón ha estado siempre muy lejos de permitir que en mis dominios se alterase la práctica constantemente observada por muchos siglos de no admitir en ellos ningún judío sin las formalidades prevenidas por Reales Pragmáticas y repetidas resoluciones, como dirigidas a conservar por todos los medios la pureza de la Religión Católica (...). He resuelto se observe con la mayor exactitud y escrupulosidad la práctica y costumbre que el Santo Oficio de la Inquisición ha observado hasta ahora con los judíos que han llegado y llegan a estos dominios, autorizándole plenamente para continuarla con todos los que en adelante llegaren, sin excepción alguna, de donde quiera y como quiera que vinieren, (...) y no permitan saltar a tierra ni internarse a judío alguno (...) [1].»

Estas palabras, incluidas en una Real Cédula dictada en 1802 por Carlos IV, demuestran que a principios del siglo XIX, más de trescientos años después de haber sido expulsados de España, a los judíos todavía les estaba prohibido pisar suelo ibérico. Salvo casos aislados, España fue literalmente un país sin judíos hasta 1834, el año que María Cristina abolió definitivamente la Inquisición. Esta medida no suponía la anulación del decreto de los Reyes Católi-

[1] Uriel Macías Kapón, «El retorno de los judíos a España en el siglo XIX», en *La Comunidad Judía de Madrid. Textos e imágenes para una historia,* CJM, Madrid, 2001, p. 13.

cos ni el final de los viejos estatutos de limpieza de sangre, que impedían a los hebreos y a los conversos el acceso a los cargos públicos y a muchas otras instituciones, pero abrió un resquicio por el que empezaron a llegar al país los primeros judíos. En cierta forma puede asegurarse que en 1834 empezó la reconstrucción de Sefarad.

Con ellos llegó el dinero

El retorno de los judíos a España tuvo que esperar, por tanto, hasta el final de la Inquisición, no sin que algunos dirigentes liberales, como el ministro de Hacienda Mendizábal, masón descendiente de judíos, tuvieran que escuchar sonoros insultos por este motivo. En un intento de sacar a España del pozo improductivo en que se encontraba tras siglos de acumulación de la tierra y la riqueza en las *manos muertas* de la nobleza y el clero, Mendizábal puso en marcha el famoso plan de desamortización que lleva su nombre (1836-1851). Además aumentó la presión fiscal a las importaciones, lo que motivó el establecimiento en el país de importantes grupos industriales y banqueros de origen judío que operaban desde Bayona y otras ciudades francesas, pero que ahora veían más rentable establecer sus bancos y plantas de producción en el interior de España.

Ese fue, pues, el momento en que algunas de las grandes firmas judías se dispusieron a invertir en la Península ibérica, especialmente en Madrid, Vizcaya, Guipúzcoa y Navarra. La compañía Frois, Silva, Blanc instaló una fábrica textil en Vergara (Guipuzcoa) y los hermanos Silva hicieron lo mismo años después en la también guipuzcoana localidad de Villabona. Igualmente comenzaron a establecerse en España otras casas, como I. León hijo, A. León y Hno., Delvaille y Atias, lo mismo que D. Pinède, Benoît y Salzedo, y los Rodríguez y Salzedo, que montaron sendas fábricas de paños y papel en Tolosa e Irún. En esa misma época abrieron puertas en Madrid las firmas Jules Gommes y Compañía (el agente más importante de tejidos franceses en toda España) y la banca Isaac Salzedo e hijo.

A su llegada a la capital española, muchos de aquellos empresarios encontraron ya instalada a una de las familias de banqueros judíos más antiguas poderosas: los Rothschild, quienes se adelantaron a todos los demás enviando en 1834 a su representante, el también judío Daniel Weisweiler, y posteriormente (1848) al hebreo Ignacio Bauer. El olfato de los Rothschild para los negocios les indicó el camino a seguir con tanta anticipación que Weisweiler, nacido en Francfort (Alemania), pasa por ser el primer banquero judío instalado en España desde la expulsión en 1492.

El éxito que Weisweiler y Bauer alcanzaron en Madrid fue tan grande que en 1888 concedieron al estado español un préstamo por cuatrocientos millones de reales (unos mil seiscientos millones de pesetas de 1992) [2]. De hecho, desde 1834 y por lo menos hasta 1921, los Rothschild tuvieron importantes intereses económicos en España, entre ellos los derechos de explotación y comercialización del mercurio de las minas de Almadén y a partir de 1856 entraron en el negocio de los ferrocarriles. En el caso de Weisweiler, además de banquero ejercía como cónsul de Austria y representante en Madrid de los Estados germánicos de Bremen y Lübeck.

Para los banqueros, y en general para las comunidades judías de todos los países de Centroeuropa, la proclamación de constituciones liberales a partir de la segunda mitad del siglo XIX supu-

---

[2] José Antonio Lisbona, *Retorno a Sefarad. La Política de España hacia sus judíos en el siglo* XX, Riopiecha, Barcelona, 1993.

so un soplo de aire fresco, pues, al menos en teoría, se les reconocía la igualdad de derechos. El propio barón Nathaniel de Rothschild llegó a ocupar un escaño en el Parlamento inglés como representante de Londres, para lo que hubo de llegar a una serie de acuerdos que permitieran superar la fórmula de juramento del cargo, que debía hacerse «de acuerdo con la verdadera fe de un cristiano» [3].

Entusiasmados con España, los banqueros y empresarios judíos descubrieron también un rico filón de beneficios en los ferrocarriles. Fue así como Weisweiler y Bauer, en especial este último por razones de enfermedad del primero, llevaron a cabo fuertes inversiones en este sector entre los años 1848 y 1858. También fueron grandes *ferrocarrileros* los hermanos Pereire, los cuales no sólo financiaron la línea Madrid-Irún, sino que administraron otros tendidos férreos. Empresarios muy diversificados, sus intereses abarcaban otros campos como la banca, seguros, minería (carbón), refinerías de azúcar y fábricas de ladrillo. Los Camondo, otra familia de origen sefardí, disponían de cuantiosas inversiones en la Compañía de Ferrocarriles Andaluces. Además, participaron en la Sociedad de Fosfatos de Cáceres y en el Banco Hipotecario de España. Entrado ya el siglo XX, en 1910, el también israelita Leopoldo Lehman fue nombrado presidente del Banco de Madrid.

Como señala Julio Caro Baroja, aquellos hebreos eran unos «judíos de lujo», muy bien integrados en la alta sociedad española. A ello también contribuyó en gran medida la Constitución de 1869, que al establecer la libertad de culto supuso una tímida apertura hacia la tolerancia y animó a otros judíos a establecerse en España. De hecho, el censo nacional de 1877 recogía a cuatrocientas seis personas que se reconocían como judíos, aunque había mu-

---

[3] Uriel Macías Kapón, *op. cit.*, p. 16.

chos más, pues los hebreos consideraban poco oportuno identificarse como tales. Se estima que en 1884 la judería madrileña estaba compuesta por unas treinta familias, el mismo número de las que había en Sevilla. Esta última, a diferencia de la de Madrid se componía de pequeños artesanos y comerciantes procedentes de Marruecos que vivían integrados plenamente en la ciudad andaluza. En total, hacia 1900, la población israelita de España ascendía a unas dos mil personas.

La presencia en tierras hispanas de aquellos empresarios y banqueros judíos alimentó el tan viejo como falso tópico popular de que todos los judíos eran ricos y que sus riquezas eran producto de la usura y la avaricia, pero ello no provocó ningún tipo de reacción social. Al fin y al cabo, tras varios siglos de ausencia, por entonces la presencia judía en España era mínima y desorganizada. Precisamente esta circunstancia llevaría a muchos de los personajes citados a convertirse, en 1895, en fundadores del primer colectivo judío de Madrid. Eso sí, su relación era de carácter personal, pues aún no existía ningún tipo de organización comunal.

Años más tarde, en 1920, Ignacio Bauer, nieto del patriarca del clan en España, se convertiría en el primer presidente de la Comunidad Israelita de Madrid. Otro de los grandes impulsores de aquella incipiente comunidad judía madrileña fue el también banquero Alberto Salzedo. Mucho antes de que se instalase en 1916 la primera sinagoga de Madrid (en la calle Príncipe) su vivienda funcionaba como sinagoga oficiosa, donde los judíos de la capital se reunían para celebrar importantes y ancestrales festividades judías como el *Rosh Hashana* (Año Nuevo judío) y el *Yom Kippur* (día del perdón).

A la llegada de los banqueros judíos se sumó otro fenómeno, que marcaría el devenir de las comunidades hebreas españolas incluso hasta la actualidad: el descubrimiento hecho en Marruecos por las tropas españolas enviadas a la Guerra de África de unas comunidades hasta entonces desconocidas en la península, pero que hablaban español y que decían sentirse españolas. Eran parte de los descendientes de los judíos expulsados en 1492. Los primeros grupos, no precisamente boyantes de riqueza, fueron localizados en Tetuán, pero a estos les siguieron muchos más en las principales ciudades marroquíes y luego en otros países.

A la postre, aquel descubrimiento provocaría el primer retorno masivo de judíos a España a partir de noviembre de 1859 y sería un elemento clave para que actualmente más del ochenta por ciento de los hebreos españoles sean de origen marroquí. Los primeros grupos en llegar procedían de ciudades como Tetuán, Mogador, Tánger y Rabat, y eran refugiados que huían de los desmanes de los musulmanes. Sus principales lugares de asentamiento fueron Algeciras y Sevilla, por lo que hacia 1915 en la ciudad hispalense se concentraba la primera comunidad judía de España. Si bien, su llegada al país se produjo sin sobresaltos por parte del resto de la ciudadanía, otra cosa era lo que ocurría entre los altos despachos de la clase política e intelectual.

El amigo de los hebreos

Benito Pérez Galdós, Adolfo de Castro, Isidoro López Lapuya, Emilio Castelar... Muchos políticos e intelectuales utilizaron su pluma y su ingenio para defender la causa judía, poniéndose al lado de quienes nunca abandonaron la cultura española lejos de su patria, a pesar de tener sobradas razones para ello. Pero de todos, el médico y senador Ángel Pulido fue el primero en despertar el interés general de España por sus judíos.

El doctor Pulido es, con razón, una de las figuras más queridas por los judíos sefardíes de ayer y de hoy. Entró en contacto por vez primera con ellos de manera fortuita en 1880 durante un viaje por el Danubio, y desde entonces nunca dejó de ocuparse de sus problemas y su cultura. Precisamente tres de sus más grandes obras:

Los judíos españoles y el idioma castellano (1904), *Los españoles sin patria y la raza sefardí* (1905) y *La reconciliación hispano-hebrea* (1905), son una muestra de la gran campaña lanzada por Pulido en pro del judaísmo español, en la que conoció al dirigente sionista Max Nordau. Una batalla personal que también se concretó en la defensa de las minorías sefardíes durante la Primera Guerra Mundial, en la que logró involucrar a personalidades españolas de primer plano como Santiago Ramón y Cajal, el citado Benito Pérez Galdós y Rafael Azcárate.

Las obras de Pulido, pese al impresionante volumen de datos que ofrecían, no ejercieron una influencia determinante en la política española respecto a sus judíos —lo que hubiese permitido ir mucho más allá que a un simple reencuentro cultural con éstos—, pero gracias a ellas muchos en España empezaron a ver cada vez más claramente que los judíos hispanos dispersos por todo el planeta podrían ser útiles para la economía nacional. Convencido de ello, Pulido se dirigió en una ocasión a las cámaras de comercio para advertirles sobre la trascendencia que podía tener para España, «reconquistar la amistad de la raza más comercial y mejor diseminada que existe en el mundo». El doctor Pulido no llegó a ver plenamente cumplidos sus deseos, pero le quedó la honra de haber expresado a los cuatro vientos la injusticia y a la vez la falta de miras que sucesivos gobiernos españoles estaban cometiendo con el que era uno de sus mejores y más desaprovechados patrimonios.

Ni juntos ni revueltos

Pese a que a principios del siglo XX en España no residían más de dos mil judíos —casi trescientos de ellos en Madrid— el radical antisemitismo de unos y el temor de otros al *efecto llamada*, es decir, a que de repente el país se viera invadido por una avalancha de judíos si se desarrollaba una política de acercamiento hacia ellos, fue una constante en los gobiernos de España durante decenas de años [4]. Se tomaba nota de los comunicados, las quejas y las recomendaciones que enviaban los representantes diplomáticos —los únicos verdaderamente preocupados en el antiguo Imperio otomano y en los Balcanes— sobre los problemas de los hebreos de origen español, pero de facilitarles el retorno a la patria de sus antepasados, nada. En virtud del «decreto Primo de Rivera» de 1924 algunos sefardíes obtuvieron la nacionalidad español, pero como mucho se les consideraba españoles *descafeinados* y a otros se les facilitaron pasaportes de protección consular, eso sí, siempre cuidando que permanecieran alejados del país.

Para buena parte de los políticos y funcionarios encargados de conducir la nave de la expansión internacional de España en los años veinte y treinta, los sefardíes —y no todos— sólo interesaban como punta de lanza para la penetración comercial en los Balcanes. Había que desconfiar del españolismo de los judíos descendientes de Sefarad, pero era preciso clasificarlos y, «en razón a su posición, crédito comercial o capacidad financiera», darles alguna carta de naturaleza por razones estratégicas.

En esas condiciones no es extraño que las comunidades judías de todo el mundo hubiesen recibido con gran júbilo el advenimiento de la Segunda República en 1931. Algunos dirigentes, como el presidente Alcalá Zamora, Maura y Lerroux, habían sido miembros de la Casa Universal de los Sefardíes desde su creación en 1920.

Una de las primeras decisiones del ejecutivo republicano fue la proclamación de la libertad religiosa, algo que fue muy bien aco-

---

[4] Nótese la similitud con lo que ocurre actualmente en España respecto a los modernos flujos de inmigrantes procedentes de sus antiguas colonias.

gido por la comunidad judía nacional e internacional, aunque en el interior del país los judíos contaban desde 1930 con un permiso de reunión concedido por el rey Alfonso XIII. Como se ha visto, ya existían desde algunos años atrás, aunque con grandes limitaciones de movimiento, algunas organizaciones, como las comunidades israelitas de Madrid y Barcelona, la primera de ellas dirigida por Ignacio Bauer y Landauer (presidente), José Farache, y Alberto M. Esquenazi, entre otros.

La euforia del nuevo gabinete socialista llegó hasta tal punto que en mayo de 1931 el ministro de Hacienda Indalecio Prieto comunicó por escrito a Ignacio Bauer el deseo del Gobierno de acoger en España a todos los judíos de lengua española, es decir a los sefarditas, que quisieran instalarse en España. Todo aquello parecía ser verdad. Más aún cuando en junio de ese mismo año se autorizó oficialmente la celebración de la primera boda judía en Madrid y hasta se constituyó la primera sección de la WIZO (Organización Internacional de Mujeres Sionistas) en España, poco antes de que el titular de Justicia Fernando de los Ríos se reuniese en Madrid con Chaim Weizman, entonces presidente de la Agencia Judía y de la Organización Sionista Mundial, y años más tarde, en 1948, primer presidente del Estado de Israel.

Sin embargo se trataba de una verdad a medias, porque si bien los judíos que se encontraban dentro de España gozaban de los parabienes del Estado, para los sefarditas que residían en el extranjero, después de cuatro años de gobierno republicano, las cosas seguían igual que antes. En efecto, a los avances judíos de Madrid se sumaban los de la comunidad hebrea de Barcelona, dirigida en 1934 por Edmundo Graembaum (presidente), Enmanuel Cohen y Fortunato Benarroch, entre otros. La actividad religiosa y comercial de los judíos en la Ciudad Condal era intensa. Los estatutos de su comunidad habían sido aceptados en el Registro de Asociaciones el 6 de mayo de 1919 y tenían una sinagoga en la calle

Provença, abierta desde antes de la Primera Guerra Mundial. Además, disponían de rabino (al contrario Madrid) y habían sido autorizados para construir una segunda sinagoga con derecho a enseñar abiertamente la cultura y la lengua hebreas. Pese a ello, algunos periódicos extranjeros empezaron a denunciar el incumplimiento de las promesas del gobierno republicano.

En los comienzos de la Comunidad Israelita de Barcelona, a principios del siglo XX, ya destacaban hebreos de origen turco, como los Bassat y los Ventura, muchos de ellos comerciantes turcos que acudían a la Ciudad Condal a vender su algodón y a comprar los tejidos españoles. También llegaron los Metzger, Alazraki, y Talarevitz, y pronto empezó la comunidad judía barcelonesa a verse reforzada con otras familias de hombres de negocios procedentes de Salónica, como los Danon, Parente, Serrero, Navarro, Veja, Carasso, Revah y Nadjari.

Tal como explica detalladamente José Antonio Lisbona, los estatutos de la Comunidad Israelita de Barcelona fueron presentados ante el gobernador civil el 31 de diciembre de 1918 y en ellos figuraban como socios fundadores Barchilón, Bensussan, Beressi, Covo, L. Ezkenazi, Haim, Harari, Kirschen, Matalón, Matarasso, E. Metzger, J. Metzger, Moully, Padova, Sobol, Salmona y Yahiel. Había muchos más, pero sólo estos desembolsaron la entonces gruesa suma de cinco mil pesetas para poder acceder a la categoría de socio fundador.

Años más tarde, en 1959, se produciría una circunstancia que vino a demostrar el grado de influencia local alcanzado por algunos judíos catalanes. En abril de ese año fue elegido un nuevo comité directivo, presidido por Alberto Benbassat, al que también se vinculó el acaudalado empresario Moisés David Tennenbaum Alter, un judío polaco que había llegado a Barcelona a comienzos de los años treinta, donde tuvo una vida casi cinematográfica: empezó como vendedor ambulante de corbatas, luego descubrió el muy rentable negocio de los diamantes a través de su sociedad

Diaman, S.A., y finalmente acabó sus días, en 1979, como banquero.

Tennembaum dio el salto al mundo de las altas finanzas en 1959 de la mano de su viejo amigo Florenci Pujol, padre del *eterno* presidente de la Generalitat de Cataluña, Jordi Pujol. Ese año el joven Jordi Pujol y otros accionistas compraron el Banco Dorca, de Olot, pero no lo hicieron con su dinero sino con el de Tennembaum y el del padre del líder de CiU. En el accionariado de esta entidad bancaria, que más tarde cambió su nombre por el de Banca Catalana, no figuraban Fulgenci Pujol ni Tennembaum, pero sí sus respectivas esposas. El primero no podía estampar su rúbrica en los documentos porque su nombre aparecía en una lista de ciento cuarenta y siete presuntos evasores de divisas que acababa de publicar el Boletín Oficial del Estado. Tennembaum tampoco podía firmar, por estar incluido en otra lista de trescientas sesenta y nueve personas sancionadas por la posesión ilícita de valores o divisas en el extranjero. Curiosamente el financiero judío continuó siendo durante años uno de los accionistas mayoritarios, pero su nombre nunca figuró en el accionariado de Banca Catalana.

Influido por Tennembaum, Jordi Pujol se convirtió en un apasionado del sionismo. Y se ve que la admiración del presidente catalán por Israel era sincera, pues envió a sus propios hijos a trabajar a los famosos *kibutz* a medida que éstos alcanzaban la adolescencia. Una experiencia a la que, por cierto, también se sumaron otros, ahora importantes, nombres del empresariado catalán [5].

Pero dejemos la construcción de Israel y continuemos con la reconstrucción de Sefarad. Si para la dictadura de Primo de Ri-

---

[5] Pere Bonnín, *Sangre judía*, Flor de Viento Ediciones, Barcelona, 1998.

vera el final de la Primera Guerra Mundial supuso la oportunidad no aprovechada de dar acogida a miles de judíos, para la Segunda República el reto se presentó a principios de 1933, cuando más de cincuenta mil hebreos se dispusieron a escapar del recién instaurado régimen nazi de Adolf Hitler. En esta ocasión se creó en España un comité con la misión concreta de ayudar a las víctimas del fascismo, pero ante la gran solicitud de ingresos de refugiados en el país comenzaron los problemas.

La primera *ayuda* ofrecida por el Gobierno fue la nueva imposición del visado con Alemania, requisito que estaba suprimido desde 1928, se asegura que con el propósito de frenar y en todo caso de seleccionar a los inmigrantes hebreos. Como siempre, España no estaba en disposición económica para ayudar a los judíos pobres, que no eran pocos.

Las autoridades españolas hacian la vista gorda ante la evidente presencia de judíos alemanes y polacos que lograban cruzar las fronteras, aun a sabiendas de que, por ejemplo, en Barcelona vivían cerca de tres mil de ellos. Quisieron aburrirlos con trabas administrativas que obligaron a no pocos judíos a continuar su particular diáspora hacia América Latina, Palestina y otros países, pero muchos otros salieron adelante gracias a la ayuda de organizaciones hebreas internacionales como la Jewish Colonization Association y la Hebrew Immigrant Aid Society, que instalaron cabezas de puente en Madrid y Barcelona.

Algunos de aquellos inmigrantes lograron incluso crear empresas como Iberia Film en Barcelona, y los almacenes Sepu en Madrid. Por entonces también recaló en España el joven Ernesto Koplowitz Sternberg, padre de las famosas hermanas, quien tras una serie de avatares logró crear el imperio Construcciones y Contratas.

Buena parte de estos hebreos se distribuyeron por todo el país, formando pequeños asentamientos de judíos germanos y polacos en ciudades como Bilbao, San Sebastián, Málaga, Valencia, Sevilla, Pontevedra, Gerona, Alicante, Granada y Palma de Mallorca. De hecho, la mayoría de ellos llegaron a creer que estaban a salvo en Sefarad, pero ignoraban que todavía estaban por llegar la Guerra civil y la dictadura franquista, dos duras experiencias ya analizadas en otros capítulos de este libro, en las que, una vez más, se pondría a prueba la capacidad de supervivencia del pueblo judío.

La estirpe de David se organiza en España

La lucha del pueblo judío para instalarse de nuevo en España no ha sido precisamente un camino de rosas. De hecho, para muchos hebreos las cosas no quedaron definitivamente zanjadas hasta el 6 de diciembre de 1978, cuando la Constitución consagró la igualdad de todos los españoles ante la ley, algo que fue confirmado con la ley de Libertad Religiosa de 1980. Si para las minorías religiosas la Carta Magna y la ley posterior supusieron el final de un largo período de agravios, para los judíos (cierto es que no para su totalidad), las cosas tuvieron un punto verdaderamente culminante el 31 de marzo de 1992, con la visita oficial a la sinagoga de Madrid realizada por los reyes don Juan Carlos y doña Sofía.

Esa fecha, en la que se celebró un acto conmemorativo del quinto centenario de la expulsión de los judíos de España, constituyó una auténtica puesta de largo para el judaísmo español. Con la asistencia de quinientos cincuenta y siete invitados —entre ellos el entonces presidente de Israel, Haim Herzog— y más de trescientos periodistas nacionales y extranjeros, estaba claro el sentido mediático que se le quería imprimir al acto, en cuyas invitaciones, paradójicamente y por exigencias del *guión*, se suprimió la palabra «expulsión».

Tal como se preparó el evento, los aspectos rituales corrieron a cargo del presidente del Comité Internacional Judío Sefarad 92 y primer presidente sefardí de Israel, Isaac Navón, a quien correspondió el honor de abrir el *hejal* (lugar donde se coloca el *Sefer Torah*). Igualmente participaron el *haham* (jefe espiritual de las comunidades sefardíes) Salomón Gaón y el rabino Yudá Benasuly, quienes pronunciaron una oración en lengua sefardita, y el presidente de la Comunidad Israelita de Ceuta, Menahem Gabizón, a quien correspondió el cierre del *hejal*.

Entre los oradores estuvieron Jacques Laredo, entonces presidente de la Comunidad Israelita de Madrid; Samuel Toledano, secretario general de la Federación de Comunidades Israelitas de España; Edmond Safra, copresidente del Comité Internacional Judío Sefarad 92; David Grebler, presidente de la Comisión Nacional Judía Sefarad 92 y de la Comunidad Israelita de Barcelona; Max Mazin, presidente de la B'nai B'rith-España y presidente de honor de la Comunidad Israelita de Madrid, el presidente Herzog y el rey Juan Carlos.

En su discurso, el Monarca dejó clara la postura del Estado español frente a los judíos: «(...) Sefarad no es ya una nostalgia sino un lugar en el que no debe decirse que los judíos se sienten como en su propia casa, porque los hispanojudíos están en su propia casa, en la casa de todos los españoles con independencia de cual sea su credo o religión (...)».

Los cambios que hicieron posible la formación de la comunidad judía tal como se le conoce hoy en España empezaron a producirse en 1967, a raíz de la entrada en vigor de la Ley de Libertad Religiosa de ese año. En 1968, bajo la presidencia de Max Mazin, se construyó el centro comunal, se inauguró la sinagoga de la calle Balmes de la capital española y se logró el reconocimiento oficial de la Comunidad Israelita de Madrid como organización religiosa. Por entonces Madrid todavía contaba con unos dos mil judíos, menos que los tres mil de Barcelona. En otras ciudades, como Melilla, había mil quinientos; en Ceuta y Málaga cerca de cuatrocientos en cada una, y casi ciento cincuenta en Valencia. También había comunidades hebreas, aunque más reducidas, en lugares como Sevilla, Córdoba, Mallorca, San Sebastián y Canarias.

Los años previos a 1967 fueron de una intensa actividad judía en el país. Por ejemplo, en 1964 se celebró en Madrid el Primer Simposio de Estudios Sefardíes organizado por el Consejo Superior de Investigaciones Científicas. (CSIC). En este organismo oficial funciona desde 1941 el Instituto Arias Montano, donde desarrolla su trabajo el ceutí Jacob Hassán, uno de los mayores expertos mundiales en cultura sefardí, entre otros investigadores. No en vano desde hace sesenta años en el CSIC se edita la revista *Sefarad*, una de las mejores publicaciones conocidas de temática judía. Continuando en 1964, este año se creó el Consejo de Comunidades Israelitas de España, integrado inicialmente por las comunidades de Madrid, Barcelona, Ceuta y Melilla. Ese mismo año el gobierno decidió la fundación del Museo Sefardi de Toledo, en la sinagoga del Tránsito.

A mediados de los sesenta la población judía de Madrid ya había alcanzado las dos mil almas, lo que exigía una mejor organización comunitaria. Por tal motivo, en 1963 se adquirió la finca de recreo «La Masada», situada en Hoyo de Manzanares, en plena sierra de Madrid, localidad en la que también está ubicado el cementerio judío. Además, en 1965 se abrió un jardín de infancia que hoy se ha convertido en el Centro de estudios Ibn Gabirol o colegio Estrella Toledano, situado en la urbanización madrileña de La Moraleja, en el que más de doscientos alumnos reciben educación homologada por el Ministerio de Educación y Ciencia.

Entre otras cosas, en los años sesenta los dirigentes de la Comunidad Israelita de Madrid dieron satisfacción a una de las mayores necesidades de la población judía practicante: el cumplimiento de las leyes dietéticas que marca su religión. Para ello se organizó el suministro de alimentos *kasher* (aptos para el consumo desde el punto de vista de las leyes judías), y se contrató un *shohet* (el matarife que degüella ritualmente los animales), para facilitar a los miembros de la comunidad la carne de animales que han sido sacrificados y preparados según las normas hebreas.

Desde el punto de vista de las relaciones con el Gobierno, el 20 de enero de 1965 Max Mazin y Alberto Levy, este último presidente de la Comunidad Israelita de Barcelona, se reunieron con Franco en su residencia del Palacio del Pardo. En aquella ocasión los representantes judíos tuvieron que esperar tres horas para que el Generalísimo se dignase a atenderles, pero mereció la pena, pues al mes siguiente el régimen aprobó la inscripción de los estatutos de la comunidad judía madrileña. Puestos a poner pegas, a las autoridades gubernamentales no les parecía bien el nombre de *israelita*, porque el parecido de esta palabra con *israelí*, podría despertar las suspicacias de los países árabes, por lo que el propio Gobierno sugirió el nombre de Comunidad Hebrea de Madrid. Como era de esperar, después de varios siglos en la clandestinidad el nombre no iba a ser el problema, por lo que Max Mazin lo tuvo claro: «Pónganle el nombre que quieran, pero aprueben los estatutos», les dijo.

Controlada en buena medida por personajes y familias oriundas de países europeos, es decir, asquenasíes, la comunidad judía española sufrió un importante cambio en su composición interna a raíz de la Guerra de los Seis Días, ocurrida en junio de 1967. Como consecuencia indirecta de aquel conflicto bélico, se aceleró la desaparición de las comunidades judías en el antiguo Protectorado Español de Marruecos (especialmente de ciudades como

Larache y Tetuán) y la zona internacional de Tánger, lo que provocó a partir de ese año la llegada de numerosos judíos sefardíes a la capital española. A los judíos procedentes del país norteafricano no les resultaba difícil hablar en Español, pues al fin y al cabo durante siglos habían cultivado la *haketía,* el viejo lenguaje judeo-español, una mezcla de árabe, hebreo y español.

Un gran estudioso de los temas judíos es el médico José Edery, nacido en Larache (Marruecos), quien desde su atalaya de veterano director del Gabinete Médico del Ministerio de Asuntos Exteriores (lleva treinta años vinculado al Servicio Exterior de España) conoce como pocos la idiosincrasia de los judíos, y no sólo los oriundos del país norteafricano. Edery, que desde su Asociación Cultural de Amigos de Larache dirige la revista *El Lukus*, hace uso de su sentido del humor para describir a sus paisanos:

—En 1956, el año de la independencia de Marruecos, empezaron a llegar a España numerosos judíos procedentes de ciudades como Tetuán, Tánger, Arcila, Larache y Alcazarquivir. En esa época, tanto los judíos procedentes de Tetuán como los de Tánger trasladaron a España sus costumbres..., intentaban reproducir su modo de vida.

—¿Qué diferencias había entre ellos?

—Los judíos de Tánger son muy parecidos a los judíos argentinos. Circula un dicho popular en el que se asegura que si un judío de Tánger tiene un millón de pesetas, vive como si tuviese cien millones. Por el contrario, si un judío de Tetuán tiene cien millones vive como si tuviera uno. Y luego está el judío de Larache, que no tiene nada y vive a caballo entre uno y otro.

—Explíqueme esto un poco mejor

—Muy sencillo, los judíos de Tetuán tenían una mentalidad similar a la de los granadinos (viven encerrados); tienen un nivel cultural bajo, pero un nivel comercial alto. Los de Tánger tenían un nivel cultural bueno, gracias al roce internacional, para lo que es fundamental el contacto con el mar.

—¿Cómo es el judío marroquí?

—No hay que confundir lo que era el Protectorado Español con Marruecos, pero en general los judíos marroquíes tienen un carácter granadino. Les gusta la vida familiar, y son conservadores en cultura y religión. Los judíos de la actual Granada son muy parecidos a los judíos de Tetuán y de Fez. De hecho, son idénticos en casi todos los aspectos. Por otro lado, los judíos de Ceuta están emparentados con los de Tetuán y los de Melilla con los del Rif.

Los judíos llegados del norte de África, más cercanos a los españoles gracias al idioma y al origen sefardí, empezaron a ser mejor vistos que los asquenasíes en las instancias oficiales, donde se les consideraba más cercanos que los judíos *europeos*. Aunque éstos habían llegado primero a tierras peninsulares y tenían el control de las organizaciones comunitarias judías, a partir de 1953 empiezan a incorporarse a la junta directiva de la Comunidad Israelita de Madrid algunos dirigentes sefardíes de origen marroquí.

De esa forma el elemento asquenasí fue cediendo terreno en Madrid frente al sefardí. Algunos estudiosos del judaísmo español suelen afirmar que nunca hubo enfrentamientos por el poder entre unos y otros. Sin embargo, basta echar una ojeada a los nombres de los presidentes que ha tenido la Comunidad Israelita de Madrid después del asquenasí Max Mazin Brodovka, quien la presidió desde 1961 hasta 1969, para comprobar que a partir de entonces todos los presidentes han sido sefardíes: Sam Bensadón Laredo, Alberto Benoliel, Henri Misrahi, Philippe Halioua, Maurice Hatchwell Toledano, José Bensadón, Mauricio Toledano Marqués, Jacques Laredo, Isaac Querub Caro y Jacobo Israel Garzón.

En 1972 hubo un «maremoto», como le denomina Alberto Benoliel en la Comunidad Israelita de Madrid, debido al enfrentamiento entre los seguidores y los detractores de Max

Mazin [6]. Según Benoliel, las discusiones en las asambleas llegaron a ser tan acaloradas, que en una de ellas él mismo tuvo que hacerse cargo de la presidencia comunitaria durante seis meses para serenar los ánimos. Este veterano dirigente judío, también tiene su concepto sobre las costumbres de los judíos marroquíes.

—Si hablamos de la vida en la península, España ha sido un crisol para todos nosotros, porque hemos ido perdiendo la identidad de nuestros orígenes. Cuando la expulsión en 1492 los judíos que se fueron a Marruecos, comparativamente con los judíos que encontraron allí eran infinitamente superiores, porque en España habían tenido muchos años de ver y solucionar problemas. Por ejemplo, en los casamientos que se celebraban en Marruecos la mujer no tenía ningún derecho. Simplemente se casaba, traía una dote y luego, si te vi no te conocí. Si moría el marido, el dinero iba a la familia de éste. Si había hijos, no heredaban.

—¿Qué aportaron los sefardíes?

—Los judíos que llegaron de España promulgaron unas leyes denominadas *takanot de Castilla,* una normas que empezaron a regir en Marruecos y que defendían un mejor estatus de la mujer dentro del matrimonio. Tanto es así, que actualmente, en los casamientos que se celebran en España, se suele hacer un contrato de matrimonio que se lee en la sinagoga, en él se dice textualmente al final: «Este casamiento se hace según las takanot de los expulsa-

---

[6] La definitiva desvinculación de los asuntos comunitarios judíos de Madrid por parte de Max Mazin fue ciertamente traumática y en ella estaban en juego las propiedades de la comunidad judía, algunas de las cuales figuraban a nombre de sociedades privadas y del propio Mazin por razones ya explicadas. Finalmente todo se arregló y empresario judío fue nombrado presidente de honor de la Comunidad Judía de Madrid.

dos de Castilla.» Antiguamente esto se hacía así para demostrar que los judíos de Marruecos éramos descendientes de los expulsados de España y que pretendíamos recobrar nuestra nacionalidad. Este es un nexo que, transmitido a través de los años, todavía conservamos.

—¿Como llevan los judíos el hecho de que en Israel no haya matrimonio civil y en España sí?

—Nosotros tenemos una frase que dice *«Diná demaljutá diná»* (la ley de tu reino o de tu país es tu ley). Indica que tienes que obedecer las leyes del país en el que estés, a menos que vaya en contradicción directa con lo que te enseña la religión. Por ejemplo no te puedes negar a prestar el servicio militar alegando que te lo prohíben tus creencias religiosas.

El mosaico sefardí se consolida con la democracia

Otro gran conocedor del judaísmo hispano es el presidente de la Comunidad Judía de Madrid, Jacobo Israel Garzón, quien reside en Madrid desde hace más de cuarenta años. Actualmente, según este dirigente judío, en España hay entre veinticinco mil y treinta y cinco mil judíos, de los cuales residen en Madrid unas mil quinientas ó dos mil familias, con una media de cuatro personas cada una, más los transeúntes.

—¿Cómo es la organización de los judíos en la España democrática?

—A partir de la democracia hemos mejorado mucho nuestra organización. Tenemos una Federación de Comunidades Israelitas de España que lleva los asuntos más interesantes para todas las comunidades en su conjunto. Están afiliadas las comunidades ortodoxas, que son la mayoría. Hay una organización conservadora, que no está afiliada, la Comunidad Judía Progresista Atid de Cataluña. Tenemos comunidades judías en Madrid, Barcelona, Málaga, Torremolinos, Marbella, Valencia, Alicante, Islas Canarias, Sevilla, Ceuta, Melilla y Palma de Mallorca. Cada una de ellas es autónoma e independiente, con su propia estructura jurídica para planificar los servicios que presta.

—¿Cuál es la composición desde el punto de vista del origen de cada uno?

—Entre 1956 (independencia de Marruecos) y 1973 (guerra de Yom Kippur entre Israel y los países árabes), se produjo la llegada de un importante número de judíos procedentes de Marruecos. De hecho, actualmente los judíos de origen marroquí forman entre el setenta y el ochenta por ciento del total. Hay un segundo grupo formado por los latinoamericanos, fundamentalmente asquenasí. La mayoría de ellos son argentinos, aunque también hay judíos uruguayos, colombianos, venezolanos...

Junto a estos dos grandes grupos hay judíos descendientes de familias europeas que se establecieron en España después de la Segunda Guerra Mundial. También hay numerosos judíos que permanecen en el país como transeúntes. Suelen ser hebreos europeos o americanos que llegan a España de forma temporal, como representantes de sus empresas. Otro componente, más importante en Barcelona que en Madrid, son los sefardíes procedentes de Oriente, principalmente de Turquía y Grecia, que emigraron a la Ciudad Condal en los años veinte, tras la caída del Imperio otomano. Actualmente Dalia Levinsohn preside la Comunidad Israelita de Barcelona, la segunda del país en tamaño e influencia.

Aunque la llegada de los inmigrantes judíos en las distintas épocas ha corrido paralelo al asentamiento en España de diversas personalidades en el campo del arte, la literatura, la empresa, etc., la década de los ochenta fue un período muy rico en el arribo de nuevos músicos, creadores literarios, ensayistas, psicoanalistas, artistas plásticos, actrices de cine y eruditos de origen judío, muchos de los cuales se dieron a conocer a través de conciertos, recitales, exposiciones y escaparates de librería. En una lista elaborada por Jacobo Israel Garzón destacan nombres como Solly Wolodarsky, Juan Groch, Daniel Schoffer, Jorge Eines, Beatriz Oberlander, Diana Eljarrat, Jaime Szpilska, Silvia Tubert, Hugo Bleichmar, Alicia Kauffman, Dina Rot, Mabel Perelstein, Silvia Leivinson, Sergio Aschero, Claudio Gabis, Ariel Rot, Balony Cohen, Oscar Gerschenson, Cecilia Roth, Nelly Rivkin, Abrasha Rotenberg, Elena Romero, Uriel Macías y Arnoldo Liberman. «Ellos son sólo algunos de los personajes más conocidos del casi un centenar de creadores e intérpretes musicales, escritores, intelectuales y artistas madrileños de origen judío que desde los años ochenta hasta nuestros días están presentes en el panorama cultural de la región», añade el presidente de la Comunidad Judía de Madrid.

En la reciente historia del judaísmo español tiene gran importancia el año 1992 por tratarse del quinto centenario de la expulsión de los judíos de España. Además de la citada visita de los Reyes a la sinagoga de Madrid, ese año tuvieron lugar numerosos actos en los que desempeñaron un papel relevante el entonces presidente de la Comunidad Israelita de Barcelona, David Grebler, quien presidió la Comisión Nacional Judía Sefarad 92; y el presidente de la Fundación de Amigos de Sefarad, Mauricio Hatchwell Toledano, que presidió el Comité Internacional Judío Sefarad 92.

Otras fechas destacadas en los anales del judaísmo español son el 17 de enero de 1986, el día en que España e Israel establecieron relaciones diplomáticas después de un largo y difícil proceso de desencuentros, y el 23 de noviembre de 1995, cuando el Congreso de los Diputados aprobó la reforma del vigente Código Penal. Desde entonces la legislación española tipifica como delito la provocación a la discriminación por motivos antisemitas y como agravante de delitos, el antisemitismo.

Desde el punto de vista organizativo, el judaísmo no tiene una estructura jerárquica como el catolicismo. Se trata de una comunidad religiosa que se organiza a partir de grupos, siguiendo el ritmo y las circunstancias de los países en que está presente, en los que dota de una estructura local y otra nacional. Los judíos cuentan con organizaciones a escala internacional como el Consejo de Comunidades Judías Europeas, el Congreso Judío Americano y el Congreso Judío Mundial, pero son colectivos que tienen un aspecto más congresual que jerárquico. Sus deliberaciones son orientativas, porque todas las comunidades hebreas son autónomas incluso en el interior de cada país [7]. Otra importante organización judía mundial es el American Jewish Joint Distribution Committee («el Joint»), creado en 1914, el mayor instrumento, junto a la B'nai B'rith, con que cuentan los hebreos para socorrer a las comunidades judías más necesitadas en cualquier lugar del planeta.

En el judaísmo religioso español están representados los tres principales grupos de esta creencia: ortodoxos, conservadores y reformistas, aunque como ellos mismos aseguran, «lo importante de los judíos no es seguir lo que diga el gran rabino de Israel, sino la interpretación del texto de acuerdo con la tradición». Alrededor de estas tres vertientes y sus respectivas variantes se han creado un gran número de comunidades de diverso tamaño, cada una de las cuales practica su judaísmo con total libertad y de acuerdo con sus medios. Algunos de esos grupos son los conservadores Bet-El, en Madrid; La Javurá, en Valencia, y la importante Comunitat Jueva Atid de Catalunya, también conservadora.

---

[7] La Alliance Israélite Universelle, con sede en París, es otra organización judía, centenaria y muy importante, en especial para los hebreos magrebíes, que vivían en los Protectorados de Francia y España, a muchos de los cuales dio ayuda y formación cuando ninguna otra entidad se ocupaba de ellos.

Las únicas que cuentan con importantes acuerdos de cooperación firmados con el Estado y los gobiernos autonómicos son las comunidades ortodoxas, agrupadas en la Federación de Comunidades Israelitas de España. El *padre* del acuerdo con el Estado, aprobado por el Congreso el 18 de septiembre de 1992, fue el fallecido Samuel Toledano, un eminente judío que dirigió la citada federación, hoy a cargo de Carlos Schorr, su secretario general, que opera desde Barcelona.

Entre otras muchas organizaciones judías algunas de las más importantes son las ya citadas WIZO y Hebraica; la Confederación Española de Mujeres Israelitas (CEMI), la agrupación deportiva Macabi, y la Asociación de Jóvenes Judíos Españoles. Para las tareas netamente humanitarias se han creado la *Hebrá Kadishá* (Hermandad Santa), que se ocupa de ayudar a los judíos necesitados en sus últimos días de vida y de administrar el cementerio judío de la provincia de Madrid. Otro colectivo es la *Ezrá*, una organización de índole caritativa y voluntaria, como la anterior, destinada a socorrer a los judíos más desamparados.

En el caso de la Comunidad Judía de Madrid, a su actual etapa de prosperidad y expansión también han contribuido organizaciones privadas, como la Fundación Rich —en particular su presidente, Marc Rich, y su diretor, Avnar Azulay—, y la Fundación Varsavsky, creada por el presidente de Jazztel, Martín Varsavsky.

VII. JUDAIZAR EN ESPAÑA

Una noche en Hebraica

Sábado 2 de febrero de 2002. La populosa calle López de Hoyos de la capital de España es un remanso de tranquilidad. Con las aceras desiertas de transeúntes a causa del frío invernal y los bares vacíos de oficinistas, no presenta el bullicioso ambiente que suele tener entre semana. Sobre las 9:30 de la noche los miembros de Hebraica empiezan a aparcar sus coches en los alrededores de la sede de esta importante asociación judía, ubicada en la referida calle, y en cuestión de minutos en el salón principal empiezan a formarse grupos de personas que comentan asuntos relacionados con la actualidad internacional y cuestiones relativas a la comunidad judía. En la puerta, una dama apunta los nombres de los asistentes. Son los preámbulos de la sesión de cine que una vez al mes se lleva a cabo en Hebraica con el ánimo de fomentar el debate cultural y el intercambio de pareceres entre sus miembros.

En esta ocasión el moderador presenta a la película *Taxi Blues*, del director Pavel Loungine, un filme rodado en 1990 que, en su opinión, «nos servirá para pensar en cosas que ocurren en el presente y también para el futuro». En efecto, una vez iniciada la proyección, los espectadores no se quedan indiferentes. Ambientada en plena época de la perestroika rusa, un saxofonista judío y alcohólico (y pobre, como buena parte de los que le rodean) se debate en medio de una sociedad decadente, cutre y marginal. Genio de la música, libre, indómito e irresponsable, a pesar de los que quieren doblegarle, esa *locura* acaba por catapultar al protagonista hacia el éxito de público y dinero que le brinda la sociedad occidental.

En pleno disfrute de su nueva posición, el saxofonista, todavía sumido en el mundo del alcohol y el libertinaje, retorna a su Rusia natal, donde los demás siguen igual que siempre. Nada ha cambiado en ellos, salvo su actitud hacia el judío, al que ahora admiran y soportan porque ha demostrado que su genialidad era cierta. Justo en ese momento el genio hebreo tira de su memoria y su ironía para saldar sus deudas morales y dar a cada uno lo que le corresponde…, en función de cómo se portaron con él en el pasado, cuando era un hombre enfermo, solo y necesitado.

Una vez terminado el filme, antes de empezar el coloquio, los asistentes, entre los que hay hombres y mujeres de diversas edades, comparten una comida compuesta por bebidas refrescantes, frutos secos, canapés, croquetas, queso, tortillas y tartas. Al cabo de un rato todos forman un círculo con las sillas. La primera en tomar la palabra es una señora de unos cuarenta años de edad:

—No es normal ver a un judío así. El protagonista es judío sólo porque el director lo ha dicho, pero podía haber sido un ciudadano cualquiera, porque en la realidad el judío no tiene ninguna característica externa que le diferencie de los demás.

Para otros asistentes, en cambio, el personaje presenta determinados rasgos que no son exclusivos, pero sí comunes en los hebreos, como «el afán de superación, la constancia para alcanzar un objetivo y el empuje para sobrevivir en un mundo lleno de dificultades».

Son las primeras impresiones de un coloquio en el que cada uno va desgranando sus opiniones con mayor o menor sentido cinematográfico, hasta acabar derivando por otros derroteros —incluidas las experiencias personales—, siempre con el judaísmo como telón de fondo.

—No existe la raza judía, ni tenemos rabo y nariz de gancho, como a muchos se les hacía creer antiguamente —explica uno de los asistentes.

Al entrar en el tema de si hay diferencias entre los judíos sefardíes y los asquenasíes, el moderador del coloquio lanza unas frases provocadoras para animar a los presentes:

—Los judíos ortodoxos pasan demasiadas horas leyendo la Torá y no tienen tiempo para buscar la forma de ganar un Premio Nobel.

—Es verdad; un alto porcentaje de los que los han obtenido son judíos asquenasíes —asiente un hombre que se ha presentado como médico.

—Para nosotros, los ortodoxos son fundamentalistas y nosotros para ellos somos unos paganos..., pero al final nos une la tradición, el pasado común y una serie de valores comunes a todos —continúa el moderador.

—Los judíos asquenasíes son más cultos, más creativos y más ricos que los sefardíes por el entorno en que les ha tocado vivir... Los sefardíes se fueron hacia Marruecos, etc., mientras que los judíos asquenasíes se han desarrollado en países como Rusia, Alemania e Inglaterra. En esto hay grandes diferencias entre unos y otros, pero todos estamos muy orgullosos de ser judíos —opina José Luis Santa Cruz, descendiente de judíos conversos, «el apellido más sospechoso de todos en la época de la Inquisición».

—Muchos miembros de la Comunidad Judía de Madrid también forman parte de Hebraica..., porque una cosa no quita la otra. Además, hay personas laicas que se han acercado a Hebraica para conocer el judaísmo y han acabado convertidos, abrazando la fe de Moisés — afirma una joven.

—Soy judía brasileña (donde la mayoría de los hebreos son de origen asquenasí); del judaísmo me gusta la tradición, algunos ritos, la cultura y la comida, pero no me interesan para nada los asuntos religiosos —comenta una señora de sesenta años.

Al final de la charla, que en esta ocasión se ha prolongado hasta las 2:30 de la madrugada, el presidente de la asociación, Jorge Grinbank, interviene para poner las cosas en sus justos términos, destacando la línea de acercamiento entre Hebraica y la Comunidad Judía de Madrid iniciada por ambas organizaciones en los últimos años. Estas buenas relaciones entre las dos mayores agrupaciones judías de la capital española se concretan en diversas actividades de carácter cultural, deportivo y social. El coloquio termina con una llamada de Grinbank para ayudar a los numerosos judíos argentinos que a raíz de la crisis que asola al país sudamericano llegan a España sin trabajo ni medios económicos. Uno de ellos, un joven de veinticinco años, técnico en comercio exterior, asegura que lleva tres meses en Madrid y que los pocos ingresos que percibe los obtiene «aplaudiendo en Antena 3».

Un espacio para los judíos laicos

Hebraica-Madrid (también existe una organización homóloga en Barcelona) fue creada el 29 de febrero de 1992 y forma parte de una red del mismo nombre que se ha establecido en numerosos países. Alejados de las prácticas religiosas del judaísmo, la gran mayoría de sus miembros son originarios de Argentina. En general se trata de judíos laicos o personas cercanas al judaísmo que se sienten atraídos por los aspectos sociales y culturales del judaísmo. Su presidente, el empresario Jorge Grinbank, que también preside la firma Centro Internacional de Idiomas, S.A., recibió al autor de este libro en compañía de Silvia Knecher, directora del área de Cultura de la asociación.

—¿Qué es Hebraica?

—(J.G.) Es un espacio en el que se desarrollan actividades culturales, educativas, deportivas y sobre todo de tipo social. La gente que está muy relacionada con los aspectos religiosos se encamina hacia la Comunidad Judía de Madrid. Hay otras personas, como nosotros, que quizá por no haber sido educados en una actividad religiosa practicante nos inclinamos más hacia todo lo relacionado con la tradición, la cultura, la parte social, deportiva, etc. Por ejemplo, en esta época están llegando a España muchos judíos procedentes de Argentina y estamos en conversaciones con la Comunidad Judía para ver cómo podemos ayudarles. Eso es Hebraica, un espacio alternativo a la comunidad religiosa.

—¿Cómo son las relaciones entre Hebraica y la Comunidad Judía de Madrid?

—(J.G.) Muy buenas. En épocas anteriores hubo un cierto alejamiento, pero ahora las reuniones que mantenemos con miembros de su junta directiva demuestran que hay comunicación e intención de hacer cosas juntos, respetando la identidad de cada organización.

—A ustedes los denominan «los argentinos». ¿Los miembros de Hebraica son todos de esta nacionalidad?

—(J.G.) Un gran porcentaje, porque fueron argentinos los que fundaron Hebraica-España hace diez años, pero también hay gente de Estados Unidos, Portugal, Italia, Brasil, Chile... En Hebraica hay incluso gente que no es judía. El espíritu de la junta directiva de Hebraica consiste en que todos los judíos que vivimos en Madrid podamos participar en actividades conjuntas, pero sabemos que hay una porción de judíos que no están ni en Hebraica ni en la Comunidad Judía de Madrid. Ese grupo es muy difícil de localizar porque nadie se inscribe como judío en ninguna comunidad autónoma.

—¿Por qué se instalan tantos judíos argentinos a España?

—(S.K.) La incorporación a una sociedad es siempre más sencilla para todos si se lleva a cabo dentro de gente de la misma comunidad. En el caso de los judíos argentinos, casi todos llegan con formación universitaria; son personas volcadas en la ciencia, la tecnología y la filosofía. Por esta razón, al llegar a España se han ubicado en unos niveles sociales en los que no es habitual ver a otros inmigrantes, incluso a los judíos marroquíes. Eso se nota en Hebraica, donde la gran mayoría de sus miembros son arquitectos, dentistas, psicólogos, ingenieros, médicos...

—¿En qué otro aspecto se diferencian los judíos argentinos de los que proceden de Marruecos?

—(S.K.) El espectro de judíos en Argentina es tan amplio como puede ser el de Israel, a donde ha emigrado mucha gente de países como Rusia y Etiopía. En Hebraica-Argentina, y lo mismo intentamos en Hebraica-España, la gente no consume alimentos *kasher*[1] y tiene una parte importante de su vida social centrada en el viernes, sábado y domingo. En cualquier caso, los que son religiosos pueden cumplir con sus preceptos desde el viernes hasta la tarde del sábado. En el judaísmo está muy arraigado el libre albedrío y la posibilidad de elección.

—¿Cómo se consigue que no haya una fractura del judaísmo español en medio de tanta diversidad?

—(J.G.) Existe una tendencia hacia la no confrontación y el acercamiento. Creo que se ha tomado conciencia de que no somos muchos y de que juntos podemos conseguir más cosas. Por ejemplo, hay un colegio que tiene que subsistir de alguna manera. Hace poco se ha conseguido una subvención y no ha sido nada fácil.

—¿Cómo son las relaciones de las asociaciones judías con las organizaciones árabes o musulmanas radicadas en España?

---

[1] Aptos para el consumo desde el punto de vista judío religioso y tradicional.

—(S.K.) Se llevan a cabo algunas actividades conjuntas. Por ejemplo, Unicef ha realizado el «Encuentro de las Tres Culturas» y, por supuesto, hemos enviado niños y monitores.

—(J.G.) Una cosa son los árabes y su religión, y otra muy distinta el problema de los extremistas y el terrorismo. Este es el foco del problema.

—(S.K.) Hay un grupo de profesionales israelíes y palestinos que desde la creación del Estado de Israel mantienen, año tras año, toda clase de encuentros y foros al margen de la alta política. No hay que olvidar que, por ejemplo, en Irán y Siria existen comunidades judías.

¿Quién es judío?

Antes de que se pueda pensar lo contrario, y aunque para muchos resulte una obviedad, conviene aclarar que no todos los judíos de origen sefardí son practicantes religiosos, ni todos los asquenasíes son laicos, pues esta denominación sólo hace referencia, en el caso de los primeros, al origen español (de los judíos que fueron expulsados en 1492), y en el caso de los segundos a su origen centroeuropeo. Por otra parte, también hay que saber que la gran mayoría de judíos asquenasíes son de origen sefardí, pués si bien muchos de los hebreos expulsados en 1492 se instalaron en Marruecos, un número mayor de ellos viajaron hasta Amsterdam, de donde dieron el salto hacia el norte de Europa.

Otra cosa son los matices que presentan las diversas comunidades judías que se han sentado en España, donde están representadas, desde el punto de vista religioso, las tres manifestaciones más importantes del judaísmo: ortodoxos, conservadores y reformistas. Por ejemplo, si el ochenta por ciento de los hebreos españoles es de origen marroquí, donde se practicaba un judaísmo muy tradicional, es decir, ortodoxo, es normal que en España la mayoría de los judíos practicantes pertenezcan a esta línea religiosa. En el caso de los judíos asquenasíes, la mayoría de ellos procede de América Latina donde pertenecían a familias sin apego religioso, por lo que se trata de judíos laicos. En Madrid hay tan pocos judíos asquenasíes practicantes que en la sinagoga se ha adherido al mayoritario rito sefardí.

La presencia en España de estas comunidades hebreas tan diferentes entre sí plantea el dilema de la identidad judía. Visto desde fuera parece una contradicción el hecho de que un ciudadano se defina como judío ateo, agnóstico, laico o no practicante, pero todo ello es posible, porque el judaísmo, como explica Max Mazin, «es una figura extraña que no existe en ninguna otra creencia, donde la etnia se confunde con la religión». Un dicho muy extendido entre los hebreos afirma que «existen tantas maneras de ser judío como judíos hay».

En el mundo del judaísmo los hay incluso tan puristas, que califican la ortodoxia de los hebreos españoles como *ligth*. Quizá no les falte razón, pues en las calles españolas no es normal ver, como ocurre en Israel, a los judíos ortodoxos con su vestimenta característica: levita, trenzas, barba larga, sombrero negro...

¿Quién, entonces, es el verdadero judío? A esta pregunta responde el empresario Henri Misrahi, uno de los miembros más antiguos de la Comunidad Judía de Madrid, pero al hacerlo pone de manifiesto una vez más que todo está en función de cómo lo ve a cada uno:

—Es judío el hijo de una judía. Esto no quiere decir que tenga que ser practicante, religioso o poco religioso. Es judío porque es hijo de una judía y porque ha asumido las obligaciones mínimas de un judío. Quiero decir, que su madre le ha hecho circuncidar, que es el primer compromiso del pueblo judío con su dios; le ha hecho hacer su *Bar Mitzva* (comunión en el judaísmo) a los trece años, que es el segundo precepto, en el cual el niño tiene poco que decir, pues lo hace por indicación de sus padres, y si ha continuado ejerciendo su religión y se ha casado según las normas judías.

A juicio de Misrahi, también se puede hablar de judío ateo, pues se trata de alguien que es judío de nacimiento y ateo de convicción: «Tenemos el caso de una excelente persona como Enrique Múgica, que es de padre vasco, católico, y de madre judía, y él es completamente ateo (...). Ellos mismos (Enrique Múgica y su hermano Fernando, asesinado por ETA) se han definido como personas con un enorme respeto por el pueblo del Libro, de cual provienen, pero de convicción atea. Son judíos por ser hijos de una judía, pero Daniel, el hijo de Enrique, no es judío, por no ser hijo de judía».

Según Misrahi, los judíos sudamericanos no se han encontrado cómodos dentro de la Comunidad Judía de Madrid y han creado su propia comunidad, Hebraica.

—Tienen una línea sionista, es decir, hacia Israel, pero practican su judaísmo de forma diferente. Los argentinos han vivido en un ambiente distinto al de los sefardíes, pero el judaísmo en el fondo es la misma cosa. Ellos inventaron la expresión «soy de origen judío», pero judío se es o no se es. Lo han hecho para justificar que no fueron educados dentro de un sistema judío. En los primeros años de Hebraica la desconexión con la Comunidad Israelita de Madrid era total. Yo mismo, como responsable de la comunidad israelita era extremadamente opuesto a las ideas de Hebraica, pero ahora poco a poco los dirigentes nos hemos acercado; nos hemos dado cuenta cada uno del valor del otro y no sólo de los defectos. Ahora soy miembro de Hebraica, y no soy asquenasí ni ateo... Soy sefardí[2].

---

[2] De hecho, el rabino de la CJM, Moisés Bendahan, acude todos los jueves a Hebraica, donde dicta un curso de judaísmo.

—¿Para ser miembro de Comunidad Judía de Madrid hay que ser practicante?

—No. Soy el primer ejemplo de no practicante, y estoy considerado como uno de los excelentes judíos de la comunidad. Dentro de la vida comunitaria hago cosas que me hacen apreciar como un excelente judío, pero yo no practico.

Prueba de la variedad de opiniones que a este respecto hay en las filas del judaísmo español es el parecer de Alberto Benoliel. Al ser preguntado sobre la representatividad del actual judaísmo español por parte de los judíos argentinos radicados en Sefarad este profesor jubilado de origen marroquí deja clara su postura:

—Sí y no. Sí, porque son judíos, y no, porque no participan de la vida judía. Ellos tienen Hebraica, una asociación cultural en la que organizan conferencias, proyectan películas, etc., pero jamás se han dado a conocer como judíos ni han defendido el punto de vista judío en España. Yo llamo judíos a aquellos que se consideran judíos sin aspavientos, pero con todas sus consecuencias. Si el día de mañana hay un problema entre el Estado español y los judíos, yo iré y me presentaré como judío para tratar de solventar el problema. A eso le llamo yo ser judío. Usted mismo, por ejemplo, puede ir a ver jugar al Real Madrid y no ser miembro de este equipo, lo cual me parece muy bien.

Para explicar su postura ante los judíos ateos, Benoliel cuenta un chiste muy conocido entre los hebreos practicantes:

—Se encuentran dos judíos y uno dice al otro:

—Yo soy ateo.

—Ah, muy bien, pero respóndeme a una pregunta ¿Has leído a Maimónides?

—No.

—¿Has leído a Hegel?

—Tampoco.

—Entonces, ¿habrás leído a Schopenhauer?

—Mucho menos…

—Entonces, querido amigo, tú no eres ateo… ¡tú eres ignorante!

Para evitar malentendidos, Alberto Benoliel asegura que su chiste no se refiere a los argentinos, «que son gente muy culta y muy preparada, pero no llevan dentro el judaísmo, en el sentido de ser defensores de lo que son».

—Pero ellos sí se reclaman como judíos…

—Al judío nadie le obliga a serlo y tampoco se le censura por lo contrario, pero si dices que eres judío tienes que serlo con todas las consecuencias. Si eres judío tienes una moral, una manera de ser y una forma de vivir, y la defiendes. Lo otro es hacer dejación de lo que uno es. En 1390 el gran rabino de Burgos, Salomón ha-Leví se convirtió al catolicismo y no dio ninguna explicación de ello. Y eso que se trataba de un hombre rico, inteligente y muy considerado por sus semejantes y por las autoridades españolas. Tenía una serie de ventajas por su riqueza y, sin embargo, se trasformó en uno de los pilares de la realeza española. Fue embajador extraordinario y preceptor del príncipe. Con esto quiero decir que cada uno puede hacer lo que quiera. Ahora bien, o dentro o fuera. Siguiendo con el símil futbolístico, conozco muy pocos argentinos que tengan carnet del Real Madrid.

—¿Qué debería saber el español medio sobre los judíos?

—Hay dos aspectos: el punto de vista histórico y luego, si le interesa, el punto de vista religioso. El español de a pie debería conocer lo que ha representado la aportación del judaísmo en España; sentir que tiene en su acervo cultural un porcentaje de aporte judío. Cuando hablemos de personajes como Maimónides, Fernando de Rojas, Santa Teresa de Jesús, Fray Luis de León y muchos otros judíos que han marcado la vida española, quizá haya personas que se den cuenta de que forman parte de una cultura

CONOCER EL PASADO PARA COMPRENDER EL PRESENTE

2 Observa en la página de la izquierda y en esta página las diferencias en el vestido y en las actividades de unos grupos sociales y otros. Identifica a un rey, un noble, un obispo, unos campesinos, unos artesanos, unos mercaderes **y una minoría religiosa.** ¿Qué actividades realiza cada uno? ¿En qué grupo social hay presencia femenina?

Fíjate en las actividades burguesas: ¿Qué se vende en la tienda? ¿Son productos que necesitan elaboración y conservación? ¿De dónde proceden? ¿Hay mucha diferencia con una tienda romana? ¿Y con una actual?

Fíjate en los campesinos: el que les da órdenes es el jefe de la casa del señor, ¿qué objetos simbolizan su autoridad?

Observa la minoría religiosa: ¿a qué grupo social y a qué religión pertenece el hombre que está recibiendo el préstamo? El prestamista, ¿está caricaturizado? Cuando aparta las monedas, ¿en qué lado coloca más?

En España todavía existen libros de texto como este de primer ciclo de Historia, Ciencias Sociales y Geografía, en los que se deslizan velados mensajes antisemitas.

determinada y quieran saber algo más sobre ella. A partir de ahí podremos entrar a tocar el problema religioso.

—¿Por qué se trata de un problema?

—Porque este aspecto se presta para muchas discusiones, interpretaciones y diferencias. La razón es que ha habido una «enseñanza del desprecio» como la llamó el historiador francés que fue a ver al papa Juan XXIII para explicarle que los judíos no habían matado a Jesús. Sólo hay que ir a Toledo y ver que en una iglesia todavía hay expuesto un cuadro que recuerda aquello de que los judíos apuñalaban la hostia, mataban al niño y le sacaban la sangre para hacer los panes de la Pascua. También podemos analizar en los diccionarios las definiciones de judío: «que presta con usura»; la judiada: «hecho propio de judíos», etc. Estas cosas no ayudan precisamente a comprender lo que es un judío.

Ortodoxos, progresistas y otras tendencias

Desde el punto de vista de la práctica, en España se encuentran representadas las tres grandes vertientes del judaismo: ortodoxos, conservadores y reformistas, así como de una serie de variantes que van surgiendo entre unas o y otras, algo, por otra parte lógico en una religión en la que el alcance de muchos de sus postulados depende de la interpretación que hagan los sabios, los rabinos y los jefes espirituales en cada momento [3].

---

[3] Entre los seguidores del Talmud se distinguen dos grandes grupos: los ortodoxos y los conservadores. Los judíos ortodoxos creen que la Torá, tanto la escrita como la oral, es de origen divino e inmutable y que las normas rabínicas o la tradición hecha costumbre también son obligatorias y no se pueden cambiar sin un tribunal rabínico competente. En el caso de los judíos conservadores, éstos aceptan el origen divino de la Torá escrita y oral, pero no consideran obligatorias la normativa rabínica y la tradición, que se pueden interpretar y modificar.

Entre los judíos hay incluso quienes forman pequeños grupos de oración en razón de sus afinidades conceptuales, o porque residen en zonas de España donde el escaso número de judíos no es suficiente para crear una comunidad. En cualquier caso, el judaísmo es una religión cuyos adeptos se ven abocados a agruparse en comunidades para poder satisfacer sus necesidades de oración, educación, alimentación, etc.

Además de los mayoritarios y tradicionales judíos ortodoxos, la mayoría de ellos agrupados en las comunidades judías que pertenecen a la Federación de Comunidades Israelitas de España, hay otros grupos o congregaciones, como los conservadores Bet-El, en Madrid; La Javurá, en Valencia, y la progresista Comunitat Jueva Atid de Cataluña. Entre los ortodoxos y los otros grupos puede que haya grandes diferencias, como ocurre con los reformistas, que permiten a las mujeres oficiar ritos religiosos, no siguen las leyes dietéticas de alimentarse sólo con productos *kasher*, y celebran sus ritos en idiomas *modernos* como el inglés y el francés.

Bet-El, integrada por unos cuarenta miembros, está presidida por Alberto Stisin y dirigida por el argentino Mario Stofenmacher, el líder espiritual de esta comunidad. Bet-El ha sido la primera congregación conservadora-masortí organizada en España, donde empezó hace una década. Presente ahora en la capital del país, ha integrado sus actividades en la gran cantidad de servicios que ofrece la Comunidad Judía de Madrid (ortodoxa). Como ellos mismos proclaman, su objetivo consiste en ayudar al desarrollo de la vida judía, a través de aspectos como la cultura, educación, historia, tradición, lengua y religión, todo ello desde la óptica del judaísmo conservador. Una de sus preocupaciones es la lucha contra la asimilación (el abandono de la fe, motivado por la modernidad laica), una de las mayores amenazas que sufre el judaísmo en la actualidad.

La Javurá, presidida por Alba Toscano, es otra pequeña congregación, en este caso valenciana, que practica el rito conservador-masortí. Se trata de una organización integrada por unas veinte personas, entre las que hay españoles, canadienses, argentinos, colombianos, chilenos, venezolanos, mexicanos, marroquíes y franceses. Fundada en 1997, La Javurá forma parte de la United Synagogue of Conservative Judaism (USCJ) y del Concilio Mundial-Masortí Olamí (Agrupación de Sinagogas Conservadoras con su sede en Nueva York), lo que demuestra que, si bien muchas de estas organizaciones judías locales son pequeñas —casi testimoniales— y autónomas en sus decisiones, ello no obsta para que formen importantes redes internacionales en las que se nota el influjo de los grandes grupos internacionales.

Bet-El y La Javurá forman una pequeña federación con la Comunitat Jueva Atid de Catalunya en Barcelona, también creada en 1997. A este colectivo catalán se han vinculado ya unos trescientos judíos, lo que le ha permitido ser el primero —y de momento el único— en España que cuenta con un rabino no ortodoxo, Ariel Edery, oriundo de Buenos Aires. Su *jazán* (ministro oficiante), Gastón Bogomolni, también de origen argentino, es el único de España para el rito conservador masortí. Atid está afiliada a la Unión Mundial por el Judaísmo Progresista (WUPJ), una organización creada en 1926.

Al igual que ocurre en América y en muchos países de Europa, en España las dos mayores tendencias del judaísmo son la ortodoxia y el progresismo, este último representado especialmente por la Comunidad Atid. Al margen de los convenios autonómicos y nacionales con que cuentan los ortodoxos agrupados en la Federación de Comunidades Israelitas de España, los judíos progresistas han podido inscribirse en el Registro de Entidades Religiosas del Ministerio de Justicia.

Para los judíos progresistas este logro representa un paso importante, si se tiene en cuenta que, por ejemplo, en países como

Francia (con unos seiscientos mil judíos) e En Italia (donde viven treinta y cinco mil judíos), lo mismo que en Holanda y Alemania, los únicos judíos reconocidos son los que cuentan con el respectivo certificado expedido por los rabinos ortodoxos. Lograr el reconocimiento estatal de todas estas comunidades —incluidas las españolas— es importante para, entre otras cosas, poder acceder a las subvenciones públicas que faciliten sus actividades.

Una de las razones que explican el crecimiento de las comunidades progresistas radica en su liberalismo. Al contrario que el ortodoxo, el judaísmo liberal, por ejemplo, permite que haya rabinas, autoriza a las mujeres a rezar junto a los hombres y facilita los matrimonios entre judíos y no judíos. Para dar todavía más protagonismo a la mujer, el judaísmo progresista permite a las mujeres cubrirse con la *kipá* (casquete con que los varones judíos tocan sus cabezas por respeto a la divinidad).

Al mismo tiempo, y esta es una de las mayores diferencias entre ortodoxos y progresistas, mientras los primeros consideran que la condición de judío sólo puede ser transmitida a través de la madre o mediante la conversión autorizada por los rabinos ortodoxos, los progresistas facilitan las conversiones con sus rabinos, que no son reconocidos como tales por los ortodoxos. Sea como fuere, en palabras del presidente de la Comunidad Judía de Madrid, Jacobo Israel Garzón, «lo importante de los judíos no es seguir lo que diga el gran rabino de Israel, sino la interpretación del texto de acuerdo con la tradición».

Lo mejor es hablar con el rabino

Para profundizar en el conocimiento del judaísmo español lo mejor es consultar con un jefe religioso. En este caso se trata del rabino de la Comunidad Judía de Madrid, Moisés Bendahan.

—¿Por qué se conoce tan poco a la comunidad judía en España?

—Hay que tener en cuenta que las comunidades judías son muy pequeñas. En Madrid, donde está la comunidad más grande de España, hay unas seiscientas treinta familias registradas. Calculando unas cuatro personas por familia pueden ser máximo tres mil personas. Para una población de cuatro millones de habitantes como Madrid es un colectivo que no tiene gran representatividad. Fíjese que, por ejemplo, en París hay entre seiscientos mil y setecientos mil judíos y en Londres unos doscientos veinte mil. Con un número tan bajo de judíos es difícil que la sociedad española tenga un conocimiento más profundo de lo que es el judaísmo. Y estamos hablando de la comunidad más grande, porque luego están Barcelona, con unas quinientas o seiscientas familias; Málaga, donde se estiman unas ciento setenta; Torremolinos, que tiene una pequeña comunidad de casi treinta y cinco familias; Ceuta, con unas noventa y Melilla, ciudad en la que se calculan unas doscientas cincuenta familias.

—¿Qué ocurre en el resto del país?

—En el resto hay comunidades muy pequeñas, a las que prácticamente no se les puede denominar comunidades. Por ejemplo, la de Valencia, donde hay unas treinta familias; Sevilla, donde se calcula en torno a las treinta familias; Tenerife, con unas veinte; Las Palmas de Gran Canaria donde se calcula que existen unas treinta y cinco, y Benidorm, con unas quince familias. Se trata de grupos muy marginales, que ni siquiera constituyen comunidades formalmente establecidas. En toda España sólo hay unos trece mil judíos registrados.

—¿Qué porcentaje de hebreos españoles se estima que no están registrados en las comunidades judías?

—En las ciudades pequeñas, como en Ceuta, Melilla o Torremolinos, donde todo el mundo se conoce, es muy fácil conocer este dato. Sin embargo, en las grandes urbes, como Madrid y Barcelona, es muy difícil saber cuántos judíos residen en ellas sin estar vinculados a las comunidades judías.

—¿Qué diferencias existen entre los ritos sefardíes y asquenasíes que se practican en España?

—En Madrid los asquenasíes practicantes son pocos, por lo que se han integrado en las oraciones sefardíes. Ahora bien, en las festividades más importantes, como el *Rosh Hashana* (Año Nuevo judío) y el *Yom Kippur* (máxima festividad del calendario judío, en la que se celebra el día del perdón y el arrepentimiento), en los que hay una mayor presencia asquenasí en la sinagoga, organizamos un servicio especial para ellos. En este caso las diferencias son litúrgicas, principalmente en las melodías de las oraciones, y en los textos.

—¿Hay algún otro matiz destacable entre sefardíes y asquenasíes?

—El fondo de la vida religiosa entre ambos es el mismo, porque el judaísmo se apoya en el Antiguo Testamento —en el Pentateuco—, que es la base de la doctrina y de la práctica judía, y después en la ley oral —el Talmud—, que se escribió en el año quinientos en Babilonia, y contiene las explicaciones del texto escrito. En el siglo XV el rabino José Caro, que precisamente tenía origen español, hizo un compendio de leyes al que llamó el *Shulján Aruj* (Mesa Preparada), que es un resumen del código de leyes del día a día. Él lo basó en un resumen previo que Maimónides había hecho en el siglo XII, con el nombre de *Mishne Tora*, en hebreo.

—Se asegura que no es normal ver a dos judíos resolviendo sus litigios ante los tribunales ordinarios, porque lo usual es que acudan ante el rabino con ese fin. ¿Cómo funciona la administración de justicia entre los judíos?

—Hay lugares, como Marruecos, donde el Tribunal Rabínico Judío tenía la misma potestad que los tribunales ordinarios del país.

El Estado admitía las deliberaciones del Tribunal Rabínico sobre los litigios entre judíos relativos a temas monetarios, bodas, divorcios, etc. Hoy en día ese tipo de acuerdos no existen en Europa ni en Estados Unidos. Si surge un litigio, por ejemplo, de tipo monetario, la deliberación del Tribunal Rabínico no tiene efectos legales. En cualquier caso, si hay un problema, antes de llegar a los tribunales se intenta que haya un acuerdo amistoso entre las partes.

—¿Este tipo de mediación la llevan a cabo sólo los tribunales rabínicos o, por ejemplo, usted como rabino, también las hace?

—Las suelo hacer. Lo que ocurre es que no siempre se tiene éxito.

—¿Es fácil convertirse al judaísmo en España?

—En España no se llevan a cabo conversiones, porque no tenemos un tribunal rabínico de conversiones. Si una persona se quiere convertir, la remitimos al Tribunal Rabínico de Israel, que es el que la examina y da su aprobación.

—¿Cuántas conversiones se producen en España?

—Muy pocas, sólo entre cuatro y cinco al año.

—¿Por qué razón el judaísmo no hace de la conversión un arma para luchar contra la asimilación?

—Porque el judaísmo no es una religión proselitista. No enviamos misioneros a pueblos y aldeas, ni a las capas marginales, donde es más fácil atraer gente. No perseguimos adeptos, pero si una persona viene con verdadero interés por la religión judía, le ayudamos facilitándole una bibliografía y lo iniciamos en los conceptos. Si fuésemos proselitistas o quisiéramos divulgar más el judaísmo, podríamos obtener muchos más miembros y adeptos porque en España hay unas raíces judías muy fuertes.

—Se ha calificado de *ligth*, a los judíos ortodoxos. ¿Qué tal es la calidad de este sector del judaísmo ibérico?

—La ortodoxia tiene varios grados, pero lo más importante es el cumplimiento de las Leyes. Hay cosas como la vestimenta o la barba, que no son obligatorias. También está el gorrito (la *kipá*), que no es un precepto bíblico sino rabínico, para que la persona tenga algo así como un techo y sienta que la presencia divina está siempre sobre ella. Por tanto, un señor puede ser ortodoxo y cumplir la Ley sin necesidad de que se le identifique por la calle.

—¿Qué significado tiene la barba para los judíos?

—Es un símbolo de humildad; significa que la persona no venera su cuerpo.

—Es fácil obtener los productos *kasher* para la alimentación de los judíos en España?

—Sí, algunos productos son importados y otros se elaboran en España. En Madrid, por ejemplo, hay dos carnicerías *kasher*, una en Viriato, 35 y otra en el mercado de Alonso Cano. Además, en el Corte Inglés de la Castellana hay una zona en la que se vende toda clase de productos *kasher*.

Entre la Torá y el Talmud

Al mencionar aspectos como los productos *kasher*, el *Rosh Hashana* y el *Yom Kippur*, el rabino Moisés Bendahan ha hecho referencia a algunos de los elementos más característicos del judaísmo, cuyo significado, sin embargo, es desconocido por el gran público. Antes de repasar algunos de ellos conviene explicar que para los judíos practicantes es imprescindible el estudio de la Biblia y de la Tradición, lo mismo que las oraciones cotidianas de culto a Dios, la observancia del *Shabat* y las fiestas religiosas, el respeto a las leyes dietéticas y la circuncisión para los varones. A grandes rasgos algunos de los principales conceptos, ritos y festividades judías se pueden resumir de la siguiente forma:

Dios. El judaísmo concibe a Dios como el creador y regidor del universo. Para los creyentes Dios es eterno y único, y sus principales atributos son el amor y la justicia. Los judíos no admiten ninguna representación plástica de Dios, ni reconocen ningún intermediario entre Dios y los hombres.

El origen del judaísmo. El judaísmo es el desarrollo de la experiencia religiosa de Habraham, quien mil quinientos años antes de la era cristiana tuvo la revelación de la existencia de Dios. De esta certeza se dedujo la exigencia para el hombre de una conducta moralmente recta, expresión del servicio de Dios en el que se inició a sus seguidores. Posteriormente, con la revelación de los Diez Mandamientos en el monte Sinaí y las enseñanzas de Moisés, el pueblo de Israel se convirtió, en virtud de la alianza que Dios concluyó con él, en el portador del mensaje divino para la humanidad. Para los judíos la Biblia es lo que los cristianos denominan Antiguo Testamento. Desde el punto de vista del comportamiento hay quienes reducen el judaísmo a la idea de «No hagas a otro lo que no quieras que te hagan a ti».

La *raza* judía. No existe la raza judía. Según los científicos, la única raza que hay es la raza humana. En cuanto a los judíos, si bien el tronco inicial perteneció al grupo étnico semita, su posterior dispersión por todo el mundo y su mezcla con otros pueblos han disuelto cualquier posible tipificación étnica. De hecho hay judíos escandinavos, indios, del África subsahariana, mediterráneos...

Israelita e israelí. Israelita es sinónimo de judío, en virtud de su descendencia del profeta Jacob, también llamado Israel (luchador o campeón de Dios). Paralelamente, israelí es el gentilicio de los ciudadanos nacidos en el Estado de Israel —creado en 1948—, sean o no de religión judía. Israelita e israelí, por tanto, tienen significados muy distintos.

La Torá. Con el nombre de Torá (enseñanza) generalmente se designa al Pentateuco —los cinco primeros libros de la Biblia—, donde se relata el origen de la humanidad desde la Creación, la vida de los patriarcas y el nacimiento del pueblo de Israel, con el que Dios estableció una Alianza, y al que Moisés guió hasta la frontera de la Tierra Prometida. Sobre estas enseñanzas dijo Maimónides: «Las leyes de la Torá son medios para asegurar la compasión, la bondad y paz en el mundo.»

El Talmud. Para los hebreos Talmud (estudio) es la recopilación en seis volúmenes de las discusiones que tuvieron lugar en las academias rabínicas durante más de mil años a fin de orientar con la enseñanza bíblica la vida cotidiana del hombre. El Talmud, que fue constituido definitivamente en el año 500 d.C., sigue evolucionando por medio de las *Responsas* rabínicas inspiradas en el propio Talmud.

La Cábala. Es la tradición mística de la religión judía, cuya influencia ha sido determinante en la mística universal. Existen numerosos libros fundamentales sobre la Cábala, pero los dos principales son los escritos por el gran cabalista Rabi Shimon Bar Joyai y por el español Moisés de León entre 1275 y 1285. En este caso su obra se titula *Libro del Esplendor* (en hebreo *Sefer ha-Zohar*). En general la Cábala constituye un conjunto de formulaciones filosóficas, metafísicas, místicas y exegéticas de carácter esotérico, algunas de las cuales se usan actualmente en la liturgia judía.

Las oraciones judías. Para los hebreos orar significa juzgarse a sí mismos ante Dios. Los judíos han de orar tres veces al día: por la mañana, a partir de la salida del sol (*Shajarit*); a partir del mediodía (*Minjá*), y a partir de la puesta del sol (*Arvit*), siempre con un mínimo de diez personas. El contenido de estas oraciones es básicamente de origen bíblico, al que con el paso del tiempo se han añadido numerosas poesías y canciones que imprimen a la oración un carácter personal y popular.

El matrimonio mixto. El judaísmo no reconoce la validez del matrimonio cuando uno de los contrayentes es judío y el otro no lo es. Por este motivo, muchas parejas se plantean la conversión de la parte no judía.

El divorcio. El judaísmo permite el divorcio cuando determinadas circunstancias lo hacen necesario e inevitable, y bajo ciertas condiciones que los rabinos fijan para permitir que dos personas, cuya convivencia ha resultado imposible, puedan rehacer sus vidas por separado.

Jesucristo. Para muchos hebreos el judío Jesús fue un predicador destacado de los principios éticos del judaísmo, que se consideró a sí mismo como Mesías, pero que no fue aceptado como tal por el pueblo judío. Por tanto, los judíos no admiten el carácter divino del Jesús cristiano. Los judíos consideran falsa la acusación de deicidas (haber dado muerte e Jesucristo) que con cierta frecuencia se lanza contra ellos, una injusticia que, por otro lado, fue definitivamente anulada por el Concilio Vaticano II —declaración *Nostra Aetate*—, donde se señala que tal episodio no puede ser imputado indistintamente a todos los judíos de entonces ni mucho menos a los judíos de hoy.

El Holocausto. El nacionalsocialismo fue, en los años 1933-1945, una doctrina esencialmente racista y particularmente antisemita. El genocidio, fríamente organizado por los nazis alemanes, exterminó a la gran mayoría de la población judía europea. Se calcula en unos seis millones el número de víctimas de las matanzas nazis en campos de exterminio y cámaras de gas, y en los países dominados por ellos durante la Segunda Guerra Mundial. La población judía mundial, que en 1939 era de diecisiete millones de personas, después del Holocausto quedó reducida a once millones.

Los judíos y el Estado de Israel. Para un judío creyente el Estado de Israel representa, desde el punto de vista espiritual, el cumplimiento de las promesas reveladas, pues no se concibe la separación del concepto judío y judaísmo de su presencia en la Tierra Santa. El trinomio Dios, Pueblo y Tierra Prometida es totalmente inseparable para un judío fiel a sus tradiciones, a su fe y a su historia. Esta perspectiva no implica ningún juicio de carácter político[4].

La circuncisión. Pocas leyes de la tradición hebrea se han mantenido tan firmes a lo largo de su historia como el rito de la circuncisión, que según la Torá, representa el pacto del pueblo judío con Dios. Tal como se ordena en el Génesis 17: 11 («Circuncidaréis, pues, la carne de vuestro prepucio, y será por señal del pacto entre mí y vosotros»), los hebreos han hecho de este rito uno de los requisitos imprescindibles para que un varón pueda ser considerado miembro del pueblo judío. Según la Ley debe ser cumplido a los ocho días de nacido el varón.

Entre las diversas interpretaciones que se han hecho sobre el sentido de la circuncisión, algunas consideran que el pacto de Dios con Abraham iba acompañado con la promesa de una gran fertilidad: «Y pondré mi pacto entre yo y tú, y te multiplicaré en gran manera... Y serás padre de muchedumbre de gentes... Y haré naciones de ti...» (Génesis 17:2 y ss.). Estos enfoques abundan aún más en esta idea al explicar que Dios mandó a Abraham quitar el prepucio de los varones de su casa con el fin de que pudiesen participar mejor en el pacto de fertilidad de Dios. En definitiva, según esta tesis, la circuncisión representa el rol que juegan los humanos dentro de la promesa de Dios de hacer del pueblo judío una nación fructífera.

El *Shabat* (Sábado). Es símbolo de la creación del universo y también es uno de los Diez Mandamientos. Dios descansó el séptimo día, es decir, cesó de crear cosas materiales. Como tal, el *Shabat* es el día de la semana que los judíos consagran a Dios, dedicándolo al estudio de sus enseñanzas, lo mismo que a la oración y la meditación. El sábado, por tanto, los judíos se abstienen de realizar cualquier actividad profana y respetan estrictamente el man-

---

[4] Max Mazin, Samuel Toledano, Benito Garzón, J. Francisco Riaza Saco, *50 preguntas sobre judaísmo*, La Casa de la Biblia, Madrid, 1970.

dato bíblico de no realizar ningún tipo de trabajo. Se inicia en el atardecer del viernes y dura hasta la aparición de las tres primeras estrellas del sábado. El judaísmo autoriza la ruptura de las disposiciones sabáticas cuando una vida humana está en peligro.

Las prohibiciones del Shabat

A la hora de determinar qué actividades se consideran *melajá* (trabajo) desde el punto de vista sabático-judío entra en juego el grado de compromiso religioso o la profundidad con que cada hebreo practica su religión. Como es obvio, en esta práctica también influye de manera especial el desarrollo de la industria moderna, que ha puesto al alcance del pueblo toda clase de aparatos programables relacionados con la eliminación del esfuerzo físico, la preparación y conservación de los alimentos, etc. Algunas de las prohibiciones sabáticas son: cocinar, moler, cortar, hornear, lavar ropa (a mano o a máquina), tejer, construir o reparar cualquier cosa, escribir (a máquina o en ordenador), borrar, pintar (al óleo o a brocha gorda), cortar el pelo, encender o apagar un fuego (de cualquier tipo y por cualquier medio, incluido fumar), pescar, cazar, arreglar el jardín, transportar objetos... Los alimentos se pueden consumir calientes si se dejan sobre brasas desde el viernes antes de que anochezca, para lo que existen artilugios especiales en el mercado.

Entre otras actividades consideradas trabajo, y por tanto vedadas a sus fieles en en *shabat* por las leyes rabínicas, están: comprar y vender, montar animales (con cualquier finalidad), remar, tocar instrumentos musicales, encender o apagar luces eléctricas o cualquier aparato eléctrico como radio, televisión (existen dispositivos que permiten programar el encendido y apagado de las luces antes del Shabat), celebrar bodas, viajar, incluso a pie, más allá de ciertos límites del lugar donde se va a pasar el sábado (suele ser un kilómetro), conducir vehículos (porque ello implica encender fuego y quemar combustible), mirar la televisión (aún cuando esté encendida desde antes del sábado), hacer gimnasia y toda clase de actividades deportivas, leer correspondencia relacionada con los negocios...

Los ortodoxos consideran trabajo, en el sentido sabático, aun aquellos actos que no exigen ningún esfuerzo físico, como arrancar una flor, encender un fósforo o pulsar el interruptor del ascensor.

Las leyes dietéticas

Las estrictas normas alimenticias de los judíos son uno de los aspectos que el pueblo judío practicante cuida con gran esmero. Algunos judíos ortodoxos las llevan tan escrupulosamente que a los ojos de los no religiosos pueden parecer exageradas y extrañas, pero todas tienen su explicación. En resumen, según la Biblia, a los judíos les está prohibido ingerir sangre, consumir la carne de ciertos animales y la mezcla de carne y leche.

A los hebreos amantes de la ortodoxia sólo les está permitido consumir productos *kasher*, es decir, aptos o ritualmente lícitos, en especial en lo referente al tipo y preparación de los alimentos. El respeto de estas leyes colaboró con la mejora de las condiciones sanitarias del pueblo judío primitivo, y se asegura que también contribuye a la contención y educación de las pasiones humanas. Según algunos analistas, las estrictas normas alimenticias de los judíos serían de imposible cumplimiento si éstos no se organizan en comunidades, algo que, por otra parte, constituye una de las claves para que el pueblo judío haya sobrevivido a tantas persecuciones e intentos de eliminación de que ha sido objeto a lo largo de su historia.

Las *kashrut* (normas dietéticas) que determinan cuáles son los alimentos *kasher*, distinguen tres tipos de productos: cárnicos, lácteos y neutros. Estos últimos (huevos, frutas, vegetales...) son los que se pueden consumir como acompañamiento de los cárnicos y los lácteos. Respecto a los animales, la Biblia establece con todo detalle (Levítico 11:3-43) cuáles son los animales «inmundos» para el pueblo de Israel.

Animales prohibidos

Mamíferos. De los animales terrestres sólo se pueden comer los que tienen la pezuña partida y rumian, pero no los que sólo tienen la pezuña partida o los que sólo rumian (cerdo, camello...)

(Levítico. 11:3-8). Tampoco la liebre ni el conejo, porque tienen garras.

Peces. Entre los animales acuáticos, tanto de mar como de río, únicamente están permitidos los que tengan aletas y escamas.

Cualquier otro animal, como los mariscos, de consumo tan tradicional en España, están radicalmente prohibidos (Levítico 11: 9-12).

Aves. El capítulo de las aves prohibidas para los israelitas es uno de los más detallados en el Levítico (11: 13-19).

Así, pájaros como el águila, el quebrantahuesos y el azor están igualmente contraindicados. También otros como el gallinazo, el milano, el cuervo, el avestruz (cuya carne se ha puesto de moda en España, por ser similar a la de ternera), el búho, la cigüeña, la garza, el murciélago...

Insectos. Todos los insectos alados que anden sobre cuatro patas están prohibidos. Sólo están permitidas determinadas especies de langosta que tienen «piernas, además de sus patas para saltar con ellas sobre la tierra» (Levítico 11: 20.25).

Reptiles. Ningún animal que se arrastre sobre la tierra o que ande «sobre el pecho» está permitido para el consumo judío. En este punto, el Levítico (11: 29 y ss.) menciona expresamente la comadreja, el ratón, la rana, el erizo, el cocodrilo, el lagarto, la lagartija y el camaleón.

A los hebreos no les está permitido ingerir sangre, ni la carne de las reses que no estén en perfecto estado o hayan muerto con sufrimiento. Esta indicación, que obliga al rabino y al *sohet* (degollador de animales) de cada comunidad a estar muy atentos sobre los diferentes pasos para garantizar el cumplimiento de las leyes alimenticias, es tan estricta como la que regula lo relativo al consumo de productos lácteos. En este sentido, para los judíos ortodoxos constituye una verdadera obsesión el mandato de no mezclar la carne con la leche o sus derivados.

En este caso el cuidado que tienen no pocas familias judías llega hasta el extremo de disponer de utensilios de cocina específicos para preparar por separado los alimentos con leche y con carne. La práctica de esta norma alcanza incluso el momento de la comida, en el que se debe dejar pasar un tiempo determinado entre el consumo de unos y otros. De hecho, los hay que esperan hasta seis horas después de haber ingerido carne, para animarse con un yogur o un pedazo de queso.

Ritos y fiestas del calendario hebreo

Así como el calendario gregoriano se basa en los movimientos de la Tierra alrededor del sol, el calendario hebreo se rige por las fases de la luna. De esta manera, la primera noche del mes hebreo comienza al aparecer la luna nueva y la luna llena siempre es el día 15 de cada mes. Hacia el fin del mes, el satélite se hace más y más pequeño hasta que desaparece. Esta forma de observar la luna da origen a los meses judíos nissan, iyar, sivan, tamuz, av, elul, tishrei, cheshvan, kislev, tevet, shvat, adar, y adar II (bisiesto). El año regular consta de doce meses y el año bisiesto de trece. Este último resulta de la suma de un segundo adar después del mes de adar.

Festividades judías

Tal como ocurre con los alimentos, los judíos practicantes celebran sus festividades con mayor o menor intensidad, en función del grado de religiosidad de cada uno y de las condiciones del país en que residan. Las tres más importantes son:

Pesah (Pascua). Es la primera de las tres mayores festividades del calendario judío. Recuerda la salida de los israelitas de Egipto y se celebra durante siete días, de los cuales el primero y el último son días de reposo. Se suele comer *mazá* (pan ácimo), que se elabora con masa de harina de trigo en un proceso tan breve que no alcanza a fermentar.

Rosh Hashana (Año Nuevo Judío). También se le denomina «Día del Toque del Cuerno» (*Shofar*) y es una festividad solemne para los judíos, celebrada al comienzo del año hebreo. También conmemora la creación del mundo y el sacrificio de Isaac. Inicia los diez días de arrepentimiento que terminan en *Yom Kippur*. Este día se suelen comer manzanas con miel a la espera de un Año Nuevo dulce.

Yom Kippur (Día del Perdón). Es la máxima festividad judía. Se celebra el 10 del mes de *tishrei*, culminando el ciclo de diez días de arrepentimiento que se inicia con *Rosh Hashana*. Este día el alma de los judíos se limpia de pecados. Bajo un ayuno riguroso, los hombres zanjan sus diferencias y enfados acumulados a lo largo de todo el año y se perdonan los unos a los otros las afrentas cometidas.

La amenaza de la asimilación

Para el pueblo judío, como para cualquier grupo humano que no haga proselitismo y que se haya visto obligado a vivir disperso por todo el globo, compartiendo las culturas más diversas y absorbentes, la asimilación puede llegar a ser una verdadera pesadilla, porque se trata de un fenómeno que amenaza directamente la propia supervivencia del grupo.

Muchos judíos establecidos en el mundo occidental, en particular los ortodoxos, llevan muy mal el hecho de que sus hijos, adolescentes de quince a diecinueve años, a pesar de sus esfuerzos en educarles en las prácticas judías, cada vez con mayor énfasis demuestran que no quieren saber nada de la sinagoga ni observar las fiestas mosaicas. Son jóvenes que, si bien han nacido en el seno de familias judías más o menos practicantes, cada vez se sienten más compenetrados con un medio en el que se impone la civilidad laica y no quieren singularizarse de ninguna manera, sino integrarse en la realidad que les ha tocado vivir.

De hecho se estima que las dos terceras partes de los judíos son arreligiosos. Muchos de ellos por tradición familiar observan algunas fiestas y consumen determinados alimentos, pero lo hacen más por cuestión cultural y por costumbre que por motivos de fe. Algunos incluso se niegan a ponerse la *kipá*, cuando hasta los cristianos se la colocan en la cabeza cuando entran en la sinagoga. Sin embargo, buena parte de ellos están circuncidados, lo que demuestra que son hijos de judíos practicantes.

En opinión de Jacobo Israel Garzón, la ausencia de proselitismo, que no está permitido por la ortodoxia judía, y el laicismo de las sociedades modernas, que afecta a cristianos y a judíos por igual, hace que cada vez la gente otorgue menos importancia a los aspectos religiosos. «En Estados Unidos, por ejemplo hay numerosos matrimonios mixtos y los padres dejan a los hijos que tengan la religión de deseen, lo que conduce a la asimilación y la pérdida de la identidad que ésta conlleva».

Aunque, para el presidente de los hebreos madrileños el sentimiento judío «es algo que puede irse y reaparecer dos o tres generaciones después», la asimilación galopante hace suponer que en un futuro próximo el número de judíos no irá en aumento. El médico judío José Edery maneja cifras según las cuales, siguiendo la tasa histórica de natalidad de la comunidad judía, y teniendo en cuenta que en 1945 había unos diez millones de hebreos, en la actualidad debería haber en torno a los cuarenta millones de ellos en todo el mundo. Sin embargo, las cifras más recientes —entre trece y quince millones— indican que el número de judíos está por debajo de los diecisiete millones que había antes de la Segunda Guerra Mundial.

Tal como lo ve José Edery, director del Gabinete Médico del Ministerio de Asuntos Exteriores, los judíos son gente muy curiosa y abierta. Esta atracción por lo diferente y desconocido es lo que hace que los jóvenes descendientes de judíos se acerquen e integren con los jóvenes de otras culturas... «y de ahí a la asimilación sólo hay un paso».

Estados Unidos es junto con Francia el país en el que se produce el mayor número de asimilaciones. Y es precisamente en Norteamérica donde reside uno de los ejemplos más claros de lo que puede llegar a ser un judío asimilado. Se trata del escritor estadounidense Philip Roth, a quien «irrita enormemente» que se le califique como escritor judío. El autor de obras maestras como *El lamento de Portnoy* y *El escritor fantasma*, prefiere ser considerado como un escritor americano, al margen de matices étnicos que él no reconoce. Así de rotundo lo manifestó Roth en una reciente entrevista realizada por la periodista Alessandra Farhas:

—Tras la publicación de *Lamento de Portnoy,* rabinos, líderes judíos y famosos críticos literarios le acusaron de haber repudiado sus propias raíces.

—Mis raíces son americanas. Este país tiene sólo doscientos veintiséis años, pero mi familia vive aquí desde hace ciento doce. Bellow, Mailer, Malamud, Doctorow y yo no somos, de hecho, emigrantes y sólo aspiramos a ser escritores americanos, porque en América hemos nacido, crecido y envejecido. Todos hablamos el inglés americano. De niño conseguí leer el hebreo elemental, cuando a los 13 años tuve que hacer la *Bar Mitzva.* Desde entonces no he vuelto a poner los pies en una sinagoga [5].

---

[5] *El Mundo,* Cultura, Madrid, p. 45, 6-IV-2002.

VIII. EL TAM-TAM

La fuerza del *lobby* judío americano

Junto a Israel, durante decenas de años Estados Unidos ha sido el norte para centenares de miles de familias judías que han buscado un lugar donde establecerse definitivamente, y lo cierto es que, con mayor o menor suerte, muchos de ellos lo han conseguido. Ahora, cuando los descendientes de los primeros hebreos que llegaron a tierra americanas se hallan perfectamente integrados en la vida de Norteamérica, buena parte de ellos incluso asimilados por la cultura de país más rico de la tierra, al preguntar por los judíos de Estados Unidos se oyen opiniones para todos los gustos.

Unas fuentes aseguran que se trata de la mayor comunidad judía del planeta y cifran en casi seis millones el número de ciudadanos estadounidenses con sangre semita. Otros hablan sólo de tres millones y medio y aseguran que, como en toda comunidad hebrea, los judíos que residen en el *coloso del norte* suelen estar tan divididos como ocurre con cualquier otro grupo humano en el que exista un amplio y variado abanico de concepciones políticas y religiosas, grandes diferencias en la situación económica y profesional de las familias, multitud de ambiciones personales y culturales de todo tipo, y todo ello en un entorno social tan absorbente que tiende a asimilar y diluir cualquier costumbre o tradición que no sea la suya.

Juntos, agrupados en organizaciones relativamente afines, o de forma individual, lo cierto es que, llegado el caso, los hebreos que residen en Estados Unidos forman uno de los grupos de presión más numerosos, persuasivos y compactos a la hora de luchar por la defensa de sus intereses comunes. Es el denominado *lobby* judío americano, un grupo o conjunto de grupos y de personajes más o menos ricos y conocidos —no necesariamente todos judíos—, cuyo poder y grado de influencia ha quedado patente en numerosas ocasiones, aunque también es verdad que muchas veces se le ha magnificado y hasta mitificado a fuerza de exageraciones, prejuicios y suposiciones interesadas de diversa procedencia.

En Estados Unidos se asegura que el Comité de Relaciones Públicas Americano-Israelí (AIPAC) es uno de los filtros por donde pasan regularmente los dólares, las influencias, los contactos, y el susurrar a los oídos de los congresistas en los pasillos del Capitolio. Junto a este grupo está el Congreso Judío Americano, presidido por Jack Rosen, que disfruta de una importante proyección en la opinión pública y hace valer su peso en los momentos decisivos. Algo parecido ocurre con la cumbre de Presidentes de las Organizaciones Americanas Judías y con la Unión de Congregaciones Hebreas Americanas, las cuales, junto a otra serie de altas instancias israelitas, y mediante una destacada presencia judía en el mundo de la empresa y los medios de comunicación, forman la red de contactos que sirve a éstos para estar presentes en los principales círculos del poder político, económico y universitario de Estados Unidos.

El problema de la mayoría de los grupos de presión —y no sólo en Estados Unidos— es que no siempre acaban de estar perfectamente definidos para el gran público. Es el caso del *lobby* judío americano, el cual, en función de la fuente que se consulte, muchas veces parece ser una suma de pequeños *lobbies*, cada uno de ellos vinculado a un sector social, económico o profesional concreto. Por ejemplo, hay quienes hablan del «potente *lobby* judío de la industria cinematográfica», y citan nombres como Spielberg, Katzenberg, Golam, Globus y Streisand, para dar una idea del poderío de este grupo, en el caso de que exista como tal.

El presidente de la Asociación Española de Banca, José Luis Leal (a la izquierda), junto a Manuel Gala, al ex alcalde de Alcalá de Henares, Florencio Campos, al obispo José Infantes y a Isaac Siboni, es un asiduo colaborador de los actos que organiza en España el Instituto Internacional de Estudios Sefardíes. (Foto: M. Jiménez.)

El gran mufti de Túnez, Mohamed Mokhtar, a la salida del paraninfo universitario alcalaíno. (Foto: M. Jiménez.)

De izquierda a derecha, el gran mufti de Yemen, Zabbarah; el gran rabino de Netania, David Shlush, y el gran rabino de Madrid, Yehudah Benasuly. (Foto: M. Jiménez.)

Un ciudadano palestino cruza por uno de los numerosos *check point* que ha instalado el ejército de Israel en los territorios ocupados. (Foto: Cordon Press.)

Marc Rich (en una foto reciente) encabeza la lista de los millonarios judíos en España. (Foto: Reuters.)

El naviero Fernando Fernández-Tapias (segundo por la derecha), vicepresidente del Real Madrid, envió una carta a Bill Clinton pidiendo el indulto para su amigo común Marc Rich.
(Foto: Cordon Press.)

El presidente de Jazztel, Martín Varsavsky, donó a los judíos madrileños un polideportivo que le costó más de cien millones de pesetas.
(Foto: archivo *El Mundo.*)

Luis Bassat, el genial publicista, desciende de una de las familias judías más antiguas de Barcelona. (Foto: Ángel Casaña/ *El Mundo.*)

La peletera Elena Benarroch es una de las principales animadoras de la vida social española. (Foto: Alberto Cuéllar/*El Mundo.*)

El editor Mario Muchnik se instaló en España a finales de los años setenta. (Foto: Pepe Abascal/*El Mundo.*)

Esther Koplowitz (arriba a la izquierda) y su hermana Alicia (a la izquierda), heredaron y potenciaron el grupo Construcciones y Contratas. En la foto de arriba, el libro escrito por Ernesto Koplowitz, hijo del creador del imperio constructor, en el que cuenta cómo era la vida judía de su padre en el Madrid de los años cincuenta. (Fotos: archivo *El Mundo*.)

El director del Gabinete Médico del Ministerio de Asuntos Exteriores, José Edery (en el centro), junto a su esposa y al ex ministro de Asuntos Exteriores, Abel Matutes, durante un acto en el que le fue impuesta la Placa de la Orden del Mérito Civil, la mayor condecoración entregada a un judío sefardita en España.

Mario Conde fue apadrinado por el ex embajador de Israel en España, Shlomo Ben Ami (junto al ex banquero), durante su investidura como doctor *honoris causa* por la Universidad Complutense de Madrid.

El defensor del Pueblo, Enrique Múgica, y su hijo el escritor Daniel Múgica (a la derecha) han sido objeto de graves agresiones nazis por su ascendencia judía. (Foto: Gatxu/*El Mundo.*)

Un gran número de judíos argentinos se están trasladando a España como consecuencia de la grave crisis económica y social que padece el país sudamericano. (Foto: Reuters.)

Jacques Hachuel se dirige a la Audiencia Nacional de Madrid, donde entró como acusador y salió como imputado en el *caso Banesto.* En la foto de arriba, la mansión de Puerta de Hierro en la que el financiero sefardita ofrece grandiosos conciertos de *bel canto* a sus amigos.

Lo judíos realizan esfuerzos para explicar que el conflicto entre Israel y Palestina no es un asunto religioso sino político. (Foto: Reuters.)

Un judío ortodoxo reza ante una pintada en el Muro de las Lamentaciones. (Foto: Reuters.)

Los judíos españoles consideran que muchas de las críticas vertidas en Europa contra Israel a raíz del conflicto de Oriente Próximo están trufadas de antisemitismo y ponen como ejemplo esta portada de la revista satírica *El Jueves*. (Foto: *El Jueves*.)

El éxito obtenido por el ultraderechista Le Pen en la primera vuelta de las elecciones francesas de 2002 demostró que el racismo y la xenofobia son una pesadilla capaz de provocar grandes sobresaltos a la vieja Europa. (Foto: Cordon Press.)

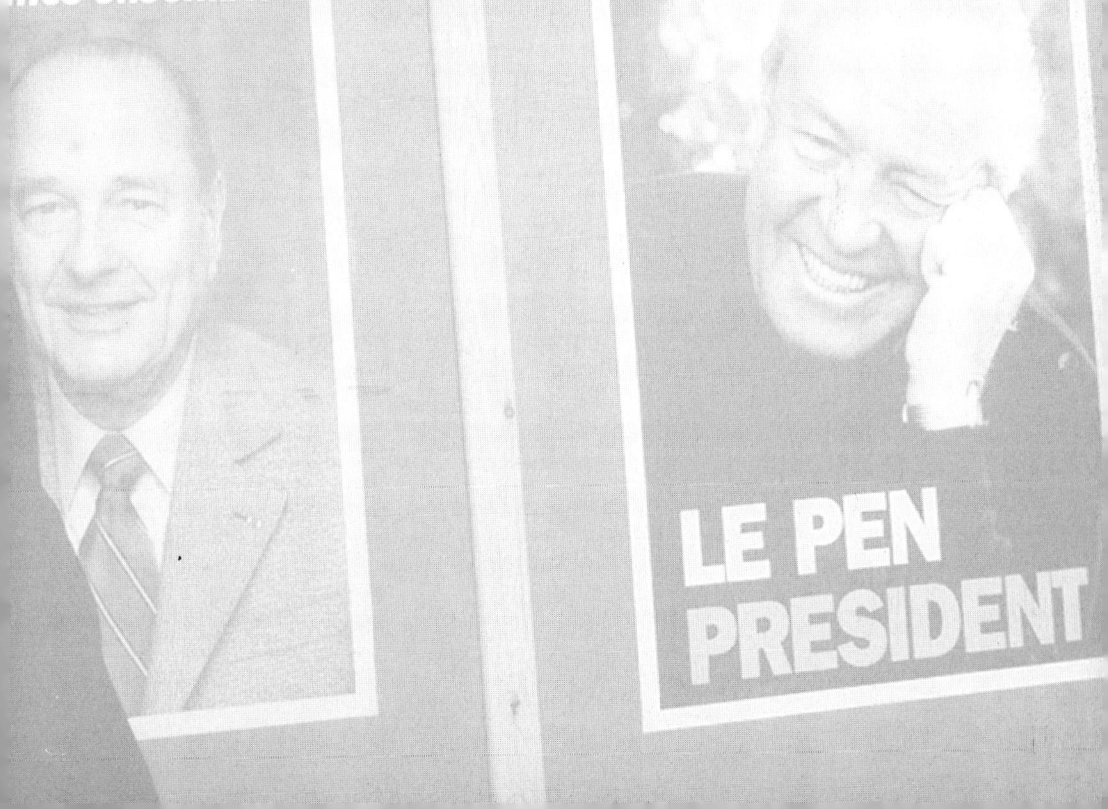

Los neonazis españoles están obsesionados con Enrique Múgica por su origen hebreo y le dedican recuadros como éste en sus incendiarias e ilegales páginas web.

Al intentar describir el poder de los hebreos estadounidenses no falta quienes señalan al ex alcalde *israelí-americano* de Nueva York, Ed Koch, como un hombre que fue elevado al gobierno de la Gran Manzana por el poderoso *lobby* judío local, y aseguran que él mismo es el líder del *lobby* judío «más extremista» de América. Frente a las organizaciones judías están los *lobbies* árabes de Estados Unidos, cuyos dirigentes, en sus intentos de desprestigiar a los descendientes de Moisés, elaboran documentos en los que mencionan al «*lobby* judío-norteamericano», del que, aseguran, existen dos versiones claramente diferenciadas: «la fundamentalista-evangélica y la liberal-laica». Al intentar acotarlos y definirlos, los árabes *made in USA* mencionan al «*lobby* judío de Argentina» como el «hermano menor» del *lobby* judío-norteamericano.

Precisamente ha sido a raíz del recrudecimiento de las hostilidades entre israelíes y palestinos cuando más se ha hecho sentir la fuerza del poderoso *lobby* judío americano. En medios árabes neoyorkinos se insiste en que el presidente George Bush actúa influido por los judíos a través del texano Fred Zeidman, uno de los dirigentes de la Coalición de Republicanos Judíos. Al político hebreo se le adjudica el hecho de haber sido el artífice de un viaje a Israel realizado por Bush en 1998, cuanto éste todavía era gobernador del estado de Texas, una visita en la que, por cierto, Ariel Sharon ejerció de comedido anfitrión llevando a Bush de paseo por los polémicos lugares santos y otras áreas estratégicas de Israel. Con un itinerario estudiado hasta en sus detalles más pequeños y pese a tratarse de una de las pocas salidas al extranjero de Bush antes de llegar a la Presidencia, en aquella visita a Oriente Próximo el ahora político más poderoso de la Tierra no se entrevistó con Yasser Arafat.

Nunca quedó claro si aquel *no encuentro* entre Bush y Arafat estuvo motivado por una supuesta actitud displicente por parte de la Autoridad Palestina, o si por el contrario se debió a las presiones del *lobby* judío americano, lógicamente interesado en arrimar el ascua a su sardina a la hora de buscar soluciones al conflicto de Oriente Próximo. Como han analizado diversos observadores, el caso es que Bush se marchó de la zona con un recelo hacia el líder palestino que aún perdura, y con una versión proisraelí que luego marcó su acercamiento al conflicto. Curiosamente, desde su llegada a la Presidencia de Estados Unidos, Bush ha invitado en cuatro ocasiones a Ariel Sharon a la Casa Blanca, algo que todavía está por verse que haga con Yasser Arafat siquiera en una sola oportunidad.

Al mencionar la acción del *lobby* judío americano en el entorno de Bush — legítima, según las normas locales—, en Estados Unidos se cita al vicepresidente, Dick Cheney, y al secretario de Defensa, Donald Rumsfeld, como la correa de transmisión de la línea dura, preconizada desde el Pentágono por los *halcones* Paul Wolfowitz y Richard Perle. Prueba de que la influencia del poder judío abarca casi todo el espectro de la política estadounidense es el caso del senador del Partido Demócrata Joseph Lieberman, uno de los más claros defensores del «derecho de Israel a defenderse del terrorismo».

Pero las voces que llaman la atención sobre el *lobby* judío americano no se alzan sólo en los sectores árabes de Estados Unidos. En el propio seno de la comunidad hebrea americana hay numerosos personajes tan críticos con el *lobby* judío y con la política belicista de Ariel Sharon, como el veterano sociólogo Norman Birnbaum, de setenta y cinco años, quien en una entrevista concedida a la periodista del diario *El Mundo,* Ana Romero, se despachó a gusto sobre todos estos aspectos. Según Birnbaum, profesor emérito de Derecho de la Universidad de Georgetown, el *lobby* judío, entendido como un ente que se preocupa por los problemas que puedan tener los judíos en Estados Unidos, «no existe como tal». A su juicio, «lo que hay es el *lobby* de Israel, que está formado por tres elementos: algunos judíos americanos, protestantes fundamentalistas cristianos y republicanos unilateralistas como Donald Rumsfeld».

A quienes, llevados por los prejuicios y las versiones generalizadoras, todavía creen que no hay judíos pobres, que más de dos hebreos juntos forman siempre un *lobby* con no se sabe qué extrañas intenciones, y que todos ellos forman una piña en la defensa de sus intereses patrios, políticos, económicos y religiosos, quizá les convenga leer la referida entrevista, en la que, entre otras cosas, aparece el siguiente diálogo:

—Señor Birnbaum, en Europa no se entiende la política de Estados Unidos en Oriente Próximo.

—Bush está haciendo lo que yo llamo una ofensiva del «encanto en casa». La política exterior de América ha sido y sigue siendo la realización de la política interior por otros medios. Bush está intentando hacerse con el voto judío de Nueva York y California, que es demócrata. Y puede que lo consiga. La comunidad judía americana está dividida, pero no se puede usted ni imaginar la presión que existe sobre los que critican a Israel.

En muchos de los reproches que desde sectores hebreos y no hebreos se hace a Sharon por su desmesurada escalada bélica sobre el pueblo palestino se suele confundir el elemento cultural y religioso judío con el enconado conflicto político. Pero también tienen razón quienes, como este veterano analista y profesor judío, consideran que ninguna institución, persona u organismo debe quedar por encima de la crítica. Además, en su opinión, «los europeos han de preguntarse si seguirán aceptando ese chantaje moral que implica acusarles de antisemitas cuando critican a Israel, y todo porque hace sesenta años llevaron a cabo el Holocausto» [1].

---

[1] «Voces del milenio», 21-IV-2002, Madrid, *El Mundo,* pp. 6 y 7.

Desde España se ve el denominado *lobby* judío americano como una fuerza poderosa que se suele mencionar en los medios de comunicación, pero a la vez como un montaje extraño y lejano, en el que andan envueltos un montón de judíos millonarios y manipuladores. Sin embargo, cabe recordar que, gracias a ese mismo *lobby*, Francisco Franco se vio obligado a realizar una serie de acciones favorables a los judíos que huían del régimen nazi-alemán que él mismo había apoyado y alentado.

Los ecos del tam-tam

En España, donde se ignora casi todo sobre la actualidad del pueblo judío que reside en el país, ocasionalmente se menciona al «*lobby* judío español» y al «*lobby* judío internacional» con la ligereza de quien no se siente obligado a explicar a quiénes o a qué se refiere exactamente con estas palabras. Lo único que parece importar es que suena bien... és periodístico, y sirve para advertir sobre la presencia de judíos en el ambiente. Sin embargo, basta hacer una pequeña ronda entre algunos empresarios no judíos relacionados con hombres de empresa y profesionales judíos para saber lo que pasa. Según estos, «en España no existe ningún *lobby* judío propiamente dicho, pero sí funciona el tam-tam...»

—¿Y qué es eso del tam-tam?

—Es esa consigna... esa voz que ante una eventualidad importante se pone en marcha y circula rápidamente entre los dirigentes de las principales organizaciones judías nacionales e internacionales. En cuestión de horas se te pueden abrir o cerrar muchas puertas. Pero, ojo; es algo que tiene bastante que ver con los asuntos de interés general para los judíos o con situaciones concretas de judíos muy influyentes, pero no tanto con el mundo de los negocios. Ya se sabe que hoy en día, a la hora de cerrar operaciones no hay judaísmo que valga, pues en esto cada uno va por su lado.

Ejemplos de cómo funciona el tam-tam entre los judíos hay muchos. Uno de los más sonados empezó en 1997 cuando el régimen corrupto del entonces hombre fuerte de Perú, Alberto Fujimori, retiró arbitrariamente la nacionalidad peruana al empresario judío Baruch Ivcher Bronstein, accionista mayoritario de Frecuencia Latina-Canal 2, la emisora televisiva independiente más sintonizada por las clases populares del país andino.

El objetivo de Fujimori y sus secuaces, convenientemente pertrechados en los puestos de mando de la cúpula militar y policial, no era otro que expulsar a Baruch Ivcher y a su familia del país o meter al empresario en la cárcel. ¿Y todo ello para qué? Para despojarle de sus acciones empresariales y arrebatarle la presidencia del canal televisivo más *díscolo* de Perú. En una demostración de ilimitado abuso de poder, para llevar a buen puerto la ilícita operación, Fujimori y su clan se valieron de algunos accionistas minoritarios del grupo televisivo y de determinados miembros de la judicatura, todavía más corruptos que ellos (por ser los encargados de administrar justicia), quienes se plegaron a sus oscuras manipulaciones.

Fujimori tenía sus razones para desear quitarse de encima a Baruch Ivcher. No en vano el empresario judío fue uno de los primeros que se la jugó contándole al mundo que el presidente peruano había montado en su país un «gobierno de gangsters». Como empresario y ciudadano, Ivcher fue también el que más arriesgó al tener la osadía de denunciar las vinculaciones con el narcotráfico del siniestro asesor de Fujimori y ex *jefe* de los Servicios de Inteligencia peruanos, el ahora preso Vladimiro Montesinos.

El plan de Fujimori cogió al rico empresario judío fuera del país, lo que le obligó a desarrollar una estrategia de defensa acorde con su situación. Para ello inició una campaña internacional destinada a desenmascarar a Fujimori ante los organismos de derechos humanos y la opinión pública mundial, al tiempo que movía cielo y tierra con el fin de recuperar su nacionalidad y su empresa periodística. En ese cometido, Ivcher contó con la intervención directa de destacados miembros de las comunidades judías de varios países, entre ellos los de Estados Unidos, España e Israel, donde el empresario recibió los oportunos apoyos para no dar con sus huesos en la cárcel. Los amigos de Baruch Ivcher (entre ellos distinguidos abogados y periodistas) tuvieron que emplearse a fondo porque Fujimori, consciente de la gravedad y la solidez de la información que sobre él manejaba el empresario, se las ingenió para que la entonces manipulada Interpol peruana —por cierto, controlada por Montesinos— cursara contra el empresario una orden de busca y captura internacional que limitase sus movimientos en el extranjero.

Una de las numerosas —y exitosas— gestiones realizadas por el *lobby* judío estadounidense a favor de Ivcher consistió en mantener una entrevista con el embajador de Perú en Estados Unidos. La sorpresa de la «alta directiva mundial de la Asociación Judía», como la denomina Ivcher, fue grande al ver que el embajador de Fujimori extraía de su mesa una carpeta con documentos, que luego resultaron ser falsos, con los que pretendía *empapelar* y desprestigiar al empresario judío acusándole de tráfico internacional de armas. El propio Fujimori, hoy fugado de la justicia peruana, escondido y protegido de sus corruptelas por el gobierno de Japón, había intentado engañar a los presidentes de otros países enseñándoles la dichosa carpeta.

Poco tiempo después, en junio de 2000, Baruch Ivcher quiso pasar unos días en España, camino de Polonia, donde había sido invitado a participar en el Foro Mundial sobre Democracia. En esta oportunidad la protección del empresario peruano corrió a cargo de destacados judíos de Madrid. Alertados desde Estados Unidos por la orden de captura que pesaba sobre Ivcher, algunos judíos españoles se movieron rápidamente y dispusieron los servicios jurídicos que evitaron la que hubiese sido una segura detención de Ivcher a su llegada al aeropuerto de Barajas. Gracias a que en ese momento la injusticia del *caso Ivcher* era ya tan clara para los organismos internacionales como empezaba a serlo el grado de corrupción del gobierno de Fujimori, los abogados madrileños lograron demostrar en la sede mundial de la Interpol, situada en la localidad francesa de Lyon, el carácter de perseguido político de Ivcher y la consecuente anulación de la orden de captura.

Lo que no se podía evitar en Madrid era la manipulación que desde Lima estaban llevando a cabo los servicios secretos peruanos, al mando del *asesor* Montesinos, sobre la policía polaca, cuyos agentes detuvieron al empresario a su llegada al aeropuerto de Varsovia. Por fortuna para éste, había coincidido en el vuelo con el ahora presidente peruano Alejandro Toledo, que también se dirigía hacia Polonia con una delegación de su país. Una vez en el aeropuerto polaco, algunos de los acompañantes de Toledo —entre ellos Álvaro Vargas Llosa, hijo del conocido escritor— se percataron de la detención de Ivcher y dieron la voz de alarma que permitió la pronta liberación del detenido.

Pese a que sus asuntos con la Interpol ya estaban resueltos, mientras Fujimori y Montesinos siguieran controlando los hilos del poder y las fuerzas armadas peruanas, Ivcher sólo podía estar seguro en un lugar: Israel, a donde no encontraría ningún problema para entrar y salir libremente, porque dispone de esa nacionalidad. Acogido, como fue, por Israel, el empresario peruano pudo continuar la campaña que le permitió recomponer su irregular situación. Fue una campaña en la que, una vez más, los ecos del tam-tam hebreo sonaron, y bien, a favor de uno de los suyos.

Un asunto de altos vuelos

Si los líos de Baruch Ivcher con Fujimori obligaron a sus amigos judíos y a sus abogados a llevar a cabo intensas gestiones en el cuartel general de la Interpol en Lyon, otro asunto relativamente parecido, el denominado *caso Gusinski*, llevó al Congreso Judío Mundial a recurrir a instancias mucho más altas, como el propio rey Juan Carlos.

El *caso Gusinski* tuvo su comienzo el 12 de diciembre de 2000, cuando el juez de la Audiencia Nacional Baltasar Garzón ordenó la captura y el ingreso en prisión del magnate ruso de la comunicación Vladimir Gusinski, presidente del grupo Media-Most, el poderoso *holding* de empresas que incluye la cadena de televisión NTV, un canal que ha sido objeto de frecuentes ataques por parte de Vladimir Putin. Al presidente ruso no le gustaba la línea crítica con el Kremlin que mantenía NTV, y muy especialmente en lo relativo a la forma como se condujo la guerra de Chechenia.

Acusado por la fiscalía de su país de una presunta estafa de cuarenta mil millones de pesetas cometida en 1996, Gusinski, nada más ser detenido, empezó a realizar intensas gestiones para evitar ser extraditado a Moscú. La inmediata presencia de varios funcionarios judiciales rusos en Madrid, dispuestos no sólo a llevarse la presa capturada a su país, sino a embargar los bienes del empresario, entre ellos una lujosa mansión adquirida por éste en Sotogrande (Cádiz), hizo saltar de tal forma las alarmas en los despachos de importantes dirigentes judíos españoles, que en cuestión de horas el Congreso Judío Mundial tomó cartas en el asunto. Y lo hizo acudiendo nada menos que a la máxima representación del Estado español, solicitando al rey Juan Carlos su mediación para que se dejase en libertad al magnate ruso.

En efecto, Edgar Bronfman, como presidente del Congreso Judío Mundial, envió al Monarca español una misiva en la que le pedía «levantar su autoridad moral» para asegurar la puesta en libertad de Gusinski, vicepresidente de la poderosa organización mundial judía. Entre otros argumentos, Bronfman alegaba que el asunto había creado una «profunda consternación en la comunidad judía y en especial en la comunidad judía de Rusia», que, según él, sufre inseguridad debido a los «repetidos incidentes antisemitas» que se viven en el país.

Si bien en el caso del indulto concedido por Bill Clinton al multimillonario judío Marc Rich (otro ejemplo clamoroso de funcionamiento del tam-tam) se llegó a sugerir la intervención del Monarca español, la respuesta que don Juan Carlos ha dado a la petición del Congreso Judío Mundial también es un misterio. Al margen de ello, lo cierto es que el 18 de abril de 2001 la Sección Cuarta de la Sala de lo Penal de la Audiencia Nacional denegó la extradición a Rusia del magnate Gusinski, en medio de un curioso debate entre el juez Baltasar Garzón y el fiscal de la Audiencia Nacional, Eduardo Fungairiño, este último entusiasta partidario de devolver al empresario a su país de origen, a pesar de las evidencias de politización que pesaban sobre el *caso Gusinski* en Rusia.

Este último extremo pesó en la resolución judicial, que se fundamentó en la certeza de que el supuesto delito de estafa del que la fiscalía rusa acusa a Gusinski no lo era en España, y también en la tesis de la persecución política. Para entonces en España ya no había duda de que la sociedad estatal del gas, Gazprom, que aseguraba haber sido estafada por el magnate judío, se había quedado con los pocos medios de comunicación independientes que quedaban en Rusia para darles una orientación acorde con el gusto de Putin.

En medio de la polémica entre los dos magistrados, Fungairiño acusó al juez Garzón, instructor del procedimiento de extradición, de deslealtad para con el gobierno ruso, por haber decretado la libertad de Gusinski bajo fianza de mil millones de pesetas.

Garzón, por su parte, se defendió recordando a Fugairiño que su obsesión por entregar a Gusinski contrastaba con la determinación que opuso a la extradición del ex dictador chileno Augusto Pinochet, en su momento solicitada por el juez Garzón.

Frente a las presiones del fiscal Fungairiño y del propio gobierno ruso para lograr la extradición del magnate hebreo, éste contó con muchos otros apoyos aparte del que le otorgó el Congreso Judío Mundial. Ciudadano de Israel, al igual que su colega peruano Baruch Ivcher, Vladimir Gusinski recibió la oportuna ayuda del primer ministro israelí, Ariel Sharon, y del ministro de Exteriores, Simon Peres, quienes, se asegura, intercedieron por él ante José María Aznar cuando el mandatario español visitó Jerusalén en febrero de 2001. Hubo un momento en que Gusinski solicitó permiso para viajar a Israel con el fin de ejercer su derecho al voto, pero la Audiencia Nacional se lo denegó, pues los magistrados consideraron que en ese momento el riesgo de fuga era elevado. Ello no fue óbice para que semanas después, al igual que ocurrió con Ivcher, la Interpol considerase a Gusinski también un perseguido político y anulara la orden de captura que pesaba en su contra.

El interés de los judíos por no dejar solo al magnate ruso se plasmó también en una visita que realizó el ex embajador de Israel en España, Shlomo Ben Ami, a Gusinski cuando éste estuvo ingresado en la cárcel de Soto del Real. En este caso tampoco se quedaron de brazos cruzados los judíos de Estados Unidos, donde el embajador de España, Javier Rupérez, recibió en su despacho de Washington llamadas telefónicas de un senador y del gobernador de un Estado del sur protestando por la detención de Gusinski.

Ante el rotundo fracaso cosechado en España por los hombres del Kremlin con la acusación de estafa a Gusinski, decidieron volver a la carga, pero esta vez incriminándole por blanqueo de dinero. Una nueva orden internacional de captura por este motivo hizo pensar al magnate ruso que lo mejor era buscar cobijo, cómo no, en Israel, donde además de la nacionalidad y el apoyo del gobierno, cuenta con varios negocios de comunicación. Con ese destino Vladimir Gusinski abandonó España el 24 de abril de 2001, dejando la sensación de que el privilegio de poder enfrentarse —con éxito— a todo un Estado, como el ruso, solo está al alcance de quien, como Gusinski, cuenta con grandes cantidades de dinero y con el apoyo ¿incondicional? de poderosas organizaciones judías internacionales.

Hacia un nuevo *lobby* judío europeo

En una época como la actual, en la que el conflicto palestino-israelí ha alcanzado sus mayores cotas de enconamiento, ataques terroristas, y víctimas mortales en ambos bandos, los dirigentes hebreos de todo el mundo han visto cómo, a consecuencia de ello, en Europa se ha producido el despertar de los sentimientos antisemitas que permanecían *dormidos* en la memoria de determinados sectores del Viejo Continente. Ellos le llaman «neoantisemitismo» y se traduce en ataques —incluso armados— contra sinagogas y comercios regentados por ciudadanos judíos.

La situación fue tan especialmente crítica en Francia la primera quincena de abril de 2002 que en ese corto espacio de tiempo se produjeron unas trescientas cincuenta agresiones contra intereses judíos, todas ellas confirmadas por la policía gala. Cuando a estos datos se sumaron nuevos ataques antisemitas producidos en España, Bélgica y otros países, los dirigentes del Congreso Judío Mundial saltaron de sus asientos y convocaron a más de un centenar de líderes de su organización a una reunión de emergencia que tuvo lugar en Bélgica la última semana de abril.

El encuentro podría haberse celebrado en Israel, como alguien sugirió, en señal de solidaridad con este país, pero, según el periódico israelí *Aurora,* pareció más adecuado a las circunstancias del momento «contraatacar en el corazón de la Europa comunitaria».

Tal como explicó al citado rotativo el director del Congreso Judío Mundial, Avi Beker, «desde la Segunda Guerra Mundial no se registraban ataques e instigaciones antisemitas de tal envergadura». En efecto, cada día son más los judíos europeos que temen salir a la calle con elementos que puedan identificar su condición de hebreos, como pueden ser la *kipá* o un simple *pin* con la estrella de David. Para colmo, en palabras de Beker, también crece el número de judíos que «temen siquiera concurrir a templos, escuelas, clubes y comercios de la comunidad».

Una situación como la descrita por el dirigente judío puede acabar generando acontecimientos muy dolorosos ya vividos por el pueblo judío en diversos momentos de la historia antigua y reciente de Europa. Para estar atentos, los líderes del Congreso Judío Mundial reunidos en «el corazón» de Europa decidieron crear una organización que llevará el nombre de Centro de Información Judeo-Europeo. Conscientes de las connotaciones negativas que tiene el término *lobby* en la UE, los dirigentes judíos prefieren no denominarle de esa manera, aunque en realidad se trata de un instrumento unificado de presión política, cuyas funciones consistirán en realizar un seguimiento de las posibles manifestaciones antisemitas y de los medios de comunicación que cuestionan la legitimidad «original y existencial» del Estado de Israel, con el fin de informar a los gobiernos de los países en que ocurran hechos y fenómenos de este tipo.

Para los líderes judíos reunidos en Bruselas, entre ellos los máximos dirigentes del Congreso Judío Mundial, Edgar Bronfman, Israel Singer, y el citado Avi Beker, la defensa de Israel y de los judíos dispersos por todo el mundo son una misma cosa. Según Beker, «hoy no se puede separar antisionismo de antisemitismo, y quien agrede al Estado judío ataca a la vez a todos los judíos del mundo». La razón de esta postura, aparentemente tan radical, estriba, según este dirigente, en que el Estado de Israel, «es la expresión de los legítimos derechos humanos como colectivo de todos los judíos» [2].

Al tomar la decisión de crear el Centro de Información Judeo-Europeo, el Congreso Judío Mundial, asume una vez más su papel de principal fuente de debate y análisis de los problemas que aquejan al conjunto de la comunidad hebrea. No en vano esta organización fue creada en 1936, con objeto de asegurar la supervivencia y la unión del pueblo judío, disperso en más de setenta países. Desde sus oficinas principales, establecidas en Nueva York, Jerusalén, París y Buenos Aires, el CJM desarrolla una intensa labor orientada a proteger los derechos de los judíos y a luchar contra el antisemitismo y el nazismo, así como a lograr la devolución de las riquezas que fueron expoliadas a los hebreos por el régimen de Hitler.

Si, como asegura Avi Beker, casi todos los medios de comunicación europeos ofrecen información antiisraelí, «porque se nutren de agencias de noticias internacionales, en particular la de España», en clara alusión a la Agencia EFE, el nuevo *lobby* judío europeo tendrá mucho trabajo en Sefarad. Ya lo advirtió el ministro de Exteriores de Israel, Simon Peres, en abril de 2002, cuando en la clausura de un encuentro euromediterráneo celebrado en Valencia (España), se quejó de que muchos medios peninsulares utilizan motivos antisemitas clásicos cuando informan sobre el conflicto entre Israel y Palestina.

---

[2] «Mundo judío», *Aurora,* Tel Aviv, 2-IV-2002, p. 16.

Una demostración de poder

Otro ejemplo reciente que ilustra claramente la existencia y la utilidad del tam-tam judío tuvo lugar en España a principios de 2001. Curiosamente, en aquella oportunidad el protagonista del episodio no fue ningún magnate judío, sino el presidente de Terra Lycos, Joaquim Agut, de quien alguien filtró al semanario Época que había realizado unas supuestas manifestaciones de tinte antisemita relacionadas con el Holocausto durante una cena con directivos de Telefónica y su filial de Internet.

Al llegar tales presuntas manifestaciones a oídos de los dirigentes judíos de Madrid, faltó tiempo para que empezaran a funcionar los teléfonos y los faxes de las organizaciones hebreas, entre ellas la Comunidad Judía de Madrid, entonces presidida por Isaac Querub, que exigió a Agut una aclaración pública de lo ocurrido. El tam-tam sonó de forma tan insistente que el escándalo tardó poco en estallar con toda su fuerza en la sede de los importantes despachos judíos de Nueva York.

Como era de esperarse, en Nueva York el Congreso Judío Americano no defraudó. Su presidente, Jack Rosen, pidió por escrito al presidente de Telefónica, César Alierta, que abriera una investigación sobre las frases antisemitas que se atribuían al responsable de Terra Lycos, la compañía de Internet controlada en ese momento en un treinta y cinco por ciento por la operadora española. Aunque desde el primer momento en que tuvo noticias de la reacción de los judíos ante sus supuestas palabras, Joaquim Agut no sólo lo negó todo, sino que amenazó con emprender acciones legales contra quienes le atribuyesen ese tipo de comentarios, el presidente del Congreso Judío Americano recordó a Alierta en su misiva la importancia de Telefónica en la comunidad financiera internacional y le instó a abrir de inmediato la investigación para que su imagen no se viese deteriorada.

Según un confidencial publicado en el periódico electrónico *Hispanidad,* Agut tenía clavada una espina que había heredado de su antecesor en el cargo, Juan Perea: la «alegre» compra del servidor de Internet IDT, que le costó un ojo de la cara a Terra. En opinión del referido periódico, «IDT es propiedad de un financiero hebreo, y el señor Agut, tomando la parte por el todo, púsose a despotricar contra los judíos...». Según esta fuente, a la comunidad judía española le sentaron tan mal las palabras de Agut, que dos días después Max Mazin, llamaba a César Alierta, con una propuesta muy lógica:

—O le cesas tú o le ceso yo.

—¿Y cómo podrías cesarle tú? —respondió el presidente de Telefónica.

—Muy sencillo: colocando la acción de Terra a un euro.

Mazin aludía a su capacidad de movilizar los fondos de inversión colectiva, «especialmente norteamericanos», para vender una compañía «de futuro incierto (casi todas las de Internet lo son)». Como es evidente, Alierta no cedió a las pretensiones del ex presidente de la Comunidad Israelita de Madrid.

En sus intentos por calmar las iras de los judíos españoles y americanos, Agut mantuvo una reunión con los máximos dirigentes de la comunidad judía de Barcelona, donde se encuentra la sede de Terra Lycos. El encuentro fue promovido por el publicista judío Luis Bassat, amigo de Agut, quien además aprovechó sus buenas relaciones con medios e inversores estadounidenses para evitar que el asunto se complicara todavía más. Acudieron una decena de representantes judíos, entre los que se encontraban Carlos Schorr, secretario de la Federación de Comunidades Judías de España, y Dalia Levinson, presidenta de la Comunidad Israelita de Barcelona. Ante ellos Agut negó los supuestos comentarios antisemitas y aseguró que contaba con testimonios escritos de todos los colaboradores que habían estado con él en la cena.

Pero los hebreos no sólo exigían una satisfacción pública a Agut, sino que amenazaron con emprender medidas legales si ésta no se producía antes de una fecha señalada por ellos. No hay que olvidar que fue precisamente la Liga Antidifamación de la B'nai B'rith-España la que más trabajó para que el vigente Código Penal incluyera el carácter delictivo de la incitación a la discriminación o la violencia por motivos racistas o antisemitas.

Ante el cariz que estaban tomando las cosas y previendo la posibilidad de que el escándalo, que en ese momento ya había trascendido a la sensible comunidad judía de Nueva York, pudiera afectar a la cotización de Terra en Bolsa, los asesores de Agut optaron por enviar de inmediato a los líderes judíos de la Ciudad Condal la nota aclaratoria junto con los testimonios de los doce comensales que acompañaron a Agut a la fatídica cena. El comunicado hecho público por Joaquim Agut contenía un claro desmentido de la postura antisemita que alguien había pretendido achacarle, pero a tenor de las circunstancias que rodearon el caso, también demostró el poder disuasorio que pueden llegar a tener las organizaciones judías nacionales e internacionales cuando entre ellas se ponen en marcha los tambores de alarma.

IX. LA CONQUISTA DE TIERRA SANTA

El avispero de Oriente Próximo

Como si de una maldición bíblica se tratase, el conflicto de Oriente Próximo parece predestinado a convertirse en un fenómeno inexorable y eterno, en el que cada vez que surge una posibilidad cierta de alcanzar la paz, en cualquiera de los dos bandos, el israelí o el palestino, aparece otra que devuelve la situación a su estado inicial; un juego diabólico en el que, si en un lado se da un paso hacia delante, en el otro siempre hay alguien dispuesto a dar varias zancadas hacia atrás, por supuesto echando la culpa al contrario.

En esa dinámica las relaciones entre Israel y Palestina han llegado a tal grado de enconamiento que cualquier gesto o acción realizada por una de las partes, sea premeditada o no, es tomada por la otra como una nueva afrenta; una abierta provocación a la que la parte que se considera ofendida irremediablemente tiene que dar una respuesta. Y si esa provocación está directamente relacionada con el Estado o con el sensible ámbito de lo que el contrario estima como sagrado, las consecuencias de la respuesta pueden resultar imprevisibles.

Desde el mismo día del nacimiento del Estado de Israel, 14 de mayo de 1948, provocaciones de este tipo entre israelíes y palestinos ha habido muchas, pero pocas como las que se han producido desde el año 2000, a raíz de la visita de Ariel Sharon a la Explanada de las Mezquitas de Jerusalén. Este hecho cargado de simbolismo motivó la airada reacción de los grupos armados fundamentalistas que rodean al líder de la Autoridad Palestina, Yasser Arafat, cuya violenta respuesta generó la también violenta contra-respuesta del gobierno israelí; algo que, a su vez, desembocó en la segunda Intifada del pueblo palestino, declarada el 28 de septiembre de 2000.

Pero ahora, al parecer, *Intifada* significa lavar el cerebro a decenas de chicos jóvenes y a mujeres árabes de clase social baja (doblemente marginadas por el fundamentalismo islámico) para que, convertidos en bombas humanas, se suiciden llevándose por delante a cuantos más israelíes, mejor. Por este motivo el primer ministro israelí, con el apoyo explícito de Estados Unidos, respondió lanzando la operación *Muro de Defensa*, una durísima incursión armada en los asentamientos palestinos, cuya desproporción en medios humanos y material de guerra utilizados, al margen de las razones de fondo que creyese tener Ariel Sharon, llevó a la opinión pública europea a situarse al lado del sector más débil.

La campaña, lanzada el 29 de marzo de 2002 por el gobierno de Sharon en respuesta a la muerte de ciento treinta y un israelíes en atentados palestinos, ha sido la mayor operación emprendida por el ejército de Israel desde la Guerra del Líbano en 1982. Uno de los episodios más tensos de todo el conflicto se estaban viviendo desde el 2 de diciembre de 2001, cuando el gobierno de Israel ordenó el asedio a la sede de la Autoridad Palestina y mantuvo retenido a Yasser Arafat en esas instalaciones hasta la madrugada del 2 de mayo de 2002. Ese día el veterano dirigente árabe salió de su cautiverio convertido, todavía más, en un cuasimártir para el pueblo palestino y ante una nube de periodistas de todo el mundo ansiosos por escucharle hizo el resumen que muchos esperaban sobre el lamentable ataque israelí al campo de refugiados de Yenín, ocurrido durante su encierro: «antes hubo un Stalingrado; ahora es Yeningrado...».

El 2 de abril, cuando el alto mando militar israelí dio la orden de tomar el enclave de Yenín, una localidad situada en los alrededores de la ciudad cisjordana de Nablús en la que vivían cerca de quince mil personas, no imaginaron que su *aplastante* y prevista victoria sobre los palestinos se erigiría ante la opinión pública internacional como un símbolo del atropello y la violación de los derechos humanos de Israel sobre el pueblo palestino. Durante nueve días —entre el 3 y el 11 de abril—. el campo de refugiados fue escenario de encarnizados combates callejeros entre el moderno ejército israelí y unos doscientos milicianos árabes armados con fusiles kalashnikov. Tan duro y destructivo fue el avance de los israelíes que los palestinos, lógicamente horrorizados, hablaban de entre doscientos y trescientos muertos entre los suyos, y más de trescientos edificios arrasados por los tanques y *bulldozers* enemigos.

Paralelamente, toda la diplomacia israelí, con el ministro de Exteriores, Simon Peres, a la cabeza, hacía esfuerzos para explicar al mundo que la cifra de bajas entre los palestinos era mucho menor, que los civiles fallecidos habían sido sólo tres, y que también había que tener en cuenta el dolor y la muerte que han sembrado en cientos de familias de Israel los terroristas suicidas palestinos, veintitrés de los cuales eran originarios de Yenín. Pero eran esfuerzos inútiles, porque la inicial negativa del gobierno de Sharon a permitir el acceso de una comisión de la ONU, nombrada oficialmente para investigar las denuncias palestinas y los argumentos israelíes, acrecentó aún más las sospechas sobre lo que pasó a denominarse eufemísticamente *yeningrado* o la *zona cero* de Yenín.

Entre sus objeciones a la comisión de la ONU, el Gobierno israelí argumentó que los miembros designados por el secretario general de esta organización, Kofi Annan, tenían un perfil político y no militar, y que por tanto no eran competentes para juzgar cuestiones netamente militares, en las pueden entrar en juego una serie de maniobras que aumenten o disminuyan artificialmente los efectos de una contienda. Además, Sharon pedía que la comisión también investigara los mortales atentados terroristas contra la población civil cometidos por los comandos suicidas palestinos en Israel en los días que precedieron al avance de sus tropas sobre Yenín.

Puestos a condenar la incursión armada en el famoso campo de refugiados, hubo quienes, como el enviado de la ONU Terje Roed Larsen, sin pronunciarse sobre las masacres cometidas en Israel por los palestinos, la calificaron de «moralmente repugnante». Una opinión similar se escuchó en algunos medios de información españoles, donde además se aseguró que el ejército israelí, para ocultar el horror, se había apresurado a enterrar con sus *bulldozers* los cadáveres de los centenares de palestinos muertos. Otros, más resolutivos, planteaban que lo ocurrido en Yenín debería desencadenar una reacción de la justicia internacional igual a la que ha sentado al ex presidente yugoslavo Slobodan Molosevic en el banquillo de los acusados en el tribunal de La Haya.

Pero el tiempo, que muchas veces tiene la virtud de poner la cosas en sus justos términos, en el caso del ataque a Yenín ha demostrado que, aún teniendo en cuenta el sufrimiento humano y la crueldad de este conflicto, en el que desde el comienzo de la segunda *Intifada* han muerto más de un millar de ciudadanos palestinos y cerca de quinientos israelíes, la guerra de la información es un elemento que juega siempre a favor de quien mejor la sepa utilizar. Así, cuando a partir del día 15 de abril los primeros periodistas lograron llegar a la zona atacada, se supo que en la incursión del ejército israelí sobre el campo de refugiados palestinos hubo mucha violencia, pero no masacres.

Diversas fuentes periodísticas pudieron confirmar que el ejército israelí «no entró en Yenín con la intención deliberada de matar al mayor número posible de palestinos», como se dijo en multitud de ocasiones, aunque tampoco se comportó como si de una ONG se tratase a la hora de salvaguardar la vida de los civiles. Si bien el *Tsáhal* (ejército de Israel) asegura haber hecho «lo imposible para no tocar a los civiles», en Palestina se mencionan varios casos de civiles que supuestamente fueron tiroteados por las tropas israelíes, a pesar de que no representaban ninguna amenaza aparente. Por si fuera poco, los voluntarios de la Media Luna Roja palestina para Cisjordania y Gaza y la propia Cruz Roja han confirmado que el acceso a Yenín estuvo prohibido desde el día 5 al 15 de abril, lo que les impidió socorrer a los heridos y al resto de la población.

El difícil trabajo de estas organizaciones humanitarias, cuyos miembros, paradójicamente, se juegan la vida para salvar las que otros intentan acabar, muchas veces les lleva a moverse en una frontera en la que cualquiera de los bandos enfrentados puede pensar que se está beneficiando al contrario. En este caso, el ejército israelí no se fía de la Media Luna Roja, pues asegura haber descubierto a varios combatientes palestinos que intentaban huir en las ambulancias de esta organización camuflados entre los heridos.

En un primer momento las noticias supuestamente procedentes de *Yeningrado* cifraban en quinientos los palestinos muertos, pero ahora se sabe que la cifra más aproximada de personas fallecidas, no por inferior menos terrible, se mueve entre ochenta y cien; aunque también hay quienes todavía hablan de entre doscientas y trescientas víctimas mortales. El número de civiles (mujeres, menores de edad y hombres mayores de cuarenta y cinco años) alcanzados por el fuego o por los derrumbes podría ser superior a veinte. En su momento el ministro de Defensa de Israel, Benjamin Ben Eliezer, y Simon Peres adelantaron la cifra de cuarenta y ocho palestinos muertos y de ellos sólo tres civiles, mientras que el balance en el bando israelí fue de veintitrés militares muertos y sesenta heridos.

Según fuentes militares de Israel, la *invasión* de Yenín les permitió neutralizar a cerca de quince terroristas palestinos que estaban listos para suicidarse en varios atentados, pues ya habían grabado los respectivos mensajes póstumos. Las mismas fuentes aseguran que en los combates librados en este campo de refugiados perdieron la vida unos veinte militantes de organizaciones como Hamas, la Yihad Islámica y Al Fatah, y que en los casi doscientos cincuenta edificios destruidos por los bombardeos había una decena de talleres de fabricación de bombas. A propósito del derribo de casas, diversas fuentes europeas estiman en más de quinientos millones de dólares el gasto que origina a Occidente la destrucción de infraestructuras palestinas por parte de Israel.

Para la toma de Yenín el ejército israelí realizó un impresionante despliegue de más de mil hombres. Entre ellos había tropas de elite equipadas con sofisticados medios de comunicación, las cuales actuaron apoyadas por tanques, helicópteros y aviones sin piloto. Esta última circunstancia, la utilización de modernos aviones de ataque y de reconocimiento en diversos episodios del conflicto con los palestinos, ha merecido las críticas incluso de amplios sectores de la prensa israelí, donde los principales periódicos han coincidido en calificar el uso de cazabombarderos F-16 en el espacio aéreo palestino como un error táctico del Gobierno de Ariel Sharon en el campo de batalla de la opinión pública internacional.

En opinión del diario *Haaretz,* el uso de cazabombarderos de la Fuerza Aérea israelí contra objetivos palestinos causa «daños diplomáticos», independientemente de que se se trate de una represalia contra cualquier atentado cometido por palestinos sobre la población de Israel. En la misma línea se han manifestado otros rotativos, como *The Jerusalem Post, Yediot Ahranot* y *Maariv,* este último propiedad del magnate ruso Vladimir Gusinski, los cuales han mostrado su queja por la desmesura de las respuestas bélicas ordenadas por Sharon.

En efecto, como piensan los responsables de estas publicaciones, las *archidifundidas* imágenes de los soldados israelíes, que dotados de las armas más sofisticadas —una industria puntera en Israel— y apoyados por tanques de última tecnología, entran en los barrios palestinos y se enfrentan a un montón de adolescentes —incluso niños— cuya única arma son las piedras que recogen en la calle, han causado un serio daño a Israel en el terreno de la opinión pública internacional. Tal como se observó durante el asedio a la Basílica de la Natividad de Belén, a la opinión pública parecía importarle más el impacto causado por Israel sobre este santuario cristiano, que el hecho de que en su interior, mezclados entre los doscientos cincuenta retenidos, se encontrasen los presuntos asesinos del ministro de Turismo de Israel, Rahavam Zeevi. Como prueba de ello, hasta el Vaticano intervino para pedir a Israel y a los palestinos que respetasen el *statu quo* de los lugares santos.

A la batalla de la imagen se suman las *ayudas* espontáneas que los contendientes —en mayor medida los palestinos— han encontrado en los medios de comunicación de numerosos países. Una cosa son la gran cantidad de reportajes periodísticos y artículos de opinión que desde el punto de vista palestino o israelí, o bajo un prisma de relativa objetividad, han arrojado mucha luz sobre los acontecimientos y las posibles salidas al conflicto. Pero otra muy distinta son los alardes imaginativos de no pocos comentaristas, fanáticos y antisemitas, cuyas diatribas, más que ayudar, sólo han servido para ocultar el verdadero drama que viven miles de familias palestinas e israelíes a causa de la incapacidad de sus dirigentes para alcanzar, no ya la paz y la concordia, algo casi impensable en el actual avispero de Oriente Próximo, sino la más que urgente parada de las matanzas.

Otro ejemplo del alto precio de imagen que ha pagado Israel por su forma de encarar el conflicto han sido las numerosas manifestaciones populares en contra de la política de Sharon (también ha habido algunas a favor) que en diversos momentos de la operación *Muro de Defensa* y de la ofensiva sobre Yenín se registraron en distintos lugares del mundo, entre ellos España. Incluso en Israel hubo una marcha de casi sesenta mil pacifistas, los cuales condenaron la escalada bélica autorizada por Sharon y exigieron la retirada inmediata los cerca de trescientos mil colonos establecidos en los territorios ocupados de Cisjordania y Gaza.

En cuanto a la primera fase de la global operación *Muro de Defensa*, fuentes de la Oficina del Portavoz de *Tzáhal* dieron a conocer los «logros concretos de la ofensiva». Según los datos, además de la incautación de numerosas armas, las redadas masivas permitieron detener a unos cinco mil sospechosos, la mayoría de los cuales fueron fichados y liberados. Del resto, mil setecientos sesenta y cinco (una cifra igual al número de arrestados en los dos años anteriores a la operación), muchos eran buscados por las autoridades como miembros de las organizaciones Hamas —principal blanco de la operación—, y Fataj-Tanzim, y algunos otros pertenecen a unidades de las fuerzas de seguridad de la Autoridad Palestina, como el Comando Naval, Inteligencia Militar y la Seguridad Preventiva del coronel Jibril Rajuv. Además, según informó el periódico internacional israelí *Aurora,* entre los detenidos había algunos posibles futuros suicidas y el *pez gordo* Maruán Barguti, dirigente de las Brigadas de Al Aksa.

Una vez hecho el primer balance de urgencia de la operación *Muro de Defensa*, el referido periódico, uno de los más leídos por los judíos de habla hispana, plantea que a pesar de las armas incautadas, los laboratorios destruidos y la captura de miles de palestinos, aún es difícil evaluar hasta qué punto ha merecido la pena en términos militares una operación de semejante calibre. «¿Justifican los logros materiales alcanzados una operación que ha costado quinintos millones de shékels y la vida de veintinueve soldados y policías? ¿Se justifica el enrolamiento de treinta y un mil reservistas? ¿Se tomaron en cuenta las consecuencias futuras de la muerte de más de doscientos setenta palestinos y de la humillación sufrida por la población?», se pregunta ahora el rotativo israelí [1].

El mensaje es el masaje

Hasta el más bisoño estratega militar conoce el valor de la información que se suministra al enemigo y a la opinión pública en época de guerra. Cualquiera de ellos sabe que «el mensaje es el masaje» —como afirman los expertos en comunicación— con el que se moldea la voluntad de la mayoría de los ciudadanos. Por ejemplo, para nadie es un secreto en la guerra del Vietnam al pueblo americano sólo le llegaban mensajes positivos sobre las evoluciones de sus soldados en el lejano país de Asia Oriental, lo que llevó al ejército estadounidense a ir de victoria en victoria hasta la derrota final.

Más recientemente, se ha confirmado que las imágenes del famoso cormorán agonizante entre el petróleo crudo de la guerra del Golfo, utilizadas para demonizar a Saddam Hussein, eran simples imágenes de archivo. Todavía más cercanas y falsas —por manipuladas— han sido las imágenes en que se veía un grupo de niños palestinos supuestamente festejando el atentado del 11 de septiembre contra las Torres Gemelas. Estas imágenes, que fueron convenientemente distribuidas a todo el mundo por la televisión estadounidense justo en el momento en que miles de millones de ciudadanos contemplaban horrorizados cómo se desplomaban las

---

[1] *Aurora,* 25-IV-2002, Tel Aviv, pp. 8 y 9.

dos moles tras el impacto de los aviones, no sólo fueron una injusta agresión contra el pueblo palestino, sino que pusieron en peligro la vida de miles de ciudadanos musulmanes de bien que residen en Occidente.

Ese aspecto de la guerra también está presente en el conflicto de Oriente Próximo, lo que hace que muchas informaciones procedentes de Israel y de Estados Unidos, por una parte; así como de Palestina y del mundo árabe, por otra, pudiendo ser verdaderas, sean tomadas con todo tipo de prevenciones por la opinión pública mundial. En este sentido, a propósito de los sucesos de Yenín, la Agencia de Seguridad de Israel emitió una nota, fechada el 25 de mayo de 2002, en la que, entre otras cosas, denunciaba que los estrategas palestinos estaban preparando el terreno para la llegada de la comisión de la ONU con maniobras tendentes a acrecentar el daño causado.

Con esa finalidad, decía la nota, «han comenzado a llevar cadáveres que habían sido enterrados antes del comienzo de la operación Muro de Defensa en el cementerio anexo al hospital gubernamental a la fosa común de los muertos en la lucha en los campos de refugiados de la operación Muro de Defensa, frente al cementerio viejo (...). También han transmitido a los habitantes de Yenín la petición de ocultar durante la estancia de la comisión en el lugar, cualquier indicador militar posible, como uniformes y ornamento, y no realizar ninguna actividad militar (...)».

El león dormido

En el marco de las relaciones internacionales España es uno de los países donde la política de Israel respecto a Palestina ha encontrado los mayores detractores. Pese a las declaraciones formales de los representantes diplomáticos, de las que muchas veces se desprende el idílico panorama de dos pueblos que han superado plenamente sus legendarias diferencias históricas, la realidad demuestra que entre España e Israel, por muy bien que marchen las relaciones comeciales y por muchos convenios de colaboración e intercambio de todo tipo que se hayan firmado, todavía quedan importantes rescoldos de antisemitismo y del mal trato dado a los judíos en tiempos pasados y recientes.

Como señaló en 1996 el entonces ministro de Asuntos Exteriores Carlos Westendorp, felicitándose por la buena marcha de las relaciones España-Israel, «el reto principal y el más difícil» que existía entre ambos países el 17 de enero de 1986, cuando Simon Peres y Felipe González firmaron el establecimiento de relaciones diplomáticas, «era cambiar esa imagen distorsionada por tantos malentendidos históricos y tan presentes en la psicología colectiva de ambas sociedades». Sin embargo, la verdadera amistad no se demuestra en época de vacas gordas, al calor del intercambio comercial que redunda en pingües beneficios para todas las partes implicadas, sino en los momentos de crisis, como ocurre en la actualidad, cuando surgen situaciones límite que, lejos de declaraciones rimbombantes y bien intencionadas, permiten separar el polvo de la paja y dejan ver *negro sobre blanco* de qué lado está cada uno.

En el caso de las relaciones entre España e Israel, si en algo están de acuerdo los historiadores y los políticos de uno y otro lado es en la idea de que entre ambos países existe algo más que unas simples relaciones diplomáticas. Y no sólo debido a las especiales relaciones de España con el mundo árabe, al apoyo franquista otorgado a Hitler, y a los avatares históricos vividos por los judíos de Sefarad, sino también por el largo y difícil proceso que tuvieron que pasar ambos países hasta lograr el mutuo reconocimiento diplomático. Por estos y otros motivos, tal como se observa en las declaraciones de los líderes judíos de España, en las puntualizaciones del embajador de Israel en Madrid, Herlz Inbar, y a través de los medios de comunicación israelíes, cualquier movimiento o gesto procedente de España en relación con el conflicto de Oriente Próximo, es observado con especial atención desde Tel Aviv.

Así lo demostró en diciembre de 1979 el ex presidente de la Comunidad Israelita de Madrid, Max Mazin, cuyas airadas protestas por la visita que ese año realizó a España Yasser Arafat, no impidieron que Adolfo Suárez se convirtiera en el primer presidente europeo que invitó y recibió oficialmente al presidente de la Autoridad Palestina. Los israelíes y los judíos españoles no olvidan que el largo abrazo —foto incluida— en que se fundieron Arafat y Suárez durante aquella visita, se tradujo después en la negativa de éste a establecer las relaciones diplomáticas con Israel, y desde entonces le consideran un personaje poco grato.

En Israel ya habían tomado nota mucho antes, cuando a raíz de la creación de su Estado, en 1948, España se alineó con el Vaticano respecto a la internacionalización de Jerusalén y buscó el apoyo de los países hispanoamericanos para impedir el ingreso de Israel en la ONU, condicionándolo a aquella internacionalización. Sin embargo, los resultados de esta política fueron muy pobres, ya que a principios de 1949 casi todos los países católicos habían reconocido o iban a reconocer al Estado de Israel, con o sin garantías para los lugares santos, e Israel fue admitido en las Naciones Unidas.

Sólo entonces el ministro de Exteriores, Alberto Martín Artajo, trató de establecer las relaciones diplomáticas, pero Israel se negó de plano. El gobierno de este país, que no comunicó oficialmente a España la noticia de su constitución como Estado, acusaba a Franco de haber sido aliado de Hitler y de vender armas a los árabes con quienes estaba luchando [2].

---

[2] Antonio Marquina, *Historia de España, España actual* (parte V), Gredos, Madrid, 1995.

Ahora, tras la agudización del conflicto en Oriente Próximo el Gobierno español ha vuelto a adoptar una posición claramente propalestina, lo que no pasa precisamente inadvertido en Israel. El propio presidente del Gobierno, José María Aznar, criticó la escalada militar emprendida por Ariel Sharon y advirtió al líder israelí sobre la necesidad de distinguir entre la lucha contra el terrorismo, «y lo que está ocurriendo en este momento en la zona». El presidente español, quien en el momento de realizar estas declaraciones lo era también, por turno, de la Unión Europea, recordó además al mandatario israelí que la declaración de la UE de Barcelona respalda a Arafat y exige a Israel la retirada de las ciudades palestinas ocupadas.

Esta toma de partido por parte de España ha creado tal malestar en el gobierno y en algunos sectores de la opinión pública israelí, que en los momentos más críticos de los últimos episodios bélicos, la actitud del Ejecutivo israelí y de algunos de los principales medios de comunicación de este país ha sido de abierto reproche hacia los personajes españoles que, en razón de sus cargos europeos, han intentado mediar en el conflicto. En el propio Israel hay quienes se preguntan si de haber sido, no españoles, sino franceses, alemanes o ingleses, Sharon se hubiese atrevido a prohibir que José María Aznar viajase a Ramala para entrevistarse con Yasser Arafat, como era el deseo del entonces presidente europeo, un desplante similar a los que Sharon propinó al en ese momento ministro de Exteriores, Josep Piqué, y al representante de la UE para la Política Exterior y la Seguridad Común, Javier Solana. En su desbocada arremetida contra Palestina, Sharon ha encendido varias veces este tipo de fuegos, lo que ha obligado a Simon Peres a apagarlos, haciendo uso de sus dotes diplomáticas y a la buena imagen que, todavía, conserva en Europa.

Javier Solana es el personaje español que más altercados ha padecido en Israel. En septiembre de 2001, a raíz de un atentado suicida que causó un muerto (el propio *kamikaze*) y once heridos en Jerusalén, fue abucheado por varias decenas de personas cuando visitaba el lugar en que el palestino se autoinmoló al hacer estallar una carga explosiva que llevaba pegada a su cuerpo. *«¡Antisemita! ¡Regresa a Durban!»*, gritaban los manifestantes espontáneos a Solana en referencia a unos violentos ataques antiisraelíes que horas antes marcaron la conferencia de la ONU sobre el racismo celebrada en esa ciudad sudafricana. *Mister Pesc*, como se denomina a Solana en razón de su actual cargo, había llegado a Israel con la intención de mediar entre los bandos en conflicto y buscar la forma de realizar un encuentro entre Yasser Arafat, y Simon Peres, pero tuvo que abandonar el país de inmediato protegido por sus guardaespaldas y por un cordón de guardias fronterizos israelíes.

Un segundo incidente se conoció el 14 de abril de 2002, cuando el presentador del noticiero de la Primera Cadena de Televisión Española (estatal), José Ribagorda, abrió el informativo con una noticia en la que aseguraba que Ariel Sharon declaraba persona *non grata* a Javier Solana y se negaba a reunirse con él, «pues cada vez que lo ha hecho después se ha arrepentido». Curiosamente, ese mismo día el primer ministro israelí se entrevistó personalmente con el enviado del presidente de Estados Unidos, el secretario de Estado, Colin Powell.

La tensión entre los gobiernos de España e Israel subió de grados al día siguiente, cuando el ministro de Exteriores, Josep Piqué, respondió a la insólita actitud del primer ministro israelí:

—Si el señor Sharon sólo quiere reunirse con personas que le dan la razón, se va a quedar sin interlocutores muy pronto.

A Piqué, actual ministro de Ciencia y Tecnología, Sharón ya le tenía enfilado desde el 23 de abril de 2001, cuando en una conversación que mantuvo con él y con Simon Peres, el ministro español hizo ver a Sharon que le parecía inaceptable su afirmación de que Europa no tiene una posición suficientemente firme sobre el terrorismo palestino. Al mismo tiempo Piqué aprovechó para reiterar que España y la UE consideran desproporcionadas las reacciones de Israel y que no ven con buenos ojos la expansión de sus asentamientos en territorios palestinos.

En una rueda de prensa conjunta con Peres, Josep Piqué dejó clara su opinión de que «no hay alternativa de paz para Oriente Próximo que no pase por un Estado de Israel que se sienta seguro y por una Palestina que sea viable desde el punto de vista económico». Eso sí, terminada la rueda de prensa, el ministro español reconoció a los periodistas que seguramente Sharon tiene un concepto distinto del suyo sobre lo que es el terrorismo palestino:

—Una cosa es la violencia derivada de la *Intifada* y de la ocupación de los territorios y otra el coche bomba a la puerta de un colegio. Creo que en esto último no podemos ceder ni un ápice. Estoy convencido de ello —afirmó Piqué en clara referencia a la ETA.

Producto de la sensibilidad que despiertan los asuntos relacionados con España, en Israel ha llamado la atención el hecho de que el Congreso de los Diputados de España haya aprobado «por unanimidad», una declaración en la que condena la ocupación israelí de los territorios de Cisjordania y Gaza, pide el alto el fuego y la retirada del Ejército y demanda la creación de un Estado palestino «viable, estable y creíble». En efecto, además de demandar el alto el fuego en la zona y la retirada inmediata del ejército Israelí, en cumplimiento de las resoluciones de las Naciones Unidas, el Congreso también pidió a la Autoridad Palestina que adoptara todas las medidas necesarias para que terminen los atentados contra el pueblo israelí y para detener a los autores.

En el mismo comunicado el Congreso español apoya la existencia, como Estados, de Israel y Palestina, dentro de fronteras seguras y reconocidas, por lo que hace suyo el plan de paz saudí, «que debe constituir una de las bases para la estabilidad, prosperidad y seguridad de la región». Si, como señaló el periódico israelí *Aurora,* citando la agencia de noticias Europa Press, «el embajador español en Israel, Carlos Bárcena Portoles, ha mostrado su apoyo a hacer modificaciones en la aplicación del acuerdo de libre comercio y asociación entre la UE y nuestro país para presionar al primer ministro Ariel Sharon a hacer concesiones en el conflicto con los palestinos», alguien en Israel puede estar pensando que en las relaciones con España existe un león dormido, que a ninguno de los dos países conviene despertar.

Posiblemente en algo de esto estaba pensando el representante de la UE para el Proceso de Paz en Oriente Medio, Miguel Ángel Moratinos, cuando el 7 de mayo de 2002, en referencia a la normalización de las relaciones entre ambos países, afirmó mediante un escrito que envió a la presentación del libro de José Antonio Lisbona *España-Israel, Historia de unas relaciones secretas*: «Ya es hora de que Israel y España nos miremos a la cara con total franqueza».

Curiosamente, en el momento en que los asistentes a la presentación del citado libro se felicitaban porque con Solana y Moratinos «en la mediación de Oriente Próximo se habla en español», Sharon se encontraba reunido con George Bush y con Colin Powell en la Casa Blanca. Ese mismo día un nuevo atentado en Israel, con dieciséis víctimas mortales, obligaba al primer ministro judío a regresar a su país antes de lo previsto.

La opinión publicada

En el terreno de la información, España es uno de los países donde la *opinión publicada* y quizá también la opinión pública, con mayor claridad y cantidad se ha parcializado a favor del bando palestino. Esta toma de postura ha sido tan notoria que la periodista y escritora Carmen Rigalt vio en ello material suficiente para escribir su habitual artículo en el diario *El Mundo* bajo el título «No está bien visto defender a Israel». Según Rigalt, «Salvo casos contadísimos (entre los que cabe mencionar nombres de signo opuesto como Albiac y Jiménez Losantos), aquí nadie defiende a Israel. No está bien visto hacerlo. Si alguien sucumbe a semejante tentación se verá obligado a pronunciar un larguísimo introito sentando dos premisas que invalidarán buena parte de lo que se expondrá a continuación». A su juicio, las dos premisas son «la causa palestina es justa y Sharon está loco» [3].

Ejemplos de información *antiisraelí* hay muchos. El 2 de abril de 2002 el programa *Treinta Minutos* del canal público Telemadrid emitió un reportaje en el que oficiales del ejército israelí reconocen que matan a otros seres humanos sin juicio previo. En otras palabras, admiten que Israel practica el terrorismo de Estado. Como en todo reportaje de este tipo, los diálogos que acompañan a las imágenes son cuidadosamente seleccionados:

—No sabemos quién ni qué es el objetivo; sólo llevamos las coordenadas del objetivo que tenemos que destruir —afirma un piloto de las Fuerzas Armadas Israelíes.

Las imágenes siguientes muestran un grupo de soldados israelíes que, entrada la noche, patrullan en la franja de Gaza con el objetivo específico de matar «terroristas». Pertrechados con sus armas automáticas de largo alcance y modernos equipos de vigilancia nocturna, los militares parecen conocer el *coladero* por el que los rebeldes palestinos incursionan en las zonas tomadas por Isra-

---

[3] *El Mundo,* 9-IV-2002.

el y permanecen en silencio, a la espera de que se detecte el primer movimiento. Mientras tanto, la cámara del realizador del reportaje enfoca el momento en que un soldado, impaciente, se ajusta su *kipá*.

Pese a que las comunidades judías de todo el mundo, incluidas las españolas, realizan esfuerzos para explicar que el conflicto de Oriente Próximo es un problema político entre israelíes y palestinos, no un asunto religioso entre judíos y musulmanes, ni entre judíos y palestinos, los matices religiosos del reportaje parecen inevitables. Así, en el momento en que está claro que el objetivo de la inteligencia militar de Sharon consiste en matar terroristas antes de que éstos hagan lo propio con ciudadanos israelíes, aparece ante la cámara el comandante de un grupo de militares de élite:

—Cuando los padres de mis soldados vienen a visitarme, en *shabat*, me piden que proteja a sus hijos (de nuevo se ve al soldado con su *kipá*). Como todo el mundo en Israel es pariente de alguien que ha sido asesinado, estamos ante un problema personal...

Siguiendo con el ejemplo de Telemadrid, esta misma cadena emitió, el 4 de mayo de 2002, una edición del programa *Mi cámara y yo* dedicado a los sucesos de Yenín, en el que se escuchaba la *voz en off* del operador de la cámara con frases que por sí solas lo dicen todo: «como en Nueva York, pero en Yenín...» ... «al gobierno de Israel no le interesa que se conozcan estas imágenes...». Curiosamente Telemadrid depende orgánica y presupuestariamente del Gobierno de la Comunidad de Madrid, con el que la Comunidad Judía de Madrid mantiene excelentes relaciones y un amplio convenio de colaboración.

Para ayudar a resolver la crisis de la Basílica de la Natividad, España se ofreció a acoger a tres de los trece activistas palestinos buscados por el *Tzáhal* que se habían refugiado en el santuario. Entre ellos se encontraba Ibrahim Musa Salem Abayat al que Israel acusa de estar implicado en la organización o ejecución de «docenas» de ataques armados y con bombas contra objetivos israelíes con el resultado de varios muertos y heridos. Una vez finalizado el sitio a la Basílica, para el noticiero de Telemadrid, emitido en la franja de mayor audiencia (14:20 horas), no había dudas sobre la ansias guerreras de Sharon. «Si en Belén se habla de paz, el gobierno israelí mantiene la necesidad de realizar otra operación militar en Palestina», afirmaba el presentador, mientras acompaña la información con imágenes de una gran manifestación pacifista celebrada en Israel en la que unas sesenta mil personas exigían el fin de las operaciones militares.

En sus esfuerzos por apagar los fuegos abiertos por Sharon, Simon Peres acudió el 23 de abril de 2002 a la Conferencia Euromediterránea celebrada en Valencia. Los palestinos no necesitan «ni una bomba ni un solo muerto» para conseguir su objetivo, que es la independencia, aseguró Peres en referencia a los atentados suicidas palestinos que, según el canciller Israelí, hasta esa fecha habían provocado «ciento veintiséis muertos indefensos». Uno de los momentos de mayor expectación se produjo cuando un periodista preguntó a Simon Peres por qué Israel acusa de antisemitismo a quienes critican la política de Sharon. El ministro de Exteriores enseñó un ejemplar de la revista satírica española *El Jueves* en cuya portada aparecía una caricatura del primer ministro Ariel Sharon caracterizado de cerdo, con una cruz esvástica insertada en la letra «o» de su apellido, todo ello acompañado de la frase: «Ese peazo animal.»

—¿Esto es una crítica o es antisemitismo? —preguntó Simon Peres visiblemente indignado— .Todos conocen la respuesta...esto es antisemitismo y me produce náuseas.

Para colmo, cuando la imagen internacional de Ariel Sharon estaba más baja que nunca, la madrugada del martes 23 de julio saltó la peor de las noticias: en una operación destinada a dar de baja al jeque Shejada, uno de los palestinos más buscados, la aviación israelí lanzó sobre Gaza una bomba de una tonelada de peso con el fatídico resultado de dieciocho civiles muertos, diez de los cuales eran niños palestinos que lógicamente se encontraban dormidos en el momento del ataque. Por si fuera poco, una segunda noticia confirmó que horas antes del atentado, que fue ordenado directamente por Sharon, los mediadores europeos habían conseguido la aceptación de una tregua por parte de organizaciones armadas palestinas tan activas como Hamas y Tanzim. Del alto el fuego, que estaba a punto de ser hecho público mediante un comunicado, ya se había informado a Yasser Arafat y a Javier Solana, y todavía el mundo se pregunta si también el primer ministro israelí estaba al corriente.

De poco sirvieron las explicaciones de Simon Peres, el único líder israelí que dio la cara ante la comunidad internacional para mostrarse «apenado» por lo que justificó como «un error». Dos días después del lanzamiento de la bomba las televisiones de casi todo el mundo emitían imágenes de cómo los equipos de rescate seguían encontrando cadáveres de niños entre las ruinas dejadas por la explosión. Fuentes israelíes aseguran que Sharon ordenó el atentado sin informar a Simon Peres, cuya dimisión como ministro de Exteriores se daba casi por segura a raíz del fiasco político, militar, humanitario y de imagen del gobierno que representa. Sin embargo, quienes mejor conocen a Peres aseguran que si este premio Nobel de la Paz no se ha marchado es porque considera que en las actuales circunstancias, por duras que resulten, su papel dentro del Ejecuivo es más importante que fuera de éste.

Movimientos en el «frente» judío español

La incomprensión que los judíos españoles están encontrando en su propio país a la hora de analizar las diversas aristas del conflicto de Oriente Próximo les ha llevado a vivir el problema por partida doble. Sufren al ver la sangre de israelíes y palestinos derramarse inútilmente por un asunto que de tener solución nunca podrá ser militar sino política, y lo pasan mal por la ola de antisemitismo que el mismo conflicto ha desatado en toda Europa.

Como ejemplo de las manifestaciones antisemitas que de forma oportunista saltan a la luz pública española cada vez que se produce alguna crisis relacionada con Israel o con el mundo hebreo, el presidente de la Comunidad Judía de Madrid, Jacobo Israel Garzón, extrae de su archivador fotocopias de diversas caricaturas y artículos de prensa publicados en periódicos de Madrid y Barcelona. Uno de ellos, publicado en el diario *Abc* el 28 de marzo de 2002 bajo el título «Aquella réplica atroz de la crucifixión de Cristo», es particularmente hiriente para los judíos, pues describe con todo lujo de detalles el supuesto crimen ritual del denominado «Niño de La Guardia», achacado a los hebreos, un asunto del que, según éstos, hasta la propia Iglesia católica ha reconocido su falsedad. «Al pequeño —escribe el autor del artículo— le sentenciaron a morir en cruz, como procedía, cumpliéndose así todo el alevoso proceso del drama de Palestina (...). Al inocente le arrancaron el corazón para no sabemos qué horrendos ritos y ceremonias...».

A Jacobo Israel Garzón no le gusta la información que, salvo excepciones, ofrecen los medios de comunicación españoles sobre el conflicto de Oriente Próximo, porque es muy sesgada.

—Las personas que nos pronunciamos a favor de la paz estamos en contra de la guerra, pero el primer planteamiento es cómo oponerse a un terrorismo de alta intensidad. Por ejemplo el terrorismo de ETA es de baja intensidad, pero cuando llevamos, como en Israel, más de cuatrocientos cincuenta civiles muertos, estamos ante un terrorismo de alta intensidad. Puede no gustarte un personaje como Sharon, pero de ahí a convertirlo en el malo de la película, es un sesgo exagerado. Si a esto le sumamos un sustrato antisemita que, queramos o no, hay en Europa, vemos que esas informaciones están generando un antisemitismo que se manifiesta en los ataques que sufrimos los judíos.

—¿Es posible criticar las acciones del Gobierno de Israel sin caer en posturas antisemitas?

—Al final no es tanto lo que se diga sino lo que se haga. Y la realidad es que se están atacando sinagogas, colegios y cementerios judíos. Pero el gran problema no está en que uno tenga que estar de acuerdo con el Gobierno israelí. Simplemente, las víctimas de un lado y de otro tienen que causar el mismo impacto. Tan malo es que mueran palestinos como que mueran judíos. Yo creo que esa ecuanimidad es lo que hace falta. No estoy diciendo que la prensa no critique al Estado de Israel; por supuesto que deben criticarlo, pero que critiquen también a la Autoridad Palestina.

—Pero todo no es antisemitismo.

—Cuando se dice que hay antisemitismo en la postura antiisraelí, lo que hay es maniqueísmo informativo, que es peor. Hay uno que es el bueno y otro que es el malo. Y el bueno ya puede poner bombas y terroristas suicidas para matar a mucha gente que no pasa nada. El sufrimiento de las cuatrocientas cincuenta familias israelíes que tienen muertos también debe ser visto. Pero, por supuesto, que se puede atacar al gobierno de Sharon. De hecho en Israel el cincuenta por ciento de la gente critica al gobierno.

—¿Qué significa Israel para los judíos españoles?

—Para nosotros Israel significa principalmente dos cosas: es nuestro solar patrio, es la cuna, el nacimiento de nuestros antepasados, que utiliza la vieja lengua de nuestros ancestros. En segundo lugar, Israel es el foco más importante de agrupación de judíos perseguidos por los pogromos rusos, por el nazismo, en los países árabes, en el mundo soviético, y a otros judíos que si no eran perseguidos, no tenían otro lugar a donde emigrar. En definitiva, Israel es el lugar donde nuestros hermanos han encontrado acogida cuando la han necesitado, y eso es muy importante. Aquí no se trata de un gobierno determinado, pues yo como judío puedo tener más simpatía por un gobierno que por otro.

—Dicen que si el gobierno de Israel estuviera en manos de sefardíes el conflicto se hubiera resuelto hace tiempo y por vías no violentas.

—No creo en eso. Yo soy un sefardí, no un sefarditista; no creo que unos sean mejores que otros.

—¿Qué tipo de agresiones antisemitas han sufrido ustedes en España a raíz de la operación *Muro de Defensa* desplegada por Israel?

—En Madrid y Barcelona hemos tenido ataques y pintadas contra las sinagogas. En la de Madrid, por ejemplo, a principios de enero de 2002 hubo un ataque de dieciséis *skin heads* con palos y botellas. También le puedo citar otros casos, como la quema de la puerta de la sinagoga de Ceuta y el apedreamiento de la sinagoga de Melilla. Estos no son verbalismos antisemitas sino actos antisemitas.

—En España hay voces que piden sanciones económicas para Israel. ¿Se ha concretado algo en este sentido?

—No, pero me parece absurdo que se puedan pedir sanciones contra Israel; no sé con qué argumentos. Lo que sí creo es que Israel debería hacer un esfuerzo para entender y tratar a la diplomacia europea con la calidad que la diplomacia europea se merece. Sobre todo tratarles adecuadamente. Por ejemplo, los israelíes deberían entender que el ministro Piqué es el ministro de Asuntos Exteriores de la UE en este momento (10 de mayo de 2002) y que el presidente Aznar es el presidente de la Comisión Europea en este momento; deberían darse cuenta de quién es Solana, e intentar mejorar las posiciones, tanto en beneficio de la UE como de Israel y sobre todo de las relaciones mutuas. Una cosa es que

Israel no vaya de víctima y otra que trate diplomáticamente las relaciones diplomáticas.

En un intento de paliar la situación, los dirigentes judíos más destacados en España, lo mismo que el embajador israelí, Herlz Inbar, han estado atentos a responder a las publicaciones consideradas más ofensivas como es el establecimiento artificial de una relación entre el Holocausto y el enfrentamiento entre Israel y Palestina. Dalia Levinsohn, presidente de la Comunidad Israelita de Barcelona, lo hizo para mostrar su «estupor e indignación», ante la forma en que un periódico catalán ha comparado la actual situación de Israel en el conflicto de Oriente Próximo con el nazismo. A su juicio, «un periodismo con prejuicios ajenos a la realidad histórica de la persecución y al presente político en Israel y los territorios palestinos banaliza el horror del holocausto manipulando la información».

Algo parecido ha hecho el embajador Inbar, al criticar duramente publicación en Madrid de una caricatura en la que se comparaba la actuación del Ejército israelí con la de los nazis en el gueto de Varsovia. Este tipo de críticas, según el diplomático, «provoca indignación y repulsa a todos los que tienen una mínima sensibilidad por los horrores del Holocausto y unos mínimos conocimientos sobre su magnitud (y características), así como a quienes mantienen una actitud ecuánime ante las circunstancias del conflicto entre Israel y los palestinos». El embajador israelí se pregunta «¿Qué comparación puede hacerse entre la masacre sistemática de seis millones de personas, entre ellas un millón y medio de niños, por el solo hecho de ser judíos, y el enfrentamiento provocado por la Autoridad Palestina en el contexto de una disputa sobre derechos nacionales que causó la muerte de más de mil doscientas víctimas, entre ellos trescientos sesenta israelíes (la mayoría civiles)?».

En la misma línea se manifestó el 1 de mayo de 2002 la escritora estadounidense Barbara Probst Solomon, quien recriminó al escritor José Saramago el hecho de haber comparado Cisjordania con Auschwitz. Según esta escritora, «El retrato que Saramago hace del judío vengativo que lleva a cabo la obra de un Dios vengativo —Míos son la venganza y el pago— no es una observación literaria original, sino antisemitismo estándar repetido a lo largo de los siglos...».

Dos meses después David Harris, director del American Jewish Committee, hacía lo propio desde Nueva York al contestar a una carta publicada en periódico español en la que se mencionaba el «lento holocausto del pueblo palestino perpetrado por Israel» y se comparaba al Israel de hoy con la Alemania del Tercer Reich. En opinión de Harris, «el conflicto palestino-israelí es un conflicto prolongado y complejo que representa una tragedia para ambas partes. No obstante, no tiene nada que ver con la obscena analogía histórica del autor del artículo...». En su misiva, el dirigente judío recuerda que los palestinos podrían encontrarse camino de la independencia si Arafat hubiese aceptado el acuerdo de gran alcance que le ofreció el primer ministro Barak el año pasado. «Pero los palestinos desestimaron estas tentativas conciliadoras y lanzaron una nueva ola de violencia que incluye ataques con morteros y bombas suicidas...»

En otro intento de aclarar las cosas, el 15 de abril se reunieron en la sede de la Comunidad Judía de Madrid representantes de casi todas las comunidades judías de España. Acompañados por diversas personalidades, como el defensor del pueblo, Enrique Múgica; el presidente de la Asamblea de Madrid, Jesús Pedroche; el portavoz del grupo socialista en el Senado, Juan José Laborda; el escritor y catedrático de filosofía, Gabriel Albiac, y los embajadores de Estados Unidos e Israel en Madrid, George L. Argyros y Herlz Inbar, respectivamente. Los asistentes al acto suscribieron un comunicado ciertamente clarificador.

Un conflicto político, no religioso

Preocupados por el cariz que estaban tomando en España los efectos del recrudecimiento de las hostilidades entre Israel y Palestina, los hebreos decidieron hacer público un manifiesto conjunto, en el que, entre otras cosas, afirman que las Comunidades Judías de España:

—Expresan su solidaridad con las víctimas israelíes del terrorismo y con sus familias.

—Están a favor de la paz entre los pueblos israelí y palestino, y se declaran por el establecimiento de un Estado palestino independiente, siempre que esté dispuesto a vivir en paz con Israel y a no dar acogida a terroristas que atenten contra la población israelí.

—Hacen notar que el conflicto de Oriente Próximo es un asunto político y no religioso.

—Ven con preocupación el incremento de incidentes que las personas, sinagogas, colegios y cementerios judíos están sufriendo en los países europeos, incluido España, en los últimos tiempos.

—Constatan que el tratamiento que los medios de comunicación, con honrosas excepciones, dan al conflicto de Oriente Próximo está levantando en Europa un sentimiento judeófobo que se creía ya superado. Al mismo tiempo se ignoran las noticias sobre el sufrimiento de la población israelí y de víctimas inocentes del terrorismo.

—Se declaran consternadas por la simplificación y banalización histórica realizada por parte de Saramago, al establecer paralelismos entre el Holocausto y la situación palestina. Es una falsedad que sólo sirve para exacerbar los sentimientos antijudíos y en ningún caso contribuye a la causa de la paz.

—Instan a los dirigentes políticos, agentes sociales y medios de comunicación españoles a liderar el proceso por la paz y abanderar una política de información responsable en la que todos los hechos, de uno y otro lado, sean presentados con ecuanimidad ante la opinión pública, evitando especialmente caer en comentarios racistas.

(Comunicado suscrito por diversas personalidades y por las comunidades israelitas de Madrid, Barcelona, Ceuta, Las Palmas de Gran Canaria, Málaga, Marbella, Palma de Mallorca, Santa Cruz de Tenerife, Sevilla, Torremolinos, Valencia, Atid y la Federación de Comunidades Israelitas de España)

Enfadados pero no descuidados

Las críticas de José María Aznar y de otros altos cargos de su gabinete hacia la actitud política y bélica de Israel respecto a Palestina no han impedido que el Gobierno español haya buscado la forma de establecer con Israel acuerdos de carácter armamentista, como es el caso de los aviones militares sin piloto (UAV), y para colaborar con este país en asuntos relacionados con la tecnología espacial —especialmente satélites y sus lanzadores—. Demostrando que en cuestiones bélicas el gobierno español podrá estar enfadado pero nunca dormido, con este fin, a principios de 1998, viajó a Israel el secretario de Estado de Defensa, Pedro Morenés.

Como resultado de la visita los dos gobiernos acordaron contrastar el nivel tecnológico de ambos países en el campo aéreo-militar a fin de abordar la posibilidad de llevar a cabo proyectos conjuntos. Para tener una idea del uso que la Fuerza Aérea israelí ha dado a sus aparatos UAV en Palestina, basta decir que los aviones no tripulados permiten llevar a cabo el reconocimiento de zonas fuertemente defendidas sin el riesgo de pérdida del piloto o de un aparato de precio superior. También pueden ser utilizados para la corrección del tiro de artillería y para la observación de los movimientos en un campo de batalla.

Aquel viaje realizado por Morenés tuvo un carácter marcadamente bélico. El representante del Gobierno español visitó algunas de las industrias israelíes de defensa más importantes, entre ellas IAI (Israel Aircraft Industries), IMI (Israel Military Industries), Elta, Bedek, Elop, Tadiran, Elbit y Rafael, así como diversas instalaciones militares. En esta parte del recorrido, el secretario de Estado conoció los talleres donde el Ejército israelí produce y mantiene el carro de combate *Merkava* y fue informado sobre los planes para transformar el carro de combate M-60 a fin de incorporarle los últimos sistemas ofensivos y defensivos. El interés de Morenés estaba justificado, pues no en vano el Ejército de Tierra español y la Infantería de Marina también cuentan con carros M-60.

En el plano armamentistico las relaciones entre España e Israel han sido intensas en diversas ocasiones. Primero fue el equipamiento del Boeing 707 del Ejército del Aire dedicado a reconocimiento electrónico, después se estudiaron diversas armas de fabricación israelí para sustituir a los viejos fusiles *cetme* del Ejército español. Más adelante la firma Tadirán Comunicaciones logró un contrato para abastecer de sistemas de comunicación militar al Ministerio de Defensa español por valor de treinta y cinco millones de dólares. El acuerdo se firmó por cinco años y la ejecución del proyecto se realizaría a partir de un *joint venture* con la española AMPER. El Ministerio de Interior español también ha hecho negocios con Israel, en este caso adquiriendo en este país diversos sistemas de seguridad y control de entradas y salidas para cárceles, fabricados por la empresa Sinal.

El intercambio comercial, un mundo aparte

Al margen de los negocios militares y de las diferencias que pueda haber en el terreno político, entre España e Israel existe un mundo que tiene poco que ver con el conflicto de Oriente Próximo y que de hecho, hasta ahora no se ha visto seriamente afectado por éste. Se trata del fructífero y creciente campo de las relaciones comerciales, un espacio que, según explica el Departamento Comercial de la Embajada de Israel en España, empezó a potenciarse en 1986 a raíz del ingreso de España de la UE, y desde entonces no ha dejado de crecer hasta superar los mil millones de dólares en 2000.

En un ambiente de intensa actividad comercial, muchos empresarios españoles han logrado llevar a cabo su particular conquista del mercado israelí. Más de una veintena de acuerdos y convenios bilaterales permiten a españoles e israelíes trabajar juntos en sectores tan diversos como la investigación tecnológica, desertización, agricultura, energía, medio ambiente y telecomunicaciones. Estas relaciones han crecido a un ritmo tan fuerte que en 2001 el volumen de intercambios alcanzó los 1.176 millones de dólares, un ocho por ciento más que el año anterior. De esta cifra casi el sesenta por ciento corresponde a exportaciones españolas a Israel, mientras que el resto refleja las compras realizadas por España a compañías israelíes.

Entre los sectores más importantes de la exportación española destacan los automóviles y material de transporte, maquinaria, productos de cerámica y piedra, barras de acero, muebles, productos de limpieza e higiene, tecnología medioambiental e infraestructura energética. Por parte israelí, las partidas más destacadas de la exportación a España son los productos químicos (fertilizantes), maquinaria, programas de *software* y telecomunicaciones, semillas, equipos médicos, plásticos y maquinaria agrícola y de riego. Como ejemplo concreto de las exportaciones tecnológicas israelíes hacia España se pueden citar las sesenta y dos plantas de desalinización de agua de las Islas Canarias.

Después de dieciséis años de relaciones diplomáticas y comerciales con Israel, no son pocas las empresas españolas que compiten y ganan concursos en el país de Oriente Próximo.Un ejemplo de ello es el caso de Dragados y Construcciones, que en consorcio con empresas locales ha resultado adjudicataria de un concurso internacional convocado por Israel para el diseño, financiación, construcción y explotación de dos túneles dobles a través del monte Carmelo, en la ciudad de Haifa. Con un presupuesto de doscientos cincuenta millones de dólares (unos treinta y ocho mil millones de pesetas), las obras tienen una duración prevista de cinco años, a partir de los cuales los túneles serán explotados en régimen de concesión durante treinta y cinco años. Otro logro de

Dragados en Israel ha sido conseguir el contrato de ampliación del puerto israelí de Hayovel, con un presupuesto de treinta mil millones de pesetas (más de ciento ochenta millones de euros).

La empresa Alstom, fabricante española de locomotoras y vagones, también se ha adjudicado en los últimos años varios concursos convocados por las autoridades ferroviarias y portuarias de Israel. Lo mismo ocurre con la firma catalana Team, experta en la fabricación de pasarelas telescópicas para aeropuertos, que ha logrado un contrato oficial para la construcción de veinticuatro de ellas, por valor de trece millones de dólares. Junto a estas firmas, en Israel están presentes otras compañías como Seat, que se ha convertido en el principal suministrador europeo de coches a Israel, e Irizar, suministradora de autobuses a la empresa de transportes israelí Egged.

Uno de los casos de penetración española en Israel que más éxito ha cosechado ha sido el protagonizado por Zara. Con nueve tiendas instaladas en los principales centros comerciales del país, esta exitosa empresa de moda realiza envidiables y crecientes facturaciones en Israel. Además de la moda de Zara, en las calles de Israel están presentes marcas como Mango, Pull & Bear (dieciséis tiendas) y Springfield (Cortefiel). Las posibilidades del mercado israelí tampoco han pasado inadvertidas para otras grandes empresas, como el grupo vasco Fagor y El Corte Inglés, los cuales, si no lo han hecho ya, están a punto de desembarcar en el país de la estrella de David, en el que se encontrarán con otros grupos españoles tan poderosos como el Banco Santander y la cadena hotelera Sol-Meliá.

El intercambio comercial entre dos países es, por definición, mutuo. Tal como explica la Embajada de Israel, uno de los sectores preferidos por sus empresas en España es el de las telecomunicaciones. La reciente liberalización de este mercado, que durante años permaneció bajo el monopolio de la antigua Compañía Telefónica Nacional de España, así como la introducción de nuevos proveedores de servicios, ha abierto las puertas a la cooperación económica en este sector. De hecho, Telefónica adquiere muchos de sus productos en Israel, como ha sido el caso de diecisiete estudios virtuales adquiridos a la sociedad Orad.

En el campo de las telecomunicaciones Airtel también equipa con tecnología israelí parte de su equipo técnico para telefonía móvil y Terra ha firmado un acuerdo con varias empresas de este país, entre ellas Babylon, para que sus usuarios puedan cargar desde la red un moderno programa de traducción con el que esta empresa ha conquistado Internet. La empresa IDC, especializada en estudios de mercado en este sector, publicó en 2001 los resultados de un estudio según el cual el mercado español será uno de los más grandes y dinámicos de Europa en cuanto a las transmisiones por banda ancha. Por este motivo, el Grupo Radiotrónica ha decidido entrar en la tecnología internet de la mano de la multinacional de origen israelí Orckit Comunications Ltd., líder mundial en tecnología HDSL.

Otros ejemplos que cita el Departamento Comercial de la Embajada israelí son las sociedades Amdocs y Comverse, así como la empresa Floware, que participa en un proyecto de tres millones de dólares con la española Neo del grupo Ebrared. Igualmente activa en España es la firma israelí Nams, que ha unido fuerzas a Iberdrola para ofrecer servicios de internet de banda ancha a velocidades vertiginosas.

El sector agrícola es otro de los grandes campos de la economía española muy apetecido por los exportadores israelíes. Un ejemplo de ello fue la reciente y multimillonaria adquisición del Grupo Potasas a cargo de un consorcio integrado por la empresa israelí Dead Sea Works y las españolas La Seda de Barcelona y Tolsa. Esta operación, que pretende consolidar el Grupo Potasas como una puerta estratégica para el mercado europeo y latinoamericano, constituye un ejemplo más de colaboración entre casas españolas e israelíes para la conquista de otros mercados internacionales.

La casi interminable lista de compañías, muchas de ellas mixtas hispano-israelíes, que operan en el sector agrario español demuestra que, en efecto, ésta es una de las áreas más activas entre ambos países. Así, desde julio de 2000 la empresa Amgat posee en Murcia la fábrica de transformación de cítricos «más moderna del mundo»; Naan España fábrica sistemas de riego por goteo del kibuts Naan en Almería, la misma provincia donde Hazera produce semillas y colabora con Plastimer, fabricante de plásticos para invernaderos; Agrometzer, en Ciudad Real, produce instalaciones de riego por goteo con tecnología israelí; Aragonesas Agro elabora productos agroquímicos; Ferquisa distribuye fertilizantes; Gat Fertilíquidos trabaja en Huelva y Extremadura; Chromagen ha invertido cinco millones de euros para fabricar paneles de energía solar en Andalucía; Eden Springs ha comprado el cincuenta por ciento de la española Aqua 2000, una de las firmas punteras del sector de las aguas minerales...

La presencia de empresas y capitales israelíes en toda la geografía española demuestra que los responsables políticos y económicos de las diversas comunidades autónomas se han movido mucho en la sombra para arrimar el ascua a su sardina a la hora de facilitar el intercambio comercial con Israel. Con ese fin el presidente de la Comunidad de Madrid, Alberto Ruiz-Gallardón, realizó una gira por Israel a mediados de 1998 acompañado por treinta y ocho empresarios y tres consejeros.

Del viaje de Ruiz-Gallardón a Israel todos regresaron satisfechos, pues llegaron a Madrid con las maletas repletas de ideas y planes de negocio. Sobre todo, los ganaderos de Campo Real, que consiguieron semen de la raza ovina más productiva del mundo. Se trata de la oveja *assaf,* autóctona de Israel, que según dicen, produce seis veces más leche que las madrileñas. Son las sorpresas que tiene la conquista comercial de este país, tan convulso como productivo, de Oriente Próximo.

X. EL NEGOCIO DE LA PAZ

Un cóctel para el Nobel

La tarde-noche del 22 de junio fue una de las más calurosas del naciente verano de 1997. Esa fecha, cuando los vecinos de la calle Marquesa Viuda de Aldama, situada en la urbanización La Moraleja de Madrid, advirtieron que empezaba a formarse un pequeño barullo de escoltas y de lustrosos coches —algunos de ellos oficiales—, cuyos chóferes se apresuraban a coger las plazas de aparcamiento situadas en los lugares más estratégicos, intuyeron que algo importante iba a ocurrir en su barrio... y no se equivocaban.

La Universidad de Alcalá de Henares había decidido conceder el doctorado *honoris causa*, por sus esfuerzos a favor de la paz en Oriente Próximo, a Simon Peres, cuya investidura estaba programada para la mañana siguiente, por lo que el presidente del Instituto Internacional de Estudios Sefardíes y Andalusíes, Isaac Siboni, había organizado en su domicilio un cóctel en honor del ex primer ministro y actual titular de Exteriores de Israel. Ese día, en efecto, Simon Peres recibió la visita de un numeroso, aunque selecto, grupo de invitados, en el que no faltaron, además de destacados miembros de la comunidad judía de España, importantes representantes del mundo de la empresa, la política y la judicatura, lo que, por otra parte, justificaba las extraordinarias medidas de seguridad que franqueaban el acceso al domicilio de Siboni.

Una de las primeras en acudir fue la empresaria Alicia Koplowitz, quien además de conversar largamente con Peres, aprovechó para conocer al barón Eric de Rothschild, presidente del grupo bancario del mismo nombre. A la cita con el dirigente israelí acudieron otros empresarios no menos relevantes. Es el caso del ex presidente de la Fundación Príncipe de Asturias y propietario de la cadena de establecimientos Vips, Plácido Arango, quien pudo intercambiar opiniones con hombres de negocios de la talla de Simón Xavier Hermés, presidente de la prestigiosa firma de artículos de lujo, y con Max Mazin, ex presidente de la Comunidad Israelita de Madrid y entonces copropietario del grupo hotelero Tryp.

A aquella veraniega reunión también asistió el presidente de la Asociación Española de Banca (AEB), José Luis Leal, un personaje que generalmente sólo se prodiga en actos relacionados con su quehacer profesional. Casado con una judía origen francés, Leal es un asiduo colaborador de los actos que organiza en España el Instituto Internacional de Estudios Sefardíes y Andalusíes. Junto a este banquero estuvieron también el enviado especial de la UE al conflicto de Oriente Medio, Miguel Ángel Moratinos; el rector de la Universidad de Alcalá de Henares, Manuel Gala, y el entonces presidente de la Comunidad Judía de Madrid, Isaac Querub Caro.

Las divergencias profesionales que en los comienzos de la instrucción del *caso Banesto* surgieron entre dos magistrados de la Audiencia Nacional, Manuel García-Castellón y Miguel Moreiras, no fueron óbice para que ambos jueces coincidieran en el cóctel, al que también asistió el magistrado del Tribunal Constitucional Rafael Mendizábal. Los tres juristas emplearon buena parte de la jornada para intercambiar sus puntos de vista sobre la entonces excesivamente agitada vida interna de la Audiencia Nacional. En un momento de la reunión se acercó a ellos el abogado y escritor Rafael Escuredo, amigo personal de Siboni y muy bien relacionado con los altos círculos judíos de Madrid. Los antepasados sefardíes del ex presidente de la Junta de Andalucía ya han sido comentados en otro capítulo de este libro.

Uno de los más activos de la velada fue el entonces presidente de la Comisión de Exteriores del Congreso y actual embajador de España en Estados Unidos, Javier Rupérez. Presidente también, en ese momento, de la Asamblea Parlamentaria de la Organización para la Seguridad y Cooperación en Europa (OSCE), Rupérez conversó con casi todos los invitados extranjeros de Siboni, entre los que estaban, además del embajador de Israel en España, Ehud Gol, el representante diplomático de Jordania, Timoor Daghistain, y el ex ministro israelí de Trabajo y de Culto, Aarón Habilissira.

Para Simon Peres, que en diciembre de 1994 obtuvo el premio Nobel de la Paz junto al asesinado ex primer ministro israelí, Isaac Rabin, y el presidente de la Autoridad Palestina, Yasser Arafat, es muy importante pulsar la opinión de personajes como los que acudieron al cóctel organizado en su honor. Por este motivo, cada vez que visita España, ya sea en viajes oficiales o privados, Peres mantiene discretas reuniones, no sólo con dirigentes de la comunidad judía española, sino también con otras personalidades del mundo de la empresa y la política, las cuales le permiten estar al tanto de lo que se comenta en este país sobre la evolución del conflicto de Oriente Próximo y sopesar las posibilidades de desarrollar iniciativas de paz.

El futuro Oriente Próximo se construye en España

En España no se puede hablar de los esfuerzos para lograr la pacificación de Oriente Próximo sin mencionar a Isaac Siboni, fundador de la Asamblea Universal Sefardita y, como se ha dicho, presidente del Instituto Internacional de Estudios Sefardíes y Andalusíes. Desde 1991, año en que creó la primera de ellas, este empresario judío de origen sefardí desarrolla una labor, muchas veces silenciosa, pero tan intensa en la búsqueda de caminos que lleven al entendimiento entre israelíes y palestinos, que a su iniciativa se deben la organización de numerosos encuentros y foros de diálogo sectorial, y la organización privada de proyectos concretos de paz, trabajo y educación dirigidos a las regiones más deprimidas de Oriente Próximo.

El trabajo a favor de la paz, no sólo en la Península ibérica sino en toda el área mediterránea ha llevado a Siboni a convertirse en el español más cercano a Simon Peres. El ministro de Exteriores israelí es consciente de que el problema entre Israel y Palestina es un asunto netamente político, pero no ignora el destacado papel que juegan en el proceso de pacificación de la zona los líderes religiosos. Por este motivo, el premio Nobel sugirió a Isaac Siboni la conveniencia de organizar en España un encuentro en el que se sentasen a dialogar sobre temas de paz representantes de las tres principales religiones monoteístas: cristianos, judíos y musulmanes.

Siboni, presidente de la constructora Madpit International y de la firma Hispanoafricana Minera, no echó en saco roto la idea y en cuestión de semanas, en su calidad de presidente del Instituto de Estudios Sefardíes, llegó a un acuerdo con el rector de la Universidad de Alcalá de Henares, Manuel Gala, para organizar el encuentro. «No fue fácil, porque se trataba de hacer venir a España a un gran número de líderes religiosos desde lugares muy lejanos —explica Siboni—, pero gracias a que en todo momento contamos con la ayuda del entonces ministro de Exteriores, Javier Solana, logramos realizar el encuentro.»

En efecto, bajo el eslogan, «Tres religiones y un compromiso de paz» y con el apoyo expreso de los reyes don Juan Carlos y doña Sofía, en noviembre de 1994 acudieron a España más de ciento cincuenta dignatarios judíos, cristianos y musulmanes procedentes de todos los rincones del mundo. Durante dos días los delegados, protegidos por un impresionante despliegue de seguridad, celebraron los debates sin incidentes, pese a las posturas políticas contradictorias mantenidas entre muchos de ellos. Personajes como el jeque Ishak Idris Sakhouta, de Sudán; Abraham Levy, gran rabino de las comunidades sefardíes de Gran Bretaña, y el arzobispo Francesco Gioia, delegado del Consejo Pontificio del Diálogo Interreligioso, se dieron cita, junto a embajadores, políticos, jueces, abogados e intelectuales, para participar en los coloquios, que se desarrollaron en las aulas de la universidad alcalaína.

La lista de los asistentes al primer encuentro interreligioso organizado por Siboni es ciertamente impresionante: el jeque Ishak Idris Sakhouta; el gran mufti de Túnez, Mohamed Mokhtar; el presidente del Centro Islámico de Nueva Delhi, Wehiduddin Khan; el presidente del Partido Socialista de Argelia, Hocine Ait-Ahmed; el gran mufti de Yemen, Zabbarah; el gran rabino de Netania, David Shlush; el egipcio Mahmoud Ofhman; el ministro de Justicia de la Autoridad Palestina, Abu Middain; el gran mufti de Alepo, en Siria, y el gran rabino de Madrid, Yehudah Benasuly, son sólo algunos de ellos.

En aquella primera cita internacional, a la que han seguido otras no menos concurridas, también estuvieron presentes personajes como José Luis Leal, Max Mazin y el obispo José Infantes. No lejos de ellos se sentaron el juez de la Audiencia Nacional Baltasar Garzón; los abogados Rafael Escuredo y Gerardo Quintana, este último presidente de la Unión de Jurista Europeos, y el magistrado Rafael Mendizábal.

Durante la clausura del encuentro, que contó con la presencia de los Reyes, once oradores precedieron al Monarca español en el uso de la palabra: el rector Manuel Gala; el arzobispo Francesco Gioia; el director de la misión de la Liga de Estados Árabes, Daham Ahmed Mahmoud; el representante del ministro de Asuntos Exteriores de Egipto, Mahmoud Ofhman; el jeque sudanés, Ishak Idris, y el gran rabino Abraham Levy. A estos altos dignatarios les siguieron Edgar Bronfman, presidente del Congreso Judío Mundial; el rector de la Universidad de Amman, Mohamed Adnan Bakhit, en representación del príncipe heredero de Jordania; el ministro de Justicia de la Autoridad Palestina, Abu Middain; el ministro de Exteriores de Israel, Simon Peres, y el ahora máximo representante de la UE para la Política Exterior y la Seguridad Común, Javier Solana.

Todos ellos, incluidos los escépticos y reivindicativos representantes de Palestina y la Liga de Estados Árabes, entraron de lleno a analizar, en palabras de Simon Peres, «más lo que nos une que lo que nos separa», y concluyeron en la necesidad de que los jefes espirituales sumen sus fuerzas con los dirigentes políticos de los países afectados por la crisis de Oriente Próximo en pos de un solo objetivo: alcanzar una paz justa y duradera en esta región castigada por la guerra.

Don Juan Carlos destacó el papel de España en la solución del conflicto entre israelíes y palestinos, en referencia a la Conferencia de Paz de Oriente Próximo, celebrada en Madrid a finales de 1991. Recordó que esta capital fue el marco en el que se inició el proceso político para establecer la concordia entre los pueblos y los países de esa zona. «La tenacidad y la capacidad de negociación de todas las partes interesadas para superar los episodios difíciles y cruentos que se han presentado, y su generosidad y altura de miras, acrecienta nuestra fe en este proceso», afirmó el Monarca antes de cerrar el acto, para lo que recurrió a textos sagrados de las tres religiones.

Aquel primer encuentro interreligioso fue tan provechoso que desde entonces en la Universidad de Alcalá, sede del Instituto Internacional de Estudios Sefardíes y Andalusíes, continúa celebrándose cada tres años la reunión entre representantes de las tres religiones monoteístas. Una de las últimas, celebrada los días 10 y 11 de noviembre 1999, tuvo un marcado sabor educativo y contó con la presencia de doce ministros de países como Marruecos, la Autoridad Palestina, Israel y Egipto. Tal como explica Isaac Siboni, «en aquella ocasión se abrieron las puertas para dar cabida a la sociedad civil en el apoyo a la pacificación de Oriente Próximo, por lo que invitamos a cuarenta rectores de universidades del Mediterráneo. Con todos ellos hemos firmado acuerdos para educar a los alumnos hacia la paz».

En la misma línea de acercamiento entre las religiones y con la participación de Siboni, la Junta de Andalucía y el Reino de Marruecos constituyeron la Fundación de las Tres Culturas del Mediterráneo, cuyo patronato está presidido por el rey Juan Carlos y en su momento también por el fallecido monarca alauí, Hassan II. En su primera reunión, la fundación, que preside el jefe del gobierno andaluz, Manuel Chaves, se inició la constitución de un fondo documental sobre la coexistencia de las tres culturas en todo el ámbito mediterráneo.

Una luz al final del túnel

El éxito de las reuniones interreligiosas organizadas por el Instituto de Estudios Sefardíes animó a Simon Peres a pedir a Isaac Siboni que crease en España una filial de su poderosa Fundación Centro Peres Para la Paz. Este centro es la organización privada que más proyectos internacionales relacionados con la paz y la integración de los pueblos de Israel y Palestina realiza en áreas como la empresa, empleo, salud, educación y cultura. En definitiva, una de las pocas luces que hay al final del oscuro túnel en que se hallan las relaciones entre estos pueblos de Oriente Próximo.

Con esta idea, el 25 de abril de 1998 se reunieron en Madrid el magistrado del Tribunal Constitucional Rafael Mendizábal; el rector Manuel Gala; el entonces presidente de la Comunidad Israelita de Madrid, Isaac Querub, y el propio Siboni. Ese mismo día redactaron el acta fundacional de la asociación española Peres-Centro Para la Paz, «no política ni lucrativa», cuyo objeto consiste en estimular desde España la cooperación con el Oriente Medio, «creando una amplia gama de proyectos que ayuden a la paz económica y educacional, así como al desarrollo social, agricultura, información tecnológica, medicina y salubridad».

Desde entonces en Madrid funciona una de las grandes sedes internacionales con que cuenta el Centro Peres Para la Paz. Las otras se encuentran en Tel Aviv —la principal—, Roma, Munich y Nueva York. Presidido en España por Siboni, el Centro Peres ha llevado a cabo tantas acciones en favor de la convivencia pacífica entre israelíes y palestinos, que a su Comité de Honor no han dudado en vincularse personajes como Felipe González; la princesa Irene de Grecia, hermana de la reina Sofía; la empresaria Alicia Koplowitz, quien figura en los documentos del Centro, como «presidente de Omega Inversiones»; los presidentes de las Comunidades Autónomas de Madrid y Andalucía, Alberto Ruiz-Gallardón y Manuel Chaves, respectivamente; Miguel Ángel Moratinos; Javier Rupérez; Ramón Gil-Casares, director del departamento de Internacional y Defensa del gabinete de la Presidencia del Gobierno; Ana María Ruiz-Tagle, ex senadora y presidente del Consejo Social de la Universidad de Sevilla; José Luis Leal; el banquero Eric de Rothschild; Maurice Hatchwell, miembro de la Comisión Internacional del Oro Nazi; Guillermo de la Dehesa, vicepresidente de Goldman Sachs Europe...

Presidida desde Tel Aviv por Uri Savir, el principal negociador de Israel en las conversaciones que dieron lugar al Acuerdo de Oslo en 1993, tal como explica Siboni, el trabajo de esta organización en España consiste en integrar al mayor número de empresas públicas y privadas, así como al Gobierno y a las Administraciones locales en una red de cooperación que contribuya al desarrollo de multitud de proyectos de paz entre israelíes y palestinos, pero todo ello con una característica novedosa: «Si durante décadas la guerra en Oriente Medio ha sido un lucrativo negocio para unos pocos, a partir de ahora colaborar con la paz en esta zona puede convertirse en una actividad rentable para miles de empresarios de todo el mundo.»

Así de rotundo se muestra Siboni para insistir en que, ahora más nunca, hay que recordar que, entre otras muchas iniciativas en marcha, el Centro Peres ha construido un parque industrial en la localidad de Karni (situada en una zona limítrofe entre Israel y las áreas autónomas palestinas) que puede representar el germen de una verdadera convivencia pacífica entre Israel y Palestina. En este parque empresarial de diez mil metros cuadrados y capacidad para albergar a unos veinte mil trabajadores israelíes y palestinos se podrán instalar toda clase de empresas, «procedentes de Israel, de los países árabes y del resto del mundo». Las compañías que instalen sus plantas de producción en este polígono industrial disfrutarán de toda clase de beneficios fiscales y de muchas otras facilidades materiales, legislativas y financieras, destinadas a hacer ver a los empresarios que es posible colaborar con proyectos de paz y al mismo tiempo obtener beneficios económicos.

Bajo la premisa de «privatizar la paz», el Centro Peres cuenta con numerosos proyectos en fase de desarrollo, la mayoría de ellos en campos como el tecnológico, agricultura, energía e infraestructuras, medicina, educación, formación, cultura y deportes. Por ejemplo, en el área agrícola, uno de los primeros en acudir a la llamada ha sido el empresario italiano Guido M. Barilla, presidente de la firma Barilla Alimentare, S.P.A., productora de la conocida marca de pasta, quien ha financiado el proyecto «Trigo al servicio de la paz». Este programa tiene como objetivo desarrollar y producir variedades de trigo genéticamente mejoradas para adaptarse al desierto del Oriente Medio, destinadas a la industria de la pasta.

Actualmente la siembra se efectúa en el Neguev, una zona próxima a la frontera entre Israel y Egipto, donde la primera cosecha se recogió en mayo de 1998. Según los planes, la producción de grano se extenderá gradualmente, hasta incluir a Egipto, la Autoridad Palestina, Jordania y otros países de la región. En unos cuantos años se espera producir cincuenta mil toneladas de trigo de la variedad *durum*, una de las que mejor se están adaptando a las duras condiciones del terreno.

Además de este programa agrícola hay otros, como uno de desarrollo cooperativo de piscifactorías que se lleva a cabo en colaboración con el Gobierno de los Países Bajos, a través de empresarios palestinos y del centro israelí Bengis de Acuacultura del Desierto. Este programa ofrece una solución para la deteriorada calidad y cantidad de peces en la franja costera de Gaza. El proyecto tiene el objetivo de desarrollar viveros de alta tecnología, con un rendimiento excepcional por metro cúbico de agua, que garantice simultáneamente el consumo propio y la capacidad de exportación. El proyecto piloto lleva varios años funcionando en Gaza y en el Neguev, y servirá de base para futuras cooperaciones con Jordania, Egipto y los países del Golfo.

La importancia de estos programas agrícolas es innegable, porque la guerra es un fenómeno que también está ligado a la falta de alimentos y oportunidades laborales. Actualmente en Oriente Medio viven unos doscientos millones de personas y su tasa de crecimiento anual es del tres por ciento. A ello suma el grave fenómeno de la desertización y la escasez de agua que amenaza a todos los pueblos de la región, algo que hace imprescindible la búsqueda de nuevas alternativas y métodos para superar las desventajas de las tierras áridas, la erosión del suelo y el salitre. Como es obvio, ninguno de estos problemas regionales podrá ser resuelto sin la colaboración de todos los países afectados.

La otra misión

Las funciones políticas y diplomáticas de Simon Peres como ministro de Asuntos Exteriores de Israel son compatibles con los proyectos civiles de paz que desarrolla el Centro Peres, creado por este premio Nobel de la Paz oriundo de un pueblo de la Rusia Blanca. Así lo ha manifestado él mismo en un documento de su organización:

«Aunque los gobiernos hagan la paz, la tienen que vivir las personas. Para ser real, debe entrar en el corazón y las mentes de los individuos, debe captar su imaginación. Para realizarse, debe reemplazar el bagaje hostil del conflicto con la guarnición esperanzadora de la paz.

No basta poner fin a la guerra. Las firmas pueden señalar un nuevo orden y unas oportunidades incalculables, pero por sí solas no pueden borrar décadas de antagonismo. Del mismo modo en que las herramientas del conflicto se afinaron a lo largo del tiempo, deben fomentarse minuciosamente los alicientes para la paz.

Esta es la motivación sobre la que se basa el Centro Peres Para la Paz: ayudar a hacer que la paz sea una realidad duradera, abriendo caminos para los nuevos valores y modos de pensar.

Ha llegado la hora de construir un Oriente Medio para las personas, no sólo para los gobernantes.»

En efecto, pese a la riada de noticias negativas sobre Oriente Próximo, lo cierto es que organizaciones como el Centro Peres realizan esfuerzos permanentes para lograr la reconciliación entre los pueblos de Israel, Palestina y el conjunto del mundo árabe. Gracias a la ayuda internacional y a la colaboración de la Autoridad Palestina, ha montado diversos centros de computación destinados a dar formación a jóvenes de ambas sociedades. «La Fundación de las Tres Culturas nos ha concedido cuatro centros de ordenadores para los territorios ocupados y además ha donado doscientos mil dólares para, desde España, potenciar nuestros proyectos de educación», explica Siboni. Entre otras ayudas, a los estudiantes israelíes y palestinos se les han ofrecido también diversos programas de formación empresarial —algunos de ellos en Canadá—, así como planes culturales de teatro, danza y televisión.

Según Siboni, que a estos efectos ha mantenido contactos con bancos españoles como el Santander y el BBV, la obsesión del Centro Peres por desarrollar programas educativos radica en que la formación de los jóvenes es un problema tan importante como el del agua en Oriente Próximo. De hecho, el área de *young leaders* del Centro Peres está integrada por jóvenes palestinos, jordanos, egipcios e israelíes. «En 1999 recibimos a noventa de ellos en la Universidad de Alcalá de Henares y fue muy agradable comprobar el alto nivel de convivencia que estos chicos son capaces de alcanzar cuando se les brinda la oportunidad», añade el presidente del Centro Peres-España.

Para integrar a los jóvenes de cualquier lugar del mundo y acercarles a la idea de la paz no existe nada mejor que el deporte. En este sentido, los responsables del Centro Peres y la Autoridad Palestina han hecho planes para organizar las *Olimpiadas de la Paz* entre «deportistas palestino-israelíes». Mientras tanto, como prueba de que es posible acabar la guerra y potenciar el deporte entre ambas sociedades, el 25 de mayo de 2000 el Centro Peres y la Autoridad Palestina, en colaboración con la Nazionale Italiana Cantanti (NIC) y la Radio Televisión Italiana (RAI), celebraron un encuentro de fútbol entre palestinos e israelíes. El partido, que tuvo lugar en el Estadio Olímpico de Roma, contó con la asistencia de sesenta y cinco mil espectadores. Entre ellos, estaban —además de Simon Peres y Yasser Arafat— el entonces presidente italiano, Azeglio Ciampi, y celebridades de la talla de Michel Platini y Sean Connery. Para demostrar la importancia de este tipo de encuentros el saque de honor correspondió a *o rey do fútbol*, Pelé.

Aunque algunos de los proyectos han sufrido un parón como consecuencia del incremento de las hostilidades entre Israel y

Palestina, Isaac Siboni asegura que «en todo momento se han mantenido los contactos entre las personas de uno y otro lado comprometidas con los proyectos del Centro Peres». Al decir esto, Siboni exhibe una carta, fechada el 27 de junio de 2002, que le ha remitido desde Israel la directora del Ashkelon Comprehensive High School, Edna Wallenstein, en la que le agradece la instalación del Centro de Computadoras para la Paz, dotado de un *link* mediante el cual los alumnos de este colegio pueden comunicarse, «en estos tiempos tan difíciles», con los estudiantes palestinos.

El gobierno mundial del Centro Peres

Los más de doscientos miembros del *International Board of Governors* del Centro Peres Para la Paz, integrado por ex presidentes de Gobierno, premios Nobel, grandes banqueros, presidentes de multinacionales, empresarios y políticos de primera línea, escritores, investigadores, etc., son la prueba de que esta organización es una de las claves del proceso de paz en Oriente Próximo. **Estados Unidos:** Jimmy Carter, Warren Christopher, James Baker, Henry A. Kissinger, Alain Coblence, Lester Crown, Larry J. Ellison, Daniel Abraham, Dwayne O. Andreas, Mitchell J.M.D Blutt, Richard H. Brown, John H. Bryan, Orit Gadiesh, Leslie H. Gelb, Stanley P. Gold, Lee Iacocca, Prof. Paul M. Kennedy, Raphael Kravec, Harvey M. Krueger, Tom Lantos, Joseph Lieberman, Daniel Patrick, Prof. Howard Raiffa, Moynihan, Wayne Owens, Lester Pollack, Prof. Raj Reddy, Ann W. Richards, Samuel Rothberg, Harvey Rothenberg, Richard F. Schubert, Haim Saban, Arlen Specter, Jay Stein, Christine Todd Whitman, Mortimer B. Zuckerman, Stephen L. Weber, John Whitehead e Isabel Maxwell. **Israel:** Isaac Navon, Abba Eban, Benjamin D. Gaon, Mira Avrech, Prof. Avishai Braverman, Avraham Burg, Michael Federmann, Prof. Jacob A. Frenkel, Uzia Galil, Yossi Genossar, Dan Gillerman, Aura Herzog, Eli Hurvitz, Morris Kahn, Ephraim Katchalski-Katzir, prof. Moshe Kaveh, Leon Koffler, Yehuda Lancry, Dov Lautman, Prof. Menachem Magidor, Josef Maiman, Hanna Meron, Prof. Dan Michaeli, Roni Milo, Amos Oz, Amir Peretz, Dan Propper, Prof. Itamar Rabinovich, Moshe

Shahal, Meir Shamgar, Shimon Shamir, Gita Sherover, Meir Sheetrit, Prof. Zeev Tadmor y Joseph Vardi. **Francia:** Michel Rocard, Valery Giscard d'Estaing, Jacques Delors, Lionel Jospin, Barón Eric de Rothschild, Louis Schweitzer, Julia Gad Errera, Prosper Amouyal, Jacques Attali, Pierre Besnainou, Roland M. Dumas, Bernard-Henri Levy, Pierre Mauroy y Simone Veil. **Reino Unido:** John Major, Lord Victor Mishcon, Lord Michael Levy, Sir Evelyn de Rothschild, Sir David Alliance y Neil Kinnock. **Italia:** Umberto Eco, Guido Barilla, Alfredo Ambrosetti, Franco Bernabé y Alfio Marchini. **Alemania:** Hans-Dietrich Genscher, Ferdinand Piech, Heinrich von Pierer, Johannes Rau, Prof. Rita Sussmuth y Hans-Jurgen Wischnewski. **España:** Felipe González, Alicia Koplowitz, Javier Solana, Federico Mayor Zaragoza e Isaac Siboni. **Suiza:** Philippe Nordmann, Edgar de Piciotto, Bruce Rappaport, Prof. Klaus Schwab y Daniel Vasella. **Marruecos:** André D. Azulay, Abdellatif Jouahri y Jacques Toledano. **Canadá:** Charles R. Bronfman, Paul G. Desmarais y Charles Sirois. **Noruega:** Marianne Heiberg, Jens P. Heyerdahl, Thorbjoern Jagland y Thorvald Stoltenberg. **Suecia:** Ingvar Carlsson y Sten Andersson. **Autoridad Palestina:** Ahmed Qurie (Abu-Ala). **Turquía:** Hikmet Çetin y Jak V. Kamhi. **Jordania:** Zayad Salah. **Rusia:** Mikhail Gorbachev y Vladimir Gusinski. **Portugal:** Mario Soares. **Sudáfrica:** Nadine Gordimer, F.W. de Klerk y Desmond M. Tutu. **Polonia:** Aleksander Gudzowaty, Jan Kulczyk y Alexander Kwasniewski. **Eslovenia:** Milan Kucan. **Holanda:** Ruud Lubbers. Corea: Sung-Joo Han. **República Checa:** Vaclav Havel. **Egipto:** Ibrahim Kamel y Moustafa Khalil. **India:** Maulana Wahiduddin Khan. **Chipre:** Alekhos P. Michaelides y George Vassiliou. **Mónaco:** David Mimran. **México:** Miguel de la Madrid y Prof. Norman E. Borlaug. **Brasil:** Paulo Coelho. **Costa Rica:** Óscar Arias. **Colombia:** Noemi Sanín. **Bolivia:** Jaime Paz-Zamora. **Venezuela:** Carlos Andrés Pérez y Mario Villarroel Lander. **Perú:** Mario Vargas-Llosa. **Australia:** Richard Pratt. **Mauritania:** Navinchandra Ramgoolam. **Indonesia:** Abdurrahman Wahid. **Eslovaquia:** Rudolf Schuster. **ONU:** Boutros-Ghali y Terje Rod-Larssen.

El mundo desconocido de Alicia Koplowitz

La asistencia de Alicia Koplowitz al citado homenaje a Simon Peres en la residencia de Isaac Siboni, motivada, según explicaron en su momento al autor de este libro fuentes de su entorno, «por el interés de Alicia en colaborar activamente con iniciativas a favor de la paz y con el mundo de los niños», descubría una de las facetas más desconocidas de la mujer que está considerada como una de las empresarias más ricas y poderosas de España: sus estrechas relaciones con Simon Peres y con algunos de sus más cercanos colaboradores en todo lo relacionado con su Fundación.

El interés con que Alicia Koplowitz se toma los trabajos del Centro Peres para la Paz se observó en 1999. Este año la empresaria asistió a un congreso internacional del Centro celebrado en Tel Aviv, al que también acudieron —además de Simon Peres— otras personalidades, como Yasser Arafat, y la princesa Irene de Grecia. En aquella ocasión Alicia Koplowitz y otros asistentes a la cita de Tel Aviv aceptaron gustosos una invitación que les hizo el *rais* Arafat y visitaron el Parlamento Palestino, lo que demuestra que la empresaria no tiene reparos en hacer acto de presencia en esta convulsionada zona del planeta, si de contribuir al establecimiento de la paz en Oriente Próximo se trata.

Los contactos de Alicia Koplowitz con Simon Peres comenzaron hace varios años y se siguen manteniendo en la actualidad. Una de las últimas ocasiones en que intercambiaron ideas sobre el difícil momento que atraviesan las relaciones entre Israel y Palestina, en las que el ministro de Exteriores israelí juega un papel de primera magnitud, ocurrió el 24 de abril de 2002, al día siguiente de que Peres asistiese a la clausura de la Conferencia Euromediterránea de Valencia.

Los fotógrafos que esa noche hacían *guardia* a las puertas del restaurante Casa Lucio, con la esperanza de lograr alguna fotografía de los personajes que suelen acudir a este conocido establecimiento madrileño vieron cómo, sobre las 20 horas, entraba en el local el presidente del Centro Peres-España, Isaac Siboni; a los pocos minutos llegó Alicia Koplowitz, discretamente acompañada por dos escoltas, y finalmente apareció el propio Simon Peres. Aunque ninguno de los fotógrafos allí presentes conocía la relación entre estas personas, de haberlo sabido tampoco hubiesen podido acceder al restaurante, dadas las medidas de seguridad que rodean este tipo de encuentros, pero hay constancia de que los tres miembros del Centro Peres no sólo dialogaron sino que cenaron juntos aquella noche.

Así como en España el Centro Peres lleva a cabo muchas de sus actividades a través de la Universidad de Alcalá de Henares, en otros países tampoco descuida este frente. En México, por ejemplo, los Legionarios de Cristo, una poderosa orden religiosa católica considerada como *el nuevo Opus,* han otorgado a Simon Peres el doctorado honorífico de la Universidad Anáhuac, su *alma mater.* Por esta universidad, uno de los centros educativos privados más importantes de México, ha pasado lo más granado de la burguesía, el empresariado y la clase política mexicana.

Situada en el municipio mexicano de Tecamalchalco, junto al elegante barrio judío y al conjunto residencial Las Lomas de Chapultepec, el más exclusivo del distrito federal, una de las peculiaridades de la Universidad Anáhuac es que el veinte por ciento de sus siete mil alumnos (unos mil cuatrocientos) son jóvenes judíos. La presencia de este alto índice de estudiantes hebreos en un centro católico como éste no sólo se debe a la cercanía de barrio; también, y principalmente, demuestra la importancia que la colonia judía mexicana concede a la educación y a las relaciones profesionales de sus descendientes. Unas relaciones que en el caso de esta universidad llevan años cultivándose y que han fructificado en diversos aspectos, entre ellos la creación de una cátedra de Estudios Internacionales en compañía con la Fundación Centro Peres para Paz.

El acercamiento entre la colonia judía y la Universidad Anáhuac se estrechará aún más cuando entre en funcionamiento un centro cultural que llevará el nombre del primer ministro israelí, Isaac Rabin, asesinado el 4 de noviembre de 1995. En este centro están muy interesados los grandes rabinos, que visitan el campus mexicano con cierta asiduidad, como lo estaba también la viuda de Rabin, Leah Schlosseberg, quien recorrió las instalaciones universitarias pocos meses antes de fallecer de cáncer en noviembre de 2000. Algunos judíos mexicanos amigos de Simon Peres han efectuado donativos y financiado la construcción de varios edificios en la universidad de la Legión Cristiana. «Pregunte a Max Shein y a Isaac Assa Farca quién financió el edificio de posgrado y la capilla de la Universidad», sugiere un conocedor de los entresijos de la Legión en México.

Pero continuemos con Alicia Koplowitz, quien curiosamente creó en 1995 su propia fundación, Vida y Esperanza, de ayuda a niños pobres, con el asesoramiento de sus también amigos, los Legionarios de Cristo (mexicanos, pero también muy poderosos en España) [1]. Las relaciones de esta empresaria con la comunidad judía española e internacional abarcan otros campos de la ayuda social, científica y humanitaria. No en vano, Alicia Koplowitz preside a título honorífico la sección española de la organización Hadassah International, la mayor asociación médica mundial, que cuenta con más de cuatrocientos mil miembros y delegaciones en más de treinta países, principalmente en Estados Unidos, Sudamérica, Europa y Oriente Medio.

Presidida en España por Isaac Siboni, Hadassah tiene como meta principal el intercambio de información y personal médico

---

[1] Para más datos sobre la relación de Alicia Koplowitz con esta orden religiosa, véase *La prodigiosa aventura de los Legionarios de Cristo*, de Alfonso Torres Robles, Foca, Madrid, 2001.

especializado entre Israel y los países en que está presente. En la actualidad Hadassah-España mantiene acuerdos con los Hospitales Ramón y Cajal, Príncipe de Asturias, y el Hospital del Insalud de Guadalajara, cuyos convenios de docencia están concertados con la Universidad de Alcalá de Henares. Hadassah-España trabaja también en colaboración con el Hospital Ruber Internacional, especialmente en proyectos relacionados con la inmunoterapia del cáncer, dentro del programa de ayuda hispano-israelí-palestino.

Hadassah-España, que ha ampliado sus actividades a Marruecos y a otros países del área mediterránea, es al mismo tiempo una de las primeras organizaciones mundiales especializadas en medicina de catástrofes naturales, desastres producidos por las guerras, etc. Por ejemplo, suyos eran los primeros equipos que llegaron a Centroamérica procedentes de Israel para colaborar con las víctimas del huracán Mitch. Otro ejemplo fue el socorro prestado a las víctimas del terremoto de Turquía. Para ello Hadassah cuenta con campamentos médicos que funcionan las veinticuatro horas del día y tienen una gran experiencia derivada del conflicto de Oriente Próximo.

Entre otras actividades, Hadassah mantiene en varios países africanos programas de investigación médica y formación de enfermeras. En este continente promueve también campañas de vacunación, prevención de enfermedades oculares y otros problemas infecciosos, trasplantes de médula, etc. Hadassah presta atención especial al tratamiento de la úlcera de Buruli, una de las más graves *enfermedades de la pobreza*, en colaboración con Médicos sin Fronteras.

Hadassah, en la que colaboran asiduamente más de quinientas mujeres de la WIZO (Organización Internacional de Mujeres Sionistas), cuenta en España con muchos otros patrocinadores. Entre sus miembros figuran además el rabino Benito Garzón; Adriana Sefarty y Marina Lasry (vicepresidentes); Ruth Rothschild; Rosa

Peña; Delia Benchimol; los médicos Dito Berdugo, León Siboni, Antonio Lopéz Alonso, José Macías, Karina Bensadon y José Edery, director del Gabinete Médico del Ministerio de Asuntos Exteriores, entre muchos otros.

En realidad la participación de algún miembro de la familia Koplowitz en organizaciones de ayuda humanitaria con gran presencia judía no es nueva en España. De hecho, cuando en 1968 el entonces presidente de la Comunidad Israelita de Madrid, Max Mazin, solicitó ayuda a los judíos de Madrid para construir el edificio que alberga la actual sinagoga de Madrid, uno de los primeros en hacer sus aportaciones fueron Clara Sternberg, la abuela paterna de Alicia, y su padre, Ernesto Koplowitz Sternberg, un hebreo alemán originario de la Alta Silesia. Como cuenta Ernesto Koplowiz, hijo del empresario, en su libro *Recuerdos con mi padre.* «Curiosamente, mi padre nunca viajó a Israel, pese a que todos los años hacía una importante donación a ese país. A pesar de ello, estaba muy informado de lo que ocurría en Israel y admiraba enormemente el hecho de que los israelíes estuvieran convirtiendo un desierto en un auténtico vergel[2].»

Ernesto Koplowitz Sternberg fue un emprendedor y creativo empresario que recaló por primera vez en España poco antes de la Guerra civil. Tras pasar varios años fuera del país, empezó a montar el imperio económico en octubre de 1952 a partir de su ingreso como socio de la firma Construcciones y Reparaciones, S.A. Al poco tiempo, ya con las riendas de la empresa en sus manos, una de sus primeras decisiones fue la de cambiar el nombre de la compañía por el de Construcciones y Contratas, S.A. (CYCSA) y ampliar el objeto social. Esto le permitió incrementar su ámbito

---

[2] Ernesto Koplowitz, *Recuerdos con mi padre,* ed. Gustavo Bernal de Hakeldama, Madrid, 1992.

de actividades, hasta entonces casi siempre relacionadas con obras de alcantarillado encargadas por los ayuntamientos. Cuando en 1962 murió, al caer de un caballo el día del cumpleaños de su hijo, CYCSA era ya una empresa próspera, potenciada por las contratas municipales y por contar en su consejo con influyentes miembros del régimen de Franco.

Destacados integrantes de la comunidad judía madrileña de su época, los abuelos de Alicia Koplowitz huyeron de Alemania cuando la situación todavía no había llegado a su punto más crítico. Esto les permitió abandonar su casa de Berlín llevándose algunos bienes, entre ellos varias mantelerías, unos cuantos muebles y el abrigo de pieles de Clara Sternberg. Los Koplowitz compartían con los miembros de la incipiente comunidad hebrea de Madrid la felicidad de estar en España, «de haber escapado de la muerte y del horror, y de estar todavía vivos».

Si la abuela Clara era todo un carácter con su fino abrigo de piel, el abuelo Guillermo, *Opa*, como le llamaba su nieto Ernesto, no se quedaba atrás, pues era el que más insistía en llevarle a la vieja sinagoga de la calle Pizarro. Oriundo de Bresalau, un pueblo de la Alta Silesia, Guillermo Koplowitz, como buen alemán, asegura Ernesto, «tenía una raja en la lengua por beber demasiada cerveza, y una cicatriz en la cara, huella de un duelo de sable en su juventud».

El fuerte temperamento de los Koplowitz para afrontar los avatares de la vida salio de nuevo a relucir años más tarde, en este caso por parte de Alicia, cuando por razones de orden familiar tuvo que hacerse cargo, junto a su hemana Esther, de la vicepresidencia de Construcciones y Contratas. «Yo no soy la típica mujer para quedarse en casa rumiando su desgracia. Yo soy judía y voy a salir adelante...», se asegura que manifesto al periodista Julián Lago [3].

---

[3] Jesús Cacho, *Duelo de Titanes,* Temas de Hoy, Madrid, 1989, p. 545.

Alicia Koplowitz, que en 1988 traspasó a su hermana Esther por 136.624,6 millones de pesetas sus acciones de Construcciones y Contratas para continuar en solitario su camino en el azaroso mundo de los grandes negocios, no sólo heredó el espíritu independiente y parte del imperio constructor creado por su padre. Por lo visto, también ha recibido de éste la herencia de su admiración por las obras judías, como Hadassah y el Centro Peres Para la Paz.

XI. AMÉRICA LATINA: UNA COMUNIDAD JUDÍA EN PELIGRO

La inquietante incertidumbre del judaísmo latinoamericano

Como se ha visto en anteriores capítulos, la comunidad judía española se ha nutrido con una gran cantidad de hebreos procedentes de Argentina. Si en los años setenta grandes oleadas de judíos de este y otros países latinoamericanos llegaron a la Península ibérica huyendo de las dictaduras militares, la grave crisis socioeconómica que en la actualidad castiga a Argentina, una de las naciones que podrían ser más ricas y desarrolladas del continente americano, ha sumido en la pobreza a grandes capas de la población que antes integraban la clase media y media alta, y ha obligado a decenas de miles de ciudadanos, entre ellos a numerosos judíos, a abandonar su país en busca de mejores condiciones de vida.

Buena parte de estos judíos argentinos están recalando en España, Italia y otros países europeos, donde cuentan con parientes y amigos que hacen todo lo posible por ayudarles. Solidarios con los suyos, las organizaciones judías —algunas creadas específicamente para ello— son las que más se *mojan* a la hora de apoyar a sus inmigrantes. A muchas otras familias hebreas no les queda otro camino que emprender viaje a Israel, la tierra de sus antepasados. Son tantas que se estima en más de cinco mil el número de judíos que llegarán al convulsionado país de Oriente Medio en los próximos años.

Pero Argentina no es el único país latinoamericano que atraviesa una mala situación económica y social, y por tanto, tampoco los hebreos de este país son los únicos, sobre los que planean los negros nubarrones de la miseria y la incertidumbre ante lo que pueda pasar en el futuro. Un fantasma parecido amenaza en general a los cerca de medio millón de judíos que viven en América Latina y que constituyen la cuarta comunidad judía fuera de Israel, después de las establecidas en Estados Unidos, Rusia, y Francia.

Aunque la gran mayoría de los judíos españoles son de origen marroquí, la presencia de los hebreos hispanoamericanos en tierras de Sefarad es cada vez mayor. Incluso puede asegurarse que es gracias a éstos como la comunidad judía española en su conjunto está experimentando un cierto crecimiento. Por esta razón, y porque a todos los hebreos del mundo les une la conciencia de pertenecer a una misma cultura milenaria, para los judíos de España no es indiferente lo que pase con sus homólogos del otro lado del Atlántico.

El presente capítulo es adaptación autorizada de un trabajo realizado por Bernardo Kliksberg, de nacionalidad argentina, coordinador general de la Iniciativa Interamericana de Capital Social, Ética y Desarrollo del BID y presidente de la Comisión de Desarrollo Humano del Congreso Judío Latinoamericano. Doctor en Ciencias Económicas y sociólogo, Kliksberg, es uno de los mayores expertos de mundo en pobreza, desarrollo social y reforma estatal, materias sobre las que ha escrito treinta y dos libros y publicado centenares de trabajos. Bernardo Kliksberg es también asesor de las Naciones Unidas, Unicef, Unesco, OIT y OEA, entre otros organismos internacionales. Actualmente dirige el Instituto Interamericano de Desarrollo Social con sede en Washington.

Un cambio dramático en la agenda de prioridades

Todos los miércoles por la mañana numerosos hebreos *ex-clase media* llegan a Núcleo, una de las ONG judías de asistencia más activas de Buenos Aires, donde desayunan y reciben una bolsa con comida para el resto del día. Jabad Lubavitch, otra organización bonaerense, realiza grandes esfuerzos para levantar un hogar de acogida destinado a los niños judíos que se han quedado sin familia, y que les han sido confiados a ellos por los jueces de menores. La Fundación Tzedaka ha construido doce viviendas para familias judías que no tenían dónde vivir, una de las cuales habitaba con sus dos hijos en un *trailer* prestado. Mes a mes, aumenta de forma imparable el número de quienes llegan a buscar trabajo al Centro Ocupacional de AMIA [1].

La anterior descripción es sólo una parte mínima del dramático cuadro que presenta actualmente la comunidad judía de Argentina, la cual, como millones de ciudadanos más, padece la grave crisis social y económica que asola a este país iberoamericano. Como consecuencia de ello, el tema central de las agendas comunitarias judías de Argentina ya no es el antisemitismo, a pesar de que todavía persiste y de que continúan impunes los crímenes contra la Embajada de Israel y la AMIA [2], sino la nueva pobreza judía,

---

[1] La Asociación Mutual Israelita Argentina (AMIA), con sede en Buenos Aires, es la principal comunidad judía de este país sudamericano.

[2] El 17 de marzo de 1992 y el 18 de julio de 1994 se produjeron en Buenos Aires sendos atentados terroristas contra la Embajada de Israel y la sede la AMIA, respectivamente, con un saldo de ciento quince muertos y gravísimos daños materiales. En marzo de 2002, el presidente de la República, Eduardo Duhalde, mantuvo en la capital argentina una reunión con el vicepresidente del Congreso Judío Mundial, el rabino Israel Singer, y otros miembros destacados de la comunidad judía estadounidense. En este encuentro el mandata-

un fenómeno que no estaba en las previsiones de las organizaciones judías, y cuyo crecimiento veloz ha desbordado las estimaciones de propios y extraños.

Una situación similar a la de Argentina se da también, aunque con perfiles menos agudos, pero con tendencias igualmente alarmantes, en muchas de las principales comunidades judías de América Latina. Por ejemplo, ha aumentado la demanda de ayuda a las comunidades judías de Brasil y en México, y se ha disparado el número de judíos en situación de pobreza o en riesgo de caer en ella. Al mismo tiempo, se han multiplicado los presupuestos para asistencia social hebrea en Venezuela, y es notorio el deterioro de la comunidad judía uruguaya.

El principal esfuerzo de todas aquellas comunidades siempre ha sido la educación judía. De hecho, entre todos los asentamientos hebreos del mundo, los latinoamericanos presentan, en proporción el mayor número de alumnos judíos. Tras su llegada masiva al continente crearon una pujante actividad cultural judía que cubre múltiples áreas: el teatro, la música, la pintura, la literatura...; levantaron sinagogas incluso en los lugares más apartados del cono sur, y desarrollaron periódicos judíos de primera calidad, los cuales siguen conformando hoy una de las prensas judías más activas de toda la diáspora.

Fundado en ideales, el judaísmo latinoamericano fue uno de los primeros en producir una *aliá*[3] de gran magnitud a Israel. De hecho, actualmente viven en Israel unos cien mil judíos latinoamericanos (más del veinte por ciento de la población judía promedio de la región). Los judíos de América Latina han estado siem-

---

rio argentino dijo que los autores del atentado contra la Embajada de Israel y la sede de la AMIA son «la misma gente» que participó en el atentado contra las Torres Gemelas de Nueva York.

[3] Para los judíos *hacer aliá* significa irse a vivir a Israel.

pre en primera fila a la hora de mostrar su solidaridad con el Estado de Israel, desplegando una amplísima actividad hacia este país. Por otra parte, han sabido enfrentarse a las manifestaciones de antisemitismo con gran dignidad y entereza. Al mismo tiempo, son comunidades que han hecho diversas y notables contribuciones a sus respectivos países en los más diversos campos, por lo que son consideradas organizaciones ejemplares por las sociedades en que se han establecido.

Sin embargo, muchas de las comunidades judías de América Latina atraviesan por serios problemas y la mayor de todas ellas, la argentina, se encuentra en una situación particularmente difícil. Como señaló en 2001 el presidente de la Comisión de Absorción e Inmigración de la *Knesset*, Tzvi Hendel, tras regresar a su país después de una visita a Buenos Aires, «la comunidad judía de Argentina corre peligro de desmoronarse». Estas comunidades que plantaron cara airosamente al antisemitismo y que llevan adelante una lucha combativa contra el fenómeno de la asimilación se ven abocadas ahora a un rápido proceso de pauperización, lo que las convierte en uno de los mayores dramas del judaísmo mundial.

Los nuevos pobres también son hebreos

Existe el mito de que las comunidades judías de América Latina tienen una muy próspera situación económica. La realidad era que gran parte de ellas formaban parte de la pequeña y la mediana clase media de los países en que residían. Este era el caso de las comunidades hebreas más numerosas, como la argentina y la brasileña. Para llegar a esas posiciones los judíos no lo tuvieron precisamente fácil, porque empezaron totalmente desde abajo... absolutamente sin nada, y hubo entre ellos sectores con un gran poder económico, aunque éstos constituyeron un grupo limitado en términos numéricos, si bien, de fuerte presencia comunitaria y general.

Pero hoy el referido mito está aún más distante de la realidad. Amplios sectores de aquellas comunidades judías ya no forman parte siquiera de los estratos medios modestos, sino que son nuevos pobres. Se ha cuantificado que en Argentina, en la década de los noventa siete millones de personas, el veinte por ciento de la población del país, pasó de ser clase media a ser pobre, entre ellos amplios grupos de la comunidad judía. La clase media era en los sesenta la mitad de la población, pero ahora su proporción no llega al venticinco por ciento. Se estima que una cuarta parte de todos los miembros de la comunidad judía del país era pobre o estaba bordeando la línea de la pobreza a finales de 2000 y la cifra ascendía cada día como sucedía con el número de nuevos pobres en general. A partir de 2000 la situación política, social y económica de Argentina ha continuado deteriorándose hasta llegar prácticamente a la bancarrota, con unos niveles de paro y pobrezas incuantificables dado el caos socioeconómico reinante en el país.

Este proceso no tiene nada que ver con el antisemitismo o la discriminación. El problema es de otra índole. Los miembros de las comunidades judías en su gran mayoría se dedicaban a ocupaciones que han resultado seriamente perjudicadas por las políticas económicas aplicadas en Argentina en la década de los noventa. Aquellas políticas polarizaron la pirámide social y favorecieron la concentración económica creando serias dificultades de subsistencia a los estratos medios.

Así, una gran cantidad de familias hebreas se dedicaban al pequeño comercio, una actividad que fue desapareciendo de la economía por la irrupción de las cadenas locales de supermercados y las denominadas grandes superficies. Otras habían levantado con gran trabajo pequeñas y medianas industrias, que no pudieron resistir la libre importación y las dificultades para obtener crédito, además, muchos judíos perdieron sus puestos de funcionarios públicos en las sucesivas reducciones de plantilla del Estado.

Miles de familias judías pusieron todo su esfuerzo en lograr que sus hijos completaran una carrera universitaria, algo que durante casi todo el siglo pasado se consideraba en Argentina como la llave, la garantía para poder acceder a la clase media. Pero esta situación ha cambiado drásticamente. Muchas carreras se han quedado virtualmente fuera del mercado laboral. Aún las más *populares* en la familia judía típica, como medicina, tienen que afrontar hoy severos problemas. En las modernas empresas sanitarias, los médicos jóvenes, cuando logran entrar en ellas, se ven obligados a trabajar largas jornadas para obtener unos ingresos mínimos.

Pero el problema no sólo afecta a los judíos desocupados de clase media. Muchos de los que tienen empleo, perciben sueldos que les sitúan en el umbral de la pobreza. Es el caso de los maestros, el personal paramédico, y los funcionarios públicos. Por otra parte, los jubilados, uno de los sectores más extensos, se encuentran después de una larga vida laboral con pensiones irrisorias, cuyo poder adquisitivo real se reduce constantemente.

El drama de los niños judíos en Argentina

De todo ello ha surgido un dramático cuadro social que hoy se encuentra presente con gran intensidad en las calles Argentinas pero también tiene presencia en las principales comunidades hebreas de Sudamérica, como las de Brasil, Uruguay, México y Venezuela. En Buenos Aires, el número de casos de asistencia social atendido por organizaciones judías como Alianza Solidaria y la Fundación Tzedaka ha pasado en pocos años de cuatro mil a veinte mil. Se estima que el diez por ciento de los cerca de veinte mil niños que asisten a escuelas judías, logran comer diariamente gracias a la alimentación que reciben en la escuela.

Hasta finales de 2000 (cuando la situación en Argentina aún no había alcanzado el grado de descomposición de julio 2002), sólo en Buenos Aires más de mil setecientas familias judías habían perdido sus viviendas. Visto desde la opulencia europea puede sonar a broma o a exageración, pero se ha encontrado a familias judías viviendo debajo de puentes, en plazas públicas y en *Villas Miserias* (poblados de chabolas). Unas trescientas de estas familias reciben todos los elementos imprescindibles, desde medicinas hasta la comida, en el Templo Emanuel. La situación de muchos otros judíos argentinos es tan severa, que los encargados del templo han tenido que reconvertir las habitaciones empleadas para el estudio de la Torá en oficinas donde funcionan algunas iniciativas promovidas por el templo para dar trabajo: una agencia de taxistas judíos, un taller de sastres y una panadería.

Más de la mitad de los alumnos de las escuelas judías argentinas asisten a ellas porque tienen becas comunitarias. De otra forma no podrían hacerlo. Además, la asistencia social en general ha cambiado drásticamente de perfil. No hace demasiado tiempo llegaban a pedir ayuda a la AMIA principalmente personas de la Tercera Edad sin familiares. Ahora siguen acudiendo, pero la mayoría de los que llegan no son precisamente ancianos desvalidos. Se trata de familias hebreas jóvenes, que se encuentran literalmente desesperadas ante la falta de empleo y el total desamparo económico al que les ha llevado la grave crisis que castiga al país sudamericano.

Hasta ahora en Argentina se han conocido pocos casos de suicidios motivados por la depresión económica. Sin embargo, al rabino principal de Jabad Lubavitch le tocó afrontar el caso extremo de un padre que, desesperado, le pidió que protegiera a sus tres hijos pequeños, porque pensaba quitarse la vida. Pensaba que de esa forma la comunidad judía se ocuparía de ellos.

Si es grave la situación de los judíos argentinos, en las comunidades hebreas de otros países latinoamericanos el cuadro, sin ser tan agudo, también es muy preocupante. Por ejemplo, en San Pablo (Brasil) UNIBES atiende a mil trescientas familias y Ten Yad de Jabad Lubavitch da de comer diariamente a otras trescientas familias. En México se estima que casi la cuarta parte de la comunidad judía presenta signos de pobreza. Algo parecido ocurre en Uruguay y en Venezuela, donde la demanda de ayuda a las organizaciones israelitas ha crecido fuertemente. En este último país caribeño lo ha hecho en tal medida que la comunidad judía ha tenido que crear un centro médico para atender el requerimiento más básico: la salud.

El impacto diario de la crisis

El hundimiento socioeconómico del judaísmo argentino y la situación de riesgo de gran parte de las otras comunidades latinoamericanas constituyen el problema central en la vida cotidiana de los judíos de la región por las graves consecuencias que plantea esta situación:

Problemas de supervivencia

Numerosas familias judías carecen de medios para satisfacer sus necesidades básicas. No saben qué respuesta dar a sus hijos, ni cómo brindarles una mínima protección. En su desesperación cada vez son más los judíos que se plantean dejar el país como única salida para su mala situación. En este sentido, diversas publicaciones se han hecho eco de esta nueva tendencia, la cual no sólo afecta a los judíos sino a los nuevos pobres en general.

En el caso de los judíos, tratan de volver a los países de donde vinieron sus abuelos o bisabuelos hace muchas décadas, amparándose en su parentesco para tratar de conseguir documentación. Muchos intentan llegar a Estados Unidos y Canadá, aunque también son numerosos los jóvenes hebreos que se muestran interesados y dispuestos a hacer todo lo posible para establecerse en Europa, especialmente en países como España, Italia y Polonia, en este último caso alegando que sus abuelos nacieron en ese país, del que huyeron por razones de fuerza mayor. Tratan de conseguir esta nacionalidad para poder llegar al Viejo Continente.

La ruina económica, un nuevo tipo de asimilación

Los judíos lucharon durante el siglo XX contra diversas formas de asimilación, con éxitos significativos. Se enfrentaron a la asimilación ideológica, que proclamaba en los inicios del siglo que el sionismo era una visión ilegítima, y exigía la integración del judío a ideologías antisionistas. Encararon la asimilación religiosa, que predicaba la conversión al cristianismo para, en muchos casos, obtener una identidad no expuesta a peligros históricos tan serios. Tuvieron que pelear —y aún continúan haciéndolo— contra la disolución de la identidad judía en sociedades con muchas oportunidades abiertas, como la americana, y el crecimiento de los matrimonios mixtos que se excluyen del judaísmo. En esa tarea, la vida judía fue desarrollando día a día nuevos objetivos y políticas. Pero ahora en América Latina avanza un tipo de asimilación muy diferente: la que deviene de la nueva pobreza judía.

Las investigaciones sociológicas sobre los nuevos pobres indican que, cuando una persona pierde su empleo y está en paro por un largo período de tiempo, tiende a retraerse socialmente. Siente «vergüenza» de asistir a actos sociales donde la primera pregunta estará, lógicamente, ligada a su actividad laboral. Nota, por tanto, que su vulnerada autoestima sería aun más dañada si participa en círculos sociales y tiende a autoexcluirse de éstos. En el caso de las comunidades judías, esta situación es particularmente grave, porque la vida hebrea está basada en el contacto activo de cada judío con las múltiples actividades que se desarrollan en el marco comunitario.

En efecto, los nuevos pobres hebreos se están alejando de las instituciones comunitarias judías. Se van de las *Kehilot* (congregaciones), de las escuelas, de los centros comunales... dejan de estar presentes. Ni siquiera se trata de que no puedan pagar los gastos mínimos necesarios. Aun cuando se les libera de estas pequeñas obligaciones, no acuden porque su situación los impulsa a sentirse inferiores y optan por el aislamiento. Ello está creando en Argentina y en las comunidades de otros países latinoamericanos una periferia judía que desearía participar en su comunidad, pero que rompe sus lazos con ella, por culpa de la pobreza.

Varias ciudades de Israel han hecho propuestas interesantes para ayudar a los judíos pobres que se han automarginado, pero se han encontrado con que muchos de ellos están ya tan alejados del marco comunitario que resulta muy difícil llegar a ellos. De hecho, en Buenos Aires hay judíos que prefieren pedir para comer en las *ollas populares* de las iglesias para no pasar la vergüenza de ir a buscar alimentos a instituciones comunitarias donde los puedan reconocer. Silenciosamente, estos judíos van cercenando su vida judía y la de sus hijos.

Riesgo de polarización social en las comunidades judías

La tendencia al incremento de las desigualdades que se experimenta en toda América Latina se está reflejando también en el seno del judaísmo. Desde su nacimiento, las comunidades judías fueron profundamente igualitarias y democráticas. Formados por judíos inmigrantes que llegaron al continente sin riquezas, estos asentamientos se fueron abriendo paso a base de trabajo y siempre tuvieron un sello de fraternidad y preservación de la igualdad de todos sus integrantes. Se preocuparon especialmente de hacer respetar el principio de apertura para todos y el derecho de cada uno a opinar, votar, elegir sus autoridades institucionales, disentir y expresarse.

Pero aquella igualdad se ha roto. Hay un grupo reducido de judíos instalado en los estratos socioeconómicos superiores, a gran distancia de muchos otros que se encuentran asimilados en la nueva pobreza o muy cerca de caer en ella. Ello genera tensiones difíciles, resentimientos, conflictos que requieren un abordaje muy maduro y adecuado, si se quieren preservar los profundos valores igualitarios del judaísmo que fueron tan vitales para la construcción armoniosa de estas comunidades.

El debilitamiento institucional

Las comunidades judías de América Latina, se apoyaban fuertemente en los aportes de sus miembros. Las contribuciones populares eran una de sus bases más firmes de sustentación. A ellas se sumaban el interés por lo judío de grupos económicos, los empresarios y las familias que gozaban de una posición económica holgada. Sin embargo, hoy estas bases están muy debilitadas. Buena parte de los contribuyentes de las grandes instituciones judías de base popular no sólo carecen de medios para mantener sus aportes, sino que muchos de ellos necesitan ayuda.

Por otra parte, la evolución económica ha influido en la caída de organizaciones empresariales judías que hacían contribuciones significativas. La repercusión sobre las finanzas comunitarias ha sido dura. Se han sucedido los recortes y achicamientos en las instituciones, incluso en las más prósperas. En Argentina se han cerrado numerosas escuelas, hay sinagogas vacías y cerradas porque no hay quien pague el mantenimiento, han desaparecido instituciones judías de barrio, el personal que presta servicios en diversas áreas comunitarias se ha reducido sensiblemente, no por falta de trabajo —qué sí ha aumentado—, sino por la escasez de recursos.

A esta cruda realidad se suma el hecho de que los maestros judíos, que tendrían que ser protegidos al máximo por las comunidades debido a su rol fundamental en la comunidad, han sido severamente afectados. Su número se ha reducido sensiblemente, han descendido sus remuneraciones, se les han suprimido derechos que habían adquirido desde hace muchos años. Buena parte de ellos han desertado y son muy difíciles de reemplazar. Como ejemplo de este galopante debilitamiento de las instituciones judías se puede citar una noticia aparecida el 29 de septiembre de 2001 en *Comunidades,* un periódico judío de Buenos Aires, que ese día anunció en su primera página el casi inminente cierre de la escuela judía más antigua de la comunidad, con cien años de existencia.

¿Qué hacer?

El judaísmo latinoamericano ha reaccionado con todo vigor desde sus arraigados valores judíos y sionistas a esta hora difícil. Las instituciones y los *Azkanim* han redoblado sus esfuerzos. El tema de la solidaridad con los judíos desfavorecidos ha pasado al primer lugar de la agenda comunitaria. Todas las instituciones hebreas están tratando de contribuir en la medida de sus posibilidades y se han creado nuevos organismos dedicados específicamente a la búsqueda de soluciones. Entre ellas destacan, la Fundación Tzedaka, de Buenos Aires, que recientemente ha cumplido su primera década en una pujante labor de gran efectividad; la Fundación Activa, de México, que desarrolla una reconocida tarea en la lucha contra la pobreza en todo el país azteca y la unidad hospitalaria Yolanda Katz, en Venezuela, que lleva a cabo una notable aportación a la salud pública comunitaria.

Las instituciones judías tradicionales han extremado esfuerzos para atender las demandas sociales. Entre otras, la AMIA de Buenos Aires, una centenaria *kehila* (comunidad) que ha desarrollado un gran centro ocupacional, considerado el primero del país, y que lleva adelante un excepcional trabajo con los judíos de la Tercera Edad. En Brasil, UNIBES, Ten Yad, y FISESP, entre otras organizaciones cariocas amplían constantemente sus programas. Al mismo tiempo, las principales entidades judías de Uruguay han multiplicado su acción y han establecido un notable centro laboral. Las de Chile han extendido sus actividades en el campo social, llegando con su ayuda a las comunidades más pequeñas del país.

En sus intentos de paliar la crisis, los templos judíos también se han incorporado a la acción solidaria. Así, las sinagogas llevan a cabo una intensa labor de apoyo a los necesitados. Sus tareas han merecido con frecuencia reconocimientos, como ha sucedido con los templos Jabad Lubavitch y Emanuel, ambos de Buenos Aires, y Ten Yad de Brasil, entre otros.

Los movimientos juveniles judíos también han reaccionado. Un Concurso público lanzado por el Joint [4] sobre proyectos voluntarios en el campo social, sacó a relucir la existencia de varias decenas de

---

[4] El American Jewish Joint Distribution Committee, más conocido como el Joint, fue creado en 1914 para canalizar los fondos destinados a prestar ayuda a las comunidades judías de la antigua Palestina. Desde entonces, y a raíz de los graves problemas que el pueblo judío ha tenido que afrontar durante el siglo XX, el Joint ha ampliado su radio de acción hacia muchas otras comunidades hebreas de todo el mundo.

programas organizados por los grupos de jóvenes judíos en todo el Continente. Los jóvenes hebreos destacan en la variada ayuda que aportan a la población en general y a los pobres judíos en particular.

Detrás de esta respuesta activa están las raíces profundamente judías de las comunidades judías latinoamericanas, en las cuales, así como floreció el idealismo sionista y *jalutziano*, hoy crece el sentimiento de que un judío no puede ser insensible frente a la pobreza. Los judíos saben que la penuria económica es en sí misma una injusticia y que la única respuesta posible ante ella es la acción por los demás. Así, a pesar de las dificilísimas condiciones, las instituciones judías no han perdido de vista el desafío ético que significa la pobreza general en cada país, y se han multiplicado las iniciativas judías para ayudar a la lucha de cada país contra ella.

Sin embargo, todos estos esfuerzos son pocos frente a la magnitud del problema y los graves riesgos de la situación. Cincuenta mil judíos pobres o casi pobres en Argentina (datos de noviembre de 2000) sobre doscientos veinte mil, eran sólo una cifra condenada a aumentar en poco tiempo; indigentes judíos, familias judías enteras que se pierden para la comunidad; instituciones que se cierran cuando más que nunca es necesaria una institucionalidad judía fuerte; muchas escuelas que desaparecen; pérdida de maestros; grave descomposición social en varias comunidades hebreas del área... Todos estos problemas juntos demuestran que el judaísmo latinoamericano está hoy en serio peligro.

¿Qué se puede hacer ante esta situación? Es preciso que haya una respuesta desde el conjunto del pueblo judío. Todos los judíos del mundo fueron solidarios con el pueblo hebreo ruso cuando éste vivió momentos muy difíciles; después se preocuparon por los judíos de Europa Oriental. Además ayudaron al Estado de Israel en su empeños para salvar comunidades enteras como la de Etiopía. Pues bien; hoy es preciso cerrar filas en torno al judaísmo de América Latina, si se quiere evitar la catástrofe.

El Estado de Israel ya ha expresado su decisión de ayudar a las comunidades judías del Cono Sur americano. La delicada situación de la comunidad judía argentina fue objeto de sesiones de la Knesset, donde se han creado varias comisiones especiales para buscar soluciones. De hecho, el Parlamento israelí ha enviado varias misiones y estudia el desarrollo de políticas concretas en el país sudamericano.

En esa misma línea, el judaísmo de Estados Unidos puede aportar una ayuda decisiva. Ese judaísmo tan potente, que comprende casi la mitad de toda la población judía mundial, que tiene una capacidad excepcional de trabajo voluntario y que ha llevado a cabo empresas importantes para el pueblo judío, podría también abordar este nuevo gran problema de la vida judía. Sus aportes solidarios serían trascendentales para que las debilitadas instituciones judías de Argentina y Latinoamérica pudieran llevar adelante proyectos que salvasen a muchas familias de la miseria y ayudarles a retornar a sus comunidades.

En este sentido, un artículo sobre la pobreza judía publicado por el periódico *The Jerusalem Report,* asegura que «los escasos 4 millones de dólares que las instituciones judías de Argentina gastan anualmente en asistencia social apenas superan lo que la Federación Comunitaria Judía de Cleveland transfiere a algunas escuelas de tiempo completo en su comunidad de sesenta y cinco mil judíos [5]».

En la comunidad judía de Argentina y de otros países de la región las comunidades cuentan con proyectos muy bien diseñados en áreas críticas, como la ayuda a jóvenes casados, la asistencia a madres judías que se han quedado solas al frente de la familia, la reconversión laboral de pequeños comerciantes e industriales que han tenido que cerrar sus negocios, el suministro de viviendas a familias judías desamparadas, la asistencia para la creación de mi-

---

[5] Joshua Goodman, *As insidious as terrorism* («Tan insidioso como el terrorismo»), *The Jerusalem Report,* 4-VI-2001.

croempresas, la acción para evitar la deserción escolar judía..., pero todos estos proyectos carecen de fuentes de financiación.

Para salir de este atolladero sería preciso forjar una alianza a fondo entre el judaísmo latinoamericano, Israel y el judaísmo estadounidense. Ello, claro está, sería imposible de conseguir sin la compañía de las comunidades judías de Europa occidental. Sólo con el apoyo a los referidos proyectos se podría llevar a buen puerto la lucha que libran el judaísmo argentino y latinoamericano [6]. Al fin y al cabo los judíos presumen de ser un sólo pueblo, que se rige por el principio ético central de que en él todos son responsables de todos [7].

---

[6] Numerosos periódicos judíos de primera fila han dedicado especial atención a la delicada situación del judaísmo argentino y latinoamericano. Pueden verse, entre otros, los siguientes artículos: *Haaretz*, Laura Blum, *Last tango for the middle class*, 28-IV-2001; *Onward*, Neil Greebaum and Leonard Glickman, *What's at stake in Argentina*, 27-VII-2001, y *Haaretz*, Elihau Salpeter, *Argentinias go to synagogue for the food*, 29-VIII-2001. También se han ocupado del problema publicaciones no especializadas en temas judíos. Entre otros artículos destacan *The Miami Herald*, Andrés Oppenheimer, *Latin America's jews face with a new problem: poverty*, 20-VIII-2000; *Siglo XXIII*, Romina Manguel, *Nos vamos, preferimos la guerra*, 25-V-2001, Buenos Aires.

[7] *Referencias bibliográficas para este capítulo*

Banco Interamericano de Desarrollo (BID). Informe anual dedicado a la desigualdad en América Latina, 1999, Washington.

Comisión Económica de las Naciones Unidas para América Latina (CEPAL). Panorama Social de América Latina. 2000-2001, Santiago de Chile.

Hendel, Tzvi, discurso en reunión especial de la Comisión de Absorción e Inmigración del Parlamento de Israel. Citado por el periódico *Aurora,* 24-V-2000, Israel.

Informe de Mirta Roces, subdirectora de la Organización Panamericana de la Salud (OPS), Cumbre Social del Parlamento Latinoamericano, agosto de 2001, Caracas.

Bernardo Kliksberg, *Diez falacias sobre los problemas sociales de América Latina*: INDES/BID, octubre de 2000, Washington.

XII. EL «NEOANTISEMITISMO» SE APODERA DE EUROPA

Daños colaterales

La historia del antisemitismo en España es muy antigua. Como se ha visto, se remonta a mucho antes de 1391, el año en que los enemigos de la estirpe de David sembraron el terror en toda la Península ibérica, asesinando o convirtiendo al cristianismo a cuantos judíos encontraban a su paso. Pero el objeto de este capítulo no es el estudio de aquellos episodios, por otra parte, ya analizados, sino dar unas pinceladas sobre lo que supone el antisemitismo en la España de nuestro tiempo, un fenómeno que para muchos estaba ya casi extinguido, pero que ha reaparecido como consecuencia de los atentados terroristas cometidos el 11 de septiembre de 2001 en Nueva York, y sobre todo a raíz del recrudecimiento de las hostilidades entre israelíes y palestinos.

El agravamiento de la crisis en Oriente Próximo se ha materializado en la multiplicación de los sangrientos atentados suicidas indiscriminados por parte de fanáticos palestinos contra objetivos civiles y militares israelíes, lo que ha provocado una respuesta sin precedentes por parte del Gobierno de Ariel Sharon, quien ha lanzado contra los palestinos una escalada bélica mucho más mortífera y destructiva que los atentados de los *kamikazes*.

Esta desaforada incursión armada en las, ya de por sí, devastadas ciudades y campos de refugiados palestinos ha puesto en contra del Gobierno de Israel a buena parte de la opinión pública y prensa mundiales, principalmente las europeas, en muchos de cuyos reportajes y críticas legítimas se ha *colado* el antisemitismo que permanecía durmiente en la mente de no pocos políticos y comentaristas. Si bien esta riada de informaciones más o menos objetivas ha dejado por los suelos la imagen del primer ministro Sharon, lo lamentable es que los comentarios antisemitas además han acabado generando una ola de ataques *ultras* —incluso armados- contra sinagogas y comercios regentados por ciudadanos hebreos, lo que ha sembrado la alarma entre las comunidades judías de Europa y América.

El rebrote de este «neoantisemitismo» ha sido especialmente virulento en Francia la primera quincena de abril de 2002, período en el que se produjeron unas trescientas cincuenta agresiones contra intereses judíos, todas ellas confirmadas por la policía gala. Cuando a estos datos se sumaron nuevos ataques antisemitas producidos en España, Bélgica y otros países, lógicamente saltaron todas las alarmas en el seno de la comunidad judía internacional y en las sedes de los gobiernos europeos.

Ante esta ola de actos violentos contra los judíos, los ministros del Interior de Alemania, Bélgica, España, Francia y el Reino Unido se declararon resueltos a combatir enérgicamente las acciones antisemitas, así como otras manifestaciones racistas, y abogaron por adoptar medidas comunes dentro de la UE. «La violencia de carácter racista o xenófobo constituye una violación directa e intolerable de los principios de libertad, democracia y de los derechos humanos en los que está fundada la Unión Europea», afirmaron los cinco ministros en una declaración, divulgada por el Ministerio de Interior francés.

En concreto, en España se han producido diversos ataques a las sinagogas de Madrid, Barcelona y Melilla. La situación ha sido especialmente delicada en la sinagoga madrileña Beth Yaacov, fundada en 1968, donde en enero de 2002 apareció una pintada en la que se pedía «Muerte a los judíos». El hecho de que posteriormente se haya producido, por parte de un grupo de *cabezas rapadas*, otro ataque a este templo judío, en el que además funciona el centro comunal de los hebreos de Madrid, ha obligado a la Policía Nacional a prestar vigilancia permanente —patrulla incluida— a la entrada del edificio.

Los judíos más antiguos de la capital española saben que los antisemitas más rabiosos y violentos no se andan con chiquitas. Algunos de ellos todavía recuerdan el atentado con bomba que se produjo contra su sinagoga el 24 de diciembre de 1976, varios días después de que se celebrase una reunión de la rama europea del Congreso Judío Mundial. Ese mismo año, el 28 de mayo, la reina Sofía había visitado la sinagoga madrileña.

El presidente de la Comunidad Judía de Madrid, Jacobo Israel Garzón, es uno de los dirigentes judíos más preocupados por el actual ramalazo antisemita:

—Llevo cuarenta y tres años viviendo en Madrid y es la primera vez que veo un sentimiento antijudío tan fuerte. Estamos notando en toda Europa una serie de ataques que hemos denunciado como un rebrote del antisemitismo. Hay quienes niegan que sea antisemitismo, pero si no es eso, algo sucede, pues el número de ataques que estamos sufriendo no es normal. Yo sí creo que hay un renacer el antisemitismo, porque en gran parte el problema de Oriente Próximo ha sesgado a la opinión pública y se ha presentado de una forma incorrecta, o por lo menos muy poco ecuánime. No soy quién para meterme con la libertad de opinión ni expresión de nadie, pero sí creo que todas las aproximaciones que se hacen, por ejemplo, la cantidad de viñetas sobre la crucifixión, la presentación de los «verdugos judeonazis»..., creo que es muy negativa y levanta de nuevo el antisemitismo de la gente.

—¿Qué otros ejemplos de antisemitismo podría citar?

—Algunas banalizaciones o falsedades históricas, como las comparaciones odiosas y tristes del holocausto con la situación en Palestina. Ambas cosas no tienen nada que ver. Lo singular del holocausto es la voluntad de aniquilación de los judíos, una población pacífica e inerme, utilizando para ello toda la técnica y la potencia de las armas. Entre los israelíes y los palestinos hay un conflicto, pero los israelíes no quieren exterminar a los palestinos. Si fuera así, no habría decenas de muertos, sino centenares de miles. Esta banalización es lo que despierta los sentimientos antisemitas. Sin ir más lejos, la pasada Semana Santa apareció un artículo sobre el crimen ritual judío del «Niño de La Guardia», cuando históricamente ya se ha visto que se trata de una historia falsa. Además, la idea de que el pan ácimo se hacía con sangre de niño es absurda. La gente debería saber que el pan ácimo era lo que Jesús estaba tomando en la Última Cena, que era una cena de Pascua [1].

Los judíos, esos desconocidos

Para conocer el estado actual del antisemitismo en España, nada mejor que recurrir al veterano abogado Alberto Benasuly, presidente de la Comisión ADL (Liga Antidifamación) de la asociación B'nai B'rith-España, y uno de los mayores expertos sobre el tema, como lo prueban las numerosas conferencias que ha dictado en diversas universidad es españolas. No en vano, además, sus propuestas legislativas para que se considerase el antisemitismo como

[1] La entrevista entre el autor y el presidente de la Comunidad Judía de Madrid se celebró el 10 de mayo de 2002 en su oficina de centro comunal judío de Madrid.

agravante en determinados delitos, lo mismo que la penalización de la provocación a la discriminación por motivos racistas y antisemitas, entre otras normas, fueron introducidas en la reforma del Código Penal llevada a cabo en 1995.

En opinión de Benasuly, la imagen que los españoles tienen de los judíos es ambivalente: los estereotipos peyorativos (avaros, traidores, deicidas, etc.) se suelen ver acompañados de valoraciones positivas relativas, por ejemplo, a su inteligencia, capacidad de trabajo y responsabilidad. Al mismo tiempo, la actitud de los españoles oscila, desde comienzos del siglo XX, entre un antijudaismo sociológico y tradicional, heredado de la Inquisición y de las enseñanzas de la Iglesia, y un filosefardismo que considera a los judeoespañoles como *nacionales*, capaces de apoyar la penetración española en los Balcanes.

Según este antiguo dirigente de la Comunidad Israelita de Madrid, en España no se da un antisemitismo de tipo occidental, a excepción del discurso antisemita directamente inspirado en el nazismo de grupos minoritarios de ultraderecha que, con relativa libertad e impunidad, «llevan años publicando —y exportando— toda clase de propaganda racista, antisemita y totalitaria». El judío, ausente desde hace varios siglos de su experiencia cotidiana, no provoca en los españoles un rechazo de tipo racista; más bien, le es indiferente. «Hay una enorme ignorancia en la sociedad española sobre los judíos, tanto sobre su presencia histórica durante quince siglos, como de la realidad judía de hoy», asegura Benasuly.

En general, la mayoría de los españoles apenas conocen o distinguen a un judío, y sus conocimientos sobre este pueblo son limitados o deformados. Ello ocurre como consecuencia de las escasas relaciones personales entre judíos y no judíos, y de los tópicos y prejuicios antijudíos. «alimentados durante siglos desde los púlpitos y libros de la Iglesia». ¿Por qué ocurre todo esto? A juicio de

Alberto Benasuly, debido a tres hechos históricos concretos: la tardía abolición de la Inquisición en España, que no ocurrió hasta 1834; la falta de libertad religiosa durante gran parte del siglo XIX, que impidió la formación de comunidades judías sólidas y estables, y por último, la instauración del régimen franquista, en abril de 1939, que significó, en los primeros años, una nueva caída de los hebreos en la exclusión y el olvido.

Producto de aquellas circunstancias en la sociedad española existe un antijudaísmo o antisemitismo sociológico, de origen religioso, en estado latente y profundamente arraigado por siglos de educación. De hecho, hasta los años sesenta era frecuente encontrar en los libros de texto, aprobados por el Ministerio de Educación y con el *nihil obstat* eclesiástico, alusiones de marcado carácter antijudío.

En España todavía perduran celebraciones, fiestas, rituales, procesiones y veneraciones religiosas en las que año tras año se repiten historias y frases antijudías. Un ejemplo de ello son las fiestas de Pero-Palo, que se celebran en Villa Nueva de la Vera (Cáceres), de origen medieval, en las que la hostilidad hacia los judíos se expresa en diversas coplas, y toma una forma plástica mediante la simulación del prendimiento, escarnio y muerte de un personaje encarnado por un muñeco, en un ritual conocido como «la judiá». Curiosamente, las fiestas de Pero-Palo han trascendido a los medios de comunicación no por su contenido antisemita, sino por el trato dado a un burro durante el desarrollo de la fiesta.

Otros ejemplos del antijudaísmo tradicional arraigado en las celebraciones religiosas son el ya comentado caso del «Niño de la Guardia», o el de Dominguito del Val, que se venera en Zaragoza, lo mismo que determinadas procesiones de Semana Santa, como las de León, con sus gritos ancestrales de «¡muerte a los judíos!».

No cabe duda de que estas reminiscencias históricas contribuyen a la perpetuación del antisemitismo sociológico.

Las tensiones entre judíos y católicos se suavizaron notablemente a partir del Concilio Vaticano II, cuando la Santa Sede modificó su discurso hacia los hebreos. Además, el papa Wojtyla ha condenado en varias ocasiones, de modo inequívoco, el antisemitismo. Por su parte, la Conferencia Episcopal Española publicó una serie de documentos bajo el título *Cristianos y judíos por los caminos del diálogo.* Estos gestos tratan de cambiar, aunque tímidamente, la secular enseñanza del desprecio por la tolerancia.

Otro de los factores que influyen en el desconocimiento de las minorías religiosas es la versión partidista y distorsionada de la historia en los libros de texto del franquismo, que todavía pesa sobre la imagen que los españoles tienen de las poblaciones judía y musulmana. En estos libros, a los judíos se les estigmatiza como pueblo deicida (haber dado muerte a Jesucristo), culpable de crímenes rituales, y de traición en tiempos de la Reconquista. Al mismo tiempo, los musulmanes de Al Andalus figuran como extranjeros enemigos de la patria; y los protestantes, los grandes ausentes de la historia española, recuerda Benasuly, «sólo tienen derecho a algunas alusiones elípticas a Lutero como adversario del Papa».

El antijudaísmo sociológico del que habla Benasuly todavía puede verse también en algunos diccionarios de uso común, incluidos algunos de la Real Academia Española. Así, para algunos de ellos sinagoga significa «Casa en que se reúnen los judíos para orar y oír la doctrina de Moisés», pero también responde a la definición de «reunión para fines que se consideran ilícitos».

Con todo, aún más lamentables son las comparaciones que se establecen en el Gran Diccionario de Sinónimos y Antónimos que una conocida entidad bancaria de origen vasco, pero de ámbito nacional, distribuyó recientemente entre sus numerosos clientes.

Según este grueso diccionario, *judiada*, significa lo mismo que *crueldad, explotación, cabronada, infamia, putada y usura*. En la misma página, el término *judío*, equivale a decir *agarrado, cicatero, chueta, hebreo, israelita, sefardita, avaro, roñoso, tacaño y usurero.* El antónimo de judío, cómo no, es *desprendido*. Curiosamente, según este mismo diccionario, católico es igual a *apostólico, arreglado, cristiano, ordenado, romano y sano*.

sinagoga. (Del lat. *sinagōga*, y este del gr. συναγωγή, de συνάγω, reunir, congregar.) f. Congregación o junta religiosa de los judíos. ‖ **2.** Casa en que se juntan los judíos a orar y a oír la doctrina de Moisés. ‖ **3.** fig. En sentido peyorativo, reunión para fines que se consideran ilícitos.

judío		**católico**	
18	agarrado	1	apostólico
9	cicatero	23	arreglado
1	chueta	16	cristiano
11	hebreo	5	ordenado
4	israelita	2	romano
1	sefardita	18	sano
34	avaro	2	◁*desarreglado*
19	roñoso		
12	tacaño		
4	usurero		
6	◁*desprendido*		

El antisemitismo todavía se observa en las definiciones que ofrecen algunos diccionarios de uso común en la actualidad.

Violencia nazi, tanto en la calle como en la red

Desde 1995 hasta los atentados del 11-S y el recrudecimiento de las hostilidades en Oriente Próximo, el antisemitismo en los países occidentales era un fenómeno decreciente. La regla general era: sube el racismo, sube el antisemitismo. Ahora, sobre todo desde que por primera vez se lleva a cabo un seguimiento global y sistemático del antisemitismo, ocurre lo contrario. La violencia antisemita es sólo una pequeña fracción de la violencia racista en general. Los judíos ya no son, desde el final de la Segunda Guerra Mundial, el primer objetivo del racismo. Sólo ideológicamente el antisemitismo continúa siendo la forma más enraizada y potente del racismo. En realidad el antisemitismo no es racismo en sentido estricto, lo que no es óbice para que la lucha contra el antisemitismo sea inseparable de la lucha contra el racismo.

En la actualidad, además del incremento de las agresiones contra intereses judíos y los *espontáneos* comentarios especialmente virulentos de algunos medios de comunicación, por los motivos explicados, la propaganda antisemita se canaliza fundamentalmente a través de Internet. La Red, que ofrece toda clase de impunidad, facilidades de distribución, inmediatez, plasticidad y hasta interactividad, se ha convertido en el principal medio de difusión de material racista, xenófobo y antisemita para los grupos más radicales de nazis, neonazis, *skinheads* (cabezas rapadas)y otras tribus marginales de ultraderecha.

Uno de los ejemplos más denigrantes es la página *Murcia 88,* que pertenece a la organización de *skinheads* autodenominada Kripo. En la página *web* de estos *ultras* aparecen dos grandes banderas nazis de un extremo a otro de la página. Aprovechando la facilidad de presentar imágenes en movimiento que ofrece la Red, de una de las banderas con la cruz gamada sale un hombre que permanentemente se dirige hacia una bandera de Israel (con la estrella de David) y orina sobre ella.

Un primer recorrido por esta página conduce directamente a la frase: «¡Destruye el antifascismo por ser cómplice del sistema!». Con estas poco edificantes palabras empieza el mensaje que los grupos ultras de *Murcia 88* dirigen a sus miembros y simpatizantes desde su página *web.* No se trata del único caso en el que grupos españoles de ideología nazi utilizan las facilidades que ofrecen las nuevas tecnologías para cometer delitos y faltas graves que están claramente tipificados en la legislación española (incitación a la violencia, amenazas, exposición pública de símbolos nazis, injurias, calumnias...).

Según este grupo, «la violencia bien encauzada es útil y es necesaria, y es que, aunque no defendamos el uso de la violencia gratuita, en ocasiones no queda más solución que emplearla. Hay que actuar ya, no hay que dejar que se organicen, que se hagan fuertes (...). Hay que actuar contra grupos como...». A continuación citan los nombres y las siglas de una serie de organizaciones ciudadanas y universitarias, a cuyos miembros califican de «marionetas del sistema». La orden es atacarlos violentamente y sin miedo: «¡Ya no tengas miedo, que no te den pena, muéstrales tu rencor, tu odio, díselo bien alto y a la cara que vamos a ir a por ellos... Zaragoza es nuestra ciudad, que se vayan preparando...!» Pero lo más grave es la forma en que, según estos aprendices de nazi, hay que cometer las agresiones:

> *«... en mis manos el puñal*
> *busco entre tus costillas*
> *un lugar para clavar*
> *¡¡A POR ELLOS!!»*

La empanada mental

Si no fuera porque estos nazi-fascistas españoles no sólo están en Internet, sino también en la calle, y porque en ocasiones utilizan, no sólo el puñal, sino bates de béisbol, pistolas y otras *herramientas* contra sus víctimas, quizá no merecería la pena dedicar demasiado espacio en este libro para analizar su forma de pensar, lo que les ha llevado a atacar las sinagogas, apalear a transeúntes por su forma de vestir y a asesinar a personas indefensas sólo porque no les ha gustado el color de su piel.

Lo que sigue a continuación es parte de un texto, extraído de un documento reciente, elaborado por la referida organización *ultra*. En él se observa la preocupante base *histórica* de sus argumentos; una indescifrable *empanada mental* que suena a secta y a tomadura de pelo...pero que, por increíble que parezca, hay quienes creen haberla entendido, se la toman en serio, y además pretenden llevarla a la práctica. Se trata de un escrito en el que ¡explican! a su gente quién era Adolf Hitler:

«Adolf Hitler fue el Gran Sacerdote de Occidente, profeta y líder político-espiritual del Nuevo Orden Europeo que se intentó establecer en esta fase final del Kali-Yuga, receptáculo de la Luz del Norte hiperbóreo opuesto al Gran Farsante del Vaticano, el usurpador, el impostor, es decir, el Papa de Roma, receptáculo de la Luz del Sur y representante del demonio judío de Yahvé-Jehová, enemigo mortal de Europa y de la raza divina de los arios, la auténtica elegida por los dioses. El nefasto papa polaco Juan Pablo II dijo sin ningún rubor en 1986 que los judíos eran "sus hermanos mayores". El cristianismo judío del rabino San Pablo corrompió al Europa hasta extremos indecibles.

El III Reich de Hitler volvió, en pleno siglo xx, a levantar la bandera del gibelinismo y de la concepción solar y uránico-viril del Imperio. Para Hitler, como para los gibelinos, la Iglesia era la Gran Prostituta y el judío San Pablo —el auténtico creador de la religión cristiana-, un revolucionario de la chusma y un precursor del bolchevismo. Hitler calificó a la antiraza judía como "enemiga de la luz".

La II Guerra Mundial (1939-1945) fue el enfrentamiento entre dos concepciones del mundo y de la espiritualidad. La Luz del Norte contra la Luz del Sur. Jerarquía, Orden y Aristocracia contra Caos, Igualitarismo y Oscuridad. Espiritualidad solar y heroíco-viril contra espiritualidad lunar y telúrico-demoníaca.

La caída del III Reich el 8 de mayo de 1945, ha sido la mayor catástrofe que ha sufrido Occidente desde la destrucción de la Orden del Temple en el siglo XIV. Tanto la Orden del Temple como el III Reich con su Orden Negra SS fueron los intentos más logrados de restaurar una nueva Edad de Oro para Occidente (...).

Nuestra misión debe ser la de "mantenerse en pie en medio de un mundo en ruinas", parafraseando al gran pensador tradicionalista italiano Julius Evola, y como hizo nuestro Führer, rechazar el fatalismo afeminado de la escoria judeocristiana siendo felices a nuestra Tradición Primordial Aria hasta que el caparazón del que hablaba antes acabe por derrumbarse. Las actitudes reaccionarias y bienpensantes sólo conseguirían retrasar el nuevo comienzo que ha de venir y vendrá. Dejemos que los demócratas de uno u otro signo, las feministas, los politicastros, los maricones, los mestizos, etc., acaben por ahogarse en propia basura.

Hitler, más que un líder político, para nosotros fue nuestro profeta y Mesías. El Mesías de todos los pueblos indo-europeos. El Padre de Occidente.»

Puede parecer increíble, pero esto es lo que tienen en el cerebro los *cabezas rapadas*, que si no fuera porque realmente en muchas ocasiones salen a la calle dispuestos a coser a navajazos a todo aquel que no piense o se vista como ellos, resultaría difícil tomárselos en serio. La única esperanza que cabe guardar es que algún día los más listos caigan en la cuenta de que lo que hay detrás de quienes les suministran semejante línea *ideológica* no es otra cosa que un boyante negocio de venta de objetos, prendas de vestir, adornos, pasquines y toda clase de parafernalia *neonazi*.

ANEXO I

TEXTO ÍNTEGRO DEL COMUNICADO HECHO PÚBLICO POR EL EX PRESIDENTE DE ESTADOS UNIDOS, BILL CLINTON PARA JUSTIFICAR SU POLÉMICO E «INUSUAL» INDULTO AL MULTIMILLONARIO JUDÍO MARC RICH.

Por qué he perdonado a Marc Rich

A causa de los intensos análisis y críticas que han suscitado los indultos de Marc Rich y su socio Pincus Green y de las legítimas preocupaciones que han despertado, quiero explicar qué es lo que he hecho y por qué.

En primer lugar, deseo hacer algunos comentarios generales acerca de los perdones y las conmutaciones de sentencias. El artículo II de la Constitución otorga al presidente un amplio poder no revisable para conceder «indultos y perdones» por todos los delitos contra los Estados Unidos. El Tribunal Supremo ha dictaminado que la capacidad para perdonar es reconocida «al presidente (...) y le es reconocida sin límite» (caso Estados Unidos contra Klein). El juez Oliver Wendell Holmes declaró que «un perdón (...) es (...) la decisión de la autoridad suprema según la cual el "perdón" servirá mejor al bienestar público» (caso Biddle contra Perovich).

Un presidente puede concluir que un indulto o una conmutación de pena se justifica por varias razones: el deseo de restablecer en la plenitud de los derechos de ciudadanía, entre ellos el de voto, a personas que han cumplido sus sentencias y han vivido dentro de la ley desde entonces; la convicción de que la sentencia era excesiva o injusta; circunstancias personales que justifican la compasión u otras circunstancias de carácter único. El ejercicio de la clemencia por parte del Ejecutivo es intrínsecamente polémico.

La razón que tuvieron los artífices de la Constitución para conferir esta amplia capacidad al poder ejecutivo fue garantizar que el presidente tuviera la libertad necesaria para hacer lo que juzgase justo con independencia de lo impopular que pudiera ser una decisión. Algunas de las utilizaciones de esta capacidad han sido extremadamente polémicas, como los perdones concedidos por el presidente Washington a dirigentes de la Rebelión del Whisky, la conmutación de la sentencia de Eugene Debs por parte del presidente Harding, la conmutación de sentencia que otorgó el presidente Nixon a James Hoffa, el perdón del presidente Ford al ex presidente Nixon, el perdón concedido por el presidente Carter a los que se negaron a acudir al ser llamados a filas para la guerra del Vietnam y el perdón por parte del presidente Bush de seis acusados en el caso Irán-Contra, entre ellos el ex encargado de Defensa Weinberger, indulto que trajo consigo el final de la investigación.

El 20 de enero de 2001 concedí 140 indultos y dicté 36 conmutaciones. Durante mi presidencia dicté aproximadamente un total de 450 indultos y conmutaciones, en comparación con los 406 dictados por el presidente Reagan en el curso de sus dos mandatos. En sus cuatro años, el presidente Carter dictaminó 566 perdones y conmutaciones, mientras que en el mismo espacio de tiempo el presidente Bush concedió 77. El presidente Ford dictó 409 durante los poco más de dos años que fue presidente.

La inmensa mayoría de mis perdones e indultos del 20 de enero estuvieron destinados a personas que no son muy conocidas. Algunas habían sido sentenciadas de conformidad con leyes de sentencia obligatoria relativas a las drogas; me pareció que ya habían cumplido un plazo suficiente, teniendo en cuenta las circunstancias particulares de los casos concretos. Muchas de estas personas eran delincuentes no violentos que delinquían por primera vez y carecían de antecedentes penales; en algunos casos, sobre sus cómplices habían recaído sentencias considerablemente más breves.

A petición del fiscal general conmuté una pena de muerte porque el principal acusador del reo cambió posteriormente su testimonio, suscitando dudas sobre la culpa del acusado. En determinados casos concedí el perdón porque pensé que aquellos individuos habían sido tratados injustamente y castigados con arreglo a la Ley de Independencia de la Abogacía entonces existente. El resto de los perdones y conmutaciones fueron concedidos por un amplia variedad de razones basadas en hechos, pero el denominador común fue que todos aquellos casos, como el de Patricia Hearst, eran a mi juicio merecedores de clemencia por parte del poder ejecutivo.

De manera abrumadora, los indultos favorecieron a personas que habían sido condenadas y habían cumplido su pena, de manera que el efecto fue restablecer los derechos civiles de estas personas. Muchos de estos perdones, entre ellos algunos de los más controvertidos, hallaron un enérgico apoyo en los dos partidos.

Los indultos que han atraído la mayor parte de las críticas han sido los otorgados a Marc Rich y a Pincus Green, que fueron acusados en 1983 de fraude fiscal mediante ingeniería financiera y fraude postal y telegráfico en sus negocios petroleros. Normalmente habría denegado el perdón en este caso por el mero hecho de que estos hombres no regresaron a Estados Unidos a enfrentarse con los cargos formulados contra ellos. Sin embargo, decidí concederlo en este caso inusual por las siguientes razones legales y de política exterior:

1. Entendía que las demás compañías petroleras que habían organizado transacciones como aquellas de las que se acusaba al señor Rich y al señor Green eran, al contrario que ellos, procesados civilmente por el Gobierno.

2. Fui informado de que en 1985, en un caso semejante contra un socio comercial del señor Rich y el señor Green, el Departamento de Energía, que era el responsable de imponer la ley reguladora, halló que la manera en que las empresas Rich/Green habían justificado estas transacciones era adecuada.

3. Dos expertos en materia fiscal muy considerados, Bernard Wolfman, de la Facultad de Derecho de Harvard, y Martin Ginsburg, del Centro de Estudios Legales de la Universidad de Georgetown, revisaron las transacciones en cuestión y concluyeron que las empresas «fueron correctas en su tratamiento de todas las materias en cuestión referentes a los impuestos sobre la renta en Estados Unidos», y que no había «ningún ingreso federal no declarado ni obligación impositiva adicional atribuibles a ninguna de las transacciones cuestionadas».

4. Con el fin de saldar la acusación del Gobierno contra ellos, las empresas de los dos habían pagado aproximadamente 200 millones de dólares en multas, recargos e impuestos, que en su mayoría ni siquiera estarían quizá justificados con arreglo al análisis de Wolfman/Ginsburg, según el cual las empresas habían cumplido con la ley y habían declarado correctamente sus ingresos.

5. El Departamento de Justicia rechazó en 1989 la utilización de leyes sobre fraude fiscal mediante ingeniería financiera en casos como éste, una postura con la que la página editorial del *Wall Street Journal*, entre otros, coincidió en aquel momento.

6. Entendí que la actitud del fiscal general delegado, Eric Holder, acerca de la solicitud del indulto era «neutral, inclinada a favor».

7. Las razones a favor del indulto fueron revisadas y defendidas no solamente por mi antiguo consejero legal de la Casa Blanca, Jack Quinn, sino también por tres distinguidos abogados republicanos: Leonard Garment, ex funcionario de la Casa Blanca con Nixon; William Bradford Reynolds, que

fue oficial de alto nivel del Departamento de Justicia con Reagan, y Lewis Libby, actual jefe de personal del vicepresidente Cheney.

8. Para terminar, y una razón importante, muchos funcionarios israelíes de alto nivel en ejercicio y retirados de los dos principales partidos políticos, así como dirigentes de comunidades judías de América y Europa, solicitaron con insistencia el perdón del señor Rich por sus aportaciones y servicios a causas caritativas israelíes, a los esfuerzos del Mossad por rescatar y evacuar a judíos de países hostiles y a los procesos de paz mediante el patrocinio de programas educativos y sanitarios en Gaza y Cisjordania.

Aunque me preocupaba la atribución de un carácter criminal a las acusaciones contra el señor Rich y el señor Green, también quería garantizar la capacidad del Gobierno para procesar cualquier acusación del Departamento de Energía relativa a impuestos civiles u otras que se pudiesen plantear y justificar. Sabía que las empresas de los acusados habían resuelto su conflicto con el Gobierno, pero no sabía cuál era la responsabilidad personal que ambos tendrían todavía por infracciones contra el Departamento de Energía o de otro tipo.

En consecuencia, les requerí para que renunciasen a todas sus defensas, incluyendo las previstas por la Ley de Prescripción, contra toda acusación civil que el Gobierno pudiese formular contra ellos. Antes de conceder los indultos recibí de su abogado una carta en la que se confirmaba que «renunciaban a toda y cualquier defensa que se pudiera oponer a la legítima imposición de multas civiles en relación con las acciones y transacciones alegadas en la acusación contra ellos pendiente en el Distrito Sur de Nueva York».

Creo que mi decisión de llevar adelante los indultos se tomó en el mejor interés de la Justicia. Si estos dos hombres fueron acusados injustamente en un primer momento, se ha hecho justicia. Por otra parte, si personalmente deben dinero al Departamento de Energía por multas, impago de impuestos o multas civiles, ahora pueden ser procesados civilmente, como lo fueron otros que estaban al parecer en su situación, una consecuencia que no habría sido posible sin la renuncia, ya que las leyes civiles de prescripción habrían producido quizá sus efectos mientras ellos estaban fuera de Estados Unidos.

Aunque sabía y tenía en cuenta el hecho de que la fiscal de Estados Unidos para el Distrito Sur de Nueva York no apoyaba estos indultos, en una visión retrospectiva habría sido mejor para el proceso que yo hubiese solicitado directamente su opinión. Además, lamento que el fiscal general Holder no tuviese tiempo para revisar el caso. Sin embargo, consideré que tenía ante mí los hechos esenciales y que las consideraciones de política exterior y los argumentos legales justificaban dar un paso adelante.

La sugerencia de que concedí los indultos porque la ex esposa del señor Rich, Denise, había prestado colaboraciones políticas y había hecho aportaciones a la Fundación Clinton es absolutamente falsa. No hubo ningún intercambio de intereses. Lo que es más, otros amigos y colaboradores han tratado de obtener perdones en casos que, tras un examen detenido basado en las informaciones a que tuve acceso, decidí no otorgar.

En los últimos meses de mi mandato, muchísimas personas me telefonearon, me escribieron o acudieron a mí para pedirme que concediera o al menos tomara en consideración la concesión de clemencia en diversos casos. Entre estas personas había amigos, familiares, ex cónyuges de solicitantes, partidarios, conocidos, miembros del Congreso republicanos y demócratas, periodistas y completos desconocidos. Creo que el presidente puede y debe escuchar esas peticiones, aunque no puedan condicionar su decisión sobre sus méritos. Sólo hay una prohibición: no puede haber toma y daca. Y desde luego no lo hubo en éste ni en ninguno de los demás perdones y conmutaciones que concedí.

Estoy acostumbrado al turbulento mundo de la política, pero las acusaciones que se han hecho contra mí en este caso me han resultado especialmente dolorosas, ya que durante ocho años me he esforzado mucho en tomar decisiones que fueran buenas para el pueblo americano. Quiero que todos los americanos sepan que, aunque algunos puedan no estar de acuerdo con esta decisión, la tomé por sus méritos tal como yo los vi y asumo mi plena responsabilidad por ella.

William Jefferson Clinton

ANEXO II

¿Tiene usted antepasados judíos?

Acontecimientos muy dolorosos que han ocurrido en la historia pasada y, por desgracia, también en la reciente, han hecho que los judíos no sean muy amigos de las listas que incluyen sus nombres y apellidos. A lo largo del tiempo el antisemitismo ha sido un fenómeno intermitente, que ha cobrado mayor o menor fuerza en función de los avatares políticos, económicos y culturales que han atravesado los países en los que está presente la comunidad judía, y ha sido en algunos de esos momentos difíciles cuando las nóminas de los hebreos han sido utilizadas para hacerles daño. Por este motivo, ninguno de ellos puede asegurar que se encuentra a salvo de los ocasionales ramalazos antisemitas que suelen surgir en la mente de quienes aún no se han enterado de que, afortunadamente, el mundo está cambiando, y que cada vez son más los que piensan que la tolerancia y el respeto por las creencias y las culturas ajenas, sean del signo que fueren, son un valor en alza.

En cualquier caso, tanto si se es blanco de ataques antisemitas, como —y muy especialmente— si se tuviera la tentación de ser el atacante, o por simple curiosidad intelectual, conviene detenerse a leer la siguiente lista de apellidos judíos y judeoconversos, elaborada a partir de diversas fuentes bibliográficas, históricas y documentales. No vaya a ser que al lanzar las soflamas antisemitas estemos tirando piedras contra nuestro propio tejado o el de nuestras familias.

Esta lista sólo tiene carácter divulgativo y no pretende ser un documento cerrado ni elaborado científicamente. Como es evidente, no todas las personas que llevan algunos de estos apellidos son judíos. Ni siquiera se puede afirmar que sean judíos religiosos, laicos, conversos, sefardíes o asquenasíes, aunque en su gran mayoría son de origen hispano-sefardí. Han sido incluidos en esta relación única y exclusivamente porque aparecen en documentos antiguos o recientes relacionados con el judaísmo, en los que por diversos motivos se les cita como judíos, conversos, criptojudíos, descendientes de judíos, etc., o simplemente porque son los apellidos de personas que en la actualidad pertenecen a alguna de las numerosas organizaciones que integran la comunidad judía española e hispanomamericana.

Además, se debe tener en cuenta que en la larga diáspora del pueblo hebreo muchos judíos adapataron sus nombres españoles a los idiomas y costumbres de los países que los acogieron. En este proceso hubo apellidos que adquirieron determinados prefijos que pueden estar unidos o separados al apellido básico. A los efectos de esta lista, en general se han eliminando los acentos y los prefijos que aparecen separados del apellido en la grafía de las fuentes consultadas. Igualmente conviene recordar que muchos de los judíos sefarditas que abandonaron la Península ibérica a raíz de las diversas persecuciones de que fueron objeto cambiaron sus apellidos y usaron seudónimos para proteger a sus familias, las cuales se quedaron en España y Portugal. Con el tiempo, muchos de aquellos falsos nombres cobraron carta de naturaleza.

A

Aalamani - Aaleva - Aaron - Aba - Abadalla - Abadi - Abadia - Abagir - Abalos - Abamari - Abanillo - Abarim - Abas - Abayud - Abazardiel - Abbencadon - Abdalah - Abdelquerim - Abdon - Abdus - Abeacara - Abecasis - Abed - Abeilla - Abejamil - Abel - Abelate - Abelda - Abella - Abemenir - Aben Abinan - Abenabas - Abenabibe - Abenabs - Abenabsil - Abenacaua - Abenacoje - Abenadan - Abenadar - Abenadon - Abenaex - Abenafia - Abenagua - Abenalabcan - Abenalas - Abenalfarj - Abenalhadet - Abenalia - Abenalmofarech - Abenaloyon - Abenamar - Abenambran - Abenamen - Abenamias - Abenanueva - Abenardud - Abenarroyo - Abenasa - Abenasta - Abenatar - Abenavez - Abenavo - Abenayon - Abenazab - Abenazogue - Abenbacua - Abenbaruel - Abenbilla - Abenbita - Abencacon - Abencadiq - Abencadoque - Abencahal - Abencaleta - Abencara - Abencasa - Abencasi - Abencassuch - Abencaulin - Abencaya - Abencayde - Abencedillo - Abenceholin - Abencida - Abencofa - Abenconiel - Abencota - Abencrespin - Abencubal - Abencubariel - Abencum - Abenchen - Abendado - Abendalon - Abendana - Abendanid - Abendaño - Abendavid - Abendera - Abendino - Abendis - Abeneso - Abenezra - Abenfachon - Abenfadajil - Abenfarach - Abenfranchil - Abengadalla - Abengarap - Abengato - Abengayte - Abengeld - Abengonzalez - Abengoza - Abenhacan - Abenhadar - Abenhalegua - Abenharrel - Abenharun - Abenhateus - Abenhayim - Abenhuacar - Abenhuly - Abenhullen - Abenhum - Abenhumaed - Abenires - Abenjamin - Abenjanah - Abenlahazar - Abenlatel - Abenluengo - Abenlupe - Abenlupiel - Abenmacon - Abenmanuel - Abenmayor - Abenmaza - Abenmelec - Abenmiex - Abennaras - Abennino - Abennomen - Abennuble - Abennubti - Abenoqua - Abenosa - Abenpacuriel - Abenpando - Abenpartel - Abenpesat - Abenpex -

Abenpinac - Abenpulicar - Abenrabi - Abenragil - Abenrey - Abenrrave - Abenrubay - Abensabad - Abensaboca - Abensadat -Abensadok - Abensahalon - Abensalama - Abensanchez - Abensanchez de Sevilla - Abensanto - Abensarcan - Abensenaa - Abenshushen - Abensorda - Abensur - Abentalco - Abentamus - Abentaurei - Abentaurell - Abentesat - Abenteta - Abentovi - Abenturiel - Abenunez - Abenvenist - Abenverga - Abenviva - Abenvivo - Abenxaat - Abenxabat - Abenxaex - Abenxuxen - Abenyahion - Abenyaxi - Abenyud - Abenzadoch - Abenzaed - Abenzafo - Abenzamerro - Abenziat - Aberay - Abernyd - Aberraynel - Aberroyo - Abesser - Abet - Abexequi - Abez - Abgalon - Abhacotin - Abiatar - Abicatsar - Abiego - Abifuron - Abillo - Abinarduch - Abip - Abira - Abira - Abismael - Abiulinag - Abizmel - Ablitas - Abmizmell - Abnaxech - Abnazaya - Abnazich - Abner - Aboab - Aboacar - Aboarri - Aboav - Abod - Abolafia - Abolahabin - Abolfaca - Abolfeda - Abon - Abotbol - Abotin - Aboulker - Abrabanel - Abracero - Abraham - Abraham de Balmes - Abraham del Portal - Abrahe - Abrahem - Abraim - Abram - Abramico - Abravalla - Abravanel - Abravanel-Dormido - Abrayn - Abricepol - Abrur - Absalom - Abuadari - Abuadavi - Abuaqueque - Abudaraahan - Abudaran - Abudarme - Abudarraham - Abudiente - Abuharun - Abuibrahim - Abuishac - Abulacen - Abulafia - Abulhachach - Abulhasan - Abulker - Abulner - Abulrebia - Abuomar - Aburayence - Aburrabe - Abusuleiman - Abuyusuf - Abuzacaria - Abuzeid - Abzaradiel - Acaban - Acac - Acam - Acansaque - Acarch - Acarrafe - Acatron - Acaya - Acaz - Acco - Acecri - Acena - Acenia - Acetay - Acevedo - Acim - Acoror - Acosta - Acre - Aculte - Acuña - Achaz - Achocada - Adadi - Adalacid - Adam - Adamo - Adaroque - Adas - Adato - Aderet - Adevi - Adida - Adjiman - Adret - Adrian - Adriat - Adron - Adserias - Aduarte - Adujar - Adut - Adzay - Aelion - Afelleja - Affananell - Affimaz - Aflalos - Afmaell - Afraym - Aghmati - Agoado - Agramunt - Aguado - Aguero - Aguiar - Aguila - Aguilar - Aguilo - Aguilon - Aguinay - Agusti - Ahanos - Aharon - Ahim - Aimeric - Aimerich - Ainoles - Aisner - Akin - Al Tusari - Alabacas - Aladafi - Aladi - Aladin - Aladjem - Aladjim - Alaftas - Alagan - Alagon - Alagraque - Alah - Alalouf - Alaman - Alamani - Alamany - Alami - Alamin - Alamon - Alanate - Alaneque - Alani - Alantauri - Alantins - Alanzar - Alaquin - Alasdiel - Alashkar - Alashkaz - Alasidraque - Alaskar - Alastaz - Alatino - Alatzar - Alayo - Alayud - Alaz - Alazan - Alazar - Alazrague - Alba - Albacar - Albacha - Albagal - Albagel - Albajari - Albala - Albala de Levy - Albalah - Albalech - Albalia - Alballa - Albana - Albanaz - Albane - Albanell - Albania - Albaquero - Albar - Albarado - Albasti - Albataxar - Albatel - Albayda - Albeacara - Albeida - Albelda - Albeldano - Alberti - Alberuji - Albesa - Albeylla - Albili - Albion - Albo - Albocar - Albogaza - Albohaire - Albohazen - Albons - Albonsoli - Alborgi - Albornoz - Alboroge - Alboros - Albuhaire - Albuquerque - Alburrugin - Alburzhi - Alcabets - Alcacaby - Alcaceria - Alcaforada - Alcahal - Alcajal - Alcala - Alcalahorrano - Alcalahorri - Alcalay - Alcalde - Alcalle - Alcamalo - Alcambiel - Alcaniz - Alcanso - Alcarahuy - Alcaravy - Alcaray - Alcaraz - Alcarcan - Alcaroche - Alcaruy - Alcarzan - Alcasar - Alcastell - Alcayci - Alcazar - Alcocer - Alcoforada - Alcoforado - Alcon - Alconstantini - Alcoquin - Alcoroche - Alcorsi - Alculumbre - Alchabab - Alchabir - Alchani - Alchech - Alchekh - Al-dahari - Aldovera - Aldug - Alegre - Alegrete - Aleman - Alemano - Alemany - Alentienz - Aleva - Alfabis - Alfacar - Alfacen - Alfahar - Alfajarin - Alfakhar - Alfandari - Alfandeny - Alfangi - Alfaque - Alfaqui - Alfari - Alfarin - Alfaro - Alfasi - Alfauhell Anfanell - Alfavell - Alfayan - Alfeda - Alfon - Alfonso - Alforis - Alforja - Alfrangi - Alfrangui - Algace - Algadis - Algarfa - Algatzell - Algazi - Algemiz - Algerri - Algo - Algranate - Algranati - Alguadex - Alguadix - Alguazil - Alhaik - Alhamete - Alhanad Alhanet - Alharizi - Alhayat - Alholu - Ali - Aliafo - Aliaga - Alicante - Aliescar - Alietzer - Alilu - Alillo - Alioua - Aliova - Alixandre - Alixandres - Aljaba - Aljadef - Aljaen - Aljamin - Aljanati - Al-jarizi - Aljirizi - Alkabets - Alkabisi - Alkalai - Alkalay - Alkana - Almadaian - Almadany - Almadaque - Almagro - Almahal - Almalaque - Almaleh - Almalej - Almancas - Almapes - Almaques - Almariella - Almatayar - Almateri - Almazan - Almeida - Almenara - Almerini - Almeyda - Almira - Almocala - Almodi - Almohalla - Almoli - Almonte - Almorcat - Almoriz - Almosnino - Almoxaraf - Almozlino - Alnajeri - Alnakawa - Alocanen - Alonso - Alonso - Alpaperri - Alpargan - Alpatal - Alphaperri - Alqabal - Alroi - Alsabi - Alseda - Alsheij - Alsheikh - Alshij - Al-taban - Altabet - Altaras - Altaraz - Altauso - Altavas - Alterras - Alucam - Alucedaque - Aluch - Alustres - Alva - Alvarenga - Alvares de Barros - Álvarez - Álvarez de Castro - Álvarez de Cepeda - Álvarez de Toledo - Alvaro - Alvas - Alvedana - Alvelia - Alvo - Alyamani - Allanary - Allemano - Amadia - Amado - Amar - Amarillo - Amat - Amato - Amatu - Amezquita - Amias - Amicmell - Amiel - Amigo - Amillo - Amira - Amis - Amismel - Amix - Amiz - Amon - Amor - Amores - Amoros - Amran - Amusco - Amzalag - Amzalak - Amzalek - Anacahua - Anadaiman - Anahory - Analares - Ananias - Anar - Anashiksan - Anatoli - Anavi - Anconero - Anchieta - Andali - Andalusi - Andeli - Andosilla - Andrade - Andreu - Andújar - Aneillo - Anenturiel - Anfaoni - Angel - Angeles - Angelet - Anglesola - Anidjad - Anillo - Aninay - Anir - Annabarri - Annachar - Annahory - Anoch Amayrelo - Ansa - Ansolero - Anson - Antebi - Antero - Antillon - Antoinette de Loupes - Antoli - Anton - Antunes - Antunez - Anzancot - Añobueno - Apatron - Apera - Apullate - Aquaz - Aquica - Aquina - Aquinra - Aquiva - Ara - Arabon - Aragall - Aragay - Aragon - Arama - Aranda - Aranel - Araujo - Araviano - Arayno - Araz - Arba - Arbas - Arbolea - Arboles - Arbona - Arbustante - Arcunay - Archdeacon - Archivolti - Ardit - Arditi - Ardutel - Ardutiel - Arellano - Arellanos - Arenos - Arensburg - Arenus - Ares - Areto - Arevalo - Arevalos - Arez - Argenter - Argentier - Aria - Arias - Ariembau - Arim - Arino - Aris - Arisba - Ariz - Ariza - Armarhuel - Armendariz - Arnau - Arnedillo - Arnedo - Arnesti - Arneti - Aro - Arobi - Arochas - Aroio - Aron - Aros - Arraena - Arragel - Arramac - Arramak - Arraona - Arrayoso - Arrazil - Arrocha - Arrojas - Arroti - Arroyal - Arroyo - Arroz - Arruca - Arructi - Arruete - Arrueti - Arrugueta - Arruni - Arsilla - Artal - Artemion - Artes - Artom - Artur - Aruche - Arueste - Aruguet - Aruj - Aruque - Arzarello - Asaban - Asabanaque - Asaia - Asalani - Asam - Asamel - Asamuel - Asarga Agarta - Asaya - Asayag - Asayol - Asayuel - Ascanio - Ascarel - Ascarelli - Ascariel - Aschero - Asday - Asenili - Aseno - Aseo - Aser - Asero - Aserraf - Asevelli - Asevili - Asher - Ashkenazi - Askari - Aslan - Asoror - Aspe - Assa - Assarur - Asser - Assusi - Astaz - Astorga - Astorgano - Astruc - Astruch - Astrugona - Astudilla - Asturgo - Asulte - Ata - Atar - Atataros - Atey - Athias - Atias - Atlas - Atnihi - Atrani - Atres - Atronay - Atserias - Attal - Attar - Attias - Attiias - Atunes - Atya - Atzarell - Atzarello - Atzay - Atzerias - Aub - Audaraahan - Auilera - Aulafia - Aun - Autec - Avadia - Avalos - Avar - Avato - Avelar - Aven - Avencunana - Avencuvana - Avengena - Avenpelyg - Aven Peyller - Avensavoga - Avenseca - Avensunana - Aventoal - Averbui - Aviad - Avigador - Avila - Aviles - Avimpela - Avinai - Avinardut - Avinay - Avinbirey - Avingavaire - Avinlaten - Avinloro - Avinpelx - Avintaotz - Avintay - Avintayll - Avinyo - Aviz - Avizmel - Avon - Avon-Savoga - Avraham - Awad - Axages - Axahat - Axahuja - Axarife - Axenil - Axon - Ayadel - Ayala - Ayash - Ayerbe - Ayi - Aylion - Ayllamin - Ayllon - Ayncon - Aynsa - Ayon - Ayuda - Azaban - Azadel - Azafar - Azair - Azamel - Azancot - Azanefa - Azankot - Azar - Azarchs - Azareff - Azaria - Azay - Azday - Azeli - Azerrad - Azevedo - Azicri - Aziz - Azlor - Aznar - Azon - Azor - Azose - Azoulay - Azquerra - Azrif - Azubid - Azulay

B

Baamonde - Babani - Babli - Babrassar Babtista - Bac - Baca - Bacal - Bacelar - Baco - Bacrat - Bacu - Bacuela - Bach - Bachabal - Bachi - Badajoz - Badi - Badia - Badorch - Badoz - Baduran - Baece - Baeg - Baena - Baez - Baeza - Bafiel - Bager - Bages - Bagrat - Bahalu - Bahamonde - Baharu - Bahri - Bairakli - Bajur - Bakish - Bakrat - Bakrat Khalas - Bakri - Balaam - Balaguer - Balaix - Balam - Baldaura - Baldomir - Bale - Bali - Balid - Balmes - Balqueto - Balsero - Baltanas - Baltasar - Balthasar - Balvas - Ballester - Ballestero - Banar - Banco - Bangardel - Banin - Banjain - Bannares - Banolas - Banyoles - Baquis - Baquix - Baraca - Barahon - Barahona - Barajel - Barata - Baratosa - Barazani - Barba - Barbamplo - Barbarias - Barbosa - Barbuc - Barcelay - Barcelayn - Barcelo - Barcelona - Barcessat - Barcilon - Barcon - Barcylay - Barchilon - Bardaji - Bardaxi - Bardina - Barel - Baremblit - Barenboim - Bargas - Bargelay - Bargueloni - Barhabal - Barica - Barkey - Barlia - Barluchi - Barnaca - Barnasa - Barnatan - Barnaza - Barnel - Barnil - Baro - Baroh - Baron - Baros - Baroukh - Barquin - Barra - Barrachina - Barragan - Barral - Barrasa - Barri - Barrientos - Barrio - Barrionuevo - Barrios - Barrios - Barrios - Barro - Barrocas - Barromi - Barros - Barrossa - Bartome - Bartomeu - Baru - Baruc - Baruch - Baruch - Baruj - Barujel - Barun - Baruque - Barzel - Barzelay - Barzellay - Barzilay - Barzili - Basan - Bases - Basilea - Basola - Bassan - Bassani - Bassat - Basso - Basto - Basto - Basula - Basurto - Batan - Batel - Battat - Battle - Bauer - Baum - Bauri - Bautista - Bautista - Bautista -perez - Bavli - Bayoles - Baza - Bazan - Bazilay - Bazo - Bazurro - Beato - Beberac - Bechinol - Bedarsi - Bedersi - Bedjerano - Befor - Behar - Beirav - Beja - Bejar - Bejarano - Bel - Belasco - Belenguer - Belforte - Belhom - Belias - Belicos - Belicha - Belilo - Belilos - Belilty - Belinfante - Belinsky - Belisario - Belity - Belmonte - Belongo - Belshom - Beltiando - Beltran - Belusi - Bellcaire - Bellforat - Bellhom - Bellida - Bellido - Bello - Bellocs - Bellot - Bellpuig - Bellshom - Bellshom - Bellshoms - Belltay - Belluga - Bellver - Bellviure - Bembillara - Bemini - Benabi - Benacutin - Benadeva - Benadiva - Benadriat - Benady - Benaim - Benalal - Benalhauia - Benambran - Benamol - Benamor - Benamu - Benaron - Benaroya - Benarroch - Benarros - Benarroya - Benaruia - Benarus - Benas - Benasayag - Benaste - Benastruc - Benasuly - Benatar - Benatennell - Benathan - Benavent - Benavente - Benavez - Benavidez - Benavon - Benay - Benayoch - Benayon - Benazeref - Benbasat - Benbassat - Benbennaste - Benbiara - Benbunan - Bencave - Bencida - Benchabo - Benchavo - Benchaya - Bencheluch - Bencheton - Benchetrit - Benchimol - Bendahan - Bendavit - Bendayan - Bendelac - Bendic - Bendicho - Bendit - Bendona - Bendrao - Bendras - Benedit - Benelbas - Benet - Benet - Benet - Benete - Benevist - Benevon - Benezra - Benezri - Benfadado - Benforado - Benfulo - Bengio - Benguigui - Benhamu - Benholias - Beni - Benifal - Beniflah - Benisag - Benisidel - Benitah - Benitez - Benito - Benizri - Benjamín - Benjeresh - Benjoar - Ben-kikis - Benloulo - Benmanan - Benmayor - Benmillara - Benmiyara - Benmozegh - Bennasar - Bennaser - Bennassar - Bennasser - Benoliel - Benolilles - Benolol Benosiello - Benquesus - Benquis - Bensabat - Bensalon - Bensandar - Bensantchi - Bensaquen - Bensasson - Bensaude - Bensavat - Bensid - Bensimol - Bensoussan - Bensussan - Bentama - Bentata - Bentolila - Benun - Benusan - Benvalia - Benvenist - Benveniste - Benvenisti - Benviara - Benvist - Benzadon - Benzakein - Benzaquen - Benzimra - Berab - Beraha - Beraja - Berajia - Berard - Berarde - Berart - Berarte - Bercerro - Berdugo - Berechia - Berejia - Berenguer - Berenstein - Beretvas - Berez - Bergamo - Berganza - Bergerac - Bergerac - Berges - Bergom - Beriro - Berjel - Berlangues - Berlanguez - Bermeguero -

tomeu - Berujim - Besalu - Beses - Bessis - Betancor - Betancort - Bete - Betel - Betran - Betsalel - Bettan - Bezalel - Biabrera - Bibach - Bibas - Bicon - Bicha - Bichachi - Bida - Bidales - Biel - Bienveniste - Biona - Bisbal - Biscaya - Bishop - Bissaltell - Bita - Bitas - Bittan - Bitton - Bivas - Biyones - Blana - Blanca - Blanco - Blanch - Blandon - Blanes - Blatt - Bleda - Bleiberg - Bleichmar - Blitz - Blum - Blume - Bo - Bobadilla - Boco - Bofer - Bofill - Boga - Boget - Boghachadji - Bojuha - Bolaix - Bolan - Bolar - Bolax - Boldu - Bolea - Bollamin - Bombarda - Bometon - Bon - Bona - Bonacosa - Bonadona - Bonafe - Bonafeu - Bonaffeu - Bonaffos - Bonafilla - Bonafos - Bonafux - Bonagua - Bonan - Bonananch - Bonanasc - Bonanasco - Bonanasch - Bonanat - Bonastre - Bonastruc - Bonastruch - Bonavia - Bonchara - Bondabi - Bondavin - Bondia - Boned - Bonet - Boneti - Bonfil - Bonfils - Bonfillet - Bonguha - Bonhom - Bonhome - Bonhorn - Boni - Boniach - Boniel - Bonifant - Bonin - Bonisac - Bonisach - Bonist - Bonjhua - Bonjorn - Bonjua - Bonjueu - Bonjuha - Bonjuhes - Bonmacip - Bonnin - Bono - Bonom - Bonomo - Bononat - Bonsenyor - Bordalua - Bordils - Bordzhel - Borgia - Boria - Borja - Borjes - Borr - Borras - Boscons - Bosch - Bosque Botebol - Botello - Boton - Botton - Bous - Bousso - Bovadilla - Bovera - Boy - Bracamonte - Braga - Bragadini - Braier - Brandao - Brandon - Bras - Bravo - Brea - Briceno - Brites - Brito - Bron - Brondo - Brudo - Brull - Brunel - Brunell - Brunella - Brustadera - Bruy - Bua - Bual - Bubo - Bucot - Buenaño - Buendia - Bueno - Bugafar - Buisan - Buldo - Bul-faradzh - Buncher - Bunio - Burgales - Burgo - Burgos - Burgos de Paz - Burutador - Busach Busal - Busian - Busnach - Busot - Buzaglio

C

Caah - Caba - Caballeria - Caballero - Caban - Cabaque - Cabara - Cabecon - Cabestany - Cabet - Cabeza de Vaca - Cabezudo - Cabisbal - Caboch - Cabot - Cabra - Cabral - Cabreda - Cabrera - Cabrero - Cabrit - Cabron - Caces- Caceres - Cacim - Cacon - Cachich - Caday - Cadeau - Cadena - Cadena - Cadiq - Cadique - Cadiz - Cadoch - Cadoche - Cadot - Caes - Cafer - Cag - Cahadia - Cahadias - Cahalon - Cahally - Cahner - Cahon - Caifa - Caim - Cairasco - Cajal - Calabaca - Calabaza - Calaf - Calahin - Calahora - Calahorra - Calahorrano - Calama - Calamaro - Calami - Calatayud - Calatche Calaya - Calay - Calbo - Caldera - Calderon - Calef - Caler - Caleya - Calo - Calot - Caloyan - Calson - Calvillo - Calvo - Callar - Calle - Camacho - Camanano - Camarron-samarron - Cambo - Cambriel - Camfi - Camhi - Cami - Camic Camis - Camiz - Camondo - Campanel - Campany - Campedron - Campellas - Campelles - Campo -

Campos - Camps - Campsor - Camrodon - Camus - Canamon - Canas - Candaros - Candelero - Candiote - Candioti - Candiotti - Canelles - Canes - Canet - Caneta - Canete - Caneti - Canetti - Canias - Cannas - Cano - Cansino - Cansinos - Cantarini - Canton - Cantos - Canut - Caomiti - Caorona - Cap - Capachen - Capardiel - Caparela - Caparra - Caparroso - Capaton - Capitis - Capon - Caporta - Capriles - Capsali - Capua - Capuano - Caraballo - Carabella - Carabi - Carabia - Carabias - Caracachon - Caraco - Caracosa - Caragoci - Carasso - Caravallo - Caravia - Caravias - Caravida - Caravita - Carbajal - Carballeira - Carballo - Carbi - Carbo - Carbonell - Carca - Carcalon - Carcar - Carcasona - Carcassona - Carciente - Carch - Cardado - Cardenas - Cardenel - Cardeniel - Cardinal - Cardona - Cardoso - Cardoza - Cardozo - Carfati - Carfun - Cari - Carmona - Carmoni - Carneiro - Carner - Carnicer - Caro - Carranque - Carrasco - Carrascon - Carrasso - Carretero - Carrillo - Carrion - Carrizo - Carsinet - Cartacan - Cartagena - Cartella - Carvajal - Carvalho - Carvallo - Carxos - Casa - Casafranca - Casal - Casala - Casals - Casanat - Casanate - Casania - Casares - Casarrubios - Casas - Cascante - Caseda - Cases - Casi - Caslari - Casorla - Caspi - Casque - Cassafranca - Cassella - Cassin - Cassuto - Castaneda - Castano - Castel - Castelar - Castell - Castella - Castellano - Castellanos - Castellar - Castello - Castelloli - Castellon - Castiglioni - Castilblanco - Castillo - Castineira - Castineiro - Caston - Castro - Castyright - Catala - Catalan - Catalano - Catalina - Catalini - Catan - Catano - Catai - Cattaui - Cauti - Càuto - Cava - Cavagos - Cavalle - Cavaller - Cavalleria - Cavell - Cavelleria - Cavello - Cavilly - Cax - Caxo - Cayat - Cazalla - Cazes - Cazon - Cazorla - Cedillo - Cedre - Cedrey - Cejas - Celdran - Cellem - Cemah - Cemez - Cenedo - Centeno - Cento - Centollo - Cepa - Cera - Cerbellon - Cerc - Cerda - Cerdan - Cerdeira - Cerdo - Cerdona - Cerero - Cereso - Cereto - Cerez - Cerezo - Cerir - Cerrada - Cerru - Cerrulla - Cervera - Cescaleta - Cespedes - Cessa - Ceti - Cicurel - Cid - Cida - Cide - Cidelo - Cidiaro - Cidique - Cidre - Ciespin - Cillalongo - Cillalongo - Cinfa - Cintero - Cipres - Cisa - Cisense - Cisneros - Ciudad - Ciutat - Civita - Clara - Claramunt - Claret - Claverol - Clemente - Clериguet - Climente - Clofent - Closa - Clusella - Coba - Coba - Cobell - Cobelles - Cobilhos - Cobos - Cocher - Cochot - Coelho - Coen - Coent - Cofen - Coffen - Cohen - Colada - Colnix - Colom - Coloma - Colomba - Colombo - Colomer - Colon - Colorini - Coll - Combriso - Company - Compludo - Comporat - Comtino - Cona - Conambriel - Conchillos - Condesa - Conejo - Conesa - Coneso - Confino - Conforte - Congelet - Conmio - Conomina - Conorte - Conorti - Constanti - Constantin - Constantino - Contamina - Contreras - Conyll - Coorte - Cophen - Coraif - Corall - Coray - Corcia - Corcog - Corcos - Cordeiro - Cordero - Cordichem - Cordoba - Cordobero - Cordon - Cordoner - Cordova - Cordover - Cordovero - Corella - Coriat - Cormano - Cormezano - Cornago - Cornel - Coromina - Coronel - Corral - Correa - Corredor - Corretger - Correya - Correyo - Corro - Corsia - Corsino - Corsumo - Cort - Cortall - Cortell - Cortes - Cortey - Cortez - Corteza - Cortiizos - Cortilla - Cortissos - Cortissoz - Cortov - Cortovi - Corvera - Corzo - Coscon - Cosculian - Cosida - Costa - Costal - Costall - Costanti - Costantini - Costanza - Costins - Cot - Cota - Cotino - Couto - Covo - Covreador - Crasto - Creciente - Cremieux - Cresca - Crescas - Crescos - Cresp - Crespi - Crespia - Crespin - Crespo - Cresques - Cresques - Crexent - Crispin - Cristia - Cristian - Cristobal - Crudcoriat - Cruero - Cruyllas - Cruylles - Cruz - Cuba - Cuby - Cucran - Cuellar - Cuello - Cuenca - Cuervo - Cueva - Cueval - Cuevas - Cuevassrubias - Culeman - Culi - Cunnilleres - Curiel - Curruchel - Curuyra - Cuyllas - Czernikowsik - Chacon - Chachuelo - Chajon - Chamorro - Chanchel - Chanuzi - Chao - Chapatel - Chapi - Chapit - Chaprut - Charon - Chartes - Chaufan - Chavartz - Chaves - Chavez - Chehebar - Chelba - Chelebon - Chico - Chichones - Chilibi - Chilon - Chimino - Chiprut - Chiriki - Chiriqui - Chitu - Chivan - Chocron - Choep - Chufarro - Chumaceiro - Chuncler

D

Dabah - Dabbah - Dabdol - Dabella - Daca - Dacosta - Dadero - Dadodafi - Dafonseca - Dagama - Dahan - Dalmau - Dalmedigo - Dalmon - Dall'arpa - Dallel - Dalley - Dam - Damercado - Dameto - Damuz - Dana - Danan - Dangoor - Daniel - Danino - Danon - Daor - Dapeschera - Dapiera - Dapisa - Daqdi - Dara - Dari - Dariz - Darman - Darmon - Darnim - Daroca - Daroque - Darosa - Darshan - Dasa - Dasilva - Dato - Daud - Davi - David - Daviddepomis - Davila - Davins - Daviu - Davo - Dayan - Dayot - Daza - Deavila - Debeces - Debeses - Debetinoro - Debna - Debri - Debrou - Decalo - Decamondo - Deffez - Defonseca - Defulda - Deguangues - Deherat - Dejorena - Delareia - Delargentera - Delattes - Delbaille - Deleon - Delgadillo - Delgado - Delmar - Delmedigo - DeLoguar - Delonga - Deluna - Delvalle - Demaestre - Demercado - Demodena - Demontalto - Demperi - Denan - Deniel - Depina - Depisa - Depomis - Derail - Derossi - Des - Desgrau - Desmaestre Devalle - Despanya - Despla - Despont - Desportell - Desprat - Despuig - Desquer - Desseno - Dessoler - Desval - Desymons - Detolosa - Detudela - Deuslocrega - Deusloguard - Devir - Devolterra - Deza - Di Segni - Dias - Diaz - Didon - Diena - Diez - Dina - Dines - Dio - Diogo - Diona - Dionis - Dioscarne - Disegni - Disraeli - Ditrani - Divekar - Djaen - Doiz - Dola - Dolac - Dolcet - Dolgonos - Dols - Dolz - Domasch - Domenech - Domingo -

Donatez - Donatis - Dondon - Donis - Donlope - Donnolo - Donozo - Dorado - Dorador - Doria - Dormido - Dosa - Doscha - Dovale - Doz - Dozta - Drago - Drail - Draper - Dray - Droklin - Duarte - Dubcovsky - Dubec - Dueña - Dueñas - Dueslogar - Duet - Dunio - Dupuy - Duque - Dura - Duran - Durandi - Durango - Durant - Duwayk - Dzhalil - Dzhama - Dzhamil - Dzhian

E

Ebemenir - Ebenazan - Ebreo - Ecija - Eclarique - Eder - Ederi - Ederi - Ederra - Edery - Edni - Efendi - Effendi - Efraim - Efrati - Egas - Egea - Egozi - Eichembaum - Eines - Ejica - El - Elankawa - Elaveri - Elazar - Elbaz - Elbel - Elchahat - Eldar - Eleazar - Elgaly - Eli - Elia - Eliah - Eliakim - Eliano - Elias - Elie - Elies - Eliesef - Eliezer - Elisa - Eljarrat - Elkhali - Elmaleh - Elmalem - Elnacave - Elnecave - Elrio - Elsigilmesi - Elvas - Elvira - Elyaquim - Elyashar - Emasllen - Embael - Embolat - Emecela - Emergui - Emesela - Eminente - Emmanuel - Empecina - Empesat - Emsani - Enabez - Enbalid - Encabe - Encaona - Encinas - Enero - Enfarach - Enfazen - Enpesar - Enriguez - Enriquez - Ephraim - Epital - Epstein - Eraso - Erera - Ereza - Ergas - Eril - Errera - Esagury - Escalera - Escalero - Escales - Escaloni - Escallo - Escapa - Escapat - Escarate - Escarre - Escarrer - Escayu - Escobar - Escogido - Escriba - Escriva - Escudero - Escuris-Escuredo - Escutino - Eshkenazi - Eshkol - Esmines - España - Espel - Esperandeu - Espes - Espina - Espinach - Espino - Espinosa - Espinoza - Espiritu Santo - Espital - Espluga - Espulgues - Esquayo - Este - Esteban - Estela - Estela - Estella - Estella - Esteves - Estevez - Estivel - Estorgano - Estrella - Estruc - Estrugano - Estrugo - Etates - Evangel - Evans - Evenayon - Evenir - Eviat - Exam - Exea - Ezagury - Ezaguy - Ezdras - Ezekiel - Ezequias - Ezerzer - Ezobi - Ezquerra - Ezquerro - Ezra - Ezradiel - Ezrillo

F

Faabulaccen - Faba - Fabib - Fabulacen - Facquia - Faden - Fadida - Fadrique - Faena - Fagim - Fagueles - Fajardo - Fajoles - Fakharmeiral - Falaquera - Falaquero - Falces - Falco - Falcon - Falquera - Fano - Faquimi - Faquirol - Far - Farach - Farache - Faradzhal - Farage Faral - Faras - Farhi - Farias - Farin - Farisol - Farissol - Farji - Faro - Faros - Farrar - Farrega - Farrisol - Farruch - Fartalon - Fasan - Fasi - Fasquia - Fatas - Fats - Favela - Favella - Favilla - Fayat - Fayerman - Fayon - Fayumi - Fayumial - Fazbuena - Fazduena - Febo - Febos - Feo - Fereres

- Fermi - Fermosa - Fernandes - Fernandez - Fernandez de Cordoba Romo - Ferrand - Ferrando - Ferrar - Ferreira - Ferreiro - Ferrer - Ferrera - Ferrere - Ferreres - Ferriz - Ferrizuel - Ferro - Fez - Fhima - Fierres - Fierro - Fiesco - Figo - Figol - Figueiredo - Figuera - Figueres - Figueroa - Fingerhut - Finzi - Fiol - Fiorentino - Fiquera - Fis - Fisse - Flor - Florentin - Flores - Florez - Florida - Focayrol - Foces - Fonnet - Fonquinero - Fonquinira - Fonseca - Font - Fontaclara - Fontan - Fontanasl - Fontclara - Fontcuberta - Fonte - Fontes - Forcadell - Formiggini - Formon - Forn - Forna - Fornari - Fornero - Fornes - Forron - Forteza - Forti - Founder - Fox - Foz - Fraga - France - Frances - Francesc - Francesch - Francia - Francisco - Franciscuel - Franco - Francolin - Franch - Frangi - Franses - Frayme - Fraynes - Freixo - Fresco - Frexens - Frigola - Frisius - Fromista - Fucayron - Fuens - Fuente - Fuente de la - Fuentes - Fuertes - Fulcho - Fullana - Fullos - Fullosa - Funcar - Fundam - Funes - Furgang - Furtado - Fuse - Fuso - Fuster

G

Gabail - Gabarda - Gabari - Gabay - Gabbai - Gabbay - Gabirol - Gabis - Gabizon - Gabrier - Gabriol - Gadol - Gaeta - Gafayres - Gafeque - Gagin - Gaguin - Galab - Galaf - Galafiel - Galante - Galateda - Galbay - Galiana - Galicchi - Galico - Galimidi - Galindo - Galipapa - Galochero - Galves - Galvez - Gallardin - Gallego - Gallico - Gallinaor - Gallipapa - Gallo - Gama - Gamaliel - Gamarra - Gambach - Gamboa - Gambreyl - Gamero - Gamiz - Ganceron - Ganges - Ganso - Gaon - Gaona - Garau - Garbal - Garces - Garcia - Garcon - Gard - Garfan - Garji - Garret - Garriga - Garro - Garru - Garti - Garvales - Garvanzo - Garza - Garzon - Gascon - Gasiel - Gastello - Gataleda - Gatanio - Gategno - Gateno - Gatenyo - Gatia - Gato - Gatzar - Gatzes - Gaudalajara - Gauga - Gauges - Gaulipa - Gaulter - Gaveje - Gavilan - Gavilan - Gavino - Gavison - Gayat - Gazon - Gazy - Gedelicia - Gegate - Genafo - Gener - Genestar - Genetar - Gento - Gentov - Geron - Gerona - Gerondi - Geronella - Gerschenson - Gershan - Gershom - Gerson - Gibert - Gibot - Gibre - Gich - Giger - Giges - Gigiis - Gil - Gilabert - Gilbert - Gimenez - Gimeno - Giner - Gini - Giron - Girona - Girondi - Gitakila - Glasserman - Goca - Gocha - Godefroi - Godinez - Godino - Godoy - Godvero - Gol - Golluf - Gomes - Gomez - Gomiel - Goncalves - Gongoro - Gonsales - Gonzales - Gonzalez - Gorbala - Gordo - Gorero - Gormezano - Gorriga - Gorrob - Gorron - Goscons - Gostins - Gotor - Gozaglo - Gozlan - Gracia - Gracian - Graciani - Gradis - Graei - Gran - Granada - Granado - Granados - Granata - Granate - Grandis - Granollers - Granon - Graos - Grau -

Graveran - Graziani - Gresa - Grilla - Grinbank - Grinberg - Gris - Grisera - Groch - Grunebaum - Guadalajara - Guadalupe - Gual - Gualba - Gualbes - Guanteyo - Guanyalons - Guarda - Guardia - Guardiola - Guarenyo - Guaringa - Guasch - Guatenyo - Guaypanes - Gudiel - Guedalia - Guenún - Guerra - Guershom - Guesrem - Guete - Gueto - Guevara - Guiat - Guillen - Guio - Guiomar - Guiterrez - Guixar - Gurdzhi - Gurrea - Gutierre - Gutierrez - Guzman

H

Haam - Haba - Habacel - Habel - Haber - Habib - Habilo - Habillo - Habon - Habusmel - Hacbonum - Hacimon - Hacohen - Hachuel - Hachuelo - Hadani - Hadaut - Hadida - Hagay - Hagege - Hagiz - Haguel - Haguiz - Hahazan - Hain - Hakal - Hakashlari - Hakhmon - Hakim - Hala - Halac - Halaf - Halas - Halei - Halel - Halenquero - Halevi - Ha-levi - Halevtrani - Halevy - Haley - Halfon - Haliova - Halorqui - Haman - Hamel - Hamet - Hamid - Hamin - Hamon - Hamu - Hana - Hanaguid - Hananel - Hanania - Hanasi - Haness - Haniu - Hanono - Hapaz - Hapenini - Haquim - Harab - Harabon - Haranon - Harari - Harazon - Hardea - Hariza - Harizi - Haro - Haroma - Haron - Harrar - Hart - Harun - Haruso - Hasdai - Hasday - Hase - Haserfaty - Hasid - Hasis - Hassan - Hasson - Hatchuel - Hatchwell - Hatia - Hatshmil - Hatwil - Hauel - Haver - Havivai - Hayat - Hayate - Hayati - Ha-yishari - Haym - Hayon - Hayot - Hazan - Hazay - Hebreo - Heder - Heitor - Hekmat - Helies - Hemsi - Henriquez - Heor - Herbas - Herbon - Heredia - Hereto - Herguido - Hermogenes - Hernandez - Hernando - Herrador - Herrera - Herrero - Hervas - Herzog - Hibat - Hicai - Hierro - Higueras - Hija - Hijas - Hilel - Hin - Hina - Hiya - Hobi - Hodari - Hona - Honqinira - Horabona - Horabuena - Horozco - Horta - Hoshama - Hospital - Hoyada - Hoz - Huarte - Huerta - Huesca - Huete - Huino - Humiel - Huri - Hurtado - Hushiel - Husillo - Hussilo - Hut

I

Iauali - Ibañez - Ibrahim - Ichay - Idel - Ifergan - Ifergán - Ijar - Ixar - Illan - Illescas - Imach - Imola - Inel - Iniesta - Isaac - Isaach - Isaakharoff - Isaazadeh - Isac - Isach - Isahiel - Isarch - Ishac - Ishach - Isias - Iskandari - Islas - Ismail - Israel - Israeli - Issacono - Issach - Issaev - Isserles - Ixar - Izach - Izonel - Izquierdo - Izradiel

J

Jabaff - Jabes - Jaco - Jaco Alicante - Jacob - Jacobei - Jacobi - Jacobs - Jacome - Jacon - Jacovet - Jacris - Jaen - Jaffi - Jaffia - Jafia - Jafiell - Jagel - Jagiz - Jaim - Jaime - Jaimes - Jaimez - Jaina - Jaion - Jais - Jakun - Jaleva - Jalfon - Jalshush - Jamiel - Jamila - Jamin - Jamtsi - Jamuy - Janan - Janer - Janoj - Janoquillo - Jaques - Jaquete - Jara - Jarada - Jaramillo - Jardon - Jarra - Jasday - Jasid - Jason - Jasquell - Jassa - Jassas - Jato - Javatiel - Javia - Javilo - Javilla - Jay - Jayan - Jaymes - Jayudzh - Jazan - Jerez - Jerra - Jezkia - Jida - Jiger - Jimenez - Jimeno - Jiminez - Jinin - Joan - Jocha - Joel - Jofa - Jona - Jorda - Jordan - Jordi - Josefo - Joseph - Josfe - Jovellanos - Jovent - Juan - Juarez - Jubel - Juceff - Juda - Judah - Juejati - Julia - Juncos - Junet - Jung - Junques - Juny - Jushiel - Juzin

K

Kadoorie - Kafa - Kafih - Kafusi - Kagig - Kahani - Kahn - Kalonimus - Kamaniel - Kamniel - Kaneti - Kanian - Karich - Kases - Kashifi - Kastoria - Kastoriano - Kasturia - Katsin - Kauf - Kauffman - Kaufman - Kayra - Kazaz - Kehimkar - Kesselman - Khalas - Khalfon - Kiki - Kimhi - Kimji - Kliment - Knafo - Kohan - Kohen - Kohn - Kokashlevi - Koplowitz - Kovo - Krauss Krispin - Kujayl - Kuraish

L

Labadon - Labarda - Labatt - Labi - Labrador - Labrat - Lacalle - Laflor - Lafont - Lagarriga - Lagortera - Laguna - Lainez - Lamata - Lambrador - Lamego - Lamera - Lamo - Lana - Lanado - Lanaido - Lanca - Landauer - Lanery - Laniado - Lanor - Lanza - Lanzarote - Lao - Laparda - Laparra - Lapavia - Laponte Laporta - Laquef - Laquesa - Laquesi - Lara - Larach - Laraedi - Laredo - Larraga - Larran - Laski - Lasry - Latimi - Latone - Lattes - Lauces - Lauria - Lavega - Lavi - Lawenda - Laynez - Lazaro - Lazarus - Lazdrado - Lazraque - Lealtad - Leao - Lecayo - Lecury - Leeser - Legasa - Legortera - Legrain - Leir - Leivinson - Lemon - Lemos - Lencano - Lencara - Lencor - Leo - Leon - Leoni - Leonis - Ler - Leradi - Lerin - Lerma - Lerma - Lernopranti - Les - Lesar - Lev - Levi - Levit - Levita - Levi-valensi - Levy - Leyba - Lezar - Lezat - Lezra - Libedinsky - Liberman - Lidgi - Lieber - Lieberman - Liebermann - Lifer - Ligier - Lima - Linan - Linanes - Lindo - Lion - Liot - Lira - Lis - Lisak - Lisboa - Litran - Lixon - Lobeil - Lobel - Lobell - Lobet - Lobo

- Lodrigo - Loelo - Loez - Logar - Logroño - Loguar - Lombarda - Lombrozo - Lonch - Lop - Lopes - Lopez - Lopis - Lops - Loqui - Lorca - Lorch - Loreano - Loredi - Loredy - Lorens - Lorenzo - Losa - Losada - Loschos - Losilla - Louzada - Loya - Loyola - Lozado - Lozano - Lsach - Luca - Lucena - Lucero - Ludena - Lugo - Lumbroso - Luna - Lunel - Lunell - Lunes - Luqui - Luria - Lusa - Lusitanos - Lusitanus - Luzada - Luzzato - Llagostera - Lleida - Llerena - Lletor - Lletos - Llevia - Llofriu - Llonch - Llong - Llop - Llops - Llorenc - Lloscos - Llusi

M

Macana - Macanas - Macanaz - Macarel - Macaren - Macarice - Macarull - Macia - Macias - Macip - Macipe - Macodia - Macos - Machado - Macho - Machta - Maddano - Madmun - Madriaga - Madrid - Madrigal - Maduro - Madzhani - Magaluf - Magaluff - Magalluf - Magangaki - Magany - Magriso - Maguaque - Mahejar - Maher - Mahir - Mahme - Mahomad - Mahuaque - Maia - Maier - Maimi - Maimo - Maimon - Maimona - Maimónides - Mainos - Mair - Majon - Majzir - Makhir - Malach - Malamud - Malarc - Malat - Maldonado - Malec - Maleha - Maleque - Malet - Malferit - Mali - Malka - Malmeca - Malon - Malosa - Malque - Malrich - Maltzan - Maluenda - Malut - Malvenda - Mallah - Mallorca - Mallorcas - Maman - Mamen - Manafem - Manan - Manante - Manases - Manass - Mandes - Mandil - Mandolino - Mangado - Manin - Manoa - Manoel - Manresa - Manrique - Manrque - Mansillo - Mantel - Mantenu - Manti - Mantin - Mantino - Manu - Manuel - Manzaneque - Manzano - Maqlka - Maquarel - Maquerel - Maquir - Mar - Maracha - Marainon - Maravent - Maravi - Marcilla - Marco - Marcona - Marcos - March - Marchena - Mardofay - Margarit - Margelina - Mari - Maria - Marico - Marienco - Mariencho - Marimon - Marimunchel - Marini - Marmon - Marour - Marques - Marquez - Marquina - Marquo - Marquona - Marrero - Marroqui - Marsal - Marsel - Marsillo Marte - Martel - Marti - Martin - Martines - Martinez - Martins Marto - Marty - Marvilla - Marzelan - Marzuk - Masajaway - Masana - Mascaran - Mascaro - Mascort - Maseres - Masip - Masipe - Masodia - Mason - Massana - Massarani - Massies - Massot - Mastacon - Masud - Masudia - Matalon - Matarazo - Mataro - Matatia - Mateo - Mateos - Matheo - Matita - Matos - Matriel - Matron - Mattos - Matut - Maura - Mauran - Mavramatia - Maxcaran - Maxes - Maya - Mayel - Mayer - Maymaran - Maymeran - Maymo - Maymon - Maymunchel - Maynnos - Mayo - Mayor - Mayques - Mayr - Maza - Mazal - Mazana - Mazin - Mazliaj - Mazuecos - Medelin - Medellin - Medigo - Medina - Medinas - Mediona - Medola - Medrano - Mee - Meel - Mefano - Megas - Mehen - Mehil - Meiggs - Meir - Meiri - Mejejar - Mejoro - Mejzir - Meknes - Melca - Melcha - Melchor - Meldola - Meldula - Melek - Meler - Melero - Melili - Melkitsedek - Melo - Melo - Melon - Melqua - Melque - Melul - Mella - Melli - Memmi - Mena - Menahen - Menajem - Menasche - Menaxi - Menayon - Menda - Mendavia - Mendes - Mendez - Mendizabal - Mendo - Mendoca - Mendoza - Menefem - Menendez - Meneses - Menir - Menkes - Menolie - Menolilla - Menolilles - Mentes - Mercadell - Mercader - Mercado - Mercat - Mercer - Merchan - Merchant - Mergui - Merida - Merimon - Merio - Merles - Merlo - Merman - Mesa - Meshal - Meshulam - Mesilva - Mesina - Mesquida - Mesquita - Mestre - Metge - Metoledo - Mevorakh - Meyuhas - Meza - Mezan - Mezistrano - Mezquita - Michim - Mierbeave - Migash - Migero - Migues - Miguez - Mijan - Mijancas - Milan - Miledi - Milhau - Mili - Milud - Milla - Millan - Millares - Mimon - Minnon - Minon - Mioro - Miquel - Mir - Mira - Miranda - Miras - Miró - Miró - Misael - Miseron - Mishan - Mishraji - Misrahi - Missael - Miterari - Mitjavila - Mitrani - Mixmar - Mizdras - Mizdro - Mizrahi - Mizraim - Mizraji - Moacel - Moatti - Mobilty - Mocatyle - Mocot - Mocha - Modena - Modiano - Modigliani - Modigliano - Modon - Moforte - Moghachir - Mogros - Moha - Mohe - Moheb - Mohen - Moia - Moie - Moise - Moises - Moiset - Moix - Mokakaxa - Moler - Molero - Moles - Molet - Molho - Molina - Molinos - Moljo - Molnicot - Mombrado - Momet - Monacal - Monaquiel - Monar - Moncada - Moncayo - Mondejar - Mondonon - Monfort - Monforte - Moniz - Monreal - Monsano - Monsanto - Monserate - Monsino - Monso - Monsoria - Montagnana - Montagu - Montagut - Montaigne - Montalto -Montalvan - Montalvo - Montana - Montaner - Montanos - Montblanc - Montblanch - Montcada - Monte - Monte del - Montecatine - Montefiore - Montemayor - Montenegro - Montero - Montesa - Montesinos - Montessa - Montezinos - Montfort - Montgay - Montias - Montiel - Montillas - Montoro - Montoya - Montpaho - Montpao - Montros - Monzon - Monzones - Moracho - Morachon - Moraga - Moragues - Morais - Morales - Moranaue - Moranque - Moratan - Moray - Morban - Morcillo - Morcillo - Morchat - Mordecai - Mordejay - Mordofay - Moreira - Morel - Morely - Moreno - Morera - Moresco - Moret - Moron - Moros - Morpurgo - Morro - Mortara - Mortaya - Morteira - Mortera - Moryusef - Mosacho - Mosafir - Mosca - Moscatel - Moscato - Mosconi - Mose - Moses - Moshe - Moskoni - Mosquera - Mosqueras - Mosse - Mostoles - Mostros - Mota - Motot - Motros - Motta - Moya - Moyal - Moyo - Moyo Queralt - Mozacho - Mozesh - Mrezhen - Muatti - Muca - Muchinik - Muchtar - Mudarra - Muel - Muhafra - Muiz - Mulet - Mulud - Munir - Munk - Munso - Muntalt - Muntaner -

Muntpaho - Muntros - Munyos - Munzillo - Muñoz - Mur - Murad - Murciano - Murcilla - Muriel - Murta - Murziel - Musa - Musafia - Mussafia - Musset - Mutal - Muyal - Muza

N

Naar - Naber - Nabes - Nabo - Nacan - Nacarel - Nacmia - Nacmias - Nada - Nadal - Nadjara - Nadzbran - Nadzhar - Nadzhara - Nafuci - Nafusi - Nagara - Nagari - Nagarri - Nagera - Nageri - Nagrella - Naguid - Nahama - Nahamias - Naharro - Nahman - Nahmias - Nahmiash - Nahon - Nahoum - Nahum - Naiares - Naja - Najara - Najari - Najera - Najmuli - Nakawa - Nakdan - Nalares - Naliaso - Naon - Narbona - Narboni - Narro - Narvaes - Narvaez - Nasci - Nascro - Naschi - Naseco - Nasi - Nassi - Nata - Natalel - Natalen - Natan - Natanel - Naturiello - Nava - Navarra - Navarres - Navarrete - Navarro - Navarron - Navon - Nayas - Nayon - Nazan - Nazir - Nebrija - Nedebo - Nedivot - Neghama - Negre - Negrin - Negro - Nehama - Nehemias - Nelken - Neria - Netanel - Netira - Nicanor-fullana - Nicholas - Nidam - Niddam - Niebla - Niego - Nifoci - Nigarelli - Nimir - Nino - Niort - Nissim - Noah - Noe - Nogueira - Nogueras - Nogueres - Noja - Nono - Noraim - Nordau - Notrica - Nucaty - Nuevo - Numes - Nunes - Nuñes - Nuñez - Nursia - Nylon

O

O'Hayon - Obadia - Obadias - Oberlander - Obrador - Ocampo - Ocaña - Ociel - Ocon - Ofi - Ohana - Oivilla - Ojalvo - Ojano - Ojos de Vaca - Ojos Negros - Oldomar - Olibam - Olibar - Oliber - Olichoa - Oliva - Olivar - Olivares - Olive - Oliveira - Oliver - Olivera - Oliveros - Oliveyra - Olivos - Olm - Olmo - Olmos - Oller - Olles - Omar - Omella - Omniel - Onamir - Onis - Onquira - Orabuena - Ordaz - Ordona - Orduna - Orebbse - Orebse - Orella - Oret - Orfali - Orfila - Orgaz - Oria - Oriel - Orja - Oro - Orobia - Orobio - Orocara - Oroceti - Orovita - Orozco - Orozco - Orsani - Orta - Ortega - Orthes - Ortigas - Ortiz - Ortiz - Orvieto - Osas - Osca - Oscen - Oscha - Osorio - Ospina - Ossana - Ossorio - Ossuna - Osua - Osuna - Osvan - Ottolenghi - Ovadia - Oviedo - Oz - Ozmo

P

Pablo - Pacifico - Pacio - Pacron - Pacuda - Pacheco - Padilla - Padre - Padresanto - Padron - Paes - Paiba - Paiva - Pajon - Pakuda - Palache - Palaggi - Palasi - Palat - Palatchi - Palau - Palea - Palenzuela - Palermo - Palma - Palomar - Palombo - Palomino - Palomo - Palou - Pallachen - Pallas - Palles - Pallo - Pambuk - Pampana - Pamplones - Panadero - Panellas - Pangalos - Panier - Panigel - Paniller - Pano - Pantely - Panzuela - Paparrabalos - Paperri - Papo - Papuchado - Paragon - Paramo - Parasco - Pardal - Pardo - Paredes - Pareja - Parejo - Parets - Parient - Pariente - Paris - Parra - Partal - Pas - Pascual - Paschs - Pasi - Pasqual - Passy - Pasternoy - Pastor - Pata - Pataron - Pater - Paternoy - Patiño - Pau - Pavia - Pavilo - Pavon - Paxaro - Payba - Paytan - Paz - Pazagon - Pecha - Pechero - Pedracas - Pedralbes - Pedrarias - Pedrazas - Pedreira - Pedreiro - Peixoto - Pejiel - Pelayo - Pelegero - Pelegri - Pelegrin - Pelyer - Pellicer - Pellisser - Pellizer - Penacerrada - Penafiel - Penalosa - Penas - Pencal - Pencos - Penedo - Peniel - Penilla - Pensa - Penso - Pensos - Penzal - Peña - Peñalosa - Peon - Pepion - Perahia - Peralta - Peratallada - Perdomo - Pere - Pereda - Peredo - Peregrino - Pereira - Pereire - Perelada - Perelstein - Perera - Peres - Perets - Pereyra - Perez - Perez de Escamilla - Perez de Orozco - Perez de Sevilla - Perfet - Perfeyt - Pergola - Perines - Perl - Perlo - Perot - Perpinya - Perpiña - Perpiñan - Perrello - Perrera - Perrute - Persat - Pertegas - Perute - Pesatiel - Pesoa - Pestalozzi - Petahya - Petit - Petron - Peyller - Pez - Pi - Piade - Piatelli - Picador - Piciotto - Pico - Picó - Pichon - Pie - Piedrahita - Piera - Pilares - Pilas - Pilo - Pilzaro - Pimentel - Pimentilla - Pimienta - Pina - Pinac - Pinao - Pincherele - Pineda - Pinedo - Pinehas - Pineiro - Pinel - Pinela - Pinelo - Pinto - Pintor - Pinxi - Pinya - Piña - Pipano - Piperno - Piquer - Pires - Pisa - Pissarro - Pita - Piza - Pizanti - Pizarro - Pizzanti - Planes - Platas - Platero - Plaut - Plegamans - Pliego - Pocenco - Podenco - Polanco - Polgar - Policar - Policrono - Polit - Politi - Polo - Poloni - Pollo - Pomar - Pomar - Pomares - Pombal - Pombo - Pomi - Pomi - Ponac - Ponce de Leon - Ponce Fuente - Pont - Ponte - Pontremoli - Pool - Porch - Poronna - Porquete - Porron - Porsell - Porta - Portabella - Portaleone - Portas - Portell - Porter - Portero - Portiello - Portilla - Porto - Portocarrero - Potello - Potenze - Poyllo - Prades - Prado - Prat - Prato - Prats - Prejon - Prenzal - Presente - Press - Prieto - Primo - Proencas - Proops - Provencal - Provensal - Provins - Prunera - Puerta - Puertolas - Pueyo - Puges - Puhol - Puig - Puigcerda - Puigcerver - Pujades - Pujal - Pujalt - Pujol - Pulgar - Pyrrhus

Q

Quadres - Quart - Quemada - Quer - Queralt - Querci - Quercy - Querido - Quersi - Quexares - Quinon - Quintanal - Quintero - Quiros

R

Rabalya - Raban - Rabatoso - Rabaylla - Rabel - Rabica - Rachel - Rafel - Rafels - Ragel - Rahabi - Raioso - Rajpurkar - Raka - Ralvy - Ram - Rameta - Ramirez - Ramoc Ramos - Ramon - Ramos - Rangel - Ranull - Raphal - Raposo - Ratsbashi - Ravalla - Ravatlla - Ravatoso - Ravaya - Ravaylla - Ravel - Ravell - Ravena - Raynes - Raynoso - Raznovich - Rebassa - Recaldes - Recanati - Recelero - Recopa - Recha - Redo - Redondo - Reds - Regalon - Reggio - Regla - Reina - Reines - Reixach - Rement - Remesa - Remirez - Remos - Rena - Rendon - Requesens - Resende - Reuben - Reunen - Reuven - Reuveni - Revah - Revell - Revella - Revere - Rey - Reyes - Reynes - Ribacardo - Ribadeneira - Ribalta - Ribas - Ribeiro - Ribera - Ribero - Ribes - Ricanate - Ricardo - Ricchi - Rico - Rich - Riencos - Riera - Rieti - Rigolf - Rimoc - Rimoch - Rio - Ripalda - Ripol - Ripoll - Riquel - Rivadeneira - Rivera - Rivero - Rivkin - Robis - Robles - Roca - Rocamora - Rocha - Roche - Roda - Rodano - Rodes - Roditi - Rodo - Rodrich - Rodrigo - Rodriguez - Rodrique - Rodriquez - Roffe - Roffet - Rofos - Rogat - Rogelio - Roger - Roget - Roif - Roig - Roiget - Rois - Rojas - Rojo - Roma - Roman - Romanelli - Romano - Romeo - Romero - Romeu - Romey - Romi - Romy - Rophe - Ros - Rosa - Rosales - Rosanes - Rosanez - Rosanis - Rose - Rosel - Rosell - Rosiano - Rosinol - Rossa - Rossa - Rossel - Rossi - Rossi - Rossinyol - Rostana - Rot - Rotenberg - Rotger - Roth - Rothschild - Roti - Rouel - Roure - Roussillon - Roven - Rovigo - Rovio - Rovira - Roxas - Royo - Royuelo - Royuelos - Roznique - Ruah - Ruas - Rubel - Ruben - Rubin - Rubio - Rubio - Rudilla - Rueda - Rueti - Ruis - Ruisilla - Ruiz - Rusfano - Ruso - Russel - Russo

S

Saad - Saadi - Saadia - Saaverda - Sab - Saba - Sabach - Sabaday - Sabadial - Sabah - Sabak - Saban - Sabanals - Sabara - Sabarra - Sabater - Sabaton - Sabel - Sabi - Sabina - Sabisbal - Sabor - Sabrum - Sacchetto - Sacerdoti - Saclosa - Sacort - Sachal - Sada - Sadaga - Sadaldawla - Sad-aldawla - Saday - Sades - Sadi - Sadik - Sadot - Sadoy - Saer - Safarti - Safati - Safer - Safortesa - Sag - Sagarra - Sagarriga - Sagia - Sagranada - Sagrassa - Sagui - Saguiz - Sahadias - Sahalon - Sahl - Said - Saieg - Saimen - Sakri - Sal - Sala - Sala - Salabdor - Salad - Saladi - Salador - Salam - Salama - Salamanca - Salami - Salamies - Salamo - Salamon - Salamonet - Salamons -

Salany - Salas - Salazar - Salbatiel - Salcedo - Saldaña - Saldayna - Saldi - Sale - Salelles - Salem - Salgado - Salido - Salih - Salinas - Salisachs - Salmeron - Salmo - Salmons - Salom - Salome - Salomo - Salomon - Salon - Salon de Paz - Saloru - Salt - Saltayn - Saltel - Saltell - Saltiel - Saluate - Salucar - Salva - Salvador - Salvat - Salvi - Salvos - Salzedo - Samal - Samama - Samanano - Samaniego - Samarell - Samaya - Samaynnigo - Samayrell - Samiel - Samlaich - Samokovlio - Sampedro - Samper - Sampso - Samso - Samson - Samuda - Samuel - San Antonio - San Clemente - San Cristobal - San Juan - San Marti - San Martin - San Pedro - San Vicente - Sananes - Sananes - Sanc - Sanctesteban - Sanches - Sanchez - Sanchez - Sanchez - Sanchez - Sanchez de Cepeda - Sanchez de Ocaña - Sanchez de Sevilla - Sanchez de Toledo - Sanchiel - Sancho - Sandaros - Sandoval - Sanger - Sanguesa - Sanguessa - Sani - Sania - Sanlugar - Sanoga - Sanoja - Sanon - Sans - Sanso - Sant Jordi - Sant Marti - Santa Catalina - Santa Clara - Santa Cruz Santa Fe - Santa Maria - Santaclara - Santacliment - Santaella - Santafe - Santander - Santangel - Santareni - Santiago - Santillan - Santisteban - Santo - Santo Domingo - Santo Sanco - Santos - Santucos - Sanu - Sapaton - Sapir - Saporta - Saportas - Saportella - Saprut - Sarabia - Saradiel - Saraga - Saragosi - Saragossi - Saragosti - Saramiento - Saranga - Saraqostan - Saraval - Saravia - Sarcien - Sardas - Sarfati - Sarfatti - Sari - Sarmad - Sarmento - Sarmiento - Sarmissen - Sarok - Sarpadiel - Sarragga - Sarria - Sarriera - Sarrion - Sarsalon - Sartor - Sartre - Saruco - Saruk - Sas - Sas Portas - Sasala - Sason - Sasoon - Sasporta - Sasportas - Sasporte - Sasso - Sasson - Sastre - Sasu - Satiel - Satorra - Satorre - Satre - Satz - Sauceda - Saul - Saulis - Saval - Savall - Savalls - Savanals - Saverdun - Savi - Savila - Savo - Savoga - Savogue - Savuoga - Sayas - Sayol - Sayuel - Sazlam Sotlam - Sazon - Sciaky - Schiller - Schoffer - Schwartz - Seba - Secanilla - Seco - Secto - Sedacca - Sedequias - Sedillo - Sefaradi - Sefardi - Sefas - Sefat - Sefata - Segalas - Segobia - Segovia - Segoviano - Segui - Segura - Sehamun Tazart - Seixas - Selma - Seloaf - Semaj - Semtob - Semtov - Senco - Seneor - Seneor - Sener - Senior - Senoriu - Sentado - Sento - Senyor - Señor - Separa - Sephardi - Sequerra - Sequeyra - Serafi - Serca - Sercos - Serdo - Serenet - Sereni - Sereno - Serero - Serez - Serfati - Serfaty - Serillo - Seror - Seror - Serra - Serralta - Serraller - Serrano - Serrero - Serrerosarfaty - Serruya - Servet - Ses - Sesa - Sesplances - Sesportes - Sessa - Sessat - Setiembre - Setila - Seva - Sevi - Sevilla - Sevillano - Sevy - Seymeon - Sforno - Shabazi - Shabetay - Shabrabak - Shagi - Shahun - Shakri - Shaljon - Shalom - Shaltiel - Shama - Sharabi - Shaul - Sheari - Shelemo - Shelomo - Shelush - Shemaria - Shemtov - Shemuel - Sherira - Sheshet - Shetrit - Shimjon - Shimoni - Shindook - Shofet - Shoshan - Shushan - Sibiliano - Siboni - Sibony - Sibroni - Sid - Sides - Sidi - Sidicaro - Sidun - Sieff - Siesu - Siger - Sigmar - Sikili - Siliera - Silivri - Silos - Silva - Silva - Silveira - Silvera - Silverman - Silvestre - Simal - Simeon - Simha - Simo - Simoes - Simon - Simona - Simone - Simuel - Sio - Sirvent - Sisa - Siscar - Sisla - Sisso - Sitges - Sizilia - Slelatt - Sobrado - Sobrao - Sobremonte - Socala - Socarrat - Socarrats - Socro - Sodicky - Sofat - Sofer - Soiano - Sola - Solam - Soldevila - Soldevilla - Soler - Solera - Soliman - Solis - Solomo - Solomon - Solona - Solvellida - Solla - Sollam - Somej - Somekh - Soncino - Sora - Sorda - Sordo - Sorge - Sorguetos - Sori - Soria - Soriano - Sornaga - Sorniel - Sorxes - Sosa - Sosan - Sosportos - Soto - Sotomayor - Sotto - Soudry - Soulam - Sousa - Sousa - Soussana - Souza - Soyru - Spes - Spinola - Spinoza - Spital - Splugas - Stales - Stern - Stora - Studillo - Suan - Suarez - Suaso - Subel - Subirats - Sucram - Sueram - Suero - Sulam - Suleman - Suliam - Sultán - Suluemas - Sullam - Sunbal - Sunen - Sunyer - Suñer - Supran - Surcan - Surco - Sureda - Surfrim - Suri - Susagna - Susan Sason - Susana - Susanna - Sussan - Sutlam - Suyllam - Svevo - Symeon - Szpilska

T

Tabares - Tabiana - Tabit - Tabladillo - Taboch - Tabora - Tabul - Tadjer - Tafalla - Taffalla - Tagamanent - Tagliocozzo - Tahuell - Tahust - Taitashak - Taitashek - Talamanca - Talany - Talavera - Talavery - Talayero - Talayes - Talvi - Talvy - Tam - Tamarit - Tamborer - Tamim - Tapiero - Tarabulus - Taranto - Taravau - Taravaus - Tarazona - Tardano - Tardones - Targatiel - Tarica - Tarifa - Taroc - Tarongi - Taronjí - Tarragano - Tarragona - Tarrasa - Tarrega - Tarregano - Taregano - Tarroja - Tarros - Tarso - Tartas - Taurel - Tauros - Tavares - Tavera - Tavora - Tawa - Tayb - Tayeb - Tazaret - Tazarete - Teboul - Teixeira - Teixeiro - Teixidor - Tejedor - Tejoso - Tellez - Tello - Tellon - Templo - Tennembbaum - Termens - Teroc - Terongi - Teros - Teroz - Terra - Terracini - Terrades - Terradis - Terrasina - Terrassa - Tesat - Testa - Teubal - Texedor - Texoso - Tibbon - Tiboli - Timbers - Timon - Tinoco - Tinoco - Tintorer - Tirado - Tivoli - Tobelen - Tobi - Tobias - Tobies - Todo - Todosudo - Todros - Toledano - Toledo - Tolosa - Tolrano - Tomas Maluenda - Tondidor - Toral - Torcchas - Tordesillas - Torello - Tores - Tornay - Torner - Toro - Toroc - Torongi - Toronji - Toros - Torquemada - Torre - Torrella - Torrero - Torres - Torrijos - Torroella - Torroja - Tort - Tortosa - Touro - Tova - Tovar - Tovias - Tragaziel - Tramias - Trani - Traper - Tresbens - Treves - Trevino - Triana - Trias - Tribiño - Triegano - Trigo - Trinidad - Tristan - Tritany - Trompero - Troncoso - Trotacalles - Troya - Troyes - Truco - Truchas - Truillar - Trullols - Truzman - Tsahalon - Tsalaj - Tsarefati - Tsemaj - Tsevi - Tsova - Tubba - Tubert - Tubias - Tucaman Maldonado - Tudela - Tuerro - Tueta - Tuli - Turegano - Turjillo

U

Ubeda - Uceda - Ucles - Ugolon - Ujena - Ukba - Ulhoa - Ulloa - Umayim - Umbert - Uncastielo - Unis - Upaziel - Uranso - Urasno - Uria - Uriah - Uriel - Uroz - Urrea - Urries - Ursinos - Ursinos - Usiel - Usiello - Usillo - Usque - Usua - Usuf - Uzan - Uzduqui - Uziel

V

Vaamonde - Vaca - Vadzhar - Vaena - Vaez - Vaibreba - Val - Valdajos - Valdecanas - Valdellós - Valderrama - Valdes - Valdivia - Valenci - Valenti - Valenty - Valera - Valeriola - Valero - Vals - Valtaras - Vall - Valladolid - Valle - Vallejo - Vallera - Valleriola - Valles - Vallestero - Valleter - Vallon - Valls - Vallseca - Vallsequa - Vanares - Vandor - Vanes - Vanrell - Vaquero - Varga - Vargas - Varon - Varona - Varquete - Varsano - Varsausky - Varsi - Vas - Vasquez - Vazquez - Vecchi - Vecchio - Vedios - Vega - Veger - Velasco - Velazquez - Velbiure - Veles - Velez - Velosino - Veluer - Velvivre - Vellida - Vello - Vellocino - Venayon - Vendayan - Vendrell - Veniste - Venosiello - Venosillo - Ventos - Ventuba - Ventubo - Ventura - Vera - Verga - Vergara - Vergera - Verjel - Veroli - Verrozpe - Veruje - Verviesca - Vetura - Vezino - Viabrea - Viabrera - Viana - Vicens - Vicente - Victoria - Victorio - Vida - Vidal - Vidales - Vidalestes - Vidas - Vidash - Vides - Viegas - Vieira - Vila - Viladestes - Vilafort - Vilafranca - Vilalonga - Vilallonga - Vilamanya - Vilamari - Vilamunta - Vilamuntac - Vilanova - Vilaplana - Vilar - Vilarig - Villa - Villa Real - Villafranca - Villalobos - Villalonga - Villalongo - Villalpando - Villanova - Villareal - Villarreal - Villegas - Villella - Vinant - Vincente - Vines - Vinet - Viota - Virga - Vital - Vitales - Vitalis - Vitan - Vitas - Viton - Vitoria - Vitoria - Viu - Viussa - Viva - Vives - Vivis - Voltera - Volterra - Vugman

W

Wagensberg - Wahnon - Wais - Wakar - Wakasa - Wolodarsky

X

Xabacay - Xabaday - Xabi - Xaham - Xamorra - Xamorro - Xamos - Xapaton - Xaquez - Xarafi - Xarillo - Xarillo - Xaron - Xatani - Xato

- Xato - Xeneti - Xentely - Xerafi - Xerex - Xerez - Xibili - Xicatella - Xicon - Xiger - Ximenez - Ximeno - Xoen - Xuarez - Xucran - Xucrell - Xue - Xuen - Xutrei - Xutrel

Y

Yaakov - Yaari - Yaco - Yacob - Yacobi - Yacub - Yafe - Yahex - Yahia - Yahuda - Yahudi - Yahya Bahlul - Yaich - Yaish - Yajya - Yakar - Yakov - Yakub - Yamin - Yana - Yanes - Yanto - Yañez - Yatah - Yavani - Yayez - Yedidia - Yehiel - Yehoshua - Yehuda - Yejiel - Yekutiel - Yento - Yepes - Yerushalmi - Yesahia - Yesha - Yeuda - Yevani - Yijah - Yishag - Yisjak - Yitsaki - Yitsjak - Yitzak - Ynigo - Yojay - Yom Yona - Yonah - Yordan - Yosef - Yoseph - Ysaque - Yucaf - Yuda - Yuly - Yusef - Yzcaradani - Yzquia

Z

Zabaco - Zabara - Zabarra - Zacarias - Zacaride - Zacort - Zacut - Zacuto - Zacutus - Zaflor - Zafortesa - Zaforteza - Zafra - Zagrau - Zahadia - Zahit - Zahula - Zakar - Zakay - Zaken - Zaky - Zalama - Zalmoti - Zambrana - Zambrano - Zami - Zamora - Zapata - Zapateiro - Zaporta - Zaportella - Zara - Zaradiel - Zaragoza - Zaragusi - Zarco - Zarch - Zarefati - Zarfati - Zarsal - Zarza - Zarzas - Zarzillo - Zayas - Zayat - Zeev - Zeevi - Zelasqueta - Zelvi - Zellam - Zemat - Zequi - Zera - Zerah - Zerbib - Zhetrit - Zhrihen - Zhuli - Zimra - Ziza - Zonana - Zorrilla - Zrihen - Zubel - Zubeli - Zubell - Zuha - Zuleman - Zuñer - Zuñiga - Zuri - Zurillo - Zuta[1]

---

[1] Los apellidos que figuran en esta relación proceden de conversaciones mantenidas por el autor con numerosos judíos y descendientes de éstos, así como de diversas fuentes bibliográficas, históricas, documentales e Internet. Entre otras fuentes bibliográficas se incluyen las siguientes: *El retorno de los Judíos*, Isidro González; *Relaciones España-Israel y el conflicto de Oriente Medio*, Isidro González; *Los judíos de España, historia de una diáspora (1492-1992)*, dirigida por Henry Méchoulan; *Power Shift*, Alvin Toffler; *Recuerdos con mi padre*, Ernesto Koplowitz; *Retorno a Sefarad*, José Antonio Lisbona; *Sangre judía Ascendencia hebrea y antisemitismno cristiano*, Pere Bonnín; *Asalto al Poder*, Jesús Ca-

Esta lista es un homenaje a centenares de personas, judías o no, historiadores, genealogistas y profesionales de otros campos, incluso aficionados, que han dedicado muchas horas a investigar, depurar y catalogar los nombres y apellidos de miles de familias judías originarias de Sefarad.

---

cho; *España y los judíos en el siglo XX*, Antonio Marquina y Gloria Inés Ospina; *Franco, Israel y los judíos*, Raanan Rein (CSIC); *La Comunidad Judía de Madrid. Textos e imágenes para una historia*, Jacobo Israel Garzón y Uriel Macías Kapon; *Los hebreos en Marruecos*, Manuel L. Ortega Pichardo; *Operación Nuevo Mundo. La misión secreta de Cristóbal Colón*, Simon Wiesenthal; *Historia del Estado de Israel*, Slomo Ben Ami y Zvi Medin; *Judíos conversos, los antepasados de las familias tradicionales argentinas*, Mario Javier Saban; *Encuentro Internacional 'Cinco siglos de presencia judía en América' (Actas)*, Mario E. Cohen y Celina A, Lértora; *España, Franco y los judíos*, Haim Avni; *Cultural Atlas of the Jewish World*, Nicholas de Lange; *El impacto hebreo en la cultura occidental*, Heszel Klepfisz…

INDICE ONOMÁSTICO

A

B

C

D

E

F

G

H

I

J

K

L

M

N

O

P

S

T

V

W

Y

Z